Peter Heinze

Bundeswehr „erobert“ Deutschlands Osten.

Ein ostdeutscher Reporter im Einsatz

Bundeswehr „erobert“ Deutschlands Osten

Ein ostdeutscher Reporter im Einsatz

Peter Heinze

2010

Carola Hartmann Miles – Verlag

CIP-Kurztitelaufnahme der Deutschen Bibliothek

Peter Heinze:
Bundeswehr „erobert" Deutschlands Osten. Ein ostdeutscher Reporter im Einsatz

Carola Hartmann Miles – Verlag, 2010
ISBN 978-3-937885-32-2

Titelbild: Peter Heinze
Bildquellen: Autor; BArch Bild183-1987-0325-403/-416 Klaus Franke; Bundeswehr; Klaus Franke

Herstellung: Books on Demand, Norderstedt

George-Caylay-Str. 38, 14089 Berlin
(email: UHWHartmann@aol.com; www.miles-verlag.jimdo.com)

Printed in Germany

ISBN 978- 3-937885-32-2

Abkürzungsverzeichnis

ADN	Allgemeiner Deutscher Nachrichtendienst
AP	Associated Press – US-Nachrichtenagentur
AWACS	Airborne Warning and Control System - Radarflugzeug
BDI	Bundesverband der Deutschen Industrie e.V.
BMP	Schützenpanzer (Bojewaja maschina pechoty)
BPM	Bureau Postal Militaire – Französisches Militärpostamt
DDP	deutscher Depeschen-Dienst, kaufte 1992 den ADN
DDR	Deutsche Demokratische Republik 1949 - 1990
DHfK	Deutsche Hochschule für Körperkultur
DLZ	Deutsches Zentrum für Luft- und Raumfahrt
DPA	Deutsche Presse-Agentur
ESA	European Space - Agency Europäische Raumfahrtagentur
FAZ	Frankfurter Allgemeine Zeitung
FDJ	Freie Deutsche Jugend
GST	Gesellschaft für Sport und Technik
GSSD	Gruppe der Sowjetischen Streitkräfte in Deutschland
GUS	Gemeinschaft Unabhängiger Staaten – ehemalige Sowjetunion
INTERSHOP	Handelskette in der DDR mit Währung für Westwaren
ISAF	International Security Assistance Force – Int. Unterstützungstruppe
KFOR	Kosovo Force – Multinationale militärische Formation im Kosovo
KGB	Russischer Geheimdienst
KSE	Vertrag über Konventionelle Streitkräfte in Europa 1990
KSZE	Konferenz über Sicherheit und Zusammenarbeit in Europa 1973
KVP	Kasernierte Volkspolizei
LPG	Landwirtschaftliche Produktionsgenossenschaft
MAD	Militärischer Abschirmdienst
MBD	Militär-Bild-Dienst beim Militärverlag der DDR
MDR	Mitteldeutscher Rundfunk
MfS	Ministerium für Staatssicherheit
MPi	Maschinenpistole
NABU	Naturschutzbund Deutschlands
Nato	Nordatlantische Verteidigungsorganisation
ND	Neues Deutschland (Zentralorgan der SED)
NVA	Nationale Volksarmee der DDR
RGW	Rat für Gegenseitige Wirtschaftshilfe des Ostblocks
SaZ	Soldat auf Zeit
SBZ	Sowjetische Besatzungszone 1945 - 1949
SED	Sozialistische Einheitspartei Deutschlands

UdSSR	Union der Sozialistischen Sowjetrepubliken
WGT	Westgruppe der Sowjetischen/Russischen Truppen (ab Juni 1989 Nachfolger der GSSD)
WINTEX /CIMEX	Nato-Übung in zivil-militärischer Zusammenarbeit
ZK	Zentralkomitee
ZKD	Zentraler Kurierdienst der DDR

Inhaltsverzeichnis

Geleitwort

Die Herstellung der deutschen Einheit am 3. Oktober 1990 darf trotz aller damit in vielen Bereichen des öffentlichen Lebens in den Folgejahren verbundenen Schwierigkeiten und Problemen als ein außergewöhnlicher Glücksfall in der Geschichte des deutschen Volkes angesehen werden. Wir Deutschen neigen dazu, die eigentlich zu erwartenden Schwierigkeiten im Einigungsprozess bis heute über Gebühr zu betonen, während von den ungeheuren Leistungen, die im Rahmen dieses Prozesses erbracht worden sind, im Ausland nur mit großer Anerkennung und Achtung gesprochen wird.

An diesen Leistungen haben die Bürger der ehemaligen DDR einen Anteil, der nicht hoch genug bewertet werden kann. Sind sie doch nicht nur diejenigen, die durch ihre friedliche Revolution im Jahre 1989 diese Einigung erst möglich gemacht haben. Sie sind auch diejenigen, die sich - bedingt durch den Beitritt der DDR beziehungsweise der fünf neuen Bundesländer und Ostberlins zum Geltungsbereich des Grundgesetzes der Bundesrepublik Deutschland - in fast allen Belangen des öffentlichen Lebens auf neue Bedingungen und Verfahren umstellen mussten, während die Bürger im westlichen Teil unseres Vaterlandes kaum Veränderungen in ihrer Lebensweise erfahren haben.

Dieser Anpassungsprozess an das System der Bundesrepublik ist überall dort besonders erfolgreich gewesen, wo Kräfte aus Ost und West gemeinsam ohne Vorurteile und in gegenseitiger Achtung vor der Leistung des jeweils anderen an dieser Aufgabe gearbeitet haben. Zum Erstaunen vieler Mitbürger sind diese Anpassung und die Eingliederung von Personal in eine bestehende Institution der Bundesrepublik am schnellsten und am effektivsten auch nach der Überzeugung vieler Beobachter in der Bundeswehr gelungen. Sobald die neue DDR-Führung im späten Frühjahr 1990 bekundete, der Bundesrepublik Deutschland beitreten zu wollen, konnten die ohnehin unrealistischen Vorstellungen von zweierlei Streitkräften im wiedervereinigten Deutschland zu den Akten gelegt werden. Es konnte mit diesem Beitritt nur eine gesamtdeutsche Bundeswehr nach der Wehrverfassung der Bundesrepublik geben. Damit war auch klar, dass die Verschmelzung nur mit der Auflösung der NVA und der teilweisen Integration von Personal und Material der NVA in diese neue gesamtdeutsche Bundeswehr erfolgen wird.

Es war mehr als zweckmäßig, diese Umwandlung in den neuen Bundesländern von in der alten Bundeswehr geschulten militärischen Führern steuern und leiten zu lassen. Aber diese Führer kamen nicht als Sieger - denn gesiegt hatten die Bürger der DDR und das westliche Wertesystem -, sondern als Vorgesetzte mit dem Bewusstsein, Verantwortung für Kameraden zu tragen. Kameraden, die sich mit den Gepflogenheiten, Rechten und Pflichten sowie den militärischen Anforderungen einer Armee in der NATO vertraut machen und sie verinnerlichen müssen, um ein gleichwertiges Glied dieser für sie neuen Gemeinschaft werden zu können.

Als ich das große Glück hatte, im Frühjahr 1993 in Eggersdorf/Strausberg in der Nähe meiner Heimatstadt Berlin die 5.Luftwaffendivision als Divisionskommandeur übernehmen zu dürfen, begegnete mir zumindest in meinem Stab schon ein aus Ost und West gemischter Personalbestand. Nur noch beim genauen Hinsehen oder vielmehr beim Hinhören konnte man am Dialekt oder an bestimmten

Sprachgewohnheiten die Herkunft der einzelnen Personen erschließen. Die Aufgaben der Division mit allen noch nicht aufgelösten Truppenteilen der NVA-Luftstreitkräfte – Abbau nicht mehr benötigter Truppenteile, Umbau von Verbänden nach den Kriterien der Bundeswehr, Aufbau von neuen Truppenteilen im Beitrittsgebiet durch Verlegungen von West nach Ost sowie erstmalige oder neuerliche NATO-Einsatzbefähigung – wurde von allen Angehörigen der Division mit Engagement, großer Sorgfalt, Kreativität und gegenseitiger Achtung durchgeführt.

Ich hatte die Genugtuung, diese gelungene Integration nicht nur in meinem Stab, sondern auch hautnah immer wieder an der Basis im Geschwader in Preschen und später in Laage zu erleben. 1993 schulte mich ein in den NVA-Luftstreitkräften ausgebildeter Fluglehrer auf die MiG 29 um, die ich das Vergnügen hatte, bis zum Jahr 2002 zu fliegen. In der MiG 29-Staffel arbeiteten ehemalige NVA-Flugzeugführer und Flugzeugführer der alten Bundeswehr, die auf dieses Muster umgeschult hatten, Hand in Hand.

Mit der Umwandlung der 5. Luftwaffendivision Mitte 1995 in eine „normale" Luftwaffendivision (Nummer 3) und der Verteilung der in den neuen Bundesländern stationierten Truppenteile auf die vier verbleibenden Luftwaffendivisionen nach funktionalen und nicht mehr nach regionalen (NVA-Gebiet) Gesichtspunkten war ein wesentlicher Meilenstein bei der Schaffung einer einheitlichen Luftwaffe erreicht. Und diese Aussage lässt sich sicherlich auf die anderen Teilstreitkräfte erweitern.

Meine Erfahrungen bestätigen die Aussagen von Peter Heinze in diesem Buch. Er schildert als ehemaliger DDR-Journalist seine Begegnung mit den neuen gesamtdeutschen Streitkräften, seine Eindrücke vom Führungsstil der „westlichen" Vorgesetzten und den Fortschritt auf dem Weg zu einheitlichen Streitkräften, in denen ehemalige Soldaten der NVA voll integriert sind. Dabei greift er auch auf seine Erfahrungen in und mit der NVA zurück, um die Veränderungen angemessen würdigen zu können.

Dem positiven Fazit in diesem Buch kann man aus der Sicht eines Soldaten, der dabei gewesen ist, nur zustimmen. Peter Heinze, ehemaliger ADN-Redakteur und dann Freier Journalist, trifft Atmosphäre und Stimmung in den Streitkräften in dieser spannenden Epoche vortrefflich. Und 20 Jahre nach der Wiedervereinigung ist es vielleicht an der Zeit, sich zu erinnern, wie erfolgreich diese in den Streitkräften abgelaufen ist. Dazu dient dieses Buch. Es ist kein Geschichtsbuch, sondern ein Erfahrungsbuch; aber wie arm wäre Zeitgeschichte ohne Berichte derer, die sie erlebt und durchlebt haben.

Generalleutnant a.D. Jürgen Höche,
Kommandeur der 5./3. Luftwaffendivision (März 1993 - Oktober 1995)

Vorwort

Bei den Militärs wurde vor der deutschen Wiedervereinigung - ein Geschenk der Geschichte - am allerwenigsten ein geräuschloses Zusammengehen erwartet. Das sowohl aus westdeutscher als auch aus ostdeutscher Sicht. Zuvor standen sich Bundeswehr und NVA über Jahrzehnte in feindlichen Bündnissen gegenüber. Und dabei hatten sich auch zwei ganz unterschiedliche Militärkulturen entwickelt. Doch welche Überraschung: Hier klappte es am besten.

Die Bundeswehr übernahm nach dem Ende der DDR und ihrer Nationalen Volksarmee einen Teil deren Personals. Hinzu kam die gesamte Bewaffnung, Ausrüstung und Munition. Es gab, und darüber wundern sich noch heute viele Beobachter aus dem In- und Ausland, kein „besonderes Vorkommnis", als es in den neuen Truppenteilen mit dem alten Personal hieß, dem ehemaligen Feind zu dienen. Denn die Kommandeure der Bundeswehr Ost stammten meist aus dem Westen. Sie wurden von Anfang an akzeptiert.

Allerdings mussten die Ex-NVA-Angehörigen mit einigen Ungerechtigkeiten bei Gehältern und Pensionen leben. Auch das „Gedient in fremden Streitkräften" als Bezeichnung für ostdeutsche Soldaten „außer Dienst" (a. D.) war meines Erachtens eine falsche politische Entscheidung. Sie ist nach wie vor unkorrekt und stößt viele Ostdeutsche vor den Kopf.

Aus den früheren Gegnern - ich bin mir heute gar nicht so sicher, wie sie sich im Ernstfall verhalten hätten - wurden nach diesem Neuanfang schon in kurzer Zeit Kameraden. Ob das nun die Rekruten aus Ost und West waren, die auf den Soldatenstuben Freud und Leid miteinander teilten, oder die Offiziere und Unteroffiziere von hüben und drüben, die als Vorgesetzte mit unterschiedlichen „Vorverwendungen" (so hieß das damals) die Ausbildung leiteten: Mit der neuen Uniform kam auch ein neuer Geist in die oft maroden Kasernen der früheren NVA. Das rigorose „Befehl ist Befehl", bei den Roten Preußen von Anfang an im Alltag bedingungslos praktiziert, wandelte sich nun zum militärischen Auftrag. Das ist sogar eine gute preußische Tradition.

Zu den ersten Herausforderungen der nunmehr gesamtdeutschen Streitkräfte gehörte die Auflösung der vorhandenen Truppenteile. Natürlich durften die riesigen Waffenbestände aus der NVA nicht sorglos ihrem Schicksal überlassen werden. Die Abrüstung und Verschrottung verlief jedoch beispielhaft: Deutschland wurde nach der Zerstörung von rund 10 000 Waffensystemen im Rahmen internationaler Vereinbarungen sogar „Abrüstungsweltmeister". Darauf können wir heute noch stolz sein.

Auch für die nächste Großaufgabe, die Bildung neuer ostdeutscher Verbände sowie die bundesweite Herstellung neuer Strukturen für Heer, Luftwaffe und Marine, benötigte man geeignetes Personal. Viele Offiziere aus dem Beitrittsgebiet erhielten die Chance, sich für den Dienst auf Zeit zu bewerben; daraus wurde für mehr als 3 000 von ihnen ein fester Job beim Bund. Über drei solcher Werdegänge bis in hohen Würden bei der Bundeswehr ist hier noch die Rede.

Ebenso ernst wie den Umgang mit den Neuen aus der NVA nahm die Bundeswehrführung den Abzug der Westgruppe der russischen Truppen (WGT). Die ehemalige Gruppe der Sowjetischen Streitkräfte in Deutschland besaß in der DDR eine Sonderstellung. Sie spielte sich dort auf wie eine heimliche Besatzungsmacht, auch viele Jahrzehnte nach Ende des 2. Weltkrieges. Nahezu unauffällig wurden nun die neuen Bundeswehr-Truppen überall dort disloziert, wo das sowjetische „Regiment nebenan" - im wiedervereinten Deutschland noch immer hochgerüstet und jederzeit einsatzbereit - seinen Dienst versah. Man muss wissen, dass im Gegensatz zu Präsident Gorbatschow die Militärs in Moskau mit Blick auf die Nato liebend gern ihren ostdeutschen Vorposten behalten hätten.

Wie das alles mit viel gegenseitigem Verständnis über die Bühne ging, erlebte ich als ostdeutscher Journalist vor Ort. Das begann bei der feierlichen Aufstellung der Bundeswehr Ost in Strausberg, führte mich im Laufe der Jahre in nahezu alle Garnisonen zwischen Rügen und dem Erzgebirge, gab mir letztlich bei vielen Begegnungen mit Kommandeuren und ihren Pressesprechern Gelegenheit, meine Kenntnisse über eine Parlamentsarmee weiter zu vertiefen. Mit dem jeweiligen Verteidigungsminister und den Generalen konnte sich der neue Bundesbürger von der schreibenden Zunft stets auf Augenhöhe unterhalten. Das hatte er als langjähriger Agenturjournalist von seinen Aktivitäten in der NVA ganz anders in Erinnerung.

In der Bundeswehr Ost war anfangs für Außenstehende keineswegs klar, wohin das Pendel in dieser Zeit des Wandels und Aufbruchs ausschlagen würde: Nach vorn oder nach hinten. Doch Ost- und Westdeutsche schufen gemeinsam die Armee der Einheit. Diese Gemeinschaftsleistung, nach dem Aufbau der Armee der Demokratie das zweite große Aufbauwerk der Bundeswehr, darin sind sich heute alle Repräsentanten der Bundesrepublik einig, zählt zu den wichtigsten Ergebnissen der deutschen Wiedervereinigung. Die friedliche Revolution in der DDR - von der polnischen Solidarnosc und der ungarischen Grenzöffnung zu Österreich positiv beeinflusst - führte letztlich zu einem neuen Kapitel in der deutschen Geschichte und beim Militär. Auch wenn dann nach dem Wandel in Europa mit wesentlicher Beteiligung der Bundeswehr und der Nato so mancher umstrittene Auslandseinsatz hinzukam.

Aus heutiger Sicht wurde die neu formierte Bundeswehr sogar zum Vortrupp beim Zusammengehen der Menschen diesseits und jenseits der ehemaligen innerdeutschen Grenze, bei der Verwirklichung der inneren Einheit des ganzen Landes. Für viele junge Leute aus dem Osten, die noch den Ost-West-Gegensatz und die militärische Konfrontation erlebt hatten, begann ein neues Leben. Eine demokratische Armee, noch dazu in einer Umbruchsituation und beim „Neubau" ihrer Teilstreitkräfte, bot ihnen vielfältige Chancen. Sie wurden von jungen Facharbeitern und Abiturienten gern genutzt. Wie sich schon bald zeigte, waren die Monate und Jahre beim Bund keine verlorene Zeit.

Davon berichtet dieses Buch mit zahlreichen Beispielen, die ich erlebt und damals beschrieben habe. All das wird hier mit Zahlen und Fakten über Personal, Waffen und Ausrüstung in beiden deutschen Armeen, besonders der NVA, ergänzt. Im Osten waren sie stets geheim. Die neuen Strukturen in den nunmehr gesamtdeutschen Streitkräften werden ebenfalls erläutert. Hier galt beispielsweise der Aufbau der Logistik im Osten im positiven Sinne als ein Experimentierfeld für die Bundeswehr in ganz Deutschland. Wie die Versorgung der Truppen beispielsweise mit dringend benötigten Ersatzteilen funktioniert, löste beim Ex-DDR-Bürger mit seinen Erfahrungen aus der Mangelwirtschaft nur Staunen aus.

Den Journalismus habe ich in seiner ganzen Vielfalt kennen gelernt: Mit Bevormundung und Kontrolle in der DDR bis zur politischen Wende; dann musste man viel Eigeninitiative zeigen und Verantwortung übernehmen. Der Journalist spürte nach der Wiedervereinigung die Achtung der Gesprächspartner für seine Arbeit. Auch hier vollzog sich ein demokratischer Wandel.

Ohne Übertreibung darf ich heute sagen, als Reporter mit Diktiergerät und Schreibmaschine diesen einmaligen Prozess hautnah miterlebt zu haben - von den Debatten am Zentralen Runden Tisch über den Sturm auf die Stasi-Zentrale und den Tagungen der ersten frei gewählten Volkskammer in Berlin bis zu den Aktivitäten am Tag der Deutschen Einheit 1990 sowie danach insbesondere beim Aufbau der Bundeswehr im Osten Deutschlands. Heute bin ich also ein Zeitzeuge dieses historischen Geschehens. Und hier sind einige meiner Erinnerungen: Schlaglichter, Anekdoten, Erfahrungsberichte.

Der Einsatz als Kriegsberichterstatter, der wohl im Fall einer militärischen Konfrontation zwischen Ost und West auf mich als Reservist zugekommen wäre, blieb mir erspart. Was für ein Glück! Denn als „Kriegskind", Jahrgang 1941, kann ich mich zumindest an die Ängste in einem Luftschutzkeller erinnern. Auch an Episoden von der Ankunft erst der amerikanischen und dann der sowjetischen Truppen in meiner Geburtsstadt in Thüringen.

Mein Dank gilt heute wie damals meinen vielen Gesprächspartnern aus der Bundeswehr, ebenso den zahlreichen Journalisten-Kollegen aus Ost und West, mit denen ich in dieser aufregenden Zeit, auch in der Bundespressekonferenz e.V., zusammengearbeitet habe. Dieser Austausch von Meinungen hat bei mir alte Denkschablonen abgebaut und meinen Blick auf die neue Gesellschaft und ihre Streitkräfte erweitert, wo doch so vieles anders ist als früher. Nicht zuletzt die Akzeptanz der Armee im eigenen Volk.

Meine Familie hat mich bei diesem Rückblick auf meine Arbeit liebevoll unterstützt.

General ist nicht gleich General

Es war ein ganz gewöhnlicher Nachmittag im Jahr eins nach der Wiedervereinigung. Wieder wollte ich nach der Arbeit in der Nachrichtenagentur ADN in Berlin-Mitte mit der U-Bahn in Richtung Pankow nach Hause fahren. Ich betrat also am Rosa-Luxemburg-Platz einen Waggon und staunte nicht schlecht, als ich plötzlich neben mir ein freundliches, lächelndes Gesicht sah. „Guten Tag, Herr Heinze", grüßte mich der hoch gewachsene Mann. Er war mit einer schicken Lederjacke bekleidet. Ich überlegte kurz, dann wusste ich Bescheid.

Ein General der Bundeswehr stand neben mir in der recht vollen Bahn, diesmal in Zivil. Für mich, der in der DDR als Journalist gelegentlich mit Generalen der Nationalen Volksarmee dienstlich zu tun hatte, eine echte Überraschung: Ein so hoher Dienstgrad mischt sich mitten unters Volk und fährt zudem allein, selbst ohne „Taschenträger", mit einem öffentlichen Verkehrsmittel quer durch Berlin. Das hatte ich bis dahin noch nicht erlebt.

Generalmajor Bernhard Mende war im Herbst 1990 mit weiteren Offizieren der bis dato westdeutschen Streitkräfte in den Osten gekommen. Der Auftrag: Auflösung der NVA und Aufbau gesamtdeutscher Streitkräfte in diesem Teil Deutschlands. Und so wurde er nach dem Tag der Deutschen Einheit am 3. Oktober zum Chef des Kommandos Luftstreitkräfte/Luftverteidigung in Eggersdorf bei Strausberg ernannt. Hier arbeitete der Vorbereitungsstab für die neue 5. Luftwaffendivision der Bundeswehr. Ab 1. April 1991 kommandierte er die neu geschaffene Division.

In dieser Zeit hatten wir Presseleute oft Gelegenheit, die „neuen Herren" in den Führungsetagen der einstigen DDR-Teilstreitkraft näher kennen zu lernen. Ob das nun die Pressekonferenzen im Stabsgebäude waren, zu denen Mendes Pressesprecher Oberstleutnant Hans Agata einlud, oder die Präsentation der MiG-29-Flugzeuge mit dem gut sichtbaren Eisernen Kreuz im Dienst der deutschen Luftwaffe - wer aufmerksam diesem General zuhörte, merkte sehr bald, dass hier ein erstklassiger Fachmann und vertrauenswürdiger Mensch eine wichtige Funktion im Osten übernommen hatte.

Das bestätigten mir auch mehrere Interviews, die ich mit General Mende geführt habe. Er hatte sich seit seinem Eintritt 1958 in die Luftwaffe, nach Generalstabslehrgang an der Führungsakademie der Bundeswehr in Hamburg, als Referatsleiter im Bundesverteidigungsministerium und in mehreren Kommandeurstellungen ein beeindruckendes Wissen und Können erworben. Während des Kalten Krieges kommandierte er auch die Luftverteidigungsdivision im norddeutschen Raum.

Der Mensch Mende, 1937 in Oberschlesien geboren und zweifacher Familienvater, zeichnete sich aus durch eine sehr gepflegte, Vertrauen erweckende Sprache gegenüber seinen Unterstellten aus. Ebenso im Gespräch mit Journalisten oder, wie ich es auch erlebt habe, mit der Bevölkerung im Beitrittsgebiet.

Und so war es kein Wunder, dass General Mende als Zivilist ebenfalls einen kameradschaftlichen Umgang pflegte. Er erkundigte sich während unserer kurzen gemeinsamen U-Bahn-Fahrt auf der Linie 2 nach meinem Befinden und meiner

Arbeit. Eigentlich ein Gespräch, wie es gute Bekannte führen. Und doch kannten wir uns zu dieser Zeit erst ein halbes Jahr.

Später wurde Mende Inspekteur der deutschen Luftwaffe. Diese verantwortungsvolle Funktion lag bis dahin nur in den Händen von Flieger-Generalen. Er kam ja ursprünglich von der Luftverteidigung. 2004 ist der Generalleutnant a. D. verstorben.

Wenn ich an meine zahlreichen Begegnungen mit Bundeswehr-Generalen und -Offizieren zurückdenke, erinnere ich mich auch sofort an die persönlichen Worte eines Kommandeurs, die er bei einem Kommandowechsel 1994 in Potsdam gleichermaßen an die ost- und westdeutschen Soldaten gerichtet hat: „Ich werde versuchen, jedem von Ihnen noch einmal in die Augen zu sehen. Dabei empfinde ich eine tiefe kameradschaftliche Verbundenheit mit Ihnen." So hat sich dort Generalleutnant Werner von Scheven von seinen Unterstellten verabschiedet. Diese wohltuende menschliche Wärme, aber auch dieses Fingerspitzengefühl eines hohen Vorgesetzten zum Abschluss seiner Militärlaufbahn hat mich als Beobachter dieser Szene tief berührt.

Warum diese Erinnerungen an hohe Dienstgrade der Bundeswehr mitten in Berlin, in Potsdam und anderswo, so an Hans-Peter von Kirchbach in Neubrandenburg oder Wolfgang Schneiderhan in Erfurt, die später als Generalinspekteure dienten? Oder an andere Kommandeure oder Offiziere, die vom Westen in den Osten gekommen waren, um hier mit ihren ostdeutschen Kameraden die Bundeswehr aufzubauen.

Es waren für mich stets angenehme, niveauvolle Gespräche, von gegenseitiger Achtung geprägt. Ein DDR-Journalist, wenn er nicht gerade für das Zentralorgan der SED schrieb, war für die allermeisten NVA-Generale ein Namenloser. Mancher dieser Herren zählte sich selbst zu jener Kategorie der Partei- und Staatsfunktionäre, die meinten, über alles genau Bescheid zu wissen, immer Recht zu haben und überhaupt eine besondere Verantwortung für „unsere Menschen" zu tragen. Wie oft habe ich das erlebt!

Einige von ihnen spielten sich auf, als wären sie sozialistische Fürsten. So ernst wurden von ihnen die Huldigungen ihrer Unterstellten entgegen genommen. Sie besaßen - Vorbild Sowjetarmee - ihr „eigenes" Jagdgebiet auf dem insgesamt riesigen Militärgelände der NVA. Vor allem das Rotwild hatte es ihnen angetan. Als bester Jäger galt in der Armee natürlich der Verteidigungsminister, der in den Wäldern der Truppenübungsplätze gemeinsam mit seiner Gattin so manchen Hirsch zur Strecke brachte. Mit einer außergewöhnlichen Trophäe - ich glaube, es war ein 14-Ender - brillierte er auf internationalen Jagdausstellungen. Ganz sicher auch gegenüber dem Jagdfreund Honecker.

Andere Offiziere der NVA frönten ebenfalls diese Leidenschaft. Nur schade, finde ich, dass die Nationale Volksarmee nicht mit einer Reiterstaffel ausgestattet war. Sonst hätte wohl so mancher hohe Dienstgrad auch über ein Pferd sowie einen Stallburschen verfügen können. Sowjetische Marschälle haben das im 2. Weltkrieg vorgelebt und in ihren Memoiren verewigt.

Im wiedervereinigten Deutschland kam ich schon recht bald zu einer wichtigen Erkenntnis: General ist eben nicht gleich General. Genauso wie Armee nicht gleich Armee ist. Da gibt es außer den althergebrachten, bekannten Kommandos („Alle mal herhören!") an die Rekruten ganz schön viele Unterschiede. Das betraf nicht nur die Technik und Ausrüstung, sondern vor allem die Beziehung von Mensch zu Mensch. Doch dazu später. Am Arbeitsplatz in den neuen Streitkräften und der Wehrverwaltung erlebten nun viele Zehntausend Menschen eine doch etwas andere (rechtsstaatliche) Umwelt.

Internationale Entspannung zeigt Wirkung

Bis 1972: Soldatensender contra Flugblattaktionen

Die „Informationen für den Bund“ vom Deutschen Soldatensender 935, den der DDR-Rundfunk zwischen 1960 und 1972 auf der Mittelwelle aus Burg bei Magdeburg ausgestrahlt hat, waren nicht nur fingierte Angaben. Das bestätigten erst vor wenigen Jahren ehemalige Bundeswehroffiziere gegenüber dem Mitteldeutschen Rundfunk. Beispielsweise wurden in den Sendungen reale Übungen angekündigt. Die Hörer in Ost und West staunten manchmal über die Sach- und Ortskenntnis der Rundfunkleute. Ich als Nachrichtenredakteur auch.

Weil solche Angaben also hin und wieder stimmten, glaubte tatsächlich so mancher Bundeswehrangehörige, die vom Soldatensender genannte Adresse „Berlin W 8“ liege im Westen Berlins. Deshalb haben viele Hörer ganz unbekümmert nach dort ihre Liederwünsche und Grüße an befreundete Kameraden geschickt. Auch Ärgernisse aus der eigenen Kompanie wurden so der Öffentlichkeit mitgeteilt. Mit Dienstgrad und Namen des Vorgesetzten, der dann genannt wurde, war das oft sehr konkret. Ein kritischer Sender also, konnte man meinen. Was da die deutsche Hörerschaft so alles erfuhr, machte den Sender irgendwie interessant.

Das Postamt W 8 lag aber im Ostsektor, in Berlin-Mitte. Es hatte wie alle DDR-Postämter dieser Bedeutung auch „Postfrauen“ und „Postmänner“ mit einem Arbeitsverhältnis beim Ministerium für Staatssicherheit. Über die MfS- und NVA-Aufklärer kamen dann die Briefe und Karten aus dem Westen direkt in die Redaktion des Soldatensenders nach Berlin-Grünau. Hier bastelte ein Team von erfahrenen Redakteuren noch so manche frei erfundene Story hinzu. In jeder Sendung gab es geheimnisvolle Anweisungen für angebliche Ost-Agenten. Dann hieß es: „Maikäfer ruft Mauerblümchen“ oder so ähnlich. Der Tenor der DDR-Kommentare mitten in dieser Zeit des Kalten Krieges: Die Bundeswehr – ein Hort von Ewiggestrigen.

Das Paradoxon: In der NVA war das Hören des Soldatensenders verboten. Dessen verlockende Westmusik - damals nur von Radio Luxemburg übertroffen, glaube ich - und die ständigen kritischen Worte gegenüber militärischen Vorgesetzten sollten in der Arbeiter-und-Bauern-Armee keine Schule machen. Von wegen Kritik! Die täglich vier Sendungen begannen stets militärisch mit einem „Bum, bum, bum“. Dann folgte ein ganz abwechslungsreiches Programm. Ich habe es oft gehört und mir meine Gedanken gemacht.

Eines Tages verstummte dieser verschleierte DDR-Propagandasender für immer. Der gelernte ostdeutsche Radiohörer erkannte kurz darauf einige der ausgebildeten Rundfunkstimmen von dort im DDR-Fernsehen wieder. Diese Frauen und Männer, die sich im Radio ganz jugendgemäß nur mit irgendwelchen Vornamen angesprochen hatten, offenbarten nun als Nachrichtensprecher oder Redakteur an politischen Brennpunkten ein freundliches Gesicht und ihren richtigen Namen. Wenn ich so zurückblicke, zählten wohl schon im Sommer 1972 die Personalien vom Soldatensender aus der DDR zu den ersten Opfern der Abrüstung mitten in Deutschland.

Denn diese Einrichtung mit einem promovierten Oberst als Chefredakteur, erfuhr ich später, unterstand direkt dem Chef der Politischen Hauptverwaltung der NVA. Dieser Admiral hat dann auch die mit vielen Freiheiten ausgestatteten Journalisten, die dafür heimlich von anderen Rundfunkleuten aus der DDR immer wieder beneidet wurden, weil das „Locker vom Hocker“ in den vom SED-Zentralkomitee kontrollierten Medien sonst nicht üblich war, mit dem Dank „für die ständige Entlarvung der Aggressivität der Bundeswehr“ in das zivile Leben verabschiedet.

Infolge der Entspannung mit dem Grundlagenvertrag 1972 gab es zwischen beiden deutschen Staaten ein ungewöhnliches Übereinkommen: Die DDR beendete den Kalten Krieg im Äther. Und die Bundesrepublik verzichtete von nun an auf die regelmäßigen Ballonaktionen mit Flugblättern. Das klang doch schon mal gut. Die Vernunft hatte sich durchgesetzt.

Zur Vorgeschichte: Schon im Nachkriegs-Deutschland tobte ein „Broschürenkrieg“ zwischen Bonn und Ost-Berlin. Da wurden von Parteien oder Organisationen - im Westen vor allem vom SPD-Ostbüro, im Osten vom Nationalrat der Nationalen Front - jeweils Schriften in den anderen Teil Deutschlands per Post geschickt oder auch in Interzonenzügen ausgelegt. Dieser propagandistische Schlagabtausch fand nach dem Mauerbau 1961 mit Flugblattaktionen in Wetterballons in einer ganz anderen Dimension seine Fortsetzung.

Hier kam der Bundeswehr unter dem Stichwort „Psychologische Kampfführung“ eine wichtige Aufgabe zu. Bei günstigem Wind von West nach Ost konnte an manchen Tagen einer der Ballonzüge der Bundeswehr „eine Tonne Papier in ein vorgegebenes Zielgebiet verbringen“. Das waren etwa eine Million Flugblätter. So Oberstleutnant Dirk Drews vom Zentrum Operative Information in seiner Dissertation 2006 an der Johannes Gutenberg-Universität Mainz. Sie hat mir mit ihren interessanten Zahlen und Fakten sehr gut gefallen. Die Ballons hätten „zielgenau“ Druckerzeugnisse über eine Entfernung von 30 Kilometern in einer Ausdehnung von 100 Quadratkilometern befördert, heißt es darin.

Es seien auch Weitflüge in die bis zu 200 Kilometer entfernten „Zielgebiete“ möglich gewesen, um - nach westdeutscher Sicht - uninformierte und zivile Bürger der DDR zu erreichen. Im Durchschnitt habe man wöchentlich zwei Balloneinsätze durchgeführt. Allein zwischen Januar und Juni 1972 wurden Ballons mit mehr als 15 000 kg Flugblättern, meist im Format A5, von Bad Harzburg, Coburg, Kronach und anderen Orten abgeschickt. Und die „Zielräume“ im Osten waren beispielsweise Wismar, Wittenberge, Stendal, Genthin, Magdeburg, Weimar und Ilmenau. Nun wissen deren Bürger endlich, was für eine weite Reise diese Zettelchen hinter sich hatten, die man gelegentlich in freier Natur fand.

Die höchste Auflage eines Kleinstflugblattes aus dem Jahr 1963 lag bei 32 Millionen Stück. Abgedruckt waren darauf eine Ulbricht-Karikatur sowie ein Slogan gegen die ostdeutsche Planwirtschaft und für die westdeutsche Marktwirtschaft. Jedermann kann sich denken, dass solche Sticheleien am sozialistischen System in den vorgesehenen „Niederschlagsgebieten“ den wachsamen Behörden ein großes Ärgernis waren. Sie brachten immer zusätzliche Arbeit beim meist kollektiven Aufsammeln.

Jede der drei Kompanien der Truppe der Psychologischen Kampfführung der Bundeswehr verfügte über einen Lautsprecherzug, einen Flugblatt-Raketenzug und einen Ballonzug. Neben Broschüren und Flugblättern schickten diese Einheiten auch Flugzeitungen in das andere Deutschland. Insgesamt waren das allein 1970 Druckerzeugnisse auf rund 20 Tonnen Papier.

Zu diesen Informationen aus dem Westen gehörte eine Imitation der Wochenzeitung „Volksarmee". Davon ließ die Bundeswehr in all den Jahren insgesamt 37 Ausgaben mit je 500 000 Exemplaren drucken, recherchierte Drews. Auf diese Weise sollten Grenzern und Volksarmisten hinsichtlich des demokratischen Charakters der Bundesrepublik und der Bundeswehr immer wieder die Augen geöffnet werden. Damit die Empfänger dieser Zeitung nicht gleich die „westdeutsche Ausgabe" als solche erkannten, hat man teilweise sogar auf DDR-Papier gedruckt. Eine Kriegslist in Friedenszeiten!

Von jedem Einsatz der mit Gas gefüllten Transport-Ballons mit einem Durchmesser von rund zwei Metern, die meiner Meinung nach immer Gefahren für den Luftraum und die Bevölkerung in Ostdeutschland darstellten, wurde ein Protokoll angefertigt. Es erhielt auf der Bonner Hardthöhe der zuständige Referatsleiter des Bundesverteidigungsministeriums. Der Leiter der Einheit meldete darin „Menge und Titel der verteilten Drucksachen", „vermutlich erreichte Zielräume" und „eventuell beobachtete Wirkungen". Das konnten abgeschossene Leuchtsignale während des Niedergangs der Flugblätter im ostdeutschen Grenzgebiet sein. In einem Fall bei Eisenach hat der Einsatzführer den Zollgrenzkommissar in Obersuhl umgehend informiert. Durch „ungünstige Witterungen" (Dauerregen) wurde der Balloneinsatz abgebrochen und sollte „in einigen Tagen" fortgesetzt werden, schrieb der Kompaniechef am 16. Mai 1963.

Den Grenzsoldaten in der DDR brachten solche Flugblattaktionen der Bundeswehr immer eine unbeliebte Freizeitbeschäftigung. Alles, was Beine hatte, musste dann gewöhnlich diese Drucksachen aus dem Westen in freier Natur aufsammeln und abgeben. Lesen sollten die Uniformträger die Flugblätter natürlich nicht. Sie stammten doch vom Klassenfeind. Aber wenigstens gezählt werden mussten sie schon.

Mit Fundort, Tag, Uhrzeit und Menge brachte meist der Hauptfeldwebel der Grenzkompanie die Bündel zum Grenzregiment. Dann kamen sie in die jeweilige Grenzbrigade nach Rudolstadt, Meiningen oder Magdeburg und von dort zum DDR-Grenzkommando in Pätz bei Königs Wusterhausen. Hier musste der Chef Spionageabwehr unter „Besondere Vorkommnisse an der Staatsgrenze" seinem Vorgesetzten im Strausberger Verteidigungsministerium melden, was die Bundeswehr wieder so alles rübergeschickt hat. In der 10. Verwaltung (Konterpropaganda) des DDR-Ministeriums analysierten inzwischen Offiziere mit hohen Dienstgraden einzelne aufgefundene Traktate.

Von hier aus gab man dann dem Soldatensender wieder neue Weisungen, alle bekannt gewordenen Ungereimtheiten beim Bund „noch aggressiver zu entlarven". So etwa musste man sich den ständigen Schlagabtausch in der Propaganda zwischen West und Ost im Kalten Krieg vorstellen. Die Devise lautete dabei: Wie Du mir, so ich Dir.

Und so ging dieses Wechselspiel mit psychologischen Waffen vor einem hochpolitischen Hintergrund und den hochgerüsteten Bündnisarmeen vor sich - über viele Jahre. Dass ausgerechnet die einstige „Psycho-Akademie“ der Bundeswehr nach Strausberg in die ehemalige „NVA-Hauptstadt“ verlegt wurde, zeigt doch auch: Beim Aufbau gesamtdeutscher Streitkräfte nach der Wiedervereinigung wurde auch so mancher tiefe Graben von einst überwunden.

Die Akademie für Information und Kommunikation (AIK) der Bundeswehr, so ihr heutiger Name, besitzt tolle Bildungsmöglichkeiten für Uniformträger und Zivilisten. Ebenso für Journalisten und Lehrer. Sie ist heute eine offene Einrichtung für jedermann und dient auch zur Vorbereitung internationaler Friedensmissionen der Bundeswehr. Ich kann nur sagen, ein Besuch lohnt sich. Man begegnet hier auch vielen Bildern von DDR-Kulturschaffenden, die einst im Auftrag der NVA entstanden sind und so in manch öden Klubraum einer Kompanie wenigsten ein bisschen Farbe brachten.

Erstmals Bundeswehr-Beobachter bei der NVA

Was war das doch für ein außergewöhnliches Ereignis: Im März 1987, als der Kalte Krieg zwar nicht mehr die Menschen frösteln ließ, aber noch immer für Ost und West eine Gefahr darstellte, besuchten zum ersten Mal Offiziere der Bundeswehr die DDR. Für mich bedeutete dies die erste direkte Begegnung mit Soldaten von der anderen deutschen Feldpostnummer. Diesen Begriff kannte ich von Philatelisten und aus den Erinnerungen von Kriegsteilnehmern, die damit immer die gegnerische Seite meinten.

Trotz Tauwetter in den internationalen Beziehungen zählte die Bundeswehr nach Lesart der Parteipropaganda in der DDR noch immer zu den äußeren Feinden des Sozialismus. Sie galt, so ein Buchtitel aus dem Ost-Berliner Militärverlag, als eine „Armee für den Krieg“. Das westdeutsche Heer wurde darin zur „Hauptstoßkraft der Nato in Europa“ erklärt. Und vor dieser Armee müsse man sich umfassend schützen, hieß es in den Verlautbarungen der DDR-Militärs. Im Fall eines Falles sollte dieser Gegner von der NVA an der Seite der WGT auf seinem „eigenen Territorium besiegt“ werden. Nicht erst seit heute weiß ich, dass dies ein Irrwitz war.

Die damals keineswegs alltägliche, sondern eher spektakuläre offizielle Mission besaß historischen Charakter. Unternommen wurde sie von den beiden Oberstleutnanten Hans-Henning Kahmann und Joachim Hornig. Sie sorgten gut dreißig Jahre nach Aufstellung der Streitkräfte in West- (1955) und Ostdeutschland (1956) mit ihrem dienstlichen Aufenthalt in Uniform hinter dem Eisernen Vorhang schließlich für etwas Neues, trugen auf ihre Weise zur beginnenden Normalität in den Beziehungen zwischen beiden deutschen Armeen bei.

Diese standen sich zu jener Zeit mit ebenfalls hochgerüsteten Truppen der Nato und des Warschauer Pakts für ein damals durchaus noch mögliches Kriegsszenario entlang der innerdeutschen Grenze gegenüber. Wenn man dann die etwa 540 000 Sowjet- (später russischen) Soldaten hinzurechnet, die in der DDR die Hauptstoßkraft der 1. Staffel für einen Angriff auf Westeuropa bildeten, wird einem heute noch die Gefahr bewusst, die allein aus dieser riesigen Truppenkonzentration hervorging. Flugzeuge und Raketen der Westgruppe der sowjetischen Streitkräfte (WGT) wie auch der US-Streitkräfte in der Bundesrepublik konnten in nur wenigen Minuten jedes Ziel im anderen Teil Deutschlands erreichen und sofort ein nukleares Inferno entfachen. Das war allgemein bekannt und vielen Menschen beiderseits der Grenze bewusst.

Aus all diesen Gründen permanenter Kriegsgefahr wuchs auf beiden Seiten das Interesse an mehr Stabilität auf dem Kontinent. Es kam mit der Schlussakte der Konferenz über Sicherheit und Zusammenarbeit in Europa (KSZE) 1975 in Helsinki zu ersten vertrauensbildenden Maßnahmen. Schon ab 1973 fanden in Wien vorbereitende Konsultationen über eine gegenseitige Verminderung von Streitkräften und Rüstungen in Mitteleuropa statt. Später durften Beobachter zu großen Manövern eingeladen werden, was aber keine Pflicht war. In der Praxis zeigte sich die Nato weitaus gastfreundlicher als der Warschauer Pakt. Auch die Bundeswehr ging hier, im Gegensatz zur NVA, mit gutem Beispiel voran und hatte damals schon mehr als zehn Jahre lang Manöverbeobachtungen praktiziert.

Danach wurde vor allem 1986 in Stockholm – besonders für Militärs aus den Warschauer Vertragsstaaten zu jener Zeit noch immer ungewöhnlich – recht offen über die Reduzierung von Bewaffnung und Ausrüstung verhandelt. Auf den Tisch kamen aktuelle Zahlen und Fakten. Und in diese aufgeschlossene Atmosphäre fügte sich die Arbeit von Manöver-Beobachtern der jeweils anderen militärischen Seite sowie aus neutralen Staaten wie Österreich und der Schweiz als ein weiterer Beitrag zur internationalen Entspannung ein.

Ab 1. Januar 1987 galt das Schlussdokument der Stockholmer Konferenz über vertrauens- und sicherheitsbildende Maßnahmen und Abrüstung in Europa. 35 Teilnehmerstaaten verpflichteten sich darin, Militärbeobachter bei Übungen mit mehr als 17 000 Teilnehmern einzuladen. Allein für das laufende Jahr mussten die DDR-Behörden vier Übungen, auch mit Beteiligung der Gruppe der Sowjetischen Streitkräfte in Deutschland (GSSD, Vorgänger der WGT-Truppen), ankündigen.

So stellte sich die militärische Ausgangslage vor Reisebeginn der beiden Westdeutschen zu den Soldaten im Osten dar. In ihrer Uniform passierten sie am 25. März in einem blauen Mercedes die innerdeutsche Grenze. Sie trugen den „kleinen Dienstanzug" mit hellgrauer Jacke, schwarzer Hose, rotem Barett. Die Route führte über die Autobahn direkt nach Potsdam. Sicher hatten die ostdeutschen Verantwortlichen mit den sowjetischen Partnern die altehrwürdige Garnisonsstadt und einstige Residenzstadt Großer Kurfürsten nicht zufällig als Treffpunkt aller Manöverbeobachter auserwählt: Hier war 1945 das Potsdamer Abkommen unterzeichnet worden.

Ursprünglich wollte die DDR-Armeeführung ganz geschickt aus den Manöverbeobachtern außenpolitisches Kapital schlagen. Sie lud die Militärs zur offiziellen Begrüßung in das Gästehaus der Verwaltung Internationale Verbindungen nach Berlin-Grünau ein. Das lag direkt an der olympischen Regatta-Strecke von 1936. Die Nato erkannte den Trick, die Beobachter entgegen dem entmilitarisierten Status von Berlin als Gäste in diesem entlegenen Zipfel Ost-Berlins zu empfangen. Sie lehnte die Einladung zur Begrüßung ab.

Bei ihrer Ankunft am Interhotel Potsdam inmitten der Stadt wurden die beiden westdeutschen Oberstleutnante wie schon zuvor die anderen Beobachter militärisch korrekt von NVA-Oberst Peter Herrich und weiteren Offizieren der Volksarmee mit Handschlag und einem freundlichen „Herzlich willkommen" begrüßt. Die Fernsehteams und Bildreporter machten daraus „das" Ereignis. Es bestimmte noch am selben Tag und tags darauf den Aufmacher von Nachrichtensendungen beziehungsweise Zeitungen in aller Welt. Mit den beiden Westdeutschen kamen noch weitere 38 Manöverbeobachter aus 20 Ländern, darunter Offiziere aus Österreich und der Schweiz, in die damalige Bezirksstadt.

Der Verantwortliche in der Uniform der anderen deutschen Armee, der ein Jahr später zum Generalmajor ernannt wurde, trug bei der Übergabe der rosafarbenen Beobachterausweise im Foyer des Hotels keine Kopfbedeckung, die ankommenden Gäste wohl. Auf den Ausweisen standen Vor- und Zuname des Teilnehmers sowie das Herkunftsland. Es folgte eine erste kurze Einweisung. Zahlreiche Journalisten, auch ich, hörten aufmerksam zu. Man wollte kein Wort verpassen.

Die Vereinbarung von Stockholm galt mit Blick auf die bislang vor allem im Osten übliche militärische Geheimhaltung allgemein als großer Fortschritt. Im Westen hatte sich diese Praxis mit Ost-Beobachtern - bisher noch ohne Vertreter der NVA, die ja sonst auch die Gegenseite hätte einladen müssen - durchaus bewährt. Nun durfte zum ersten Mal nach dem 2. Weltkrieg ein kleiner Teil des für die Öffentlichkeit sowie für Alliierte Militärmissionen gesperrten riesigen ostdeutschen Übungsbereiches der Warschauer Militärkoalition vor Ort inspiziert werden. Das wäre noch ein, zwei Jahre zuvor völlig undenkbar gewesen.

Selbst auf die sonst bei den Russen üblichen Wodka-Gelage für Gäste ähnlicher militärischer Veranstaltungen wurde diesmal im Sinne einer konzentrierten Manöverbeobachtung verzichtet. Auf großen Karten erhielten alle Teilnehmer genaue Kenntnisse über den Verlauf der vorgesehenen militärischen Handlungen. Im Mittelpunkt stand - ganz zeitgemäß - nicht der Angriff, sondern die Verteidigung von Stellungen. Es wurden keine politischen Reden gehalten. Aber die Versammelten aus Ost und West spürten: Gorbatschows Glasnost und Perestroika lassen grüßen!

Auch für mich als ADN-Berichterstatter über diese Militärübung mit 23.500 Sowjetsoldaten und 1.500 NVA-Angehörigen auf DDR-Territorium war das ein großes Erlebnis. Mitten in einem Pulk von Journalisten, Bildreportern und Fernsehteams (vor allem aus dem Westen) wurde ich Zeuge, wie sich zum ersten Mal auf deutschem Boden Offiziere der Bundeswehr und der NVA und in den Folgetagen immer wieder mal die Hand reichten. Bei den Wiener Abrüstungsgesprächen gehörten Begegnungen zwischen deutschen Militärexperten zu jener Zeit schon zum Alltag.

Ich vergesse nicht, wie respektvoll der zuständige General und die anwesenden hohen Offiziere der NVA mit den beiden Oberstleutnanten der Bundeswehr damals als erste Manöverbeobachter im Raum Potsdam umgegangen sind. Eine große westdeutsche Boulevardzeitung meldete auf der Titelseite: „Lachen in Potsdam" und schrieb „Foto des Jahres" zu einem Bild, „das noch vor kurzem undenkbar schien". Ein anderer Pressevertreter spürte in den Lobby-Gesprächen der drei Dutzend Uniformträger „die gepflegte Atmosphäre eines internationalen Offizierskasinos".

Das waren schon 1987 Anzeichen für die Normalisierung der Beziehungen auch auf dieser Ebene. In Potsdam klappte in jenen Tagen die Verständigung zwischen den „feindlichen Brüdern" recht gut. So der Tenor in vielen westdeutschen Zeitungen. In der DDR gab es den politischen Begriff „Brüder und Schwestern" überhaupt nicht in der Presse. Die Gastgeber hatten vom Verteidigungsministerium in Strausberg und vom Außenministerium in Ost-Berlin die nötigen Vollmachten, um mit den westdeutschen und anderen Militärkollegen zwanglos über alles Dienstliche zu sprechen. Mehr aber auch nicht.

War sonst jeglicher „Westkontakt" für einen NVA-Berufssoldaten streng verboten, zu dieser Zeit auch noch das Westfernsehen und der Westrundfunk in der Dienststelle oder zu Hause, so galten während der Übung ganz andere Regeln: Die NVA-Vertreter präsentierten sich allen Gästen auf Augenhöhe. Aber warum durften die Volksarmisten nicht immer so selbstbewusst auftreten, dachte ich damals. Jede Frage wurde von ihnen korrekt beantwortet. Und die Gäste hatten vor und nach der Manöverbeobachtung sehr viele Fragen.

Diese Offenheit hinterließ natürlich bei den Übungsteilnehmern ihre Spuren. Man stand nun zum ersten Mal Angehörigen jener Bundeswehr und anderer Nato-Armeen von Angesicht zu Angesicht gegenüber, über die im wöchentlichen Politunterricht und im DDR-Fernsehen sonst nur Schlechtes erzählt wurde - imperialistisch, aggressiv, kriegsbereit. Doch so gefährlich sahen die freundlichen Herren in ihren schmucken Uniformen gar nicht aus. Im Gegenteil!

Obwohl die hier beteiligten deutschen Offiziere mit Generalstabsausbildung auch für höhere Verwendungen vorbereitet waren, mussten sie sich nicht in Russisch oder Englisch, den Kommandosprachen ihrer jeweiligen Bündnisse, unterhalten. Die beiden Gäste in ihrer hellen Uniformjacke - gut sichtbar der Bundesadler auf dem schwarz-rot-goldenen Emblem am linken oberen Ärmel - stammten ja nicht aus irgendeinem fernen Land, wie das die SED-Führung zu gern gesehen hätte.

Immerhin sorgte die Mission von Kahmann und Hornig hier vor Ort schon vor deren Eintreffen für viel Aufsehen. Volkspolizisten und Militärstreifen wachten darüber, dass nur angemeldete Personen den abgesperrten Bereich um das Interhotel herum betreten durften. Das war sicher auch in anderen Ländern bei solchen Anlässen üblich.

Kaum verließen die beiden Bundeswehroffiziere ihr Fahrzeug, mussten sie viele Fragen der Journalisten beantworten. Sehr sachlich und ruhig kamen die Antworten. Der große Kahmann als „Truppführer" machte schon in den ersten Stunden eine beeindruckend gute Figur. Auch mit den Worten: „Ich bin kein Aufklärer!" stellte er sogleich klar, mit welchem Auftrag er und sein Kamerad hierher gekommen waren: Im Sinne der militärischen Vertrauensbildung.

Einen Tag später sagte er mir: „Die Arbeitsbedingungen sind so, dass ich in dieser Zeit an einem sehr guten Beobachtungspunkt meinen Aufträgen nachgehen konnte."

Die Sachlichkeit dominierte. Das war dann bei allen folgenden Gesprächen zu beobachten. Und erst recht in einem weiteren improvisierten Frage-Antwort-Spiel mit den zahlreichen aus Ost-Berlin angereisten westdeutschen Korrespondenten. Hier kam auch Hornig mehr zu Wort. Alles drehte sich um die Erwartungen der Bundeswehr-Vertreter für die mehrtägigen Manöverhandlungen im Raum Gardelegen, Magdeburg, Wittenberg, Lübben und Brandenburg.

Obwohl die Satellitenaufklärung schon lange von beiden Militärblöcken genutzt wurde, die auf den Zentimeter genau Natürliches und Echtes von Attrappen oder Scheinwaffen unterscheiden konnte und so das Militärarsenal der jeweils anderen Seite bestens bekannt war, durften hier weder Fotoapparat noch Diktiergerät verwendet werden. Nur das eigene Fernglas, der Notizblock und ein Zollstock waren als Hilfsmittel zur Manöverbeobachtung zugelassen.

Und tatsächlich sah ich dann in den nächsten Tagen, wie einige Militärbeobachter - nicht die beiden westdeutschen - mit dem Zollstock die Breite und Tiefe von Schützengräben sowie anderer Verteidigungsanlagen vermessen haben. Selbst die Stärke von Holzpflöcken in diesen Stellungen war für einige Militärs interessant. Alles wurde von diesen Herren penibel notiert. Im Getümmel der Beobachter schaute man sich manchmal sogar gegenseitig auf den Notizblock, um Zahlen zu vergleichen. War dieses Interesse echt oder nur zur Schau gestellt? Allein die Tatsache, dass sich in dieser Gegend Fremde aufhalten durften, war schon ein ungewöhnliches Ereignis - national und international. Bisher galt das für NVA und GSSD als Spionage.

Hier noch eine Episode, die trotz der Entspannungstendenzen die übliche Geheimniskrämerei des Ostens zeigte: Zum Auftakt der ersten Übung mit Beobachtern demonstrierten die russischen Truppen, wie sie sich im Ernstfall gegen einen „Angriff" verteidigen würden. Ein WGT-Oberst sagte dazu vor ostdeutschen und russischen Journalisten: „Die westlichen Beobachter sollen ruhig sehen, was passiert, wenn es zum Krieg kommt. Dann wird die ganze Welt rot sein." Er meinte wohl „sozialistisch" oder „kommunistisch". So eine fatale Überheblichkeit, so leichtfertig mit Kriegshandlungen zu jonglieren - ich konnte es nicht fassen. Diese Siegermentalität der damaligen Großmacht Sowjetunion kannte ich ja schon von den riesigen Agitationstafeln in einigen Kasernen der WGT.

Sicher, es war für die anwesenden Experten beeindruckend, was da so alles an Waffen aufgeboten und vorgeführt wurde. Nur die hochmoderne Truppenluftabwehr mit ihren Fla-Raketen aus Containern auf schwimmfähigen Gefechtsfahrzeugen, ob nun die Strela 1 (Nato: SA-9 GASKIN) oder das System OSA AK (Nato: SA-8 GECKO), die bei jeder Militärparade in Moskau als eine eigene Waffengattung auch für westliche Experten eine Attraktion darstellte und besonders genau in Augenschein genommen wurde, fehlte im waffenstarrenden Ensemble. Der in Ost-Berlin akkreditierte österreichische Militärattaché bemerkte das natürlich, wie er mir anschließend lächelnd unter vier Augen in einem Jeep anvertraute. Die Russen blufften also weiter. Man wollte eben nicht zeigen, über welchen Stand der Technik

(Radar und Flugkörper) die GSSD bei einer möglichen Bekämpfung westlicher Flugziele verfügte.

Der NVA-General, der tags darauf andernorts das Kommando über die ostdeutschen Truppen bei dieser Übung innehatte, machte in einer kleinen Gesprächsrunde schon hier darauf aufmerksam, dass bei ihm „nicht gemauschelt“ werde. Mit gefiel diese Formulierung, deshalb habe ich sie mir auch über all die Jahre gemerkt. Und so war es dann auch: Mit hoher Kampfkraft und Gefechtsbereitschaft wollte man den vielen Gästen und erst recht den Partnern vom sowjetischen „Regiment nebenan“ zeigen, dass die Deutschen in der NVA-Uniform ihr Waffenhandwerk durchaus gut verstehen. Das hat schon Eindruck gemacht.

Dass dies im militärischen Ernstfall an der Seite der Sowjetarmee auch zur Invasion gegen den Westen genutzt worden wäre, war hier kein Thema. Aber nach der Wiedervereinigung kamen die entsprechenden Dokumente der DDR-Landesverteidigung ans Tageslicht. Ein überdimensionales Relief der alten Bundesrepublik diente in Strausberg hohen ostdeutschen Militärs zu Übungs- beziehungsweise vor führenden Politikern zu Demonstrationszwecken.

Im sogenannten Operativen Ausbildungszentrum wurde bei mancher Übung der Marsch gen Westen geprobt. Die Angriffspfeile konnte man selbst nach der Wende noch sehen. Alle wichtigen Straßen der DDR und der Bundesrepublik, auch Flugplätze und Kernkraftwerke, hatte man auf einer Reliefkarte - etwa 20 mal 15 Meter groß – im Maßstab 1:50 000 nachgebildet. So konnten schon in Friedenszeiten immer wieder die für den Ernstfall vorgesehenen Fahrtrouten, beispielsweise durch das Ruhrgebiet oder nach Bayern, einstudiert werden. Zudem standen den NVA-Kommandeuren zur Lagebeurteilung ungewöhnlich präzise Informationen über die Bundeswehr zur Verfügung. Sie wurden mittels moderner Informationstechnik in Sekundenschnelle abberufen.

Unvollständig waren dagegen - kaum zu glauben, aber wahr - die militärischen Angaben über die sowjetischen Waffenbrüder. Sie hatten ihre eigentliche Schlagkraft - genauer: die „speziellen“ Waffen, also Raketen, welcher Art und Größe auch immer - vor NVA-Offizieren verheimlicht. All das erfuhr ich nicht von der NVA. Deren Kommandeure wussten das ja nicht. Nach der Wiedervereinigung berichtete mir das ein Verantwortlicher der Bundeswehr, der mit dem Abzug der WGT zu tun hatte.

Dennoch war nach all den vorangegangenen militärischen Inspektionen - ob in Frankreich oder in der Ukraine und nun unweit der innerdeutschen Grenze - diese Art der Begegnung im Machtbereich der DDR-Führung schon eine neue Qualität vertrauensbildender Maßnahmen. Nach ihren ständigen Friedensbeteuerungen mussten Honecker & Co. nun endlich Taten folgen lassen, gerade was die militärische Offenheit und Abrüstung betraf. Das ist diesen Herren mit ihrem maßlosen Sicherheitsdenken nicht leicht gefallen.

Zum Schluss der mehrtägigen Übung stellten sich die Manöverbeobachter in den Räumen des Potsdamer Filmmuseums noch einmal der Presse. Sie lobten nahezu einhellig die Gastgeber. Kahmann, der im Führungsstab der Bundeswehr für Rüstungskontrolle tätig war, bilanzierte: „Wir konnten uns davon überzeugen, dass von dem, was wir bisher gesehen haben, keine Gefahr für die Bundesrepublik Deutschland ausgeht." Auch das hörten die Gastgeber gern.

Eine ähnliche Übung wiederholte sich kurz darauf in Cottbus. Dort beobachteten zwei andere Bundeswehr-Offiziere mit weiteren Militärs aus Europa die rein nationalen Handlungen der NVA.

Wie sehr man vor Ort noch immer Angst vor deutsch-deutschen Kontakten hatte, bekam ein Oberstleutnant der NVA eines Abends, also nach Dienstschluss, zu spüren. Er war Regisseur vom Armeefilmstudio aus Berlin-Biesdorf, das hier fleißig gedreht hatte. Darunter ein ausführliches Gespräch mit einem der beiden Bundeswehr-Vertreter.

Der NVA-Offizier plauderte zur mitternächtlichen Stunde an der Hotelbar weiter mit dem westdeutschen Gast über dieses und jenes Thema. Heute sagt man: Über Gott und die Welt. Vielleicht hatte er die vorherige Dienstanweisung „Flagge zeigen, aber keine persönlichen Kontakte" des Sprechers des Verteidigungsministeriums missverstanden. Jedenfalls nahm ihn der NVA-Oberst (ganz sicher auf Weisung der verdeckt arbeitenden Staatssicherheitsleute, die ihn im Hotelzimmer telefonisch über dieses innerdeutsche Tete-à-tete informiert hatten) erstmal zur Seite, um ihn dann noch in der Nacht nach Hause zu schicken.

Jahre nach der Wiedervereinigung traf ich den Ex-Regisseur zufällig nach einem Konzert im Berliner Schauspielhaus wieder. Er hatte sich, wie er mir sagte, damals nur „von Mensch zu Mensch" mit dem anderen deutschen Offizier unterhalten wollen. Das war eben für die in Cottbus anwesenden Aufpasser von der unsichtbaren Stasi-Front zu viel des Guten. Er wurde damals nicht bestraft, auch nicht degradiert, wie das sonst bei ähnlichen West-Kontakten üblich war. Der Filmemacher musste eben nur auf die nicht alltäglichen Vorzüge eines Interhotels verzichten.

Auch diese Nicht-Bestrafung, so komisch das heute klingt, bedeutete schon einen kleinen Fortschritt in den sonst starren Blickwinkeln der Politchefs der NVA - vor allem, wenn es um die Bundeswehr ging. Der Pressesprecher des Verteidigungsministeriums war übrigens dienstlich direkt dem Chef der Politischen Hauptverwaltung der NVA unterstellt. Und bei Geschehnissen dieser Art hat er sich dort ganz gewiss telefonisch abgesichert, auch nachts.

Wer hätte in jenen Tagen 1987 auch nur zu träumen gewagt, dass schon wenige Jahre später die grauen NVA-Uniformen aus der Öffentlichkeit Ostdeutschlands für immer verschwunden sein sollten und dafür von den eigenen Soldaten die Uniform des damaligen Gegners getragen wird? Wohl niemand, angesichts der hochgerüsteten DDR und auch nach Meinung der Manöverbeobachter gut ausgebildeten NVA.

Honecker von Strauß „sehr beeindruckt"

Kurz nach seinem offiziellen Bonn-Besuch im September 1987 bei Bundeskanzler Helmut Kohl (CDU) und seinen Gesprächen in München mit dem bayerischen Ministerpräsidenten Franz Josef Strauß (CSU) über die verheerenden Auswirkungen eines möglichen militärischen Konflikts auf deutschem Boden empfing Partei-

und Staatschef Erich Honecker die ostdeutschen Absolventen der Militärakademien. Dieses Zeremoniell fand jedes Jahr statt. Die Rede für die Veranstaltung in seinem Amtssitz am Berliner Marx-Engels-Platz hatten wieder seine Militärberater vorbereitet. Sie lag im Entwurf den akkreditierten DDR-Journalisten schriftlich vor.

Doch kurz vor der Ansprache änderte er handschriftlich mit dem Füllfederhalter den Titel seiner Ansprache. Jetzt forderte er schon in der Überschrift: „Der Sozialismus wird an Elbe und Werra verteidigt". Das war zu dieser Zeit neu.

Wie mir damals unser Chefreporter, der Honecker bei seinem Treffen mit Strauß in Bayern begleitet hatte, in diesem Zusammenhang sagte, hätten sich dort beide Gesprächspartner ausführlich über die Auswirkungen eines möglichen atomaren Krieges mitten auf den Territorien der beiden deutschen Staaten unterhalten. Dabei sei Honecker von den Erläuterungen des CSU-Chefs und Ex-Verteidigungsministers mit den Folgen eines Holocaust in ganz Deutschland „sehr beeindruckt" gewesen, erinnerte sich mein Kollege.

Auch er hatte als langjähriger Berichterstatter des ADN noch in guter Erinnerung, dass Strauß als ehemaliger Chef der Bonner Hardthöhe in der DDR-Presse prinzipiell als „Kriegsminister" abgekanzelt wurde. Sollte damals auch heißen: Die „Kriegstreiber" waren prinzipiell im Westen zu Hause. Der Osten beherbergte dagegen nur „Friedensapostel", auch ohne weiße Fahnen.

Der Staatsratsvorsitzende habe bei dieser Gelegenheit darauf hingewiesen, dass von sowjetischen Militärs nach der Tschernobyl-Katastrophe eine bis dahin für möglich und für gewinnbar gehaltene atomare Kriegführung inzwischen angezweifelt werde. „In Moskau und selbstverständlich auch in Ost-Berlin, so Honecker, wisse man nun definitiv, dass nach einem atomaren Schlagabtausch die Welt nicht mehr bewohnbar sein würde." So gab Strauß in seinem Buch „Die Erinnerungen" (Berlin, Siedler, 1989, S. 494) dessen Worte wieder.

Dieses Treffen hatte wohl bei Honecker zum Nachdenken geführt. Nun forderte er vor den eigenen Militärs erstmalig eine Vorneverteidigung. Mit Blick auf die traditionelle Nato-Verteidigung bedeutete das ein „Double" und eine Absage an die langjährige Strategie der Moskauer Armeeführung. Sie hatten bislang mit den Armeen des Warschauer Pakts nicht nur die „Vernichtung des Gegners auf dessen Territorium" geplant, sondern auch eine teilweise Zerstörung der DDR auf einem möglichen europäischen Kriegsschauplatz einkalkuliert.

Was dabei die nukleare Komponente betraf, auch als überraschender Erstschlag von Seiten der Sowjetarmee, was so vom Westen angesichts der haushohen Überlegenheit des Ostens mit konventionellen Waffen nicht erwartet wurde, kam erst nach der Wiedervereinigung aus geheimen Militärunterlagen ehemaliger Ostblockstaaten ans Tageslicht. Dennoch: Ob ein Krieg mit konventionellen oder nuklearen Waffen - ich glaube, jedes Spiel mit dem Feuer wäre zu einem Inferno für ganz Deutschland geworden.

Nur wenige Eingeweihte wussten, dass trotz umfassender militärischer Kriegsvorbereitungen und der fast eine Million zuerst im Zivilschutz, dann in Formationen der Zivilverteidigung ausgebildeten Personen der Staat der Arbeiter und Bauern bei dieser Auseinandersetzung der beiden Militärblöcke zugrunde gegangen wäre. Denn es gab ja wirklich nur für einen Bruchteil der DDR-Bevölkerung „Schutzbauten", und wenn das nur geeignete Keller waren. Sicherlich hat man das zuvor in Moskau angesichts des eigenen gewaltigen Militärpotentials noch ganz anders gesehen. Dort brachten hauptsächlich die Befehlshaber aus dem Großen Vaterländischen Krieg über Jahrzehnte ihre Kampferfahrung an den zahlreichen sowjetischen Militärakademien stets auf den Punkt: „Ein Stalingrad darf es nie wieder geben."

Sollte auch heißen: Wenn schon Kriegshandlungen, dann aber diesmal nur in Deutschland.

Diese Faustformel, verbunden mit der Planung riesiger Panzertruppen und Flugzeugverbände, möglichst mit dreifacher Überlegenheit gegenüber dem vermeintlichen Gegner, wurde den ostdeutschen „Generalstäblern" bei ihren Studien an den sowjetischen Militärakademien als ein Lehrsatz sozialistischer Kriegskunst beigebracht. Manchmal hieß das auch nur operative Kunst, aber jeder höhere Militär wusste genau, was damit gemeint war. Deshalb glaubten vor allem ältere NVA-Offiziere, dass die sowjetischen Truppen schon aus strategischen Gründen niemals aus der DDR abziehen würden. Ostdeutschland wurde seit Beginn des Kalten Krieges von der Sowjetarmee als militärischer Vorposten benötigt.

Nach diesen Planungen sollte also mitten in Europa und nicht wieder vor den Toren Moskaus der nächste größere militärische Konflikt ausgetragen werden - vor allem mit überraschenden Schlägen „in die gegnerische Tiefe". So hieß das damals. In den USA, denke ich, hätte man dann wohl auch nicht viel von einem „lokalen Konflikt" mitten in Europa gespürt.

Auch für hohe NVA-Dienstgrade war ein „militärisches Gleichgewicht" angesichts solcher Planungen nie ein ernsthaftes Ziel. Die DDR-Spitzenmilitärs fühlten sich an der Seite der sowjetischen Waffenbrüder und mit ihrer gemeinsamen Kriegsmaschinerie dem Westen weit überlegen. Selbst in einem offenen Lehrbuch aus dem DDR-Militärverlag, einer deutschen Übersetzung der 1963 in Moskau publizierten „Militärstrategie" von Herausgeber Marschall Wassili D. Sokolowski, ließ sich das in der Denkweise der Moskauer Militärführung von der wachsenden Überlegenheit der sozialistischen Staaten und der zunehmenden Aggressivität des Imperialismus nachlesen. Schwerer hatten es da die ostdeutschen Diplomaten bei den internationalen Abrüstungsverhandlungen für Europa. Ihr Auftrag lautete: Den Frieden in Europa mit einem geringeren „militärischen Gleichgewicht" sicherer zu machen - weniger Waffen im Westen, weniger Waffen im Osten.

In welchem Verhältnis beide Seiten abrüsten sollten, das war der weit über zehn Jahre dauernde Streitpunkt in den Wiener Gesprächen und späteren Verhandlungen. Da der ADN über die eigene Position ständig berichtete, fand ich es sehr interessant, später zu erfahren, dass die DDR-Repräsentanten in Wien mit ihrem inzwischen „westlichen Abrüstungsdenken" - nämlich ein „militärisches Gleichgewicht" in Mitteleuropa zu erzielen - nach ihren eigenen Worten sogar „Kopf und Kragen" im eigenen Land riskiert haben. „Ein Dauerbrenner war – solange die Wiener Verhandlungen existierten – die Kontrollfrage." So Delegationsleiter

Klaus-Dieter Ernst in „Alternative deutsche Außenpolitik – DDR-Außenpolitik im Rückspiegel II" (Berlin-Hamburg-Münster 2006, S. 203).

Nach außen ja, lautete ihr Auftrag, wenn es um die Reduzierung des Wettrüstens ging, nach innen nein, wenn es darum ging, das militärische Potential des Sozialismus zu verkleinern. Nicht nur auf wissenschaftlichen Tagungen hätten sich ostdeutsche Militär- und Gesellschaftswissenschaftler „gegen die These vom militärischen Gleichgewicht" gewandt. Man habe dahinter eine „Schwächung" der eigenen Verteidigungsbereitschaft vermutet.

Meist klammheimlich und nur bei Nacht hatten NVA-Spezialisten nach entsprechender Ausbildung in der Sowjetunion dafür gesorgt, dass in ausgewählten ostdeutschen Kampfeinheiten auch nukleare Trägermittel wie Raketen zur Verfügung standen. So in der Raketenbrigade des Neubrandenburger Militärbezirkes. Sie war 1962 im Schatten der Kuba-Krise aufgestellt worden. (Bernd Biedermann: Offizier, Diplomat und Aufklärer der NVA – Streiflichter aus dem Kalten Krieg, Verlag Dr. Köster, Berlin 2008, S. 43). Hier wurde 1985 das Mittelstrecken-Raketensystem OKA (Nato: SS-23, SPIDER) mit einer Reichweite von rund 500 Kilometern auf vier Startrampen installiert.

Damit verfügten die DDR-Militärs noch in Zeiten der internationalen Entspannung mit dieser operativ-taktischen Rakete über eine weitreichende und äußerst zielgenaue Waffe. Diese war von der Sowjetunion gemäß dem Mittelstreckenraketen-Vertrag INF mit den USA von 1987 im Gegenzug zu PERSHING II und landgestützten Marschflugkörpern bereits zerstört worden. Da der INF-Vertrag über die Vernichtung aller nuklearen Mittelstreckensysteme, also Raketen kürzerer und mittlerer Reichweite (500 – 5 500 km), zwischen der Sowjetunion und den USA abgeschlossen worden war, blieben die streng geheimen DDR-SPIDER unbeachtet.

„Die UdSSR hatte bei Vertragsunterzeichnung die Lieferung dieses Systems an die DDR nicht genannt", berichtete Oberstleutnant a.D. Martin Kunze von den NVA-Raketentruppen (Jablonsky/Wünsche: „Im Gleichschritt? Zur Geschichte der NVA", Berlin 2001, S. 198).

War das Zufall? Die Strausberger Klassenkämpfer in der NVA-Uniform verfügten also mit Wissen der Moskauer Waffenbrüder immer noch über ein Trumpf-As im Ärmel, ich würde sagen, eine „Waffe vom Feinsten". Noch herrschte Kalter Krieg, obwohl damals Reagan und Gorbatschow im Weißen Haus mit dem INF-Vertrag den ersten realen Abrüstungsvertrag unterzeichnet hatten. Die Bundeswehr verzichtete bei dieser Gelegenheit in zwei Verbänden der Luftwaffe auf ihre bodengestützten 72 Pershing 1A-Raketen. Diese waren im Verteidigungsfall im Rahmen der Nato-Strategie „FLEXIBLE RESPONSE" für den Einsatz vorgesehen.

Eine zweite Raketenbrigade der NVA unterstand dem Leipziger Militärbezirk. Deren 12 Startrampen galten den Boden-Boden-Lenkflugkörpern vom sowjetischen Vorgänger-Typ 8 K 14 (Nato: SS-1c, SCUD-B) mit einer Reichweite von etwa 300 km. Dieser Raketentyp gehört heute, auch modifiziert, zum Rüstungspotential einiger Staaten im Nahen und Mittleren Osten.

Umdenken in der DDR-Armee

Trotz Überwachung und ständiger Einschüchterung der Bevölkerung in der DDR durch das „zuständige Organ", hinter dem sich das Ministerium für Staatssicherheit mit etwa 100 000 hauptamtlichen (also bewaffneten) und mehr als 100 000 Inoffiziellen Mitarbeitern verbarg, war doch folgendes sensationell: Sowohl nach dem Mauerfall 1989 als auch im Vorfeld der Wiedervereinigung und beim absehbaren Ende der NVA 1990 fiel kein einziger Schuss! Nirgendwo! Es gab hier keine blutigen Verhältnisse mit mehr als tausend Toten wie in Rumänien, als im Dezember 1989 die Geheimpolizei SECURITATE bei Gefechten mit der Armee die Entmachtung von Ceaucescu verhindern wollte. Die Armee war dort zu den Gegnern der Diktatur übergelaufen.

Die Truppen von Armeegeneral Mielke, seit Monaten in ständig hoher Alarmbereitschaft, wie ich und eine Kollegin von der Berliner Zeitung „BZ am Abend" gemeinsam mit einem Fernseh-Team von Elf99 des DDR-Fernsehens am 7. Dezember 1989 bei einem Rundgang mit mehreren Bürgerrechtlern durch das noch funktionierende Stasi-Ministerium in der Ost-Berliner Normannenstraße erfuhren, wurden vom eigenen Volk auf friedliche Weise außer Gefecht gesetzt. Das geschah mit Friedensgebeten und brennenden Kerzen. Allerdings, im aufrechten Gang der beteiligten mutigen Bürger.

Auf alle möglichen Varianten des Klassenkampfes waren die Untergrundkämpfer der Stasi vorbereitet, erklärten sie später, nur darauf nicht. Noch mehr hatte sie wohl überrascht, dass die Bevölkerung in Massen auf die Straße ging: Männer und Frauen, Parteilose und Parteimitglieder, Arbeiter und Künstler. Oft gehörten sogar die eigenen Kinder dazu. Nicht nur in Leipzig und Berlin. Auch in meiner Geburtsstadt Arnstadt demonstrierten viele Menschen für mehr Demokratie und Bürgerrechte.

Mit den Fernsehbildern vom Platz des Himmlischen Friedens in Peking oder den blindwütigen Schießereien der SECURITATE in Rumänien im Hinterkopf, war dieser friedliche Übergang für die allermeisten DDR-Bürger ein Geschenk des Himmels. Unter dem Ruf „Keine Gewalt!" hatten Kirchenleute und Bürger aller Schichten bei Demonstrationen in vielen Städten der DDR dafür gesorgt, dass diese Botschaft ebenso in NVA-Kasernen Gehör fand. Und dem war so.

Auch die Wehrpflichtigen hatten von den „sozialistischen Errungenschaften" die Nase voll. Selbst das „Pflichtfernsehen" verfehlte bei ihnen die beabsichtigte ideologische Wirkung. So hieß das, wenn Soldaten nach Dienstschluss zur täglichen „Aktuellen Kamera" oder montags zum „Schwarzen Kanal" mit Ausschnitten von der ARD oder vom ZDF, verbunden mit bitterbösen Kommentaren des DDR-Fernsehens, in den Klubraum einrücken mussten. Diese einseitige, oft plumpe politische Agitation über den Kapitalismus hat eigentlich nie überzeugt. Es gab Soldaten, die sagten mir ohne Umschweife nach dem Gemeinschaftsempfang: „Endlich wieder mal was Neues aus dem Westen gesehen."

Wahrscheinlich war die Zeit, als der NVA-Führung erste Reformen für demokratische Rechte der Soldaten und ein menschlicheres Truppenleben abgerungen wurden, für die allermeisten Berufssoldaten so etwas wie eine „Gehirnwäsche".

Sie nahm das Volk im Schnellverfahren mit seinen eigenen Waffenträgern vor. Nicht über Nacht, wohl aber in dem Jahr zwischen der Maueröffnung 1989 und dem Tag der Einheit 1990 vollzog sich bei den meisten Offizieren, Fähnrichen und Unteroffizieren das Umdenken während dieses demokratischen Erneuerungsprozesses. Begonnen hatte es mit einem Nachdenken über die ständigen Belastungen im Dienst und die Wirtschaftsmisere im eigenen Land. Auch der Soldaten-Streik am Neujahrstag 1990 in Beelitz, wo dann der Verteidigungsminister Rede und Antwort stehen musste, trug dazu bei.

Die „Eisenharten" in der NVA aus tiefster innerer Überzeugung, auch noch nach der politischen Wende, wollten und konnten das alles nicht verdauen. Selbst heute sind viele von ihnen nicht bereit, offensichtliche Fehleinschätzungen der ehemaligen Partei- und Staatsführung, auch der Armeespitze, einzugestehen. Sie sagen meist: Die Idee vom Sozialismus war doch gut. Und dabei haben sie schon vergessen, dass hier im Land fast alles überwacht, kontrolliert und geregelt wurde. Offene Kritik und freie Meinungsäußerung haben die „Funktionsträger" nicht geduldet. Schon gar nicht in der Nationalen Volksarmee.

Selbst die Häuser der Politbüro-Mitglieder in der Siedlung Wandlitz waren „verwanzt", wie ich später dort erfuhr. Sie wurden von Mielke-Getreuen abgehört. Dieses Misstrauen hatte einen Namen: Honecker. Der SED-Generalsekretär, der nach Berichten von Insidern im Gegensatz zu seinem Vorgänger Walter Ulbricht in der SED-Siedlung absolut keinen Wert auf Gemeinsamkeiten mit seinen „Kampfgefährten" legte, hatte wahrscheinlich Angst vor möglichen Verschwörungen in den eigenen Reihen. Und so konnten die Stasi-Büttel, wie überall im Land, scheinbar tun und lassen, was sie wollten. Ohne jede parlamentarische Kontrolle. War das Demokratie oder sozialistische Demokratie? Ich denke, nicht.

Die Politbüro-Waldsiedlung Wandlitz bei Bernau habe ich erst nach der politischen Wende betreten. Sie ist heute ein auch von mir während einer dreiwöchigen Rehabilitation geschätzter Kurort. Wiederholt erfuhr ich vor dem Untersuchungsausschuss „Politbüro-Siedlung" der letzten, frei gewählten Volkskammer mit anderen Journalistenkollegen, dass sich unsere damalige Führung um Honecker mit allen Dingen des Lebens aus dem Westen versorgen konnte. Das reichte vom feinen italienischen Anzugstoff bis zum Waschpulver bekannter westdeutscher Firmen.

Ein Politbüro-Mitglied aus Magdeburg genierte sich nach seinen eigenen Worten, solche Dinge „mit nach zu Hause zu nehmen", weil bei ihm ab und zu Direktoren aus Chemie-Kombinaten zu Besuch waren und dann die Westprodukte gesehen hätten. Bezahlt wurden all diese Erzeugnisse, die die Stasi-Firma Kommerzielle Koordinierung (KoKo) organisiert hatte, wenn überhaupt, von den hohen Funktionären mit Ostgeld. Doch das durfte niemals aus dem Innenring der scharf bewachten Siedlung nach außen dringen.

Gab es einen runden Geburtstag unter den alten Herren dieser Riege, zu denen wohl als „Feigenblatt" zwei Kandidatinnen des Politbüros gehörten, fand dieser für das DDR-Fernsehen und die Fotografen stets im Klubraum der Siedlung statt. Im Hintergrund stand ein einfacher Wandschrank aus der volkseigenen Industrie mit einem Spitzenprodukt vom VEB Stern-Radio aus Berlin. So volkstümlich wollte man im Land gesehen werden. Man hat sich für solche Präsentationen in Wandlitz nie geschämt. Öffentlich wurde mit stillem Wasser vom VEB Spree-Quell Berlin angestoßen, heimlich der mundige Mosel-Wein getrunken.

Ein Politbüromitglied namens Konrad Naumann (SED-Bezirkschef von Ost-Berlin) sagte einmal vor Grenzsoldaten: „Wir können die Kapitalisten da drüben zwar nicht leiden, aber ihr Sekt schmeckt sehr gut." Das war an einem Neujahrstag beim Besuch eines Postenpaares an der Grenze zu West-Berlin. Anstatt „Rotkäppchen", den es wahrscheinlich in der SED-Politbürosiedlung Wandlitz nicht zu kaufen gab, öffnete er eine Flasche westdeutschen Sekt und füllte die Gläser. Mit mir erlebte das ein Bildreporter von ADN-Zentralbild. Naumann hatte schon im Sommer zuvor in einem FDJ-Lager für Lachkrämpfe unter seinen jungen Zuhörern gesorgt, als er sagte: „Wenn ich abends beim Fernsehen eine Büchse Bier öffne und trinke…" Jeder hier wusste, dass es für gewöhnliche Sterbliche in der DDR aus den volkseigenen Brauereien nur Bier in Flaschen oder in der Kneipe aus dem Fass zu kaufen gab.

Diese Zwiespältigkeit zwischen Wort und Tat ganz oben setzte sich bis nach ganz unten fort. Und so war das Umdenken gerade beim Militär gar nicht so verwunderlich. Kein Zweifel, dass besonders die Ehefrauen sowie die heranwachsenden und erwachsenen Kinder großen Anteil an diesem Lernprozess der Berufssoldaten hatten. Man wohnte ja gewöhnlich gleich neben der Kaserne in einer NVA-Siedlung, meist aus Plattenbauten, die aber gut beheizt waren. Ihre Besonderheit: Hier hatte die Regimentsführung in den Hausfluren wie in der Kaserne Sirenen installiert. Wenn man so will, lebten diese Familien kaserniert. Sie mussten sich, gleich anderen Mitbürgern, im Dorf-Konsum um die Dinge des Alltags kümmern.

Wer als NVA-Angehöriger einen „Trabi" oder „Wartburg" kaufen wollte, fuhr zur Bestellung des Fahrzeuges erst einmal in die IFA-Vertretung der Kreisstadt und erhielt dort einen fälschungssicheren Bestellschein. Nach etwa 14 oder 15 Jahren war das Warten auf das neue Auto vorbei. Hatte die junge Offiziersfamilie, mit oder ohne Kinder, schon eher das Bedürfnis, einmal mit eigener Kraft und ohne Deutsche Reichsbahn die Eltern oder Schwiegereltern auf der Insel Rügen oder im Thüringer Wald zu besuchen, musste sie mit einem gewissen persönlichen Risiko ein gebrauchtes Auto auf dem Schwarzmarkt oder von einem guten Bekannten kaufen. Das war, selbst mit zig-tausend Fahrkilometern, immer noch ein paar tausend Ostmark teurer als ein neues Fahrzeug.

Heute unvorstellbar, aber bis 1989 gelebte Praxis im Osten. Der alte Karl Marx, von dem „Das Kapital" stammt, was in der DDR jeder Student kannte, hätte nur den Kopf geschüttelt über diese Interpretation der Ökonomie und seiner Theorien. Auf dem Automarkt bei uns in Pankow habe ich auch gelesen: Biete Grundstück, suche neues Auto.

Die wichtigen Produkte des täglichen Lebens (im Volksmund „Bückware") wurden vom Ministerium für Handel und Versorgung in der DDR immer „schwerpunktmäßig" verteilt: Zuerst in Berlin. Dann in weiteren Großstädten. Und schließlich in Industriebetrieben mit Exportaufträgen. In Berlin war das beispielsweise das Kabelwerk Oberspree (KWO), wo rund um die Uhr gearbeitet wurde. Dabei blieb für die Bevölkerung auf dem Land nicht viel übrig. So erklärte sich auch in der DDR das gestörte Verhältnis zwischen den Landbewohnern und den Berlinern.

Da ich oft auf meinen journalistischen Reisen bis in entlegene Zipfel der Republik gelangt bin, kannte ich das bescheidene Angebot in den Läden der Militär-Handelsorganisation (MHO), die für die Kasernen zuständig war, recht gut. Es war vorwiegend für die kasernierten Wehrpflichtigen und Unteroffiziere gedacht: Wurst, Kuchen, Schreibwaren, Artikel für die Putz- und Flickstunde etc. Für mich ergiebiger waren dagegen die Auslagen in den dortigen NVA-Buchläden. Hier gab es oft Lizenzen westdeutscher und internationaler Autoren oder Schallplatten solcher Interpreten, die zuvor wie Peter Maffey ein großes Konzert in der DDR veranstaltet hatten.

Ab 1987 konnte man sich in der NVA im Zweifelsfall bei alltäglichen politischen Fragen zur entspannten „Großwetterlage" beim Politoffizier mit entsprechenden Zitaten von Michail Gorbatschow herausreden. In der Zeit von Glasnost (Offenheit) und Perestroika (Umgestaltung) als sowjetischer Reformpolitik gingen die politischen Vorgesetzten etwas großzügiger mit den kritischen Stimmen ihrer Anvertrauten um. Der Fragesteller trat eben nicht gleich ins „Fettnäpfchen", wenn die eigene Meinung nicht mit der offiziellen Parteilinie übereinstimmte.

Dann wiederum gab es Monate, da waren selbst die kritische sowjetische Zeitschrift „Sputnik" in der DDR verboten und der Name „Gorbi" überhaupt nicht hoffähig. Dessen Kurs der Öffnung wurde vom SED-Generalsekretär intern heftig kritisiert. Diese Kunde hat man bis in die Grundorganisationen der Partei getragen. Als ich seinerzeit in einem Schweriner Truppenteil beim Politoffizier Auskünfte für eine ADN-Reportage einholte, unterbrach uns kurz ein Hauptmann und fragte nach dem „Buch für … Mark". Er nannte weder Titel noch Autor, meinte aber eine Übersetzung von Michail Gorbatschow. So funktionierte wieder einmal die offizielle Einschüchterung in der Truppe, selbst der Offiziere, während der Perestroika.

Trotzdem: Die NVA bildete Mitte 1990 nicht mehr das scheinbar feste militärische Gefüge von einst und schon gar nicht von 1956, 1961, 1968. Damals wollte die SED-Führung während des Ungarn-Aufstandes, des Mauerbaus und des Einmarschs der Sowjettruppen in die CSSR gegenüber Moskau ihre Zuverlässigkeit und gegenüber dem Westen ihre militärische Stärke demonstrieren.

Zudem möchte ich darauf verweisen, dass die andere deutsche Armee nicht nur aus Agitatoren und Propagandisten bestand. Auch wenn das gesamte Führungspersonal der Einheitspartei angehörte, die in den Gründerjahren noch von Kommunisten (Ulbricht) und Sozialdemokraten (Grotewohl, Ebert) bestimmt wurde. In einem längeren Gespräch merkte man schon, dass es hinter den Kasernenmauern bei Kompanieführern hin und wieder Unterschiede in der Interpretation von Tagesthemen gab.

Die meisten Offiziere waren ohne Zweifel ganz vernünftige Menschen und sehr gute Militärspezialisten. Das zeigte sich beim späteren Umgang in der Bundeswehr mit den neuen Waffen und den jungen Soldaten. Und nur ganz wenige Berufssoldaten hatten sich einst tatsächlich als „Hass-Prediger" betätigt.

An der Militärakademie „Friedrich Engels“ in Dresden, der höchsten militärischen Bildungsstätte der DDR, sah man lange Zeit über dem Eingangsportal ein riesiges Porträt Erich Honeckers und darüber eine weithin sichtbare Losung: „Dem Feind keine Chance“. Wie war denn das zu verstehen: Honecker, hier ohne Chance? Da hatte doch wohl ein Dekorateur, der als Wehrpflichtiger in dieser erlauchten Umgebung seine Monate abdienen musste, ganz sicher unbeabsichtigt eine Feind-Assoziation bewirkt, die noch nicht einmal den Professoren in Generalsuniform aufgefallen ist. In der Zeit der NVA-Reformen nach dem Mauerfall 1989 zählten jedoch die Verantwortlichen der Militärakademie, bisher eine zuverlässige Kaderschmiede für den Stabsdienst in den Streitkräften, zu den Vordenkern der schon lange fälligen politischen und militärischen Veränderungen in der Armee.

Es gab sogar eine Zeit, da reichten an den drei Offiziershochschulen der NVA den Lehrgangsteilnehmern die üblichen (damals einfachen) Taschenrechner des DDR-Kombinates Robotron nicht mehr aus. Wenn beispielsweise die Flugbahnen von Geschossen als Nachfolger des legendären russischen Raketenwerfers „Katjuscha“ (von Wehrmachtssoldaten als „Stalinorgel“ gefürchtet) auf Selbstfahrlafette berechnet werden mussten, war es dem Geschick eines jeden Offiziersschülers überlassen, sich von der eigenen Verwandtschaft einen „schlauen“ Taschenrechner zu besorgen. Der stammte natürlich aus dem „Nichtsozialistischen Währungsgebiet“, so die DDR-Lesart für harte Währung. Offiziell hat ihn ein guter Bekannter angeblich im Gebrauchtwarenladen oder in Ungarn gekauft. Selbst ein hoher General benötigte einst einen solchen Rechenkünstler, erzählte er einmal ganz stolz seinen Gästen aus östlichen Nachbarländern. Beziehungen haben auch in der DDR immer nur dem geschadet, der keine hatte.

Für Außenstehende im Westen ist das alles heute noch unvorstellbar. Wer aber den inneren Betrieb – man pflegte hier etwas flapsig zu sagen: „Es geht seinen sozialistischen Gang“ – auch bei der Fahne kannte, wusste wohl, dass gerade die jüngeren Offiziere schon lange nicht mehr so nach der Pfeife ihres Politchefs oder Parteisekretärs tanzten, wie das einst von der Politischen Hauptverwaltung befohlen worden war. Den letzten Abschnitt ihrer Geschichte erlebte die NVA dann ohne den Polit-Stellvertreter des Kommandeurs in der Einheit. Und ich denke, kein Armeeangehöriger hat einen dieser Phrasendrescher ernsthaft vermisst.

In diesem Zusammenhang erinnere ich mich noch an eine breit angekündigte Leserdiskussion in der DDR-Wochenzeitung „Volksarmee“ zur Soldatenkameradschaft. Diese wurde schon nach ganz kurzer Zeit von der Politischen Hauptverwaltung der NVA abgewürgt. Der Grund: Nahezu überall gab es in der Truppe kameradschaftliches Verhalten. Es diente hier aber vorwiegend dem Zusammenhalt der wehrpflichtigen Soldaten gegenüber ihren Vorgesetzten bei misslichen Befehlen.

Es fehlte der „sozialistische Inhalt“, erzählte mir später der damalige Chefredakteur, ein Oberst. Dafür wurde er noch von einem Stellvertreter des Chefs der Politischen Hauptverwaltung der NVA, einem Generalleutnant, der „politischen Blindheit“ bezichtigt. Sollte wohl heißen: Ohne Klassenstandpunkt durfte es in der Nationalen Volksarmee keine Kameradschaft geben.

Ost-Journalisten auf der Hardthöhe

Meine zweite direkte Begegnung mit der Bundeswehr hatte schon ein ganz anderes Vorzeichen als 1987 bei der Manöverbeobachtung. Sie fand 1990 in Koblenz und Bonn kurz vor der Wiedervereinigung statt. Mit einer Gruppe ostdeutscher Journalisten folgte ich für unsere Agentur einer Einladung des Bonner Verteidigungsministeriums.

Äußerst interessant waren für mich die Ausführungen am Koblenzer Zentrum Innere Führung. Über den „Staatsbürger in Uniform", den wir so leider nicht in der DDR erleben durften, sollte ich künftig noch mehr erfahren. Die Idee, Befehl und Gehorsam mit den Grundrechten eines jeden Staatsbürgers in Einklang zu bringen, war von den Gründern der Bundeswehr als eine der wichtigsten Lehren aus nationalsozialistischer Vergangenheit gezogen worden.

Ich schrieb noch vor Ort einen Bericht über die Arbeit an dieser Bildungsstätte, den ich telefonisch über das Bonner ADN-Büro an unsere Berliner Zentrale übermittelte. Nach dem Rücklauf auf dem Agenturticker hat der uns begleitende Pressesprecher der Hardthöhe den, wie er sagte, „sachlich fundierten Text" anerkennend zur Kenntnis genommen. Ich freute mich natürlich über das Lob vor der versammelten Journalisten-Mannschaft.

Doch am meisten beeindruckt hat mich der Besuch einer Kaserne des III. Korps am späten Nachmittag: Nach Dienstschluss haben wohl alle Soldaten und Offiziere diese Einrichtung verlassen - zu Fuß, mit dem Fahrrad oder mit dem Auto. Eine große funktionstüchtige Kaserne in Westdeutschland ohne Soldaten? Das war für den Gast aus dem Osten Deutschlands bislang unvorstellbar! Ich hätte jede Wette verloren, dass es so etwas gibt.

Einzelne zivile Wachkräfte, nur mit Pistolen bewaffnet, aber „ganz Profi", so die Gastgeber gegenüber uns Presseleuten aus der Noch-DDR, kontrollierten das Geschehen am Schlagbaum und rund um die Kaserne. Gehörte nicht stundenlanger Wachdienst zum Alltag eines Soldaten oder Unteroffiziers in jeder Armee? Im Westen offenbar nicht. Hier durften auch außer Dienst und außerhalb der Kaserne die Jeans und andere Zivilkleidung getragen werden. Es gab sogar für das Militär einen geregelten Feierabend. Ehrlich, ich habe nur gestaunt.

In der deutschen Arbeiter-und-Bauern-Armee war das, ohne Übertreibung, ein Traum. Viele junge Offiziersfamilien scheiterten schon allein an dem Umstand, dass Frau und Kinder zu oft in der Woche den Abend und zudem viele Wochenenden allein verbringen mussten. Die Väter waren „auf Friedenswacht", wie das damals hieß, obwohl der angebliche Feind gar nicht im Dienst war. Aber das bedeutete wohl mehr ein Unterordnen unter die sowjetische Militärdoktrin, so dass auch die DDR-Truppen Tag und Nacht „Gewehr bei Fuß" stehen mussten. Es gab sogar Zeiten, da sprachen NVA-Offiziere hinter vorgehaltener Hand vom „Vorkriegszustand" und wünschten sich gegenseitig „ein atomwaffenfreies Wochenende".

Und nun die eigentliche Überraschung für den Besucher aus dem ehemaligen Machtbereich des Warschauer Pakts: Auch an jedem Wochenende, wurde berichtet, verlassen eigentlich alle, die hier sonst Dienst tun, die Kaserne. Also nicht nur in Koblenz, sondern an allen Standorten der Bundeswehr gab und gibt es bei einer in der Tat stark eingeschränkten Kasernierungspflicht einen richtigen Feierabend für das militärische Personal. Ich war nun wirklich in einer anderen Welt angekommen. Ganz zu schweigen von der Inneren Führung, über die unsere Gesprächspartner dort berichteten.

Das konnte der gediente NVA-Reservist zuerst gar nicht begreifen. Er hatte doch in seiner Dienstzeit - wie zwischen 1956 und 1990 fast drei Millionen Soldaten in der NVA - gelernt, die Bundeswehr könnte jederzeit eine Aggression gegen die DDR beginnen. Sie würde dann womöglich mit klingendem Spiel durch das Brandenburger Tor in Berlin marschieren, hieß es noch bis 1961. Für die DDR-Führung war das angeblich der Anlass, am 13. August den sogenannten antifaschistischen Schutzwall zu errichten.

Deshalb mussten immer 85 Prozent des Personalbestandes der NVA in den Kasernen anwesend sein. „Natürlich war dieser Zustand auf Dauer belastend. Man wähnte sich permanent in einem Vorkriegszustand. Nur 15 Prozent der Truppe konnten Urlaub machen oder in Ausgang gehen. Es zehrte an den Nerven und provozierte die Frage: Ist das wirklich nötig?“ So der ehemalige NVA-Divisionskommandeur Generalmajor a. D. Hans-Georg Löffler in seinen Erinnerungen (s.o., S. 120). Man habe „wenig bis nichts von der tatsächlichen Einsatzbereitschaft der Nato-Streitkräfte“ gewusst. Also Wochenende für Wochenende im „Objekt“ (so hieß die Kasernenanlage im ostdeutschen Jargon) verbracht.

Ich weiß noch sehr genau, wie öde dann mancher sonnige Tag trotz Tischtennis- oder Skat-Turnier drinnen verlief. Auch viele Vorgesetzte waren wegen der angeblich ständigen „Aggressionsgefahr“ durch die Bundeswehr und ihre Nato-Verbündeten zugegen. Sie mussten mit ihrer persönlichen Anwesenheit für die vom Verteidigungsministerium geforderte hohe Einsatzbereitschaft sorgen - obwohl sie doch gleich neben der Kaserne wohnten.

Hätte ich das hier im Westen nicht mit eigenen Augen gesehen, ich hätte das nie geglaubt. Der in Zeiten des Kalten Krieges in der NVA befohlene Verzicht auf Freundin oder Familie hatte wohl doch ein anderes Motiv. Leider konnte man das vor der Wiedervereinigung bis zu den Reformen in diesem Zusammenhang so nicht erkennen. Ich hatte zwar manchmal eine Westzeitung in der Hand, aber das wusste ich wirklich nicht. Woher auch? Mancher ehemalige NVA-General, der die andere militärische Seite theoretisch aus dem Effeff kannte und aus dem Schlaf heraus Bewaffnung, Ausrüstung und Stärke seines angeblichen Gegners aufsagen konnte, tut in seinen Memoiren dieses „Einbunkern“ des eigenen Personals heute als Fehler ab. Eine späte Einsicht, finde ich.

Zur selben Zeit waren die für die Abwehr eines „feindlichen“ Militärschlages hauptsächlich zuständigen russischen Truppen in der DDR immer zu 100 Prozent in ihren Kasernen präsent und gefechtsbereit. In X plus 45 Minuten wäre dort (ähnlich auch in der NVA) auf Befehl jede Einheit, komplett bewaffnet und ausgerüstet, aus der Kaserne in den geplanten Sammelraum ausgerückt. Laut militärischer Vorschrift mussten diese Truppen mindestens ein Drittel der bebunkerten Munition mit sich führen. Sie waren also immer kampfbereit, die Waffenbrüder von nebenan. Auch wenn die ostdeutsche Bevölkerung keinesfalls merken sollte, ob es sich beim Ausrücken der Truppen aus der russischen Garnison um das „Training einzelner militärischer Elemente“ oder um einen echten Alarm mit anschließendem „Herstellen der Gefechtsbereitschaft“ handelte.

Und noch ein Erlebnis hatte ich in Koblenz, weil eben auch charakteristisch für die Achtung vor dem Soldaten in der Bundeswehr: Nach dem Dienst mit dem Jagdpanzer JAGUAR 1 konnten die neu einberufenen Wehrpflichtigen an gezielten Stadtführungen teilnehmen. Diese wurden von eigenen Kameraden gestaltet. Interessierte Panzerjäger hatten zu diesem Zweck sozusagen eine zweite „Grundausbildung“ absolviert, um als militärische Stadtführer den „Neuen“ - später auch Rekruten aus dem Osten - die Freizeitstätten und historischen Sehenswürdigkeiten, darunter das Mahnmal der Deutschen Einheit, anschaulich erläutern zu können. Koblenz galt während unseres Besuchs mit seinen etwa 12 000 Soldaten als eine der größten Garnisonen Europas.

Auf der Bonner Hardthöhe lernten wir den künftigen Befehlshaber der Bundeswehr Ost, Generalleutnant Jörg Schönbohm, kennen. Er stammte aus dem Land Brandenburg und freute sich schon auf die Rückkehr in seine alte Heimat. In einem Pressegespräch deutete der „gelernte Artillerist“ an, was nach der Wiedervereinigung sein Ziel sein werde: Dass hier die jungen Wehrpflichtigen „Dienst machen in einer Armee der Demokratie, wo ihnen die staatsbürgerlichen Rechte erhalten bleiben“. Künftig soll man nicht mehr fragen: „Bist Du vom Osten oder vom Westen? Dann gibt es nur eine Bundeswehr.“ Schönbohm: „Ich weiß, dass wir genügend Schwierigkeiten haben werden. Aber als Soldat sage ich immer, wäre es einfacher, könnte es auch ein anderer machen.“

Noch eine dritte Begegnung mit der Bundeswehr - ich war da schon Bürger der Bundesrepublik - bleibt mir unvergessen. Eine Einladung führte mich zum Flottenkommando im schleswig-holsteinischen Glücksburg, der nördlichsten deutschen Stadt. Zusammen mit 15 Journalistenkollegen konnte ich mich zum ersten Mal mit den aktuellen Gegebenheiten der deutschen Marine sowie speziell mit der operativen und administrativen Führung der Flotte vertraut machen. Mit ihren Schiffen, Booten und Flugzeugen galt die kleinste Teilstreitkraft schon damals als recht schlagkräftig. Ihr Gegenstück im Osten nannte sich Volksmarine.

Nun zählten erstmals zwei Ostdeutsche zum Presseaufgebot, ein Berliner und ein Rostocker. In dieser Runde durften ausnahmslos alle Teilnehmer das Geschehen in der Führungszentrale, dem Herzstück der deutschen Marine, miterleben. Ob nun die Übersicht oder die Details - noch nie hatte ich solch eine präzise Erläuterung des Auftrags von Seestreitkräften erlebt. Alles war real, nichts war gestellt.

Pressesprecher Fregattenkapitän Erich Dams nahm die neuen Bundesbürger mit offenen Armen auf. Er versorgte uns mit allen Informationen, die auch die Journalisten aus den alten Bundesländern erhielten. So viel Offenheit beim Militär vor Ort kannte ich bislang nicht. Das war wie Tag und Nacht zur Praxis in den DDR-Streitkräften, wo doch die Geheimhaltung nach russischem Vorbild gerade bei Journalisten, ob gedient oder nicht, gnadenlos praktiziert wurde.

Vor der Deutschen Einheit

Ein strategisch wichtiger Schauplatz mitten in Europa

Wenn eine Armee sang- und klanglos aufhört, eine Streitmacht zu sein, dann ist das ein historisches Ereignis. So geschehen 1990 mit der Nationalen Volksarmee der DDR. Wenn zudem noch mit einem nicht geringen Teil ihrer Soldaten und Waffen eine neue Armee, die Bundeswehr Ost, entsteht und die übernommenen Truppen sogar unter der Fahne des einstigen Gegners dienen, dann sind das eben zwei Geschehnisse von einer großen geschichtlichen Bedeutung. Damit verbunden war zugleich das Ende des Kalten Krieges in Deutschland. Er stand oft auf der Kippe, in Mitteleuropa in eine heiße Auseinandersetzung umzuschlagen.

Der Autor kann heute sagen: Ich bin dabei gewesen, als die tiefen Gräben in dem nach dem 2. Weltkrieg geteilten Deutschland überwunden wurden – mit einer großen Bereitschaft dazu aus Ost und West. Ich habe diesen, auch in der internationalen Militärgeschichte beispiellosen Prozess in den Anfangsjahren als Reporter im Einsatz aufmerksam verfolgt. Verantwortliche Politiker und Militärs sprachen zu dieser Zeit des Wandels und Aufbruchs sogar von der „zweiten Neugeburt" der Bundeswehr. Beim Übergang zu den gesamtdeutschen Streitkräften war die Sicherheit der Bundesrepublik trotz naturgemäßer Risiken nie gefährdet. Auch das sollte nicht unerwähnt bleiben.

Zur Erinnerung: Noch unmittelbar vor der Einheit bildete Deutschland im Herbst 1990 ein Heerlager mitten im Herzen Europas. Es umfasste insgesamt etwa 1,5 Millionen deutsche und ausländische Soldaten aus insgesamt acht Nationen. Eingegliedert in Blöcke, ausgerüstet und bewaffnet mit modernstem Kriegsgerät, standen sich an der innerdeutschen Grenze zwischen Lübeck (West) und Plauen (Ost) im System der Vorneverteidigung jederzeit handlungsbereite Kampfverbände gegenüber - so die Nationale Volksarmee mit 170 000 Mann (sechs Divisionen) und die Bundeswehr mit 490 000 Soldaten (zwölf Divisionen).

Im Mobilmachungsfall war für beide Armeen eine sogenannte Aufwuchsfähigkeit auf das Dreifache vorgesehen. Zur Unterstützung einer möglichen militärischen Auseinandersetzung hielten die im geteilten Deutschland stationierten Luftwaffen insgesamt fast 2 500 Kampfflugzeuge einsatzbereit. Auch das bedeutete bis zur Überwindung des Ost-West-Konflikts die größte Militärkonzentration, die es je in Mitteleuropa gegeben hat.

Mit anderen Worten: Deutschland war ein strategisch wichtiger Schauplatz im Kalten Krieg, der von 1947 bis 1990 andauerte. Ost- und Westdeutschland bildeten in ihren Bündnissen jeweils die Frontstaaten. Wäre daraus ein globaler Krieg entstanden, der 3. Weltkrieg, hätte man das geteilte Deutschland zweifellos an der Verteidigungsfront der Allianz von Norwegen bis zur Türkei zum Hauptschlachtfeld gemacht. Auslöser konnten beispielsweise die Berlin-Krise 1948/49 und der Mauer-Bau in Berlin 1961 sein. Dann wäre ein Szenario Realität geworden, was auch immer von der ostdeutschen Bevölkerung befürchtet wurde: Deutsche sollten gegen Deutsche kämpfen. Nicht auszudenken!

Ihre Verbände waren fest eingebettet in die Strukturen der Nato beziehungsweise des Warschauer Pakts. Hier galten die insgesamt 660 000 Bundeswehr- und

NVA-Soldaten jeweils als die „deutsche Komponente". (Heute umfasst diese noch nicht einmal 250 000 Männer und Frauen.) Sie bestand aus zwei völlig unterschiedlichen Militärkulturen. Die Oberhoheit oblag schon im Frieden den USA beziehungsweise der Sowjetunion. Generale beider Groß- und Siegermächte nahmen in den Bündnissen die entscheidenden Kommandostellen ein, hatten also letztlich das Sagen. Die Truppenstationierung der Bündnispartner war in den beiden Deutschlands auf unterschiedliche Weise historisch gewachsen.

Doch nicht nur beide Großmächte bestimmten, wie bisher bekannt, im Kriegsfall über den Einsatz der Nuklearwaffen auf dem geplanten Kampfgebiet zwischen Rhein und Oder. Über die unter größter Geheimhaltung seit den 1960er Jahren in der Bundesrepublik gelagerten 700 Atomminen sollten westdeutsche Militärs ebenfalls entscheiden. Das enthüllte viele Jahrzehnte nach dieser Bedrohung für die Menschen in beiden deutschen Staaten der Münchner Historiker Detlef Bald in seinem Buch „Politik der Verantwortung" (Aufbau-Verlagsgruppe, 2008). Erst 1973 hat der damalige Verteidigungsminister Helmut Schmidt (SPD) diese Gefahr abgewendet, heißt es darin.

Während des Kalten Krieges bedeuteten die Bündnisverflechtungen der Bundesrepublik und der DDR sowohl einen zusätzlichen ausländischen Schutz vor der anderen militärischen Seite als auch eine Lehre und Schlussfolgerung aus dem 2. Weltkrieg: Von Deutschland sollte nie wieder eine Gefahr für andere Völker Europas ausgehen. Doch gerade die atomare Aufrüstung in der Bundesrepublik sorgte in jenen Jahren nicht nur unter den Anhängern der Friedensbewegung für großes Unbehagen und führte zu eindrucksvollen Protesten.

Aufregende Monate zwischen Herbst 1989 und Oktober 1990

Zum Zeitpunkt des Mauerfalls hatte ich noch keinen direkten „Draht" zur Bundeswehr. Der kam erst im Laufe des Jahres 1990 zustande. Dafür war das Leben in der DDR in all diesen Monaten vom Herbst 1989 bis zur Wiedervereinigung im Oktober 1990 so spannend wie nie zuvor, besonders für einen Agenturjournalisten.

Am Zentralen Runden Tisch in der Berliner Ossietzkystraße lernte ich all die Personen aus den neuen und alten Parteien und Organisationen kennen, die fortan die Weichen in Richtung Demokratie in Ostdeutschland stellen sollten. Diese Damen und Herren bestimmten dann auch nach den ersten freien Wahlen am 18. März in der DDR, vor allem in der Volkskammer, das politische Geschehen im Osten. Es war schon beeindruckend, wie redegewandt und klug die Vertreter vieler Berufssparten vor und hinter der „Bühne" des DDR-Parlaments agierten. Kein Vergleich zu den einschläfernden Reden ihrer Vorgänger. Es ging immer wieder sehr kontrovers zu, mit Rede und Gegenrede und gehaltvollen Inhalten. Und all das wurde vom DDR-Fernsehen original übertragen.

Auch für mich waren diese Beratungen im Schloss Niederschönhausen wichtige Lektionen. Der Auftakt fand im Diedrich-Bonhoeffer-Haus der Evangelischen Kirche statt. Ich verfolgte die lebhaften Aussprachen meist mit einem zweiten ADN-Kollegen zwischen Dezember 1989 und März 1990 am riesigen Rechteck. Hier hatte unsere Agentur zwei Plätze. Für den Journalisten vor Ort gab es jetzt erstmalig keine verbindlichen Vorgaben zum Inhalt und Umfang der Berichterstattung, wie das in den vergangenen Jahrzehnten bei Konferenzen und anderen Veranstaltungen üblich war. Wir hatten selbst zu entscheiden, was und wie berichtet wurde. Und das klappte wunderbar. In den Pausen führten wir Gespräche mit den Damen und Herren vom Runden Tisch oder mit westdeutschen und West-Berliner Journalistenkollegen.

Als am 15. Januar 1990 die Stasi-Zentrale in Berlin von Zehntausenden Menschen gestürmt wurde, musste ich nach einer langen Sitzung am Runden Tisch noch in der Nacht eine dort eilig einberufene Pressekonferenz wahrnehmen. Die Bilanz des „Volkszorns" in der Mielke-Festung Normannenstraße: Weniger Zerstörung, als ich nach der Lektüre der ADN-Meldungen vom Nachmittag und Abend erwartet hatte.

Vielmehr gab es wohl die Neugier unter den Bürgern, einmal mit eigenen Augen zu sehen, wie sich das für die Überwachung aller Lebensbereiche tätige Staatsorgan eingerichtet hatte. Das waren Buchhandlung und Speisesaal, Frisörsalon und andere Geschäfte. Aber in einem Bereich, den nur Insider kennen konnten, kamen tatsächlich „wichtige Unterlagen" aus den Schränken abhanden. So der damals anwesende Stasi-General in der mitternächtlichen Pressekonferenz gegenüber uns Journalisten aus Ost und West. Auf die Frage eines West-Berliner Kollegen, warum denn hier im Ministerium „solche Dinge" in Schreibtischen und Schränken aufbewahrt werden, wusste er keine Antwort.

Außer einigen Schmierereien wie „SECURITATE" und „Psycho-Terror" an den Wänden und einem Bildnis Erich Honeckers, das aus irgendeiner Besenkammer auf einen Flur geworfen worden war, sah ich bei meinem nächtlichen Rundgang nur wenige Spuren von Zerstörungen, die angeblich empörte Bürger verursacht hatten. Unten in der riesigen Küche wurde ein Trog mit Kartoffeln umgekippt. Selbst für die vielen Mini-Bücher in der Buchhandlung, die hier noch wie viele andere Bücher sortiert auf den Verkaufstischen lagen, hatten sich die Massen nicht besonders interessiert. Auf die runden Spiegel der sechs Frisiertische - zu meinem Erstaunen alle noch intakt - war Rasierschaum gesprüht worden. Keine Farbe.

Diese Eindrücke machten mich nachdenklich und erscheinen mir heute noch als sehr merkwürdig. Wenn ich mir das alles recht überlege, dann war von der seltsamen Öffnung der Eingangstore bis zur bewussten Lenkung der Massen auf das harmlose Mehrzweckgebäude (Haus 18) alles mehr oder weniger organisiert worden. Die Hausherren hatten doch zur Vorbereitung dieser Aktion genügend Zeit. Denn die Bezirksverwaltungen des MfS in Leipzig, Erfurt und anderen Städten standen damals schon unter der Kontrolle von mutigen Bürgerrechtlern. Der Sitz des Ministers im Haus 1, gleich daneben, das Bürgerrechtler mit einem Militärstaatsanwalt schon im Dezember kontrolliert hatten, wie ich beim damaligen Rundgang miterlebt habe, blieb an diesem Abend von den Massen völlig unbeachtet.

Weitere journalistische Höhepunkte brachten mir die Reformen in der NVA. So wandten sich Volksarmisten während eines Streiks mit Petitionen an unsere Nachrichtenagentur und baten um Publizität für ihre Forderungen. Die streikenden

Soldaten erhielten vom ADN die gewünschte Schützenhilfe. Es ging, wie nicht anders zu erwarten, vor allem um bessere Dienst- und Lebensbedingungen sowie viele andere mangelhafte Zustände in der Truppe. Mit diesen Forderungen konnte ich mich voll identifizieren.

Dann der Wechsel in Strausberg: Ein ehemaliger Jugendpfarrer übernahm das Amt des Ministers für Abrüstung und Verteidigung. Ich war dabei, als der erste Zivilist in dieser Stellung seinen Amtssitz betrat und ihm Generale und Oberste der NVA vorgestellt wurden. Ihn hatte die Staatssicherheit über Jahre hinweg drangsaliert, weil er für Bürger- und Menschenrechte eintrat. Nun dieses beeindruckende Bild, als vor ihm die Militärs aus der obersten NVA-Hierarchie die Hacken zusammenschlugen. Das hatten sich auch diese Herren wohl nie träumen lassen, dass es einmal „so kommt" und hier in diesem Heiligtum der Armee nun ein bekannter Kirchenmann das Sagen hat. Eppelmann meisterte diesen Auftritt souverän.

Einer seiner Staatssekretäre kam mit einer ganz anderen Vergangenheit hierher. Bevor er zum Studium an die Militärakademie nach Dresden geschickt wurde, diente der Offizier in Oranienburg bei Berlin im 1. Mot. Schützenregiment der NVA als Stabschef eines Bataillons. Chef der NVA wurde Admiral Theodor Hoffmann. Er genoss wegen seines bescheidenen Auftretens, seiner Sachlichkeit und Verbundenheit mit den Unterstellten nicht nur in der Volksmarine und an der Ostseeküste hohes Ansehen. „Theo" war allgemein sehr beliebt, auch unter uns Journalisten.

Er pflegte sich auch nicht zu ereifern, wenn ein bekannter Bildreporter aus dem Militärverlag hin und wieder mit einem Bart seiner Arbeit nachging. Das kam zu DDR-Zeiten, vor allem beim Militär, gar nicht gut an und brachte so manchen Uniformierten richtig „auf die Palme". So schnell vollzogen sich also in der deutschen Arbeiter-und-Bauern-Armee die personellen Veränderungen ganz oben. Auch der neue Eid und die Ehrung für die Widerstandskämpfer um Stauffenberg zeugten davon, dass mitten in der NVA ein tief greifender Prozess vor sich ging.

Das Wichtigste war für mich und wohl für alle Bürger hierzulande: In diesen aufregenden Tagen und Wochen vor und nach der Wirtschafts-, Währungs- und Sozialunion zwischen der DDR und der Bundesrepublik sowie dann beim Finale vor der Wiedervereinigung verlief alles friedlich. Obwohl vor allem die „Altgedienten" in der NVA schon wussten, dass sie beim Bund kaum Chancen haben würden, erfüllten sie ihre Pflicht so, wie es sich für einen Offizier gehört. Es gab keinen erkennbaren Widerstand gegen die neuen Vorgesetzten. Auch das darf künftig nie vergessen werden.

In meinen Augen ist diese Verantwortung von NVA-Berufssoldaten für ein friedliches Ende der DDR bisher noch nicht genügend in der Öffentlichkeit gewürdigt worden. Ich meine damit besonders die erfolgreichen Bemühungen der Berufssoldaten, dass in jener Zeit nicht eine Maschinenpistole und nicht eine Rakete in falsche Hände gelangt ist. Und Gelegenheiten dazu gab es viele. Schließlich war das Westgeld zu dieser Zeit schon eine sehr begehrte Währung in Ostdeutschland.

Da ich in Pankow direkt an der Autobahn gewohnt habe und nach der Wende regelmäßig in der neuen Volkskammer als Berichterstatter saß, beschäftigte mich oft ein Szenario, das glücklicherweise nie eintrat: Was wäre geschehen, wenn ein rückwärts gewandter NVA-Kommandeur aus Oranienburg die knapp 50 Kilometer bis zum Berliner Palast der Republik, wo das frei gewählte Parlament tagte, mit ein paar Panzern in gut einer Stunde zurückgelegt und hier irgendwelchen Forderungen Nachdruck verliehen hätte?

Ostdeutsche Bauern machten das vor: Sie demonstrierten auf ihre Weise mit schlachtreifen Kühen und Schweinen vor der Eingangstür zur Volkskammer für ihre künftigen Absatzchancen. Das war keine Volksbelustigung, als die Tiere hier ihren Mist hinterließen. Hier ging es schon um wirtschaftliche und soziale Forderungen angesichts der Existenzangst vieler Bauern in der DDR. Das sorgte für Aufsehen unter den Parlamentariern und vor allem bei der Presse.

Militärische Angriffe auf das erste frei gewählte DDR-Parlament und seine Regierung fanden nicht statt. Aber viele Bombendrohungen, von wem auch immer, unterbrachen oft das Geschehen in der Volkskammer. Die allermeisten NVA-Offiziere - Wehrpflichtige und Unteroffiziere erst recht - hatten zu dieser Zeit nicht nur vom Soldatenalltag, sondern auch vom realen Sozialismus in der DDR genug. Aber sie ließen sich nicht zu Provokationen oder zu Demonstrationen militärischer Macht hinreißen.

Diese Pflichterfüllung der NVA für das friedliche Volk schreckte auch die Truppen der WGT und die Einheiten der Staatssicherheit, die sogar über 142 Schützenpanzerwagen verfügten, davor ab, irgendwie das Rad der Geschichte mit militärischen Mitteln rückwärts zu drehen. Allerdings habe ich auch nach den ersten freien Volkskammerwahlen eine Veranstaltung im Großen Hörsaal der ehemaligen SED-Parteihochschule in Berlin erlebt, als sich viele hohe Dienstgrade der NVA gegenüber Minister Eppelmann lautstark mokierten. Das war wohl die Antwort auf sein Versprechen, dass es im vereinten Deutschland zwei Armeen geben würde und wesentlich mehr Leute aus der NVA eine Weiterbeschäftigung erhalten sollten. Ich staunte nur, wie undiszipliniert so mancher Oberst seinen Protest kundtat. Noch ein Jahr zuvor hätten diese Herren die ihnen unterstellten Personen für solches Verhalten gemaßregelt.

Mit Hilfe westdeutscher Parteifreunde praktizierten die neuen Volkskammer-Abgeordneten so manches taktisches Geplänkel. Dass alles juristisch korrekt verlief - erinnert sei an den 17. Juni 1990, als einige konservative Abgeordnete spontan den sofortigen Beitritt der DDR zur Bundesrepublik forderten -, dafür sorgten vor allem die Juristen Lothar de Maizière von der CDU und Gregor Gysi (PDS).

Mit dem Parlamentsvizepräsidenten Reinhard Höppner (SPD) führte ich hier ein längeres Gespräch, da der ADN seine Biografie - auch die von der künftigen Parlamentspräsidentin Sabine Bergmann-Pohl (CDU) - schon vor der Wahl für Rundfunk, Fernsehen und Zeitungen sendebereit haben wollte. Die stellvertretende Regierungssprecherin Angela Merkel, heute Bundeskanzlerin, habe ich damals vor den allwöchentlichen Sitzungen des Ministerrates zweimal interviewt. Sie erläuterte mir die jeweiligen Tagesordnungspunkte der Beratungen.

Einmal hatte ich wohl noch die Scheuklappen von einst auf, als ich neben CDU-Generalsekretär Volker Rühe im Palast der Republik herlief, ohne ihn nach seinen Eindrücken von der spannenden Parlamentsdebatte am 17. Juni 1990 zu befragen. Er begleitete Kanzler Helmut Kohl. Ich wusste damals nur, dass Rühe in seinen Antworten recht ruppig sein konnte. Eine solche Reaktion wollte ich mir als ostdeutscher Journalist vor der Pressemeute mit den vielen Kollegen aus dem Westen einfach ersparen.

Später habe ich ihn oft auf Pressekonferenzen oder bei Truppenbesuchen in seiner Eigenschaft als Bundesverteidigungsminister fachliche Fragen gestellt und stets eine gute Antwort erhalten. Rühes Credo lautete: „Die ehemalige deutsche Teilung durch Teilen überwinden". Das hat er in den ersten Jahren der gesamtdeutschen Bundeswehr wie andere westdeutsche Politiker oder Generale und Offiziere der Bundeswehr immer wieder praktiziert.

Ich glaube sogar, auch gegen den Widerstand in so mancher Einrichtung dieses Bereichs.

Eine Bundeswehr, aber kein Territorialheer im Osten

Mit der Thematik Bundeswehr war ich in meinen jungen Jahren nicht vertraut. Nach dem Studium und meinen 18 Monaten Wehrdienst wurde ich als Diplom-Journalist nach Wehrübungen Unteroffizier der Reserve und dann Reserveoffizier. Seit dieser Zeit wusste ich schon mehr über die westdeutschen Streitkräfte. Diese wurden vor allem wegen ihrer Generale aus Wehrmachts-Zeiten sowie der Traditionspflege mit umstrittenen Vorbildern in der Öffentlichkeit der DDR kritisiert und verteufelt. Ich wusste bislang auch gar nicht, dass die westdeutschen Streitkräfte zuerst „Neue Wehrmacht" hießen, was ebenfalls mit der unrühmlichen deutschen Vergangenheit zu tun hatte.

Sicher war nun folgerichtig, dass unter den neuen Bedingungen nicht zwei unterschiedliche Armeen in einem gesamtdeutschen Staat bestehen konnten. Etwa die Bundeswehr im Westen und ein Territorialheer im Osten. Zugrunde aller Überlegungen lag die Übereinkunft mit der Sowjetunion. Dazu kam noch die KSE-Vereinbarung von Paris. Ziel war eine personelle Höchstgrenze von 370 000 Mann für Gesamtdeutschland. Zum damaligen Zeitpunkt bedeutete das eine Halbierung der Gesamtstärke aller deutschen Truppen. Diese Zahl war auch der Kompromiss Gorbatschows mit seinen eigenen Marschällen und Armeegeneralen, denen von Anfang an dessen Verzicht auf die DDR aus militärischen Gründen nicht passte.

Die Vorstellung von wiederum getrennten deutschen Streitkräften im nun wiedervereinigten Deutschland gab es in der DDR nach den ersten freien Wahlen im März 1990 noch bis in den August 1990 hinein. Bis zum Juni 1990 war es nicht gestattet, zwischen Bundeswehr und Nationaler Volksarmee offizielle Verbindungen aufzunehmen. Doch so mancher Offizier der Bundeswehr stand schon mal nach der Währungs-, Wirtschafts- und Sozialunion im Sommer ganz privat am Schlagbaum einer NVA-Kaserne, um sich in Gesprächen ein erstes Bild von den anderen deutschen Streitkräften und ihren Soldaten zu machen. Im Zuge der Demokratisierung nach dem Mauerfall nahm der Deutsche BundeswehrVerband (DBwV) 1989 erste Kontakte zur NVA auf.

Abrüstungs- und Verteidigungsminister Rainer Eppelmann hatte noch im Mai 1990 in Strausberg vor Offizieren aller Armeebereiche erklärt, nach der Vereinigung werde es auf ehemaligem DDR-Territorium eine zweite deutsche Armee geben. In kein Militärbündnis integriert, sollte sie hier eigene, territoriale Sicherheitsfunktionen ausüben und dementsprechend strukturiert, ausgerüstet und ausgebildet sein. Die NVA werde nach seiner Meinung „solange weiter bestehen, wie in Europa zwei Militärbündnisse existieren". Diese Botschaft nahmen vor allem die Berufssoldaten in seinem Dienstbereich wohlwollend auf. So hielt man diese Herren vorerst bei der Stange. Es gab auch unter Generalen im Osten die Überlegung, dass an den neuen Gesamtstreitkräften die bisherige NVA mit einem Anteil von 1:5 vertreten sein sollte.

Die Entscheidung - ein Staat und nur eine Armee - wurde auf der Bonner Hardthöhe noch vor dem 3. Oktober 1990, dem Tag der Deutschen Einheit, getroffen. Sie fand im Osten verständlicherweise nur unter wenigen Berufssoldaten Zustimmung. Das war eine direkte Nachwirkung der gesellschaftlichen Verhältnisse. Mit dem eigenen Staat, der DDR, verschwand nun auch die NVA. Mit ihr gingen viele Arbeitsplätze verloren. Tausende Berufssoldaten, für die nach ihren Worten „ein Übertritt in die Bundeswehr" nie zur Debatte stand, verloren in jenen Wochen jeden Glauben an die Zukunft. Das war nicht nur in der strukturarmen Gegend um Eggesin der Fall, wo so manche Familie mit der dortigen NVA-Panzerdivision "verwandt" war.

Auch im Westen fanden zu dieser Thematik harte Auseinandersetzungen politischer Art statt. Vor allem wurde über die Weiterverwendung ehemaliger Offiziere aus der Volksarmee in der künftigen Bundeswehr gestritten. Manch eigensinniger Bundeswehr-General, der früher vor seinen Mannschaften bestimmt oft von der deutschen Einheit geschwärmt hatte, bekam nun angesichts deren Vollendung irgendwie „kalte Füße". Die „Feinde von gestern" nun in den eigenen Reihen - das war schon ein Schock, der erst einmal verdaut werden musste.

Ich habe später von Beispielen gehört, wo man den „Spähern" aus der DDR-Armee noch in den Wochen vor dem 3. Oktober 1990 bei geselligen Treffen im Westen den Händedruck verweigert hat. Bitter, aber wahr! Auch wenn es hier offiziell kein Feindbild gab, hatten sich doch manche Erlebnisse von Verwandten oder einfach die Unkenntnis über das Leben im anderen Teil Deutschlands festgesetzt. Hohen Dienstgraden der Bundeswehr war ja bis 1990 verboten, die DDR zu besuchen oder durch ihr Gebiet nach West-Berlin zu reisen. Man wollte eben in all den Jahren der Teilung kein Risiko mit dem eigenen leitenden Personal eingehen, da bekanntlich die Stasi überall „Leimruten" ausgelegt hatte.

Zum Streitpunkt im Westen wurde auch der Einmarsch des Warschauer Pakts 1968 in die CSSR. Obwohl die DDR aus propagandistischen Gründen ihre Beteiligung lauthals kundtat, durfte damals auf Drängen des KPdSU-Politbüros in Moskau kein NVA-Verband an den direkten Maßnahmen gegen die „Konterrevolution" teilnehmen und die Grenze zur damaligen Tschechoslowakei überschreiten. Die Wahrheit ist, so Zeitzeugen, dass ostdeutsche Truppen mit der Dresdner 7. Panzerdivision und der 11. Mot. Schützendivision aus Halle/Saale bei erhöhter Gefechtsbereitschaft in den Konzentrierungsräumen für den unmittelbar bevorstehenden Überfall bereit standen. Tatsächlich beteiligt haben sich letztlich nur einzelne NVA-Offiziere vom Leitungsstab des Vereinten Kommandos des Warschauer Pakts sowie einige wenige Soldaten aus dem Nachrichtenregiment 2 (Niederlehme bei Berlin).

Letztlich traf die Bundesregierung unter Kanzler Helmut Kohl über die Zukunft von NVA-Soldaten in der Bundeswehr wie schon zuvor bei den internationalen Verhandlungen, insbesondere mit der Sowjetunion, eine klare Entscheidung. Kenner sagen, Kohls Stetigkeit und Zähigkeit setzten sich durch: Wer von den jüngeren Offizieren im Osten nicht vorbelastet war, konnte sich vorerst für den Dienst als Soldat auf Zeit bewerben und in sehr vielen Fällen, bei Bedarf, später weiter dienen. Es ging um Angehörige des unteren und mittleren Militärdienstes.

Die Wehrbereichsverwaltung Ost, die zivile Seite der Bundeswehr, die es in dieser Form in der NVA als eigenständige Institution nicht gab, übernahm mehr als 20 000 Zivilbeschäftigte und einzelne Berufssoldaten der NVA. Das hieß: Jeder zweite Materialbeschaffer und Lagerverwalter von einst oder Arbeiter fand wieder einen dauerhaften Arbeitsplatz.

Integration und Abbau von allem Trennenden galten als die vorrangigen Aufgaben bei der Ausbildung von Ex-NVA-Angehörigen im Westen und der Kommandierung von Offizieren und Unteroffizieren in den Osten. Dabei konnte man die positive Langzeitwirkung dieser Vorgänge im wiedervereinigten Deutschland in ihrer ganzen Größe anfangs noch gar nicht absehen. Weder Politiker noch Militärs erkannten das. Was sich mit den gesamtdeutschen Streitkräften nach fast einem halben Jahrhundert der Spaltung unseres Vaterlandes und der Existenz zweier feindlicher Armeen nunmehr seit fast zwei Jahrzehnten hunderttausendfach in der gemeinsamen Ausbildung oder im gefährlichen Auslandseinsatz bewährt hat, ist ein neues Kapitel in der deutschen Militärgeschichte. Bekanntlich verlief diese bisher keinesfalls immer so friedlich.

Man ging den neuen Weg beim Prozess des Zusammenwachsens stets gemeinsam. Vergessen sind inzwischen all die Anfangsschwierigkeiten. Sie waren, wie mir vor Ort berichtet wurde, nirgendwo in den Kasernen zwischen Ostsee und Erzgebirge ernster Natur. Den neuen Soldaten wurde Chancengleichheit garantiert.

Heftige Debatten um Ost-Offiziere: Kameraden oder Bösewichte?

Besonders um die Ost-Offiziere hatte sich in der alten Bundesrepublik im Vorfeld der Wiedervereinigung eine heftige Debatte entfacht. Geführt wurde sie recht leidenschaftlich - sowohl in der Truppe als auch auf der Bonner Hardthöhe. Die Presse tat ein Übriges. Den Tenor brachte ein Truppenoffizier in einem Fachartikel auf den Punkt: Kameraden oder Bösewichte?

Je näher die Wiedervereinigung rückte und damit die Absicht, keine zwei Armeen in Deutschland zu etablieren, umso mehr Kopfzerbrechen mussten sich die Verantwortlichen in Bonn machen. Schließlich sollte niemand aus der angestrebten Einheit des Vaterlandes ausgegrenzt werden, hieß es auf der Hardthöhe. Hier war man sich sehr wohl der Schwierigkeiten dieses Prozesses bewusst: Geordnetes Auflösen der NVA als Institution und Schaffung gesamtdeutscher Streitkräfte.

Worum ging es eigentlich bei den Vorbehalten? Nach all den Jahren der Konfrontation stellte sich für viele Angehörige der Bundeswehr generell die Frage, ob denn Männer, die „Hass auf den imperialistischen Feind gepredigt haben, nun plötzlich Führer, Ausbilder und Erzieher von Soldaten eben dieses imperialistischen Feindes“ sein können. So formulierte es ein Referatsleiter vom Führungsstab des Heeres in der Zeitschrift „Truppenpraxis“ (4/1990).

Außerdem bedeutete für jeden Teilbereich der Bundeswehr die international vereinbarte Truppenreduzierung, dass ein jeder neue Dienstposten im Osten, den ein Soldat von der ehemaligen NVA besetzt hat, nicht mehr in der alten Bundeswehr verplant werden konnte. Und umgekehrt durfte jede Stelle für einen aus dem Westen in den Osten kommandierten Soldaten nun nicht mehr von einem ehemaligen DDR-Bürger besetzt werden. Mit sozialen Entscheidungen wurden schon hier die Weichen für das Zusammenwachsen in den gesamtdeutschen Streitkräften gestellt.

Im September 1990 nahm Admiral Dieter Wellershof in seinem Generalinspekteursbrief zur bevorstehenden deutschen Vereinigung Stellung: „Unser Menschenbild und unsere Werte verpflichten uns jedoch gerade in diesen Tagen in besonderer Weise zu Toleranz, Geduld und Verständnis. Siegergefühle und Überheblichkeit sind fehl am Platze.“

Nur wenige Tage vor der Wiedervereinigung trat der Kommandeur des Zentrums Innere Führung, Flottillenadmiral Ulrich A. Hundt, an der Militärakademie in Dresden auf. Er äußerte sich so: „Die Integration von NVA-Soldaten in die gesamtdeutsche Bundeswehr wird in unserer Truppe und in der politisch interessierten Öffentlichkeit heiß diskutiert. Unsere politischen Experten fragen nach: Können Offiziere der NVA, die ihre Weltanschauung (neuer Eid, Kokarde, Fahne) verloren haben, sich in kurzer Zeit eine neue Identität aufbauen, das heißt, sich aus eigener Kraft verändern und qualifizieren?“

Mit einer „spürbaren emotionalen Aversion von Bundeswehr-Soldaten aller Dienstgrade, den Befehlen eines NVA-Vorgesetzten folgen zu müssen“, ging auch die Befürchtung „nicht gerechtfertigter persönlicher Nachteile aufgrund der neuen NVA-Konkurrenz“ einher. Außerdem seien „die Werdegänge der Berufsoffiziere und -unteroffiziere in Bundeswehr und NVA in keiner Weise vergleichbar“, unterstrich Hundt. Der Begriff „NVA-Konkurrenz“ tauchte hier zum ersten Mal auf und war für mich neu.

In großen westdeutschen Zeitungen hieß es noch im Juli 1990: „Volksarmee abschaffen“ oder „Auflösen – ohne Rest!“ Der bekannte Militärjournalist Rüdiger Moniac, den ich später als einen sehr hilfsbereiten Kollegen kennen und schätzen gelernt habe, kündigte im September in der Reservisten-Zeitschrift Loyal an, dass zum Tag der Deutschen Einheit mit der NVA „eine Armee verschwindet“.

Kurzum, es wurde in vielen Artikeln in der alten Bundesrepublik nahezu ausnahmslos vor der „ostdeutschen Parteiarmee“ und dem „Drill der Ost-Offiziere“ in der Bundeswehr gewarnt. In einer Publikation aus der Truppe bewertete der Autor die personelle Integration von Ost-Soldaten mit einem Blick zurück etwas ironisch als „Hochzeit mit dem Feind“, wobei er dann aber das Zusammenwachsen im gemeinsamen Handeln ausführlich würdigte. Andere Experten plädierten sogar in der Öffentlichkeit dafür, angesichts der DDR-Vergangenheit dieses Gebiet im Osten „vorübergehend zu entmilitarisieren“. Sollte wohl heißen: Russische Truppen ja, deutsche Truppen nein. Das ging nicht, schon wegen der vielen Waffen und Munition dort in den Arsenalen.

Dennoch fand ich manche Einschätzung der westdeutschen Journalistenkollegen im Prinzip berechtigt. Weil das aber alles Pauschalurteile waren, noch dazu aus der Ferne, ohne je mit einem Ost-Offizier über sein Denken und Handeln gesprochen zu haben, sah ich darin schon damals eine völlig überzogene Reaktion.

Das wäre auch nicht im Sinne eines Rechtsstaates gewesen, wo eben - im Gegensatz zur Praxis unter sozialistischen Bedingungen - im Zweifelsfall im Sinne des Angeklagten entschieden wird. Ob es sich hier um „Angeklagte" handelte, nur weil sie im anderen Teil Deutschlands aufgewachsen und dort in die Armee eingetreten sind, stand auf einem ganz anderen Blatt. Es gab also viele Vorurteile, die berechtigt oder unberechtigt waren. Solche abzubauen stellte ich mir auch zur Aufgabe meiner journalistischen Arbeit.

In diesem Zusammenhang möchte ich noch einmal eine Veröffentlichung der Wehrwissenschaftlichen Rundschau „Europäische Wehrkunde" zum Thema „NVA-Soldaten in der Bundeswehr / Integration – nicht Resteverwertung" aufgreifen. Darin wurde eine besondere Privilegierung der ehemaligen Ost-Offiziere - mit Ausnahme der Generalität - in ihrer finanziellen und materiellen Versorgung gegenüber anderen Bevölkerungsgruppen der ehemaligen DDR verneint. Wie das Organ der Gesellschaft für Wehr- und Sicherheitspolitik 1990 schrieb, hätten die Einkommen der Leutnante über dem Niveau der Werktätigen mit vergleichbarer Ausbildung (Hochschul-Diplom) gelegen.

„Man wird aber dagegen halten müssen", hieß es weiter, „die Eigenarten des Dienstes in einer Armee, die ständig in ‚hoher Gefechtsbereitschaft' gehalten wurde, die Besonderheiten einer soldatischen Laufbahn mit häufigen Umzügen, die sich auf den für das Familieneinkommen von DDR-Bürgern wichtigen Beruf der Ehefrau auswirken; lange Abwesenheit vom Familienwohnort, die mit monatlich 60,- Mark Trennungsgeld eher kümmerlich abgefunden wurde; die vielen einschneidenden Einwirkungen auf die persönliche Lebensführung sowie die dienstliche Belastung, die die des normalen Werktätigen in der DDR jedenfalls zeitlich deutlich übertraf. Dass der verhältnismäßig gut dotierte Offiziersberuf so attraktiv nicht gewesen sein kann, belegt auch die Bewerberlage."

Anders seien wahrscheinlich die Verhältnisse bei der höheren Generalität gewesen. „Da gab es etwa den ‚Generalsladen' mit normalerweise nicht verfügbaren Westwaren, die jährliche Zuweisung eines Urlaubsplatzes, Bevorzugung bei der Vergabe von Wohnraum sowie - über das Prämien- und Auszeichnungssystem - vermutlich auch finanzielle Zuwendungen."

Diese Einschätzung würde ich jederzeit unterschreiben. Wenn es wirklich für die Offiziere „Privilegien" gegeben hätte, wie von einzelnen Wissenschaftlern, Militärs und Politikern aus dem Westen heute behauptet, wären meines Erachtens die jungen Leute im Arbeiter-und-Bauern-Staat in Scharen dorthin gegangen. Dem war aber nie so. Viele Bereiche in Industrie, Landwirtschaft und Wissenschaft boten bessere Entwicklungschancen, auch Wohnungen nach entsprechender Wartezeit. Und man war dort - jedenfalls nach Feierabend - irgendwie anders als in der Armee ein „freier Mensch" und außerhalb der direkten staatlichen Kontrolle.

Im Einigungsvertrag vom 31. August 1990 wurde bereits die Übernahme von Berufs- und Zeitsoldaten der Volksarmee in die Bundeswehr geregelt. Dann setzte im September Bundesverteidigungsminister Gerhard Stoltenberg ein Zeichen: „Zugleich bejahen wir unsere Verantwortung für die Menschen, die mit dem Beitritt der heutigen DDR in den Geschäftsbereich des Bundesministers der Verteidigung übergehen. Wir möchten möglichst vielen von ihnen eine faire Chance geben, ihre Eignung für den Beruf des Soldaten in der Demokratie oder für eine Tätigkeit als ziviler Mitarbeiter der Bundeswehr unter Beweis zu stellen. Den anderen, die ausscheiden, möchten wir Möglichkeiten eröffnen, sich zu qualifizieren, soweit sie dafür die Voraussetzungen erbringen."

Was aus dieser weitsichtigen Entscheidung der Bundesregierung wurde, ist bekannt: Die gesamtdeutschen Streitkräfte entwickelten sich zu einem Pionier der deutschen Einheit. Daher das große Interesse in ganz Deutschland an diesem Prozess. Auch das Ausland blickte mit Argusaugen auf das Ende der NVA sowie den Aufbau der neuen Verbände und Einheiten der Bundeswehr im Osten.

Vor Kommandeuren des Heeres sprach im April 1991, ein halbes Jahr nach der Wiedervereinigung, Bundespräsident Richard von Weizsäcker im Stab des Korps und Territorialkommandos Ost in Potsdam. Er sagte: „Die Entwicklung der Idee vom Staatsbürger in Uniform gehört zu den wichtigsten Leistungen der deutschen Militärgeschichte. Sie geht zurück auf die preußischen Militärreformer, deren Leitlinie vor allem Scharnhorsts bekannte These kennzeichnet: Alle Bewohner des Staates sind geborene Verteidiger desselben."

„Wir befinden uns damit auch gerade im Osten Deutschlands auf dem historischen Boden, auf dem diese Vorstellungen wegweisend geprüft wurden. Doch waren sie hier vorübergehend in Vergessenheit geraten. Die Streitkräfte der ehemaligen DDR lebten abseits der zivilen Umwelt. Sie nannten sich Volksarmee und waren doch keine Armee des Volkes. Dieses Erbe im Bewusstsein der Bürger müssen wir nun bewältigen. Es ist eine wichtige Aufgabe, die früher bestehende Isolation in den fünf neuen Ländern zu überwinden und das Vertrauen in die Bundeswehr eines demokratischen Staates aufzubauen: durch Soldaten aus Ost und West zusammen", erklärte er. „Die Einheit der Truppe fördert die Einheit der Deutschen."

Am 21. Juli 1993 hielt Bundeskanzler Helmut Kohl beim Besuch des Korps und Territorialkommandos Ost eine Rede. „Die Bundeswehr hat gezeigt, was erreichbar ist, wenn Deutsche aus Ost und West aufeinander zugehen und sich mit Tatkraft einer gemeinsamen Aufgabe stellen. Es ist in der Öffentlichkeit viel zu wenig davon die Rede, welch eine großartige Leistung es gewesen ist, die Bundeswehr im Osten Deutschlands in kurzer Zeit erfolgreich aufzubauen und dabei so viele Soldaten der ehemaligen NVA in die Streitkräfte unserer Bundesrepublik zu integrieren", betonte er.

„Auch dieser Vorgang - und man muss es immer wieder rühmend erwähnen - ist ohne jedes Beispiel in der modernen Geschichte: Gegner von einst wurden zu Kameraden, und ihr gemeinsamer Auftrag ist, das Recht und die Freiheit des deutschen Volkes tapfer zu verteidigen. Auf diese Weise leisten die Streitkräfte wichtige Schrittmacherdienste zum Zusammenwachsen der beiden Teile unseres Vaterlandes, und zwar gerade bei der jungen Generation. Die erfreulich hohe Zahl der Bewerber aus den neuen Bundesländern für einen freiwilligen Dienst in der Bundeswehr zeigt auch, dass die Konzeption der Inneren Führung als Führungsphilosophie der Bundeswehr verstanden und besonders von jungen Leuten angenommen wird. Und ich bin sicher, dass diese vorbildliche Leistung unserer Streitkräfte auch im Rückblick als eines der erfolgreichsten, vielleicht sogar als das erfolgreichste Kapitel des deutschen Einigungsprozesses dastehen wird."

Als ehemaliger Kommandeur der Führungsakademie der Bundeswehr, Stellvertreter des Befehlshabers der Bundeswehr Ost sowie Kommandierender General und Befehlshaber des Korps und Territorialkommandos Ost hat Generalleutnant Werner von Scheven den Beitrag der gesamtdeutschen Streitkräfte zur deutschen Einheit an hervorragender Stelle mitgestaltet. Ich bin ihm oft begegnet. Im selben Jahr schätzte er ein: „Insgesamt scheint der Integrationsprozess weiter vorangekommen zu sein, als wir uns das am Anfang vorgestellt haben. Das deutsch-deutsche Fremdsein im Ost-West-Verhältnis ist in der Truppe schneller überwunden worden als im Zivilleben. Organisation, Ausbildung und Ausrüstung sind bei den aktiven Truppenteilen schon fast auf Normalstand."

Beim öffentlichen Feierlichen Gelöbnis der Panzerbrigade 42 „Brandenburg" am 31. Mai 1996 vor dem Schloss Charlottenburg in Berlin würdigte Bundespräsident Roman Herzog „den Glücksfall der Wiedervereinigung in Frieden und Freiheit": „Die Bundeswehr ist auch ein Ort der Begegnung junger Menschen aus Ost und West, die gemeinsam demselben Ziel verpflichtet sind und die für dieselben Werte eintreten. Die Armee der Einheit ist eine einmalige organisatorische und menschliche Gemeinschaftsleistung. Mehr als 9 000 ehemalige NVA-Soldaten dienen heute als Staatsbürger in Uniform im Osten und Westen unseres Landes. Dafür hat die Bundeswehr im In- und Ausland zu Recht viel Anerkennung gefunden."

Natürlich spielte bei den verantwortlichen Politikern und Militärs in der alten Bundesrepublik die Überlegung eine Rolle, dass auf dem Gebiet der DDR kein militärisches Vakuum entstehen darf. Nach meiner Auffassung ging es dabei nicht nur um die kontrollierte Auflösung all dessen, was die NVA hinterlassen hatte: Verbände, Waffen, Munition, Einrichtungen und Übungsplätze. Hierzu brauchte man Fachkräfte, die davon etwas verstanden und das neue politische System unterstützen wollten. Und die gab es ausreichend, auch mit Russisch-Kenntnissen zur Bedienung der bisherigen Technik.

Ich möchte in diesem Zusammenhang auch die Rolle des Deutschen BundeswehrVerbandes würdigen. Der DBwV hat sich sowohl für den Reformprozess der NVA nach 1989 als auch nach der Wiedervereinigung 1990 aktiv für die Interessen der Neuen in den nun gesamtdeutschen Streitkräften und der Ehemaligen aus dem Verband der Berufssoldaten der DDR (VBS) eingesetzt. Auf dem ersten deutsch-deutschen Seminar im März 1990 wurde resümiert: „Soldatsein in Deutschland heißt jetzt: Miteinander sprechen, um Vertrauen zu bilden." Es folgten weitere Treffen und Begegnungen mit intensivem Meinungsaustausch in diesem Sinne.

Der ehemalige, langjährige Bundesvorsitzende Oberst Bernhard Gertz schätzte später ein: „Die Bundeswehr hat auf verschiedenen Wegen gezeigt, dass sie die Integration auch in die Gesellschaft der früheren DDR erfolgreich bewältigen wollte. Der BundeswehrVerband war von Anfang an der Meinung, dass die Integration nur gelingen kann, dass die innere Einheit nur erfolgreich vollendet werden kann, wenn man die Menschen mitnimmt. Und das sind auch die Menschen, die früher in der Nationalen Volksarmee gedient haben."

Im April 1991 hatte der Landesverband Ost bereits 12 000 Mitglieder. "Wir wollten keinen der Betroffenen mit seinen Sorgen allein lassen! Und das Ziel der inneren Einheit war nicht durch Ausgrenzung, sondern nur durch Herausfinden der Gemeinsamkeiten zu erreichen. Dabei waren wir in der Pflicht, auf die Menschen zuzugehen, damit die Bundeswehr in den östlichen Bundesländern von Anfang an akzeptiert wurde." Das erklärte Gertz auf dem Wissenschaftlichen Kolloquium der Karl-Theodor-Molinari-Stiftung e.V. „Zwei deutsche Armeen im Kalten Krieg – 15 Jahre Ringen um die Armee der Einheit" 2006 in Dahlewitz (Landkreis Teltow-Fläming).

Zu den verbandspolitischen Schwerpunkten gehörten lange Jahre die Anhebung der Ostbesoldung auf Westniveau und weitere soziale Absicherungen der Kameraden aus dem Osten. Der Verband tritt weiterhin für die Beseitigung der Diskriminierung „Gedient in fremden Streitkräften" und die Fortführung des früheren NVA-Dienstgrades ein.

Gesamtdeutsche Streitkräfte ohne feindliche Übernahme

Erst Vorkommando, dann Kommando Ost

Vor der Bildung gesamtdeutscher Streitkräfte mit ehemaligen NVA-Angehörigen als vorläufige Bundeswehr-Soldaten nach dem Soldatengesetz nahm in der Noch-DDR am 17. August 1990 eine Verbindungsgruppe des Bundesverteidigungsministeriums in Strausberg ihre Arbeit auf. Das geschah beim Ministerium für Abrüstung und Verteidigung und in Abstimmung mit der Eppelmann-Behörde. Geleitet hat sie Brigadegeneral Ekkehard Richter.

Das Vorkommando bestand aus etwa 20 militärischen und zivilen Mitarbeitern. Sie bereiteten hier bereits die neuen militärischen Strukturen in Ostdeutschland vor. Da die NVA mit der Wiederherstellung der deutschen Einheit ihre Existenzberechtigung verlieren sollte, ging es vor allem um eine umfassende Bestandsaufnahme der militärischen Gegebenheiten: Personal, Material, Haushalt, soziale Angelegenheiten, Strukturen, Fernmeldeverbindungen, Sanitätswesen sowie deren Arbeit in der Volkswirtschaft. Zudem konnten Fragen zur Übernahme der Befehls- und Kommandogewalt geklärt, die Aufstellung und Unterbringung der neuen Führungsorganisationen vorbereitet werden.

Dann kam der historische 3. Oktober 1990. Der Bundesminister der Verteidigung, Gerhard Stoltenberg, erließ einen Tagesbefehl. Zur deutschen Vereinigung stellte er fest: „Die Teilung unseres Landes ist überwunden. Nun gilt es, auch das Trennende im Denken und Empfinden zu beseitigen. Die Soldaten stehen dabei vor einer besonderen Herausforderung, sie müssen vom Gegeneinander zum Miteinander finden."

Mit diesem historischen Tag - das entsprach dem Beschluss der Kohl-Regierung, für alle Bundesministerien in Berlin Außenstellen einzurichten - nahm auch in Strausberg eine solche Behörde ihre Tätigkeit auf. Ihr Leiter, Werner E. Ablaß, arbeitete zuletzt als Staatssekretär bei Minister Eppelmann. Die etwa 300 Mitarbeiter, davon etwa 50 aus dem Westen, kümmerten sich nun um die Abwicklung des bisherigen DDR-Verteidigungsministeriums. Außerdem vertraten sie die Interessen der Hardthöhe gegenüber anderen Bundes- und Landesbehörden, speziell in der Hauptstadt Berlin. Später konzentrierte sich die Außenstelle mit wesentlich weniger Personal auf die Bereiche Unterbringung und Liegenschaften, Umweltschutz und Rüstung.

Nach der staatlichen Einheit und der Erweiterung des Hoheitsgebietes der Bundesrepublik um fünf neue Bundesländer musste die Verteilung der deutschen Streitkräfte neu disloziert, also neu festgelegt werden. Ziel war ohne feindliche Übernahme – übrigens ein Begriff aus der Kapital- und Wirtschaftswelt - eine geschlossene und handlungsfähige einheitliche gesamtdeutsche Bundeswehr. Und so sollten gemäß internationaler Vereinbarungen von den 370 000 Mann künftiger Friedensstärke der Deutschen fast 66 000 Soldaten (18 Prozent) in den neuen Bundesländern ihren Dienst versehen.

Das Bundeswehrkommando Ost bekam als Befehlshaber Generalleutnant Jörg Schönbohm. Er wurde Chef aller Streitkräfte im Osten Deutschlands. Das waren alle Truppenteile und Dienststellen von Heer, Luftwaffe und Marine im Beitrittsgebiet. Einen solchen „Oberbefehlshaber" mit dieser breiten Befehls- und Einsatzstruktur über alle Waffengattungen - vergleichbar mit dem Chef eines Generalstabes - hatte es für einen General der Bundeswehr bis zu diesem Zeitpunkt nicht gegeben. Das sorgte wohl auch bei den Inspekteuren von Heer, Luftwaffe und Marine für Argwohn. Lediglich der zivile Bundesverteidigungsminister durfte bislang die oberste Befehlsgewalt über alle Teilstreitkräfte sowie alle anderen Truppen und Einrichtungen gleichzeitig ausüben.

Der Generalleutnant, der ursprünglich zu diesem Zeitpunkt das Koblenzer Korps übernehmen sollte, unterstand dem stellvertretenden Generalinspekteur. Er pflegte im Beitrittsgebiet nun den direkten Draht zum Bundesverteidigungsministerium. Ob es sich um die Führung der Land-, Luft- und Seestreitkräfte in Ostdeutschland oder die Auflösung der Truppenteile und Dienststellen handelte, die nicht für die zukünftige Streitkräftestruktur vorgesehen waren - für all das besaß er die Verantwortung. Ebenso traf das auf die Übernahme und Verwahrung des NVA-Materials bis zur weiteren Verwendung oder Vernichtung zu.

Später schätzte das Heereskommando Ost in Potsdam ein: „Straffe und konsequente Führung einerseits sowie Delegation von Verantwortung, Einfühlungsvermögen und Fingerspitzengefühl andererseits waren nötig, um die Lage zu meistern." Und weiter: „Die Angehörigen der ehemaligen NVA sahen sich - nach dem Entschluss zur Auflösung der NVA - einem immensen psychologischen und sozialen Problemdruck ausgesetzt. Die Uniform des ehemaligen, staatlich propagierten Klassenfeindes anzuziehen, war für viele Soldaten der NVA - und die betroffenen Familien - mit äußerst zwiespältigen Gefühlen verbunden." Für viele NVA-Angehörige habe es keine Alternative gegeben, „da die entsprechende zivilberufliche Qualifikationen fehlte".

Einen zusätzlichen schweren „Brocken", das zeigte sich aber erst in den nächsten Jahren, bildete die bereits erwähnte Unterstützung für die Rückkehr der sowjetischen Truppen. Vor diesem Hintergrund führte Schönbohm vorübergehend das Heereskommando Ost in Potsdam (hier war vorher das Kommando der NVA-Landstreitkräfte), das später zum Korps-/Territorialkommando Ost wurde, sowie die Divisions-/ Wehrbereichskommandos VII in Leipzig und VIII in Neubrandenburg.

An diesen Orten hatten zu DDR-Zeiten die beiden NVA-Militärbezirke ihren Sitz. Im Verteidigungsfall hätten sie mit allen unterstellten Divisionen und Regimentern auf dem Westlichen Kriegsschauplatz jeweils als eine Armee unter dem Oberkommandierenden der Vereinten Streitkräfte des Warschauer Vertrages gehandelt. Hinzu kamen für die Bundeswehr Ost der Aufstellungsstab der 5. Luftwaffendivision in Eggersdorf bei Berlin in den Kasernen des ehemaligen Kommandos der NVA-Luftstreitkräfte/Luftverteidigung und der Aufstellungsstab für das Marinekommando in Rostock in früheren Dienstgebäuden der Volksmarine. Zu ihr gehörten einst drei Flottillen mit Schnellbooten, U-Jagd-Schiffen und Minensuchern sowie Marineflieger und Kampfschwimmerkommandos und die Grenzbrigade Küste.

Nachdem das Verbindungskommando zur Westgruppe der sowjetischen (später russischen) Truppen in Deutschland WGT ursprünglich in Strausberg etabliert war, fand es später in Ost-Berlin eine geräumigere Bleibe. Nicht irgendwo, sondern im früheren Hauptquartier der NVA-Militäraufklärung. Das war überhaupt typisch für die Bundeswehr: Sie nutzte in Ostdeutschland jeweils nur ehemalige Kasernen, Einrichtungen und Übungsplätze der NVA. Hinzu kamen in West-Berlin Liegenschaften der Alliierten sowie der Bendlerblock.

Von der Oberspreestraße in Berlin-Schöneweide aus konnte der Abzugsbeauftragte Generalmajor Foertsch nun das Oberkommando in Wünsdorf (Teltow-Fläming) geographisch mit einem „Katzensprung" erreichen. Und da dieser Gesamtabzugsplan nach dem Ende der Ost-West-Konfrontation nicht nur in Deutschland, sondern auch im Rahmen der internationalen Abrüstung höchste politische Brisanz besaß, mussten von deutscher Seite aus immer wieder einvernehmliche Lösungen gesucht werden. Dazu fanden viele persönliche Gespräche mit sowjetischen Generalen statt. Vor allem bei den oft abweichenden Zahlen der Russen über ihr Personal, die Waffen und das Gerät für den Rücktransport war das der Fall.

Es ging hier in der Tat um militärische Größenordnungen, wie sich das vorher selbst kühne Optimisten nicht vorstellen konnten. Aus heutiger Sicht – und das habe ich früher auch nicht so gesehen – war die DDR ein einziges „Pulverfass": Nahezu überall kampfbereite Truppen und dann noch riesige Munitionslager. Darunter für nukleare Gefechtsköpfe, über deren Einsatz nur russische Kommandeure zu entscheiden hatten. Aber auch hier musste man noch differenzieren: Ein Teil davon unterstand direkt dem Oberkommando der Vereinten Streitkräfte in Moskau, über den anderen Teil verfügte der Oberkommandierende der WGT in Wünsdorf. Dieses unterschiedliche Unterstellungsverhältnis von „wichtigen" Waffen machte deren Rücktransport in die Heimat so kompliziert.

Zu DDR-Zeiten wurden nie Einzelheiten über diese Verbände und Truppenteile sowie deren Bewaffnung veröffentlicht. Alles galt als „Streng geheim". Und wie ich heute weiß, kannte sich auch in der DDR-Führung niemand so genau in dieser Materie bei den Russen aus - weder im SED-Politbüro noch im Verteidigungsministerium. Auch das hieß nach außen hin: „Klassenbrüder - Waffenbrüder, vereint unbesiegbar". Ein Klischee!

In ihrer neuen Umgebung erfuhren Foertsch und seine Mitarbeiter so ganz nebenbei, wie die einst etwa 1 000 militärischen Aufklärer der NVA, darunter auch Militärattaches, gearbeitet haben. Neben der Hauptverwaltung Aufklärung (HVA) der Staatssicherheit mit zirka 4 300 hauptamtlichen Leuten wirkte hier ein eigenständiger Zweig der DDR-Auslandsspionage. In diesem speziellen Dienst der NVA befasste man sich mit der Bundeswehr, weiteren Nato-Standorten in Deutschland und den Benelux-Staaten. Das einst so streng geheime Lagezentrum in einem neuen Hochbunker hatte, wie ich am Rande meiner Gespräche bei der Bundeswehr, neuer Eigentümer der Immobilie, feststellen konnte, ebenso wie die vielen Büros des Ex-Spionagezentrums den typischen „Charme“ von Einrichtungen der Volksarmee. Ich würde sagen: Mehr schlicht als einfach.

Der Festakt – die Geburtsstunde für die Bundeswehr Ost

Vor allem der Tag der deutschen Einheit wurde nach all den Erfahrungen aus DDR-Zeiten sowie ersten Kontakten zur Bundeswehr für mich zu einem besonderen Ereignis: In Strausberg erlebte ich als Berichterstatter die Geburtsstunde der Bundeswehr im Osten.

Schon allein vor diesem historischen Hintergrund bleibt mir die Feierstunde in Strausberg unvergessen. Hier präsentierten sich am Sitz des ehemaligen Verteidigungsministeriums der DDR neue Angehörige der Bundeswehr in ihrer jetzigen Mission. Tags zuvor hatten sie noch in der NVA-Uniform die Truppenfahne eingeholt und für das Armeemuseum in Dresden eingerollt. Nun waren die neuen Kameraden voller Erwartungen über den Staat, den sie jetzt zu verteidigen hatten. Aber mit der Zuversicht, dass es sich doch künftig um bessere menschliche Verhältnisse gerade in den Streitkräften handeln würde als bisher.

Das entgegneten mir schon an der Wache einfache Soldaten auf meine Frage: „Wie ist denn Ihr Befinden unter den neuen Chefs?“ Spätestens seit dem Mauerfall am 9. November 1989 wussten alle in den ostdeutschen Garnisonen, auch die, die einst zu Hause kein Westfernsehen empfangen wollten (die gab es tatsächlich unter höheren NVA-Offizieren), wie demokratisch und kameradschaftlich es beim Bund zugeht. Das sprach sich schnell herum. Und welche Verantwortung dort selbst ein Gefreiter trägt, wie ich immer wieder staunend in der Truppe feststellen konnte.

Die Geburtsstunde gesamtdeutscher Streitkräfte fand im Tagungszentrum des ehemaligen Verteidigungsministeriums an der Prötzeler Chaussee einen symbolischen Rahmen. Erst 1985 hatte man diese Einrichtung speziell für Tagungen von Militärausschüssen des Warschauer Vertrages errichtet. Sie lag gewissermaßen im „Schatten“ von Ost-Berlin, wo die NVA mit Blick auf den Vier-Mächte-Status nur wenig Präsenz zeigen durfte. Hinzu kam eine aus ostdeutscher Sicht gepflegte Hotelanlage mit zahlreichen Übernachtungsmöglichkeiten. Für einen weit gereisten Gast aus der alten Bundesrepublik war das eher ein bescheidenes Niveau der Hotellerie.

Das Gebäude aus Klinkersteinen galt damals für den normalen Bürger als ein „Protzbau“. Hier wurde schon in Zeiten hoher Verschuldung der DDR nicht gekleckert, sondern geklotzt. Ganz sicher wollten Honeckers Generale ihren unmittelbaren Verbündeten sowie auch den Kampfgefährten aus den Befreiungsbewegungen in aller Welt zeigen, wie prächtig der Sozialismus in der DDR gedeiht.

Einlass fanden hier bisher nur hohe Dienstgrade der bewaffneten Organe zu dienstlichen Veranstaltungen. Für zivile Bewohner der damaligen Kreisstadt war diese Einrichtung nahezu tabu. Obwohl doch gerade im großen Tagungssaal bis zur Amtsübernahme Eppelmanns im Frühjahr 1990 hier an der Frontseite die übergroßen Porträts der Parteiführer der einst sieben Bündnispartner von Leonid Breshnew über Nikolae Ceausescu bis zu Erich Honecker die „unverbrüchliche

Freundschaft über Ländergrenzen" und das „enge Zusammenwirken der verbündeten Armeen" symbolisieren sollten.

Im Tagungszentrum führte Bundesverteidigungsminister Gerhard Stoltenberg am Nachmittag des 3. Oktober 1990 den Befehlshaber der Bundeswehr Ost in sein Amt ein. Generalleutnant Schönbohm diente zuletzt in der Planung auf der Bonner Hardthöhe. Er wurde gar nicht weit von hier 1937 in Neu Golm geboren und wuchs dann in der alten Bundesrepublik auf. Später zog er nach Kleinmachnow bei Potsdam und gehörte einige Jahre als Minister der Brandenburger Landesregierung an.

Bei vielen Aktivitäten und in Gesprächen in der Truppe habe ich ihn während der folgenden Monate erlebt. Ob es nun um die weitere Beschäftigung von Ex-NVA-Offizieren, eine wohnlichere Unterbringung der Soldaten (Aktion: Stühle statt Schemel) oder selbst um warmes Wasser zum Duschen nach der Ausbildung ging - der neue Chef traf meistens noch vor Ort seine Entscheidungen. Und das im Sinne der Betroffenen.

Da vor allem die Hygiene in allen Speisesälen und Großküchen gerade in den entlegenen Standorten völlig vernachlässigt worden war, veranlasste er umgehend Veränderungen. Die Truppe reagierte darauf sehr positiv. Auch seine Art, sich mit Rekruten zu unterhalten, kam an. Bislang kannte ich bei hohen Dienstgraden der NVA meist solche Fragen wie: „Woher kommst Du?", „Welchen Beruf hast Du?" oder „Bist Du schon verheiratet?" Scheinbar waren wir alle gleich, nur unsere damaligen Herrschaften waren gleicher.

Wie sehr war der neue Befehlshaber in einem ehemaligen Motorisierten Schützenregiment (MSR 9) in Drögeheide bei Eggesin empört, als er hörte, für das Beheizen der Hallen mit kampfbereiter Einsatztechnik (Panzer, Schützenpanzer) seien genügend Kohlen vorhanden, für die Sanitäranlagen allerdings nicht. Hier lernte der Bundeswehr-General zwei typische ostdeutsche Begriffe kennen, die ihm fremd waren. Zum Beispiel den „Broiler". So nannte man das Brathuhn auch in der NVA-Kantine. Da musste der Befehlshaber noch schmunzeln. Mit Kopfschütteln und Verärgerung reagierte er aber auf den Begriff „Abschüsseln". Auch den gab es nicht im Duden West. Das war eben „Armeedeutsch Ost".

In der Praxis bedeutete das: Nur einmal in der Woche stand hier „Duschen" auf dem Dienstplan, obwohl täglich die Gefechtsausbildung auf dem riesigen Standortübungsplatz stattfand. Mangels warmer Duschgelegenheiten füllten die Soldaten nach Dienstschluss in den Waschräumen verbeulte Aluminiumschüsseln mit warmem Wasser und spülten so ihren eingeseiften Körper ab. Das war nicht die Ausnahme, das war die Regel. Diese Praxis kannte ich bisher auch noch nicht, obwohl ich doch oft in dieser Gegend war.

Irgendwie fand ich das schon komisch: Erst neue Vorgesetzte mussten hierher kommen, um dafür zu sorgen, dass man sich in der Truppe nach der Ausbildung regelmäßig duschen kann. Die eigentlichen Verantwortlichen für diese schlimmen Zustände saßen zuvor in der Führung der NVA. Sie wollten oder mussten Kohlen sparen, hieß es, und zwar überall in der Armee. Auch aufgrund ihrer hohen Dienstgrade und vielleicht auch wegen ihrer zu engen Bande zur Sowjetarmee wurden sie noch während ihres Dienstes kurz vor der Auflösung der NVA entlassen.

Zurück zur Festveranstaltung. Am großen Presseaufgebot spürte man: Hier und heute wird Geschichte geschrieben. Es begann sogar ein völlig neues Kapitel deutscher Militärgeschichte und - wie ich heute weiß - sogar ein erfolgreiches. Zum ersten Mal in der damals 35-jährigen Historie der Bundeswehr wurde die deutsche Nationalhymne von einem gesamtdeutschen Militärmusikkorps intoniert. In seinen Reihen musizierten je 30 Angehörige aus der alten Bundeswehr und der ehemaligen NVA. Die Militärmusiker brachten dann auch eindrucksvoll Beethovens „Ode an die Freude" und Händels „Feuerwerksmusik" zu Gehör.

Dabei spielte sich das gesamtdeutsche Musikkorps bei dieser Premiere und zu diesem historischen Anlass engagiert in die Herzen der Versammelten. Denn auch das spürte der aufmerksame Beobachter: Selbst für die Militärmusiker aus dem Beitrittsgebiet begann heute eine neue Zeitrechnung. Sie dienten jetzt in einer ganz anderen Armee, wurden von den Vorgesetzten und den neuen Musikerkameraden bereits geachtet und geschätzt. Das hatten schon die ersten gemeinsamen Proben am Vormittag gezeigt, erläuterte man mir nach der Veranstaltung.

Auf ihre Vergangenheit angesprochen, entgegneten Militärmusiker aus dem Osten, dass sie sich nur ungern an die Sprechblasen aus der Politischen Hauptverwaltung der NVA erinnern. Diese hatte dereinst auf der gegenüberliegenden Straßenseite ihren Sitz. Die aus meiner Erfahrung meist engstirnigen Polit-Generale und -Oberste wachten darüber, dass auch mit der Kultur und besonders mit dem Liedgut „ideologischer Klassenkampf" betrieben wurde. Entsprechend simpel waren viele Texte und Kompositionen in der NVA zum Marschieren und Mitsingen. Solche hölzernen Titel hat kein Soldat in seiner Freizeit nachgesungen.

Zwei weitere Beispiele: Erst 1987 hatten sich die NVA-Führungsleute vor einem öffentlichen Historischen Militärkonzert zur 750-Jahr Feier Berlins auf dem Gendarmenmarkt dazu entschlossen, mit dem berühmten Alten Dessauer einen der schönsten deutschen Trompetenmärsche von einem Armee-Orchester aufführen zu lassen. Herausragend: Ein Solist vom Gewandhausorchester Leipzig, der kurzfristig zum Militär einberufen wurde. Vorher war dieser Titel wie auch anderes bekanntes deutsches Klanggut mit Militärcharakter in der Armee der Arbeiter und Bauern unerwünscht. Das sollte auch eine Form der Vergangenheitsbewältigung in der DDR sein.

Bei einer ähnlichen Großveranstaltung der Volksarmee, damals im Schauspielhaus, klatschten die Zuhörer erst zum Schluss rhythmisch mit, als das Zentrale Orchester der NVA den schmissigen Radetzky-Marsch von Johann Strauss spielte. Die anderen Klänge des Konzerts fand ich irgendwie langweilig. Sie haben keinen Zuhörer vom Stuhl gerissen.

Wie das Wachpersonal und alle anderen Neuen der Bundeswehr trugen auch die ostdeutschen Musiker an diesem denkwürdigen Tag den für sie ungewöhnlichen Feldanzug, der im Soldaten-Jargon nur „Nato-oliv" heißt. Mit dem Tragen der gleichen Uniform sollte schon ab der Geburtsstunde der nunmehr gesamtdeutschen Bundeswehr Identität zwischen West und Ost geschaffen werden.

Was anfangs von vielen Außenstehenden in der alten Bundesrepublik an dieser einfachen Bekleidung für die Neuen mit dem Hinweis kritisiert wurde, die Bundeswehr müsse doch in ihren Vorratskammern für zehntausende Soldaten immer eine neue Uniform parat haben, sahen die Chefs vom Korps und Territorialkommando Ost in einer Bilanz vier Jahre später ganz anders: „Die pünktliche Zuführung von über 100 000 dieser Uniformen muss als die erste der vielen logistischen Glanzleistungen angesehen werden." Vielleicht spielten an dieser Art der Bekleidung, die hier natürlich auch die Westdeutschen trugen, noch andere Gründe eine Rolle, um beispielsweise die Besonderheit der ostdeutschen Truppen der Bundeswehr gut sichtbar zu machen. Ich fand die Bekleidung ansprechend. Mit „Natooliv" präsentierten sich hier einheitlich alle Dienstgrade - vom Soldaten bis zum General.

Sehr beeindruckt war ich am folgenden Tag bei der Bundeswehr Ost ebenso vom offiziellen Aufstellungsappell des Kommandos. Er fand mit etwa 600 Soldaten und Zivilbeschäftigten vor dem Sitz des neuen Befehlshabers in Strausberg statt. Wo seit dem 3. Oktober nicht mehr die DDR-Dienstflagge zu sehen war, wehte nun die Bundesdienstflagge. Hier hatten in der DDR seit 1956 die Chefs der Nationalen Volksarmee Willi Stoph, Heinz Hoffmann, Heinz Kessler und Theodor Hoffmann in dieser Reihenfolge ihre Befehlsgewalt ausgeübt. Die meisten der Gebäude aus viel Beton stammten noch von der Wehrmacht. Im Haus 3 tagte alle Vierteljahre der Nationale Verteidigungsrat der DDR unter Ulbricht und später unter Honecker. Dann wurden auch immer wieder die Weichen für die Landesverteidigung der DDR mit der NVA als Kernstück gestellt.

Den Ministersitz, der vom Mitbegründer des Demokratischen Aufbruchs (DA) und Abrüstungsminister Rainer Eppelmann ebenso übernommen worden war wie so mancher NVA-Oberst aus dieser Dienststelle, hatte man zu DDR-Zeiten mit vielen Fenstern extrem „dünnhäutig" gebaut. Hier saß gleich neben dem Politchef der Armee die Presseabteilung des Verteidigungsministeriums. In dieses Haus, wo einst der jeweilige DDR-Verteidigungsminister seine Befehle zum „Schutz der sozialistischen Errungenschaften und des Friedens" unterzeichnet hat, zog nun der Generalleutnant der Bundeswehr ein.

Noch vor gar nicht langer Zeit gab es in diesem Areal Symbole mit Aufschriften wie „Für den Schutz der Arbeiter-und-Bauern-Macht" zu sehen. Nach den ersten freien Wahlen 1990 wurden sie entfernt. Erstmalig gedachte am 20. Juli 1990 die NVA hier der Hitler-Gegner um Graf Stauffenberg. Diese Ehrung, die einen bedeutenden Wandel in der Haltung der Volksarmee zu diesen Traditionen einleitete, fand im Westen der Bundesrepublik ein geteiltes Echo.

Nun stand vor den Beschäftigten des bisherigen Verteidigungsministeriums ein General aus dem Westen als Dienstvorgesetzter. Besonders seine Worte „Wir kommen nicht als Sieger zu Besiegten, sondern als Deutsche zu Deutschen" hinterließen bei den am Appellplatz Angetretenen einen tiefen Eindruck. So eine klare, verbindliche Sprache hatten sie wohl kaum erwartet. Das traf ebenso auf seine Versicherung zu: „Wir dienen der gemeinsamen Sache – der Zukunft Deutschlands" und werden „die Einheit auch in der Bundeswehr gestalten". Das war der Aufhänger meiner Agenturmeldung, danach vieler Nachrichtensendungen im Rundfunk. Dieser Gedanke fand am Tag darauf einen guten Abdruck in den Zeitungen.

Was nach dem 3. Oktober in Strausberg, Neubrandenburg, Leipzig und an anderen ostdeutschen Standorten begann, bekam schon bald eine historische Dimension. Zunächst übernahm die Bundeswehr von der ehemaligen NVA fast 100 000 Soldaten. Das waren meist Wehrpflichtige. Auch viele Unteroffiziere und Offiziere wurden integriert - alles in allem dienten nun etwa 11 000 Soldaten auf Zeit aus dem Osten in den gesamtdeutschen Streitkräften.

Zudem blieben bei der Bundeswehr die mehr als 20 000 Zivilangestellten. Die neuen Streitkräfte entwickelten sich in manchen Regionen wie im strukturarmen Mecklenburg-Vorpommern zum größten Arbeitgeber. Darauf waren die Landesregierungen besonders stolz. Vor allem in den Wehrbereichsverwaltungen sorgten ostdeutsche Zivilangestellte gemeinsam mit den nur wenigen Chefs aus dem Westen dafür, dass die Auflösung der Einrichtungen und Verbände der Ex-NVA sowie der Aufbau der neuen Truppenteile nahezu geräuschlos vor sich gingen.

Im „Nato-oliv" zum Gegengewicht für russische Westgruppe

Vom ersten Tag an seit der Wiedervereinigung musste noch mit der Existenz einer hoch gerüsteten Westgruppe der russischen Streitkräfte gerechnet werden. Auch wenn sich deren Kommandeure aus dem deutschen Einigungsprozess völlig heraushielten. Einzelne Offiziere nutzten die Gelegenheit, um die Seite zu wechseln. Jedenfalls waren diese Truppen nun mal präsent und auf jeden Befehl aus Moskau eingestellt. Schließlich sollte der Abzug bis 1994, auch wegen der Größenordnung, etappenweise aus den neuen Bundesländern vor sich gehen.

Ich kann mich in diesem Zusammenhang noch gut an die Worte eines hohen Offiziers der Bundeswehr erinnern, der mir damals, vielleicht auch vertraulich, sagte: „Die Bundeswehr ist heute schon überall dort, wo sich russische Truppen befinden." Das hätte auch heißen können: Es gibt zwar im Beitrittsgebiet bis zum vollständigen Abzug noch immer kampfstarke russische Verbände, aber wir haben nun ein adäquates militärisches Gleichgewicht durch unsere ostdeutschen Truppenteile erreicht.

In deren Reihen standen Ost- und Westdeutsche - Seite an Seite. Im März 1993, etwa zur „Halbzeit" des WGT-Abzugs, schätzte man in Deutschland ein, dass von der Westgruppe „keine operative Bedrohung" für Westeuropa mehr ausgeht. Das erklärte der für den Abzug zuständige Bundeswehr-General Hartmut Foertsch vor Berliner Journalisten. Diese Aussage war wohl nicht nur an die Adresse der eigenen deutschen Bevölkerung gerichtet. Und: Für solche Gefahren wie zu Zeiten der Blockkonfrontation mangele es den noch in Deutschland anwesenden russischen Truppen nun „an Struktur und Logistik", hieß es.

Ich denke, das Feindbild in der Westgruppe hatte sich auch unter Gorbatschow kaum geändert. Dessen Verzicht auf Deutschland war gerade von den Männern mit den großen Mützen in Moskau immer scharf kritisiert worden. Sie vergaßen wohl auch nie die umgehende Ablösung ihres Verteidigungsministers Sergej Sokolow und der Führung der Luftverteidigung durch den Präsidenten, nachdem der 19-jährige deutsche Privatpilot Mathias Rust am 28. Mai 1987, dem Tag der Grenztruppen, unweit vom Roten Platz in Moskau zum Abschluss eines unbemerkten Fluges über das Riesenreich gelandet war.

Laut ehemaligem sowjetischen Außenminister Eduard Schewardnadse bestand nach dem Mauerfall 1989 noch Anfang 1990 in der DDR die Gefahr, dass die Sowjetarmee gegen den Willen ihrer Führung aus den Kasernen ausgerückt wäre. Das erklärte der frühere Vize-Kanzleramtschef Horst Teltschik in der ARD („Hart aber Fair", 5.11.2009). Er berief sich dabei auf ein Gespräch mit Schewardnadse.

Eine echte Gefahr für den Truppenabzug aus Ostdeutschland ging auch vom Putsch einer Gruppe von Generalen der russischen Armee, des Innenministeriums und des Geheimdienstes KGB sowie von unzufriedenen KPdSU-Funktionären gegen Michael Gorbatschow aus, die im August 1991 für einige Tage in Moskau die Macht ergriffen hatten. Oder wollten die Putschisten, denen es offiziell um innenpolitische Probleme ging, gar das Rad der Geschichte in Mitteleuropa - auch militärisch - noch einmal zurückdrehen? War ihnen der Preis für die Einheit Deutschlands, den Bundeskanzler Kohl mit Präsident Gorbatschow ausgehandelt hatte, nicht hoch genug?

Nach den Auflösungserscheinungen in der NVA mit der Wende 1989 und mehreren Reformen 1990 existierte nun in Ostdeutschland wieder eine ernst zu nehmende deutsche militärische Komponente. Jetzt aber unter dem Kommando der Bundeswehr. Im Westen Deutschlands waren die nunmehr gesamtdeutschen Streitkräfte fest im Nordatlantischen Verteidigungsbündnis integriert. Im Osten noch nicht.

Mit dieser neuen Situation mussten sich die Generale im Wünsdorfer Oberkommando und ihre Kommandeure in allen neuen Bundesländern abfinden. Das war schon eine gravierende Veränderung für sie. Denn seit 1945 hatte die Sowjetarmee uneingeschränkt das Sagen über alles Militärische in diesem Teil Deutschlands und besaß alle nur erdenklichen Bewegungsfreiheiten. Spätestens am Kasernentor oder am Schlagbaum einer russischen Garnison endeten in jedem Fall die Ermittlungen der Volkspolizei, wenn es zu kriminellen Handlungen von Angehörigen der GSSD gegenüber DDR-Bürgern gekommen war. Und das waren weit über 1 000 Delikte pro Jahr – vom Diebstahl über die Vergewaltigung bis zum Mord, berichtete der Fernsehsender Phoenix unter dem Titel „Verschlusssache ‚Waffenbrüder'" (23.1.2010).

Wie sehr sich die DDR-Behörden an diesen Zustand gewöhnt hatten, offenbarte uns im ADN einmal der Chefredakteur Inland: Bei der Berichterstattung aus Regimentern oder von Übungsplätzen der Sowjetarmee sollte sich der Reporter dort „äußerst diplomatisch bewegen, weil es sich um exterritoriales Gebiet inmitten der DDR handelt". Als DDR-Bürger fühlte man sich damals eben noch immer wie ein Gast auf deutschem Boden, den 1945 sowjetische Truppen besetzt hatten. Schließlich nutzten die Sowjets seit dem Ende des 2. Weltkrieges zwischen Elbe und Oder rund 2 300 Quadratkilometer Fläche für ihre militärischen Interessen. Das entsprach etwa der Größe des Saarlandes.

Laut General Hartmut Foertsch, Beauftragter der Bundesregierung für den Abzug der Russischen Streitkräfte aus Deutschland und Leiter des Deutschen Verbindungskommandos zur Westgruppe der Truppen, verfügte diese im Jahr der deutschen Wiedervereinigung über ein fast unübersehbares Waffenarsenal. Dazu zählten über 4 209 Panzer, 3 682 Artilleriesysteme, 8 209 gepanzerte Fahrzeuge, 691 Flugzeuge, 683 Hubschrauber sowie 106 194 Kraftfahrzeuge und sonstiges Gerät. An materiell-technischen Mitteln standen der WGT 2,7 Millionen Tonnen zur Verfügung. Auch 677 032 Tonnen Munition befanden sich in den Lagern und auf Fahrzeugen.

Mit der wachsenden Einsatz- und Kampfbereitschaft der Bundeswehr im Osten Deutschlands wurde den sowjetischen und dann russischen Truppen die noch aus DDR-Zeiten stammende Aufsichts- und Kontrollfunktion endgültig aus den Händen genommen. Bis zur Ära Gorbatschow grassierte unter deren politischen Führern und militärischen Befehlshabern tatsächlich mehr Angst vor einer deutsch-deutschen Annäherung als vor einem offenen Militärkonflikt mit dem Westen. Eine solche Verbrüderung hätte in der Konsequenz ihre Anwesenheit schon viel früher überflüssig gemacht. Die auch heute noch in Russland äußerst kritisch beäugte Nato wäre dann vielleicht näher an ihren Einflussbereich herangerückt.

Personifiziert haben diese antideutschen Bestrebungen besonders Außenminister Andrej Gromyko und Ost-Berlins langjähriger („Regierender") Botschafter Pjotr Abrassimow. Letzterer pflegte bei Protokollveranstaltungen wie zur Kranzniederlegung am Ehrenmal für die im 2. Weltkrieg beim Kampf um Berlin gefallenen 80 000 Sowjetsoldaten in Treptow demonstrativ nach dem Staatsratsvorsitzenden der DDR im VIP-Bereich einzutreffen. Diese wiederholte Brüskierung der ostdeutschen Führung sollte wohl vor den anwesenden Diplomaten aus mehr als 100 Ländern zum Ausdruck bringen, wer in der DDR tatsächlich Koch und wer Kellner war.

Die neuen Kameraden aus dem Osten hatten gemeinsam mit Offizieren, Unteroffizieren und Rekruten aus dem Westen der Bundesrepublik großen Anteil daran, dass hier jegliches militärische und ganz sicher politische Vakuum verhindert wurde. Das war meines Erachtens auch die richtige „Begleitmusik" für einen vertragsgemäßen Abzug der Westgruppe. Den neuen Kommandeuren aus dem Westen blieben dann auch die „brüderlichen Beziehungen", also das „Du", zu den Kommandeuren der WGT erspart - für mich nur ein kleines Beispiel dafür, dass nun auch in den Gesprächen mit den deutschen Militärs ein frischer Wind wehte. Man war jetzt nämlich per „Sie". Und so mancher Kommandeur der WGT musste nun das „hohe Ross" verlassen, auf dem er als Vertreter einer ehemaligen Siegermacht gesessen hat.

Dieser Abzug wäre sonst wohl nie so reibungslos aus den insgesamt mehr als 2 000 Standorten und Militäranlagen der WGT verlaufen. Die Probleme begannen doch schon mit der persönlichen Abneigung des russischen Oberkommandierenden gegenüber dem Verantwortlichen der Bundesregierung, weil dieser der Sohn eines ehemaligen Generals der Wehrmacht und späteren Generalinspekteurs der Bundeswehr Friedrich Foertsch war. Wenn der alte Foertsch die menschlichen

Qualitäten wie Foertsch-Junior hatte, mit dem ich bei vielen Gelegenheiten ins Gespräch gekommen bin, dann muss ich im Nachhinein meine angelesene Meinung über einen der Gründungsväter der Bundeswehr ändern.

Alles in allem handelte es sich hierbei tatsächlich um eine logistische Riesenleistung beider Staaten. Im Mittelpunkt stand auch während der vierjährigen Abzugsperiode aus dem wiedervereinigten Deutschland die ständige Gefechtsausbildung der russischen Truppen. Damit die vielen jungen Wehrpflichtigen nicht auf dumme Gedanken kommen sollten, was die neuen Freiheiten und die veränderte Kultur in der Ex-DDR betraf, wurde weiter hart und gefechtsnah ausgebildet. Täglich, obwohl die Abreise beschlossene Sache war! Man ging dabei bis an die Grenze der Erschöpfung der Soldaten. Das war allgemein bekannt. Nur so konnten die Sergeanten sicher sein, dass ihre „Schäfchen“ abends todmüde im riesigen Kompanie-Schlafsaal in die Feldbetten fielen. Und dass auch die oft bösartigen Beziehungen innerhalb der Soldatenjahrgänge nicht ausuferten.

Aus den Kasernen und Wohnhäusern nahmen die Familien, die hier auf engstem Raum gelebt hatten, noch so manches Brauchbare mit in die Heimat. Was schon 1945 bei den offiziellen Reparationen im großen Stil mit der Demontage von hunderten Kilometern Gleisanlagen der Deutschen Reichsbahn und etwa 3 000 (!) kompletten Fabriken in Ostdeutschland begonnen hatte - laut Bundesministerium für Innerdeutsche Beziehungen waren das Werte von 99,1 Milliarden DM - , fand nun im Kleinen seinen Abschluss: Fenster, Türen, Wasserhähne und vieles andere mehr ging verpackt auf die Reise in die Heimat.

Im großen Land des einstigen Siegers mussten selbst Offiziersfamilien unter primitiven Bedingungen leben. Obwohl doch die Armee, besonders die Veteranen des Großen Vaterländischen Krieges, unter Gorbatschows Vorgängern immer eine hohe Wertschätzung genossen haben. Jetzt half den Heimkehrern die vereinbarte Milliarden-DM-Hilfe Deutschlands. Ganz sicher war die permanent schlechte wirtschaftliche und soziale Lage im Riesenreich Sowjetunion stets ein Grund oder der Grund überhaupt, einen Großteil der eigenen Truppen über Jahrzehnte nicht nach Hause zu holen, sondern sie in „befreundeten“ Ostblockländern zu kasernieren. Hier waren die Sowjetsoldaten stets Fremde in fremden Ländern. Das weiß ich nicht erst seit dem Ende des Kalten Krieges.

Ich kenne Beispiele aus Ungarn von einem Dozenten an der Militärakademie, dass selbst „Waffenbrüder“ von dort auf ihrer Reise mit einem Militärzug zum Raketenschiessen in der Sowjetunion fast wie feindliche Truppen behandelt wurden. Das ungarische Militärpersonal sollte bei der Einreise von einer Einheit der sowjetischen Grenztruppen mit zahlreichen Hundeführern entgegen der sonst üblichen Praxis kontrolliert werden. Der ungarische Kommandeur hat sich dann mit schussbereiter Pistole gegen diese Erniedrigung verwahrt. Auch ein Kollege von der ungarischen Nachrichtenagentur erzählte mir, wie unverblümt Offiziere der Sowjetarmee noch in der 1980-er Jahren in der Budapester MTI-Zentrale versucht haben, direkten Einfluss auf die Berichterstattung zu nehmen.

Jetzt erst war im Osten Deutschlands der 2. Weltkrieg tatsächlich zu Ende. Nicht nur ehemalige Wehrmachtskasernen wurden frei geräumt. Auch Tausende von Villen und Häuser. Diese waren 1945 meist wahllos in guten Wohngebieten beschlagnahmt worden. Ihre Bewohner hatten manchmal kaum eine Stunde Zeit, persönliche Sachen mitzunehmen. Meiner Schwiegermutter und anderen Mitbewohnern in ihrem Haus erging es übrigens damals in Erfurt auch nicht anders, als sich im April 1945 amerikanische Offiziere einquartierten und sie sofort ausziehen mussten.

In Berlin-Karlshorst gehörten dann ganze Straßenzüge den langjährigen sowjetischen Besatzern. Oft fiel bei den deutschen Nachbarn der Begriff „Klein-Moskau“ für diese Wohngegend. Es gab dort Geschäfte der Russen für alle Dinge des täglichen Bedarfs, darunter Konfekt und Butter aus dem Heimatland oder manchmal die sehr begehrten Teppiche sowie Porzellan und Kristallwaren aus der DDR-Produktion.

Hier hatte der berüchtigte sowjetische Geheimdienst KGB seine DDR- und - wie ich heute weiß – auch Westeuropa-Zentrale. Die lag gar nicht so weit von der Lichtenberger Mielke-Festung in der Normannenstraße und der Berliner Bezirksverwaltung des MfS am Tierpark in Friedrichsfelde entfernt, die schon von außen wie ein Regierungssitz aussah. Auch das sollte die eigene Bevölkerung einschüchtern. Diese geographische Lage erleichterte dann die Koordinierung der vielen gemeinsamen Aktionen gegen die ostdeutsche Bevölkerung und gegen die Bundesrepublik.

Als die Stasi die international mit Steckbrief gesuchten westdeutschen RAF-Terroristen in biedere DDR-Bürger umwandelte, haben sich die ostdeutschen „Tschekisten“ wohl doch nicht getraut, diesen Zulauf an schießwütigen Mitstreitern ihren sowjetischen Waffenbrüdern zu melden. Enttarnt wurden diese Personen von der ersten frei gewählten DDR-Regierung unter Lothar de Maizière. Sein Innenminister ließ dann nach jeder Festnahme in unserer Agentur anrufen und die Verhaftung vermelden. Eilmeldungen dieser Art hatte es vorher nie gegeben.

Sicher zu Recht war bei der offiziellen Verabschiedung in Berlin auf deutscher Seite von „russischen Partnern und Freunden“ die Rede. Vermisst haben aber nur wenige Ostdeutsche die einstigen Sieger aus der Sowjetunion. Es handelte sich dabei vor allem um Personen und Familien, die unter den Nazis gelitten hatten. Bei aller Wertschätzung für die Befreiungstat von 1945, die unvergessen bleibt, gab es, wenn überhaupt, nur wenige Tränen. Vielmehr herrschte in diesen Stunden ein tiefes Mitgefühl mit den russischen Soldaten und Familien hinsichtlich ihrer ungewissen Zukunft in der Heimat. Allgemein dominierte Freude, dass dieses Kapitel endgültig Geschichte war.

Ob Stalin, Chrustschow, Breshnew oder Tschernenko - die Kreml-Herren vor Gorbatschow hatten auf dem Gebiet der Sowjetischen Besatzungszone und der ehemaligen DDR auf ihre Weise meist finstere Spuren hinterlassen: Viele tausende Menschen wurden nach dem Krieg ohne rechtskräftige Urteile eingesperrt oder in die Sowjetunion verschleppt. Hier wurden Unschuldige getötet oder sind verhungert. Das waren nicht nur hohe NSDAP-Funktionäre und SS-Leute. Mancher alte Sozialdemokrat wie der Vater eines sächsischen Journalistenkollegen aus dem ADN kam für seine Kontakte zum Ost-Büro in West-Berlin und angebliche Spionagevorwürfe ins Zuchthaus Bautzen, wo er dann Jahre später verstarb.

So begann die jahrzehntelange Einschüchterung der ostdeutschen Bevölkerung. Selbst ein kritischer politischer Witz am Tisch in einer Kneipe war noch in den Anfangsjahren der DDR oft Anlass zur Verhaftung dieser Person. Auch Jugendliche mussten für leichtfertige, unbequeme Äußerungen am politischen System oder unüberlegte Handlungen in den Knast.

Später sollten Rinderoffenställe und Mais als „Wurst am Stängel" die ostdeutsche Landwirtschaft nach Kolchosenart „voranbringen". Bedeutende Industriebetriebe mussten fast ihren gesamten Export in die Sowjetunion liefern: Maschinen, Konsumgüter, Nahrungsmittel. Das Riesenreich besaß zwar schon immer viele Bodenschätze und andere Reichtümer, aber das Wettrüsten mit den USA und die historische Vergangenheit, nämlich den Kapitalismus „übersprungen" zu haben, machten es zu einem armen Land. Ich kann mich noch gut an das bescheidene Angebot selbst im größten Kaufhaus der Sowjetunion, dem GUM in Moskau, erinnern, wo sich Kunden beim Kauf von Kindersachen regelrecht geprügelt haben, weil viel zu wenig angeboten wurde.

Auch das war militär-strategisch: Ohne Rücksicht auf Mensch und Umwelt wurde vom Unternehmen Wismut AG über 40 Jahre Uranerzbergbau in Sachsen und Thüringen für sowjetische Nuklearwaffen betrieben. Insgesamt sind hier 231 000 Tonnen Uranerz zwischen 1946 und 1989 gefördert und in die Sowjetunion geliefert worden. Zum Vergleich: 2006 betrug die gesamte Weltproduktion 39 603 t. Diese körperliche Schwerstarbeit leisteten in all den Jahren etwa eine halbe Million Beschäftigte. Meist geschah das sogar unter hoher Strahlenbelastung. Die Wismut AG bildete in der DDR in jeder Weise einen Staat im Staate. Dieser wurde aber von sowjetischen Direktoren geleitet.

Wer hätte das gedacht: Die rohstoffarme DDR, eigentlich als Umwelt verschmutzendes Braunkohlenland (Jahresproduktion: 300 Millionen Tonnen) bekannt und belächelt, war der drittgrößte Uranerz-Produzent der Welt - hinter Australien und Kanada. Und damit der wichtigste Lieferant für die sowjetischen Kernwaffen, gerade in den ersten Nachkriegsjahren, als es um ein Patt mit den USA ging. Auch diese Quelle für ihre Hochrüstung hatten die Moskauer Militärs bei der Dauer des Aufenthalts ihrer Panzer- und Luftarmeen in der DDR von Anfang an immer im Auge.

Vor diesem historischen Hintergrund hat hier die gesamtdeutsche Bundeswehr einen unvergessenen Beitrag für Ruhe und Sicherheit im eigenen Land, letztlich für den Frieden im Herzen Europas geleistet. Von den Kosten für die Rekultivierung der ehemaligen Wismut-Gebiete durch die Bundesregierung - das waren weit über zehn Milliarden DM - und anderer arg geplagter Landschaften ganz zu schweigen. Wer diese Gebiete vor und nach der Wiedervereinigung gesehen hat, auch die hohen Abraumpyramiden aus DDR-Zeiten, die dann abgetragen wurden, konnte nur staunen über die großen Anstrengungen des neuen Staates für die betroffenen Menschen und ihre Umwelt. Ebenso über die nun wirklich blühenden Landschaften gerade in diesen geschundenen Gebieten. Die Bundesgartenschau 2007 in dieser Region legte ein beredtes Zeugnis davon ab.

Als Journalist immer wieder vor Ort

Da ich als gedienter NVA-Reservist auch bei der Bundeswehr einen Leutnant von einem Oberstleutnant unterscheiden konnte, bot es sich in der inzwischen privatisierten Nachrichtenagentur ADN an, dass ich wohl für die Berichterstattung über diese sensationelle militärische Entwicklung ganz gut geeignet sei. Im Ausland sprach man übrigens von einem Wunder, was sich da in Deutschland vollzog.

Mit den neuen Herren in Strausberg fand ich schnell eine Sprache. Das war ebenso bei den Begegnungen mit den Bundesverteidigungsministern Gerhard Stoltenberg und Volker Rühe (beide CDU) der Fall. Sie hatten aus meiner Sicht hohen persönlichen Anteil an dieser ungewöhnlichen Entwicklung um die Truppe im Osten und immer ein offenes Ohr für deren Probleme. Nicht anders war das auch beim Generalinspekteur, General Klaus Naumann, bei den Inspekteuren der Teilstreitkräfte und erst recht bei den Kommandeuren in den Truppenteilen.

Sie alle hatten für einen Berichterstatter über die neuen Streitkräfte immer genügend Zeit, zeigten die nötige Offenheit und schenkten mir das Vertrauen, selbst dann über militärische Dinge zu sprechen, wenn diese noch nicht am nächsten Tag in der Zeitung stehen sollten. An solche Gespräche, die hier auf Augenhöhe stattfanden, habe ich aus meinen vielen Berufsjahren in der DDR noch ganz andere Erinnerungen.

Ich habe meinen Gesprächspartnern immer gesagt, woher ich komme und für wen ich schreibe. Wobei mir das Wort „Ossi“ auch heute noch nicht so einfach über die Lippen geht. Das wäre vielleicht gar nicht notwendig gewesen, denn mein Thüringer Dialekt mit sächsischem Einschlag nach mehr als sieben Jahren Aufenthalt in Leipzig war wohl unverkennbar. Ich hatte es in all den Jahren mit einem ganzen Korps von sachkundigen und hilfsbereiten Pressesprechern der Bundeswehr zu tun. Ihnen habe ich viel zu verdanken.

Ob nun in Eggesin oder Erfurt, Dresden oder Weißenfels - mir ging es vordergründig um den militärischen Stand der Dinge (Ausbildung, Technik gestern und heute, neue Strukturen, soziale Einrichtungen und Betreuung) beim Aufbau der neuen Streitkräfte. Da ich wusste, wie das vorher hier aussah (beispielsweise in der Wachstube oder im Sanitärbereich) und wie die Ausbildung bei der NVA gefechtsnah praktiziert wurde, freute ich mich innerlich über jede positive Veränderung vor Ort. Selbst wenn der Passierschein nun ein wenig größer war als bei der Volksarmee. Ich spürte schon beim Betreten der Wache nicht mehr wie früher den abrupten Übergang von der Zivilisation in die „Nicht-Zivilisation“, um die damalige Situation in den Ost-Kasernen mal etwas neutral zu umschreiben.

Mich hat besonders das Zusammenwachsen von Ost und West interessiert. Darüber habe ich sowohl mit Soldaten aus den alten Bundesländern als auch mit ehemaligen Angehörigen der NVA ausführlich gesprochen. Und in diesem Sinne geschrieben. Natürlich haben die Westdeutschen in den neuen Bundesländern auch im Alltag gespürt, dass dieser Teil Deutschlands eine eigene 40-jährige Geschichte besaß, die die Menschen „in besonderer Weise erzogen und geprägt hat“. Das erklärte beispielsweise Brigadegeneral Ekkehard Richter im Januar 1994 einem französischen General. Als Befehlshaber des Wehrbereichskommandos VII Leipzig kannte er sich in dieser Hinsicht schon sehr gut aus.

Anfangs habe ich mich irgendwie gefreut, als mir der Chef eines Verbandes auf meine Frage nach möglichen Unterschieden im Auftreten seiner Unterstellten sagte: „Viele ostdeutsche Soldaten sind leidensfähiger". Das waren wohl noch „Nachwehen" von der Plackerei zu DDR-Zeiten. Und die Leistungsbereitschaft, das hörte ich auch andernorts, war von Beginn des Dienstes unter der neuen Flagge vorhanden. Nicht vergessen werden sollte, dass vom ersten Einberufungstermin im Beitrittsgebiet nur 1,8 Prozent der Wehrpflichtigen nicht in den Kasernen erschienen. In den alten Bundesländern lag damals diese Quote bei 15 Prozent. Inzwischen gibt es da wohl keinen Unterschied mehr zwischen den alten und neuen Bundesländern.

Und immer öfter hörte ich in meinen Gesprächen und Interviews in jener Zeit bis 1995, als ich nach etwa 250 Artikeln, Berichten und Reportagen über die Bundeswehr aus gesundheitlichen Gründen als Freier Journalist kürzer treten musste, das Wort vom Zusammenwachsen. Dennoch muss ich offen sagen, dass sich viele ostdeutsche Wehrpflichtige nicht nur wegen des unterschiedlichen Entlassungsgeldes (im Westen 2 500 Mark, beim Bundeswehrkommando Ost 500 Mark) oder der sechs Tage weniger Urlaub gerade in der ersten Zeit beim Bund als Soldaten 2. Klasse gefühlt haben. Das war nicht erklärbar. Da hat wohl doch die westdeutsche Bürokratie versagt. Und all die vielen ehemaligen NVA-Soldaten, also Reservisten wie ich, sollten nun auf einmal in „fremden Streitkräften" gedient haben? Das war und ist mir völlig unverständlich, weil auch gar nicht zutreffend.

Sicher wurde hier eine große Chance vertan, „Ehemalige" - ob Soldat oder Offizier mit geflochtenen Schulterstücken - mit dem demokratischen Charakter der Bundeswehr vertraut zu machen. Diese Meinung habe ich oft gegenüber westdeutschen Generalen und Offizieren geäußert. Um keine Missverständnisse aufkommen zu lassen: Es ging bei der Bundeswehr Ost nach meinen Eindrücken keinesfalls gemütlich zu, sondern korrekt und mit Respekt im Sinne des Soldatengesetzes - von oben nach unten und von unten nach oben. Militärisch, aber eben auch demokratisch! Das hat es vorher in der NVA, auch wenn ich mich wiederhole, so nicht gegeben. Wir hatten eben im Osten keine Parlamentsarmee. Jetzt erst besaß ein Soldat die gleichen staatlichen Rechte wie jeder andere Staatsbürger. Das war überall zu spüren.

Und was die Würde des Menschen anbelangt: Dafür sorgt nun das Grundgesetz, mit dem sich alle Soldaten auf Zeit aus der verblichenen NVA vertraut gemacht haben. Hier erlebte der junge Staatsbürger in Uniform: Der Schutz des einzelnen und die Wahrung seiner Rechte werden auch in der Hierarchie sowie in der Verpflichtung zu Disziplin und Gehorsam gewahrt. Wie ich vielerorts hörte, ein bewährtes Modell der Menschenführung in der Demokratie.

Mit dem Abstand von fast 20 Jahren seit dem Aufbau neuer Streitkräfte im Osten Deutschlands möchte ich noch auf ein Detail hinweisen, das damals unter Militärs in der alten Bundesrepublik mit Sorge diskutiert wurde: Dass der Schwarzhandel mit Waffen und anderen Kampfmitteln bei der Auflösung der NVA bald blühen dürfte. Dem war nicht so. Auch das haben die Ex-Volksarmisten, nun in der Uniform der Bundeswehr, gemeinsam mit ihren neuen Kameraden aus dem Westen bestens gelöst. Das bedeutete mit Blick auf spätere terroristische Entwicklungen im Ausland einen ganz wichtigen Beitrag zur Aufrechterhaltung von Demokratie und Sicherheit hierzulande Die alte Bundeswehr allein hätte das niemals in den Griff bekommen.

Trotzdem sollte man bei allen Problemen, die es sicher irgendwo gab, nicht vergessen: Die gesamtdeutschen Streitkräfte entstanden in einer Periode, als Deutschland bereits auf die längste Friedenszeit seiner jüngsten Geschichte zurückblicken konnte. Wer daran welchen Anteil hatte in Ost und West, kann heute jeder für sich in Anspruch nehmen. Dennoch lag bis zum Fall der Mauer 1989 ständig „Kriegsgefahr in der Luft". Das äußerte der bekannte Journalist Michael Jürgs in einem Fernsehinterview (SWR, 18.10.2010). Nach Recherchen in den alten und neuen Bundesländern wusste er über diese brisante Materie sehr gut Bescheid.

Als Journalist war ich damals an vielen Orten des Geschehens zugegen, sah und hörte, wie gerade in den ersten Jahren bei der Bundeswehr im Osten die deutsche Einheit Tag für Tag gelebt wurde - beim gegenseitigen respektvollen Kennen lernen und Verstehen sowie beim symbolischen Zusammenwachsen. Deshalb meine ich: Daran zu erinnern, sollte nicht nur an staatlichen Feiertagen den Verantwortlichen vorbehalten sein. So die eigentliche Botschaft meiner Erinnerungen in dieser Form.

Ich möchte damit auch den Soldaten ein kleines Denkmal setzen, die oft von heute auf morgen auf Dienstreise zu den ehemals gegnerischen Verbänden und Truppenteilen abkommandiert wurden. Hier mussten sie mit den bisherigen Kommandeuren oder Stellvertretern für einen Neuanfang sorgen. Schriftliche Dokumente gab es dafür nicht. Wer von West nach Ost ging, musste meist noch auf den gewohnten Standard im Dienst, bei der Ausbildung sowie im privaten Umfeld verzichten. Damals war das eben so.

Und dieser erste Eindruck vom Zustand der ostdeutschen Kasernen, innen und außen, wo zuvor Generationen von jungen ostdeutschen Männern leben und dienen mussten, taucht heute in allen Büchern und anderen Erinnerungen der damals neuen Vorgesetzten aus dem Westen auf. Wobei ich zu den oft erwähnten Erlebnissen in und um der Einöde von Eggesin sagen muss: Damalige Berufssoldaten von dort hatten mir schon früher ihren lokalen „Vorteil" gegenüber NVA-Offizieren beispielsweise aus Thüringen, die mindestens zweimal im Jahr mit ihren Panzern nach Sachsen verlegt wurden, erklärt. Bei längeren Übungen brauchten sie so manche Nacht nicht in den Zelten ihrer Truppen verbringen, sondern konnten mit dem Moped nach Hause zur Familie fahren. So kurz war hier der Weg von der Wohnung zum Übungsplatz. Und bis zum Stettiner Haff, einer reizvollen Landschaft in Vorpommern, brauchte man auch nicht lange.

Auch dort, wo kein „West-Import" zur Stelle war, hat alles gut geklappt. Selbst wenn diese Truppenteile aufgelöst werden sollten. All das waren für mich erste Zeichen für einen beginnenden Prozess der Änderung des Bewusstseins. Der fing ganz unten an, wie man beim Militär so sagt, in der Truppe, und kam nicht per Weisung von oben. Die Zeiten der gelenkten politischen Einflussnahme waren nun vorbei.

Über die neue Presse- und Öffentlichkeitsarbeit

Mit dem Bundeswehrkommando Ost in Strausberg stellten sich dann erfahrene Offiziere in Sachen Presse- und Öffentlichkeitsarbeit vor. Den Abteilungsleiter Oberst i. G. Wulf Splittgerber traf ich regelmäßig in der Truppe, wenn er mit seinem Chef auf Achse war. Er verteilte stets informatives Pressematerial als Handreichung. Das hat meine Arbeit mit der neuen Materie „Bundeswehr" erleichtert. Und Wünsche, wie Interviews im Bundeswehrkommando zu aktuellen Ereignissen, erfüllte der Oberst prompt, auch wenn ich mich da oft in eine lange Warteschlange einreihen musste. Ich spürte zu keiner Zeit weder eine Bevorzugung noch eine Benachteiligung. Aber den Respekt dieses Offiziers vor der Mission eines jeden Journalisten.

Nach der ersten Pressekonferenz mit Schönbohm telefonierte ich mit dem Sprecher des Befehlshabers. Ich wollte mir von ihm bestimmte militärische Aussagen seines Chefs näher erläutern lassen. Der Oberst half mir bereitwillig. Auch bei anderen Gelegenheiten stand er, wenn ich spezielle Fragen zur Struktur, Bewaffnung und Ausrüstung der Bundeswehr Ost hatte, jederzeit zur Verfügung. Der Unterschied bei diesen Anfragen gegenüber der NVA-Praxis waren schlicht und einfach die Antworten eines Medienfachmannes: „Ich würde Ihnen vorschlagen..." oder „Ich würde Ihnen empfehlen…"

Das war eben kollegial. Die früheren Presse-Oberste in diesem Haus waren zwar auch nur Diener ihres Herrn, wie sie manchmal unter vier Augen zugaben, haben aber deren Befehle oder Weisungen ohne Wenn und Aber durchgesetzt. Wie oft wurde mir erklärt: „Darüber können wir nicht diskutieren!" Es ging da gar nicht so sehr um grundsätzliche militärische Einschätzungen oder um Fachbegriffe. Nein, nein! Meist wurde eine politische Redewendung in der Pressemeldung mit dem Verteidigungsminister gewünscht, die nahezu wortgleich aus einer Rede des SED-Generalsekretärs oder aus einem aktuellen Parteidokument stammte. Jeder Leser zwischen Rostock und Suhl sollte nämlich wissen: Die Strausberger Genossen im Ehrenkleid der NVA stehen treu und brav zur Parteiführung. Und auf solche Bekenntnisse legte man hier allergrößten Wert.

Einmal, das war am 25. Oktober 1990, erschreckte uns Splittgerber im ADN, als er schriftlich darum bat, eine dpa-Meldung richtig zu stellen. Unter der Überschrift „Schönbohm: Ehemaligen DDR-Soldaten fehlt die Motivation" hieß es da aus Dresden: „Den Soldaten und Offizieren aus der früheren DDR-Armee fehlt gegenwärtig die Motivation…" Dazu schrieb der Oberst: „Diese zusammenfassende Bewertung hat General Schönbohm nicht getroffen. Die Meldung ist daher falsch."

Vielmehr habe er dort ausgeführt: „Ehemalige NVA-Offiziere hätten bisher in schwieriger Lage gute Arbeit geleistet. Sie hätten beträchtliche Sorgen um ihr persönliches, berufliches Schicksal. Es sei jedoch die Bereitschaft da, sich zur Verfügung zu stellen. Es ‚funktioniere', weil diejenigen, die im Dienst geblieben seien, ihre Arbeit leisteten. Grundsätzlich seien Einsatzbereitschaft und Leistungswille vorhanden. Für die Soldaten, insbesondere die jungen Grundwehrpflichtigen, fehle es allerdings häufig an einer kontinuierlichen und herausfordernden Ausbildung, da z.B. der Wachdienst sehr viel Zeit beanspruche."

Das ging also nicht auf unsere Kappe. Wir bemühten uns im ADN, gerade bei solchen sensiblen Dingen wie „ehemalige NVA-Offiziere“ sehr korrekt zu sein. Überhaupt hatten meine Kollegen und ich zu allen Presseoffizieren in den neuen Bundesländern enge Kontakte, so dass Missverständnisse dieser Art bei uns ausblieben. Wir erfuhren von diesen Partnern interessante Pressetermine oder erhielten Tipps, wenn wir einen exklusiven Lesestoff über Mensch und Technik in den neuen Streitkräften erarbeiten wollten.

Ob es sich nun um einen „Brückenschlag“ der Erfurter Panzerbrigade nach Hessen handelte, bei dem der damalige Oberst und spätere Generalinspekteur der Bundeswehr Wolfgang Schneiderhan die strukturellen Veränderungen im Heer erläuterte, oder um einen Mitflug im Nato-Frühwarn- und Führungssystem AWACS, einer Boeing 707 mit riesiger pilzförmiger Radaranlage im Huckepack, die vor allzu Neugierigen stets gut behütet wurde – hier verhalfen mir die zuständigen Pressesprecher zu bemerkenswerten Themen nicht nur für ostdeutsche Zeitungen. Es waren die Oberstleutnante Peter Lisaus aus Erfurt und Wulff Bickenbach aus Köln, der sich inzwischen als promovierter Historiker weit über die Grenzen des Landes einen Namen gemacht hat.

Mit den völlig neuen Möglichkeiten des Telefonverkehrs im Beitrittsgebiet wurde zudem die journalistische Arbeit wesentlich erleichtert. Auch das war, gemessen an DDR-Verhältnissen mit Wartezeiten auf einen Telefonanschluss bis zu zehn Jahren, fast revolutionär.

Am anderen Ende hatte ich immer gute Kontakte zu verlässlichen Gesprächspartnern: In Strausberg zu Oberstleutnant Hubertus von Kluge oder zu Horst Kohle von der Wehrbereichsverwaltung, in Berlin zu Oberst Konrad Freytag und Oberstleutnant Wolfgang Dobrig, in Potsdam zu den Oberstleutnanten Claus Peter Müller, Hans-Dieter Overweg und Dietmar Jeserich, in Leipzig zu Oberstleutnant Michael Rügge und Werner Gehrke, in Neubrandenburg zu Fregattenkapitän Peter Stiller und Bernd Richter, in Erfurt zu Hauptmann Georg Maas, in Eggersdorf zu den Oberstleutnanten Hans Agata, Paul F. Vosseler und Joachim Weiss sowie Wilfried Kopenhagen, in Rostock zu Korvettenkapitän Wolfgang Henze, in Wilhelmshaven zu Fregattenkapitän Wolfgang Jungmann, in Hamburg zu Oberstleutnant Hans P. Ahlers von der Führungsakademie der Bundeswehr und zu Frau Anne Schulz von der Universität der Bundeswehr sowie in Geilenkirchen zu Oberstleutnant Hartmut Hager.

Als kleines Dankeschön für die „faire Berichterstattung über die Bundeswehr“ erhielt ich später vom Kommando der Bundeswehr Ost das Nachschlagewerk „Freiheit in Sicherheit – Landesverteidigung in der Demokratie“. Dazu kam Oberstleutnant Hubertus von Kluge nach Berlin in unsere Redaktion. Er bekräftigte dabei gegenüber unserem Redaktionsleiter noch einmal die Wertschätzung von General Schönbohm für die Arbeit des ADN. Aus dem großen Sachbuch konnte ich mir weitere Kenntnisse über dieses Fachgebiet aneignen, bei dem es doch gegenüber der sozialistischen Landesverteidigung gravierende Unterschiede gab.

Über spätere Jahre des Bundeswehr-Aufbaus im Osten kann ich nur sagen, dass zu anderen Presseoffizieren ebenfalls eine kameradschaftliche Zusammenarbeit bestand. Sicher lag das auch an gegenseitiger persönlicher Wertschätzung. Ich habe nie eine Dissonanz wegen meiner ostdeutschen Herkunft gespürt. Im Gegenteil!

Besonders ergiebig für meine journalistische Tätigkeit war im August 1994 die Teilnahme am 1. Sicherheitspolitischen Seminar für Führungskräfte an der Führungsakademie der Bundeswehr in Hamburg. Hier konnte ich gemeinsam mit Verantwortlichen aus Medien, Gewerkschaften und anderen Verbänden über aktuelle militärische Entwicklungen in Deutschland und aller Welt diskutieren.

Die mehrtägige Informationsveranstaltung brachte mir neue Erkenntnisse über das Großunternehmen Bundeswehr, ihre neuen Strukturen und künftigen globalen Aufgaben. Daran erinnert mich seither eine Urkunde in meinem Büro. Sie hängt direkt über einer „Juniors Pilot Licence“ als „Flugzeugführer Fiat G91“, die ich bei einem Fototermin auf der Internationalen Luft- und Raumfahrtausstellung ILA in Berlin-Schönefeld vom Luftwaffenmuseum der Bundeswehr mit einer kleinen Spende für einen guten (sozialen) Zweck erworben habe.

Mit AWACS in Friedensmission über Europa unterwegs

Als ehemaliger „Trabi“-Fahrer tröstete ich mich angesichts der Geräuschkulisse beim Fahren des Zweitakters mit dem Motto: „Nur Fliegen ist schöner“. Dieses Logo hatten viele Kleinwagenfahrer der DDR immer gut sichtbar am Heckfenster aufgeklebt und wollten wohl so ihre Zufriedenheit bei der Fortbewegung auf Erden dokumentieren. Und als ich im Juni 1991 Gelegenheit hatte, mit anderen Kollegen als erste Ostdeutsche in Friedensmission halb Europa mit einer AWACS-Aufklärungsmaschine zu überqueren, fand ich das bestätigt.

Es war ein tolles Erlebnis. Was eigentlich als militärisches „Heiligtum“ im Westen gehegt und gepflegt wird, führte man uns neuen Bundesbürgern während eines Routinefluges in Aktion vor – ohne Vergatterung oder Sicherheitsbelehrung. Wir durften an Bord der fliegenden Radarstation fotografieren, was wir wollten. Und reden, mit wem wir wollten. Oberstleutnant Wulff Bickenbach als Sprecher der deutschen Luftwaffe stand uns während des ganzen Fluges ab Geilenkirchen Rede und Antwort. Neben den technischen Details der unbewaffneten Maschine erläuterte er uns den Auftrag der gemischten internationalen Besatzung und den Alltag an Bord.

Mein Eindruck: Während viele Menschen ihren kostbaren Schmuck in einem Schrank verstecken, im Safe deponieren oder im Garten vergraben, schickt ihn das weltgrößte Verteidigungsbündnis regelrecht in die Luft. In seiner Flughöhe von meist neun Kilometern wird es vor Neugierigen gut behütet, vor fremden Händen geschützt. Denn AWACS besitzt eine außerordentlich große strategische Bedeutung.

Es ist das fliegende Frühwarn- und Führungssystem der Nato, das ursprünglich tief fliegende Flugzeuge an den Außengrenzen des Militärbündnisses aufklären sollte. Seine „Schatulle“ misst immerhin 46 Meter in der Länge und 44 Meter in der Breite. Auf der umgebauten Boing 707 befindet sich eine riesigen pilzförmigen Radaranlage im Huckepack. Sie erfasst einen mehr als 300 000 Quadratkilometer großen Bereich. AWACS „sieht“ in einem Umkreis von etwa 500 Kilometern alle Flug- oder Schiffsbewegungen.

Bei der 17-köpfigen Crew befindet sich die „Nato E-3A“, so der offizielle Code, in guten und sicheren Händen. Hier wirken Amerikaner und Kanadier, Dänen und Niederländer, Griechen und Türken mit Luftwaffenangehörigen aus dem Gastland zusammen. Ihre Rollen oder Aufgaben – sonst auch noch mit Belgiern, Italienern, Norwegern und Portugiesen besetzt – reichen vom Flugzeugführer und Navigator bis zum Jägerleitoffizier, Radarflugmelder und Funker. In der Regel überfliegen sie zehn Stunden lang mit dem 70-Millionen-Dollar-„Collier“ Mitteleuropa.

Dazu drehen sich ständig im sogenannten Rotodome (Durchmesser über neun Meter) Radarantennen und sorgen dann auf dem Bildschirm für kleine grüne Erkennungspunkte. Diese Information über alle erfassbaren Flugbewegungen werden per Datenverbindung weitergeleitet und mit Hilfe moderner Computer in Bruchteilen von Sekunden ausgewertet.

Die hier tätigen Spezialisten sind die ersten, die aufmerksam alles sich Bewegende beobachten. Dann befasst man sich in den Hauptquartieren des Bündnisses damit. Aus luftigen Positionen heraus kann AWACS auch Radarstellungen erkennen und anpeilen, mit elektronischen Gegenmaßnahmen blenden und den militärischen Funkverkehr stören. Einfach gesagt: Ein militärischer Führungspunkt, der sich in der Luft fortbewegt, alles sieht und ständig auf dem neuesten Stand ist. Nur die Kommandeure sitzen bei Brüssel.

Wie der 37-jährige Hauptfeldwebel Eugen Tölle von der Bundesluftwaffe zu seiner mehr als neunjährigen Tätigkeit im Frühwarnsystem meinte, habe dieses „rein defensiven Charakter“. In der multinationalen Mannschaft gebe es „ein ausgezeichnetes Verhältnis untereinander“, manchmal sogar Freundschaften. Auch ein Blick zur konzentrierten Tätigkeit seiner deutschen und ausländischen Kameraden bestätigt, dass das mit High-Tech ausgerüstete und in aller Welt – wie nach den Golf-Kriegen und inzwischen auch in Afghanistan – von Fachleuten sehr geschätzte System verantwortungsvoll bedient wird. Entspannung bietet dann die kleine Küche an Bord, wo sich jeder selbst sein Essen und Trinken zubereiten kann.

Mit ihren langjährigen Erfahrungen wissen die Besatzungsmitglieder alle Bewegungen zu Land und in der Luft zu deuten und einzuschätzen. Sie finden sogar Zeit, die „derzeitige Lage des Luftraumes“ in Mitteleuropa dem Besucher zu erläutern. Unser Glück: Der Kalte Krieg ist vorbei. Im Herzen Europas herrscht nach der deutschen Wiedervereinigung und der Auflösung des Warschauer Pakts der lang ersehnte Frieden. Aber Gefahr droht noch immer, wenn man vor allem an die Konflikte im arabischen Raum denkt. Inzwischen änderten sich auch die Aufgaben: AWACS sorgt sogar bei Olympischen Spielen und Fußball-Weltmeisterschaften für Sicherheit.

Die Idee für dieses Nato-Heiligtum stammt aus den 1970er Jahren, als in einer Zeit harter Konfrontation zwischen Nato und Warschauer Pakt erste Studien dazu entstanden. Eine Regierungsvereinbarung gab 1978 grünes Licht für das international bis dato größte gemeinsam finanzierte Beschaffungsprogramm des Verteidigungsbündnisses. Es sollte vor allem die Luftverteidigung gegenüber den Luftarmeen des Warschauer Vertrages verbessern.

Damals waren in Europa 18 Maschinen der Frühwarnflotte stationiert, in den USA 34. Als Haupteinsatzflugplatz der europäischen E-3A-Staffeln steht der Nato-Flughafen in Geilenkirchen bei Aachen, ein abgeschirmtes Areal im deutsch-niederländischen Grenzgebiet, zur Verfügung. Vorgeschobene Start- und Landemöglichkeiten existieren in Trapani (Italien); Preveza (Griechenland), Konya (Türkei) und Oerland (Norwegen).

Wenn nun der erste multinationale Nato-Verband weiterhin wie an diesem sommerlichen Tag seine großen Kreise über Europa zieht, dann gehört zu seinen Aufgaben nach Auflösung des Ostblocks nicht mehr vordergründig die Vorwarnung. Neu könnte in naher Zukunft sein, erläutert man uns, zur Verifikation im Sinne des KSZE-Vertrages beizutragen. Denn die vereinbarten Zahlen von weniger Kampfflugzeugen und Angriffshubschraubern sollen erhöhte Sicherheit und Stabilität auf dem Kontinent bringen. Und hierbei könnte AWACS mit der Nato-Windrose seinen Ruf als ein wertvolles Stück festigen, nicht nur wegen der etwa 50 Tonnen Elektronik an Bord, sondern auch als eine unbestechliche und weit blickende Einrichtung zur Friedensüberwachung mit jetzt schon internationalem Charakter.

Als wir nach etlichen Stunden in der Luft hier wieder sicher landeten, wusste ich, was dem früheren Fahrer eines Trabant 601 mit seinen 26 PS bisher gefehlt hatte – nämlich der Blick auf Straßen und Landschaften aus der Vogelperspektive. Fliegen war tatsächlich schöner, als mit einer Zwickauer „Rennpappe" durch die Schlaglöcher der ostdeutschen Städte und Dörfer zu knattern. Übrigens: Auf der ILA 2008 in Berlin konnten tausende Besucher aus dem In- und Ausland den Flugzeuginnenbereich der AWACS-Frühwarnflotte ebenfalls in Augenschein nehmen.

Nun HAWK, ROLAND und PATRIOT im Osten

Für die Angehörigen der Flugabwehrraketengruppe 31 aus dem niedersächsischen Westertimke gehörte Mobilität zum Soldatenberuf. Das war in der Arbeit mit dem mobilen FlaRak-System HAWK – ein radargestütztes Flugabwehrraketensystem mit Zielsuche in Höhen bis zu 17 000 m - neben der meisterhaften Beherrschung der Raketenwerfer und Radaranlagen das A und O sicherer bodengestützter Luftverteidigung.

Hohe Beweglichkeit bewiesen die Angehörigen des Verbandes schon seit der Aufstellung der ersten HAWK-Einheit in den 1960er Jahren in Fort Bliss (Texas). Auch beim traditionellen taktischen Schießen auf der griechischen Insel Kreta und während des Golfkrieges 1991 beim Schutz des NATO-Flugplatzes Diyarbakir (Türkei) zeigten die Soldaten, dass sie ein zuverlässiger Bereich der Luftwaffe sind. Ganz besonders bewährten sie sich in all den Jahren des Ost-West-Konflikts als ein wirkungsvoller Schild der Bundesrepublik im Bündnis mit amerikanischen, französischen, britischen und anderen Truppen. Die Wiedervereinigung brachte nun auch dem Verband neue Herausforderungen bei der Friedenssicherung und Krisenbewältigung.

Jetzt bekam die Mobilität des leistungsstarken Luftverteidigungsverbandes eine neue Dimension, denn nicht nur Soldaten und Waffentechnik sollten wieder auf Reisen gehen. Diesmal schloss der Befehl alles ein, was zur Führung und Versorgung gehört. Auch die Familien der Soldaten waren davon betroffen. Das „Reiseziel“: Sanitz bei Rostock. Der Grund: Stationierungsveränderungen in Deutschland nach der Wiedervereinigung und Aufbau einer wirkungsvollen bodengestützten Luftverteidigung im Nordosten Deutschlands. Als Zeitraum der Verlegung hatte man die Periode zwischen 1993 und 1995 vorgesehen. Damit kam der erste komplette Streitkräfte-Verband der Bundeswehr aus dem Westen in die neuen Bundesländer.

Am 2. Juli 1993 war schon mal der erste Teil des Umzuges geschafft. In Reih und Glied stellte sich der Verband auf dem Sportplatz der fast 750-jährigen Gemeinde den Sanitzern vor. Für Verteidigungsminister Volker Rühe, der zuvor zur Parlamentsabstimmung über den Somalia-Einsatz der Bundeswehr in Berlin weilte, Grund genug, bei diesem historischen Ereignis dabei zu sein. "In kurzer Zeit ist die Bundeswehr zur Armee der Einheit geworden. Sie hat Menschen zusammengeführt, die einmal Gegner waren", sagte er in einer Ansprache. In der Raketenstellung und im Gefechtsstand würden Soldaten aus Ost und West schnell zu einem Team. "Sie unterscheiden nicht nach Ossis und Wessis. Auch hier in Sanitz hat sich aus Erfahrung rasch die Erkenntnis durchgesetzt: Wir sind alle Deutsche. Wir sind ein Volk."

In anschließenden Gesprächen mit Zuschauern des feierlichen Appells, mit Vertretern der Landesregierung und der Gemeinde, aber ebenso mit Soldaten erfuhr der Minister, dass die "Neuen" aus der Elbe-Weser-Region in Mecklenburg-Vorpommern sehr herzlich aufgenommen worden sind. Bürgermeister Joachim Hünecke brachte die Freude der Gemeindebewohner über die ersten "konstruktiven Begebenheiten" mit der Bundeswehr und ihren Soldaten zum Ausdruck. Von der Stationierung erwarte man "erhebliche Impulse für die Entwicklung der Region und einen Schub für uns als Gemeinde. Unseren neuen Mitbürgern in Uniform und besonders deren Familien bieten wir unseren Willen zu einem gedeihlichen Zusammenleben an."

Der neue Luftwaffenverband verleiht der Rostocker Region einen wirksamen Anschub beim Aufbau Ost. So die einhellige Meinung der Gesprächspartner, unter ihnen Finanzministerin Bärbel Kleedehn (CDU). Für ein Infrastrukturprogramm mit Modernisierung von Kasernen- und Ausbildungseinrichtungen der ehemaligen NVA waren bis 1999 mehr als 160 Millionen DM vorgesehen. Mit Bundesmitteln wurden in Sanitz 180 Wohnungen gebaut. Ab 1996 konnte im Standortbereich mit etwa 1 000 Angehörigen der Raketengruppe und einer zusätzlichen Kaufkraft von rund 10 Millionen DM jährlich gerechnet werden. Übrigens, jeder zweite Soldat und Zivilbedienstete kam aus den alten Bundesländern hierher.

Der Abschied von Niedersachsen fiel uns nicht leicht, sagte mir Gruppenkommandeur Oberstleutnant Hans Joachim Schubert. In den vergangenen drei Jahrzehnten habe man "nicht nur zum integrierten Luftverteidigungsschutz der

NATO beigetragen, sondern auch ein enges und vielfältiges Band der Zusammengehörigkeit mit der Elbe-Weser-Region und ihren Menschen entwickelt". Davon zeugten "zahlreiche langjährige und lebendige Patenschaften zwischen den Gemeinden und unseren Einheiten". Auch im neuen Standort wolle man sich "als wirklich guter und verlässlicher Nachbar erweisen" und "durch Teilen einen Beitrag zur Überwindung der Teilung leisten".

Frank Markau, 30-jähriger Feldwebel aus Delmenhorst, zeigte sich nach den ersten Wochen seines Aufenthalts in Mecklenburg "sehr angenehm überrascht, da vieles besser war als erwartet". Ob "im Dienst oder bei Spaziergängen in und um Rostock" - stets fand er "guten Kontakt zu den Kameraden hier und zur Bevölkerung". Der Verband der Luftwaffe, dessen Vorhut schon bald vier weitere Staffeln folgten, hat mit der offiziellen Dienstaufnahme in Sanitz zwar nicht an die "Traditionen" der ehemals hier stationierten NVA-Raketenbrigade angeknüpft. Man konnte aber deren Grundstein nutzen. Auch wenn es vor Ort noch viel zu tun gab - die Flugabwehrraketengruppe 31 bedeutete nach Expertenmeinung einen entscheidenden Baustein im deutschen Luftverteidigungssystem.

Klar war damals schon, dass nach 1994 dieser Verband und die Luftverteidigung im Beitrittsgebiet voll in die NATO-Struktur integriert werden. Dieses System hat sich nach Meinung Rühes "gut bewährt" und sei "ein sichtbares Zeichen der Bündnissolidarität". Mit dem neuen Einsatzauftrag für das Jagdgeschwader in Preschen und der Neuaufstellung der FlaRak-Gruppe 31 in Sanitz wurden "erste wichtige Schritte auf diesem Weg zurückgelegt", schätzte er ein.

Die Flugabwehrraketengruppe, zu der neben dem Waffensystem HAWK zwei Staffeln mit dem Waffensystem ROLAND (für Objektschutz gegen anfliegende Flugziele in Höhe bis zu 5 000 m geeignet) gehörten, wurde im Dezember 2002 in die Flugabwehrraketengruppe 12 umgegliedert. Ebenfalls unter dem Kommando des Flugabwehrraketengeschwaders 2 stand ab Januar 2004 die mit dem Waffensystem PATRIOT (eine mobile Flugabwehr mit großer Reichweite gegen Flugziele, Marschflugkörper und taktische Raketen) ausgerüstete Flugabwehrraketengruppe 21 aus Bad Arolsen (Nordhessen) und Möhnesee (Nordrhein-Westfalen). Im November 2004 erhielt das Geschwader den Beinamen „Mecklenburg-Vorpommern". Standorte sind neben Sanitz auch Bad Sülze und Cammin/Prangendorf.

Heute sorgen bei der gesamtdeutschen Bundeswehr drei Flugabwehrraketengeschwader mit sechs Flugabwehrraketengruppen für die bodengebundene Luftverteidigung. Und zwar nur noch mit PATRIOT-Systemen. Die bewährten Waffensysteme HAWK und ROLAND gehören nicht mehr zum Bestand der Luftwaffe.

Disziplin und Leistungsbereitschaft wachsen

Laut Bundesverteidigungsministerium wurde in den neuen Ländern die Phase der zentralen militärischen Führung schrittweise bis April 1991 erreicht. Nun ging die Verantwortung des Befehlshabers vom Bundeswehrkommando Ost für die Truppenteile und Dienststellen auf die Inspekteure der Teilstreitkräfte, den Generalinspekteur sowie den Inspekteur des Sanitäts- und Gesundheitswesens der Bundeswehr über.

Am 1. Juli 1991 beendete das Bundeswehrkommando Ost seine Tätigkeit. Während eines feierlichen militärischen Zeremoniells am Strausberger Sitz - es war ein schöner, sonniger Montag - erklärte der Befehlshaber: Die Streitkräfte als sichtbarer Ausdruck der Souveränität des Staates seien auch zu einem „Symbol der Einheit Deutschlands" geworden. „Wir haben gemeinsam etwas geschafft, was von vielen vorher als unwahrscheinlich betrachtet wurde." Die Bundeswehr nahm Unmengen von Waffen und Munition in ihren sicheren Gewahrsam, löste 350 Truppenteile auf und schuf 250 neue. Ebenso stellte er fest: „Disziplin und Leistungsbereitschaft wachsen." Das klang doch sehr optimistisch nach dieser kurzen Zeit, fand ich.

Parallel zum Aufbau der militärischen Führungsstruktur vollzog sich der Truppenaufbau. Im Heer und bei den Zentralen Stellen des Sanitätsdienstes wurde dieses Vorhaben nach drei Jahren nahezu vollständig erreicht. Zu diesem Zeitpunkt hatten die Luftwaffe, die Marine und der Zentrale Militärische Bereich bei den Verlegungen aus westdeutschen Garnisonen hierher noch alle Hände voll zu tun. Das betraf sowohl Verbände und Dienststellen als auch Schulen und Ämter.

Der Weg zur Verwirklichung der inneren Einheit verlangte damals von den betroffenen Bundeswehrangehörigen, von denen sich am Anfang viele freiwillig für einen Dienst in ostdeutschen Garnisonen gemeldet und damit nicht nur privat auf manche Bequemlichkeit verzichtet hatten, sowie ihren Familien erhebliche Belastungen ab. Es waren auch hohe zusätzliche Investitionen nötig, „um den Weg zur Verwirklichung der inneren Einheit zu vollenden", schätzte die Hardthöhe später ein.

Ende 1994 dienten schon etwa 58 000 Bundeswehr-Soldaten im Beitrittsgebiet. Zu diesem Zeitpunkt existierten hier an 167 Standorten, darunter 118 vom Heer, Truppenteile und Dienststellen der neuen Streitkräfte. Nach damaligen Planungen sollten von den ursprünglich 80 Truppenübungsplätzen der NVA und WGT nur noch neun von der Bundeswehr für die militärische Ausbildung weiterverwendet werden.

„Der Erfolg im Aufbau der Streitkräfte wäre aber nicht möglich gewesen ohne die loyale und zuverlässige Mitarbeit von rund 25 000 Zeit- und Berufssoldaten der ehemaligen NVA, die den Wechsel zur Bundeswehr freiwillig vollzogen hatten", ließ schon damals das Ministerium verlauten. „Sie haben trotz der Ungewissheit über ihre persönliche Zukunft einen bedeutenden Anteil zum Aufbau der Streitkräfte der Einheit beigetragen." Die Eingliederung der ehemaligen NVA-Berufs- und Zeitsoldaten stand aber „nur indirekt im Zusammenhang mit der Neuaufstellung der Streitkräfte".

All das verlief nicht im Selbstlauf. Jeder übernommene Soldat, der nun Vorgesetzter in der Bundeswehr war, musste sich dazu qualifizieren. Das begann mit der Ergänzungsausbildung. Sie diente mit Blick auf die West-Kollegen ebenso der künftigen Chancengleichheit unter den militärischen Führern. Auch die kontinuierliche Weiterbildung verbesserte die im Tagesdienst erforderliche Handlungssicherheit gegenüber den jungen Unterstellten aus Ost und West.

Wichtig für die Integration der Neuen waren die sozialpolitischen Regelungen. Von der geringeren Bezahlung im Beitrittsgebiet als im Westen einmal abgesehen, fanden sie im Renten-Überleitungsgesetz und in der Soldatenversorgungs-Übergangsverordnung ihren Niederschlag. Danach wurden die NVA-Zeiten grundsätzlich bei der Rente angerechnet, der Dienst in der Bundeswehr führte zur Versorgung nach dem Soldatenversorgungsgesetz. Schließlich verlief schon zu dieser Zeit die Truppenausbildung planmäßig. Es gab vielfältige Unterstützung durch Truppenteile aus dem Westen. Dazu wurden Patenschaften geschlossen.

Der Ausbildungsstand „Ost" näherte sich dem Standard „West" kontinuierlich an. Heute ist das überhaupt keine Frage mehr. Die gesamtdeutsche Bundeswehr hat ein gleiches hohes Niveau. Tagtäglich beweisen das vor allem die im Ausland eingesetzten Kräfte mit großer Einsatzbereitschaft und militärischem Können - ob das nun in Afghanistan ist oder im Kosovo. Das brachte Deutschland hohes Ansehen bei den militärischen Partnern in der Nato, aber auch unter der Bevölkerung in den dortigen Regionen. Dass nun Deutschland „auch am Hindukusch" verteidigt werden muss, wie das der damalige Bundesverteidigungsminister Peter Struck (SPD) proklamierte, oder im Nahen Osten vor dem Libanon, steht auf einem ganz anderen Blatt. Wo beginnt und wo endet die Landesverteidigung oder die Bündnistreue, was heißt: internationale Verpflichtungen?

Besonders bewährt hat sich in den ersten Jahren der gesamtdeutschen Bundeswehr das Prinzip der „Durchmischung" unter den Wehrpflichtigen. So kamen ab Februar 1991 mit der Einberufung 6 800 ostdeutsche Rekruten zum Bund, ein Teil davon erstmals in westliche Standorte. Wer „Wohngemeinschaften" dieser Art in der Truppe erlebt hat, konnte nur staunen, in welcher Eintracht hier Bayern und Preußen lebten und nicht nur beim Sport Fan-Gemeinschaften bildeten.

Nach militärischen Handlungen auf dem Truppenübungsplatz Lehnin (Land Brandenburg) erkannte Bundesminister Rühe nur noch am „Sächsisch" die Herkunft eines dieser einsatzbereiten, vorbildlichen Rekruten aus dem Osten. War das nicht schon ein Riesenschritt zur Armee der Einheit? Man spürte es in dieser offenen Atmosphäre. Jedenfalls erreichten die Streitkräfte „ein Ost-West-Mischungsverhältnis bei ihrem Personal, wie sonst keine andere vereinigte Organisation", schätzte später Generalleutnant von Scheven ein (IFDT 3-4/2005).

Der neue Geist der Truppe überraschte ebenso die Elternhäuser ostdeutscher Wehrpflichtiger angenehm. Viele Väter dieser jungen Leute sammelten in der NVA ganz andere Erfahrungen und hatten so nicht immer die besten Erinnerungen an das Truppenleben. Nun war der einfache Infanterist ein „Staatsbürger in Uniform". Wie das klang! Er konnte sich jederzeit mit seinen Problemen direkt an den Wehrbeauftragten des Bundestages wenden. Das hörte sich nicht nur gut an, das bedeutete in der Praxis eine ganz andere rechtliche Stellung als im Armeegefüge der „Roten Preußen". Bei denen war jede Beschwerde aus der Truppe über den eigenen Vorgesetzten einzureichen und so die Retourkutsche vorprogrammiert.

Selbst zur Einschulung seines Sohnes gab es Probleme, erzählte mir jüngst ein Nachbar, etwa so alt wie ich, der bei der Volksmarine als Militärkraftfahrer gedient hatte. Er durfte an diesem wichtigen Tag für Frau, Kind und die weitere Verwandtschaft nicht die Dienststelle in Rostock verlassen. Sein Kommentar heute wie damals: „Unmenschlich". Ich antwortete ihm: Wenn das damals die Frau Volksbildungsministerin, die bekanntlich Margot Honecker hieß, erfahren hätte, wäre das wohl seinem Chef mit Admirals-Schulterstücken nicht gut bekommen. Ein jeder wusste doch im Land der Honeckers, dass hier nicht die NVA, sondern die Volksbildung die „Schule der Nation" war oder zumindest sein wollte.

Die Offenheit der Bundeswehr, besonders deren Achtung vor gewählten Volksvertretern und ihren Organen, „färbte" auf die zivil-militärische Zusammenarbeit in den Bundesländern und Landkreisen ab. Was in der alten Bundesrepublik schon seit Jahrzehnten ein geflügeltes Wort war, wie mir berichtet wurde, nämlich von „unseren Soldaten" zu sprechen, übernahmen nun auch Bürgermeister oder Handwerker in den ostdeutschen Garnisonen. Selbst einzelne Pfarrer, die mit der NVA rein gar nichts am Hut hatten und „Schwerter zu Pflugscharen" propagierten, suchten jetzt den Kontakt zur Truppe. Wie ich es erlebt habe, war das zwar von Ort zu Ort verschieden, aber jeder Soldat fand jetzt ausreichend Gelegenheit zu kirchlichem Beistand.

Ein anderes Beispiel betraf die örtliche Wirtschaft. Hier lernte man nun mit den Damen und Herren von der territorialen Wehrverwaltung ganz andere Ansprechpartner als zuvor kennen. Bei der NVA gab es nämlich keine Trennung zwischen Streitkräften und Wehrverwaltung. Die damaligen Verwalter aus den Büros und Lagern, meist uniformiert, pflegten den üblichen rauen Befehlston, drinnen wie draußen. Ansonsten standen die „Sockenzähler", so wurde mancher Offizier der Rückwärtigen Dienste vom schlecht gelaunten Regimentskommandeur auch schon mal angeraunzt, in der militärischen Hierarchie der NVA ziemlich weit unten.

Man spricht heute kaum noch darüber, aber alles in allem schuf der Bereich Wehrverwaltung VII in Strausberg unter Präsident Karl Johanny in den neuen Bundesländern insgesamt über 20 000 Arbeitsplätze. Eine solche Zahl gibt es auf dem Arbeitsmarkt nur, wenn ein Konzern wieder einmal massenhafte Entlassungen ankündigt. Hier erfüllten nun fast ausschließlich Mitarbeiter aus der NVA, die sich über Grund- und Aufbaulehrgänge qualifiziert hatten, ihre Aufgaben: Im Personalwesen ebenso wie bei der unmittelbare Deckung des Sachbedarfs der Streitkräfte. Nicht wenige von ihnen schlugen später die Beamtenlaufbahn ein. Ich kenne inzwischen schon ein Beispiel aus Strausberg, wo bei der Wehrverwaltung eine Tochter einmal der Mutter nacheifern möchte und deshalb hier ihre Ausbildung begonnen hat.

Mein Eindruck: Auch hier konnten sich viele ehemalige Volksarmisten und Zivilbeschäftigte zu den Gewinnern der Wiedervereinigung zählen. Wenn ich richtig informiert bin, hat an dieser erfreulichen Bilanz im Personalwesen auch Generalleutnant Schönbohm großen persönlichen Anteil. Er musste sich gegenüber der Bonner Hardthöhe immer wieder bei der Korrektur von Personalzahlen nach oben mit seinen Argumenten stark machen. Die Planung war eben die eine Seite, die Praxis eine andere.

Die zivilen Mitarbeiter aus dem Osten wachten darüber, dass in den Anfangsjahren der Bundeswehr im Beitrittsgebiet jährlich etwa eine Milliarde DM bei Aufträgen an einheimische Firmen effektiv verwendet wurden. Beispielsweise zum

Bauen, Sanieren und Pflegen der maroden Unterkünfte. Ebenso sorgt diese Behörde auch heute für gute Verpflegung, Bekleidung und Ausrüstung. Hiervon profitiert besonders die mittelständische Wirtschaft der eigenen Region. Welcher Bäcker und Fleischer hätte nicht gern die hungrigen Soldaten als treue Kunden? Nun versteht man auch, warum sich so manche westdeutsche Stadt oder Gemeinde recht ungern von der Truppe getrennt hat, deren Standort mitten in Deutschland nach der Wiedervereinigung überflüssig geworden war.

In Sachsen wurden beispielsweise Trainingsanzüge für die Bundeswehr produziert. Vor ein paar Jahren hätte das niemand auch nur zu träumen gewagt. Mit ihrem Wohnungsbauprogramm kümmerte sich die Wehrverwaltung zudem um tausende neue Quartiere für Umzugswillige aus dem Westen. Oder aus dem Osten, wo Offiziere dann doch die meist recht kleine NVA-Wohnung oder das Umfeld von ehemaligen „Kampfgefährten“ verlassen wollten. Einzelne Grundsteinlegungen dafür nahm der Bundesverteidigungsminister persönlich vor. Damit wollte er die Dringlichkeit dieses sozialen Anliegens in der Öffentlichkeit unterstreichen.

„Befehl ist Befehl“ für immer vorbei

Jeder Außenstehende denkt: Armee ist gleich Armee, Waffe ist gleich Waffe. Doch da gab es schon gravierende Unterschiede zwischen der Volksarmee und der Bundeswehr. Allein die Umgangsformen, auch unter Offizieren, unterschieden sich total. Der Hauptmann der NVA betrat als Kompaniechef das Dienstzimmer seines Bataillonskommandeurs mit den Worten: „Genosse Major, gestatten Sie, dass ich eintrete?“

Nach dem Gespräch: „Genosse Major, gestatten Sie, dass ich wegtrete?“ Das Militärritual enthielt keine Spur von zivilisierten Gepflogenheiten. Selbst im Speisesaal, richtiger gesagt, in den unterschiedlichen Speisesälen (mit Tischdecken und Blumen im Fenster oder ohne diese Dekoration) achtete man streng darauf, dass in der Militärhierarchie immer genügend persönlicher Abstand zwischen den Dienstgraden eingehalten wurde - und wenn es die Alu-Essbestecke für Mannschaften und „richtige“ Messer und Gabeln für Berufssoldaten waren.

Das hat sich mit der Bundeswehr geändert. Auch bei den Speisen gab es nun keine „Klassenunterschiede“ mehr. In den ostdeutschen Truppenteilen der neuen Streitkräfte oder auch im Westen habe ich das wohlwollend registriert. Doch der wesentliche Unterschied beschränkte sich nicht auf solche Äußerlichkeiten. Die NVA war seit ihrer Gründung, getreu dem Vorbild Sowjetarmee, eine Befehlsarmee. Auf der einen Seite wollte sie zwar eine deutsche Armee sein und würdigte in diesem Sinne auch Persönlichkeiten aus der Geschichte. Dazu zählten der Bauernführer Thomas Müntzer, die Reformer aus den Befreiungskriegen Scharnhorst, Gneisenau und Clausewitz oder der Militärtheoretiker Friedrich Engels.

Als es aber um etwas Grundsätzliches im Armeeleben ging, nämlich um „Befehl“ oder „Auftrag“ für die Unterstellten, da haben die NVA-Gründungsväter aus Moskau und Ost-Berlin auf manche gute Erfahrung aus der deutschen Militärgeschichte verzichtet. Das hing wohl vordergründig mit dem Ende des 2. Weltkrieges und der Niederlage der Wehrmacht zusammen. Man übernahm die Befehlstaktik der Sowjetarmee. Alles andere war systemwidrig und passte nicht in die politische Landschaft.

Als Wehrpflichtiger habe ich unzählige Male gehört: „Befehl ist Befehl". Und darüber wurde überhaupt nicht diskutiert. Der Zugführer, der Gruppenführer und erst recht der Soldat bekam bis in alle Einzelheiten „verklickert", was nun als nächstes zu tun sei. Dann wurde der Befehl ausgeführt. Und dem Vorgesetzten musste der Vollzug gemeldet werden. Der Spielraum für den Befehlsempfänger war gleich Null. Das alles hatte etwas mit Gehorsam zu tun. Nicht unbedingt mit Kadavergehorsam oder blindem Gehorsam. Den habe ich in der NVA nicht erlebt. Aber mit strenger Einhaltung des Befohlenen.

Auch aus diesem Grund hatten die sozialistischen Armeen ein Übermaß an Offizieren in ihren Reihen. Sie mussten oft das erledigen, wozu in früheren Streitkräften eigentlich das Korps der Unteroffiziere (der Begriff „Unteroffizier als Rückgrat der Armee" stammt aus dieser Zeit) zuständig war. Kein Wunder, wenn dann das Verhältnis zwischen dem Offizier und den Soldaten in der DDR bei 1:8 lag. In der Bundeswehr dagegen lautet es, auch heute noch, 1:40. Mit anderen Worten: Ein Offizier ist mit seinen Unteroffizieren für das Tun und Lassen von vierzig Soldaten zuständig und für sie verantwortlich.

Hier merkte man schon, wie bedeutsam Bildung, Ausbildung und Erziehung für einen militärischen Führer sind. Von ihm wird eben nicht nur fachliche Kompetenz und Professionalität im Umgang mit dem soldatischen Handwerkszeug erwartet. Beides hatte im Osten - diesen Eindruck fanden die neuen Vorgesetzten aus dem Westen sofort bestätigt - einen hohen Stellenwert. Regelrecht unterentwickelt war dagegen das gewisse Etwas in der Menschenführung. Hinzu kam dann noch in der NVA bei Befehlen die oft überbetonte Dienstgrad-Autorität des Vorgesetzten. Auch das war sozialistischer Soldatenalltag.

Das bedeutete schließlich nicht nur nach Zahlen einen gravierenden Unterschied zu den Strukturen der Streitkräfte, die in Ostdeutschland nach dem Ende der DDR folgten. Hauptsächlich hatte das etwas mit der damals noch westdeutschen, heute gesamtdeutschen Führungsphilosophie zu tun, bei der der „Staatsbürger in Uniform" und das „Führen mit Auftrag" zu den Grundprinzipien gehören.

Daher war die Bundeswehr von Anfang an eine Auftragsarmee. Hierbei wird dem Untergebenen ein Auftrag mit einem großen Ermessensspielraum erteilt, wie ich inzwischen gelernt habe. All das ohne starre Einzelheiten, dafür aber mit der Aufforderung zur Selbständigkeit bei der Durchführung, also zum entschlossenen, eigenständigen Handeln. Gerade bei einer „wechselnden Lage" vor Ort ist die delegierte Verantwortung von Vorteil. Das entlastet „oben" die Vorgesetzten und verlangt „unten" mehr Eigenständigkeit. So wird beim Erreichen von Zielen das Mitdenken des oder der Beteiligten gefördert. Gefragt ist demnach bei dieser Führungskultur der denkende oder, besser gesagt, der aktiv mitdenkende Soldat, und nicht einer, der passiv auf die nächste Weisung beziehungsweise auf den nächsten Befehl wartet. Auch das hatte ich bei vielen Gelegenheiten früher anders erlebt.

Diese Thematik war für mich, der oft über militärische Dinge geschrieben hat, „Neuland". Erstmalig hörte ich etwas darüber von Generalleutnant Werner von Scheven, der vorher auch Kommandeur der Führungsakademie in Hamburg war.

In diesem Sinne mussten die ehemaligen NVA-Offiziere, die von der Bundeswehr übernommen wurden, sich diese Prinzipien zu Eigen machen, sowohl theoretisch als auch in der Praxis. Und wie sie später erfuhren, gilt die Auftragstaktik, die bis ins Preußische Heer zurückreicht und zweifellos an eine gute preußische Tradition anknüpft, heute als ein Aushängeschild der deutschen Streitkräfte. Vielleicht wurde das sogar zum Markenzeichen der Bundeswehr. Das Wort „Auftragstaktik" hat man so ins Englische übernommen, ohne Übersetzung. Dennoch halten es auch mehrere westliche Armeen weiterhin mit der Befehlstaktik.

Andere Fachbegriffe als früher in der NVA galten nun auch bei der Bedienung der Schützenpanzer oder Haubitzen. Gerade für die Sicherheit der einzelnen Soldaten und im Umweltschutz bestand großer Nachholbedarf bei den Neuen aus dem Osten. Diese Hinweise wurden gern zur Kenntnis genommen. Jeder Betroffene verstand sofort: Das war die Verantwortung des Vorgesetzten für seinen Unterstellten, die Achtung vor einem Staatsbürger, der die gleiche Uniform trägt, ob er Rekrut oder Unteroffizier ist. Da dieses Mannschaftspersonal noch NVA-Befehle erhalten hatte, sorgten die neue Befehlsgabe und vor allem der Ton, der auch beim Militär die Musik macht, bei mir für einen weiteren guten Eindruck von den neuen Streitkräften.

Übrigens hatte ich zu DDR-Zeiten nie erlebt oder davon gehört, dass sich je ein aktiver Wehrpflichtiger nach seiner Dienstzeit für die Offizierslaufbahn beworben hätte. Worauf gerade die Bundeswehr großen Wert legt und dabei sehr erfolgreich ist, wenn sie unter den Rekruten für einen längeren Dienst und sogar für den Offiziersberuf wirbt. So stammt etwa jeder zweite Offizier oder Zeitsoldat heute aus den Reihen der Wehrpflichtigen. Er weiß also aus eigener Erfahrung, wo einem Rekruten gewöhnlich „der Schuh drückt". Das war für mich ein Novum. Auch das gab mir zu denken.

Das erhält die Bundeswehr jung, sagten mir Offiziere. Und man kann so auf die vielfältigsten Talente zurückgreifen, die dank Wehrpflicht in die Truppe kommen. Immerhin dienten seit 1957 schon weit mehr als acht Millionen Wehrpflichtige in den Streitkräften der Bundeswehr. Sie leisten nicht nur ihren Beitrag zum Schutz des Staates, sondern erhalten auch einen Einblick in das Innere seiner bewaffneten Macht, machen die „militärische Seite" der Bundesrepublik für die Bevölkerung transparent. Ganz wichtig, diese ständige „Überwachungsfunktion". Auch als Reservisten werden sie gebraucht, ob bei der Katastrophenhilfe oder im Ausland. All das sind gute Gründe, in der Bundeswehr nicht auf die Wehrpflicht zu verzichten, auch wenn sie manchmal den einen oder anderen jungen Mann zum falschen Zeitpunkt „erwischt".

Fachchinesisch: Vom „Weiterverwender" bis zu „Coleurverbänden"

Mit der Bundeswehr kam auch deren traditioneller militärischer Wortschatz mit einigen Neuschöpfungen in die ostdeutschen Bundesländer. In erster Linie gehörten die militärischen Begriffe und Bezeichnungen dazu, wie sie im Heer, bei der Luftwaffe und in der Marine verwendet werden. Die neuen Kommandeure aus dem Westen haben diese meist mündlich überliefert. Man konnte das auch in zahlreichen Vorschriften nachlesen. Selbst an „verfügbare Infrastrukturmittel“ musste sich der neue Bundesbürger erst gewöhnen.

Aber es war meist so wie in jeder anderen Branche, die mit fachlichen Termini untersetzt ist. Die Altgedienten aus dem Westen, darunter der Pressesprecher des Befehlshabers, sprachen oft voller Humor vom Fachchinesisch, wenn sie einem Journalisten aus dem Osten den eigentlichen Sinn einer bestimmten Sache nahe brachten. So ging es mir auch ab und zu in der Berichterstattung. Wenn ich solche „Unklarheiten“ hatte, rief ich in Strausberg an und fragte nach der Bedeutung eines neuen Begriffs oder ließ mir diesen per Fax erklären.

Handelte es sich um „Menschenführung“, „Personalentwicklung“ oder „Schlüsselpersonal“, war die Sache eindeutig. Aber für die „Laufbahnkonzeption für Unteroffiziere“ sollten im Rahmen der Modernisierung der Verwaltung „das Dienstrecht und das Laufbahnrecht, das Besoldungs- und das Tarifrecht, das Beurteilungswesen, die Verwendungsplanung und die Personalführung sowie die Einstiegsvoraussetzungen“ geändert werden. Die „Ausplanung von Personalstrukturen“, hieß es weiter, bedeute mehr als die „Dienstpostenstrukturen“ den Wünschen der Haushälter anzupassen. Jedenfalls musste das „stark gegliederte Laufbahnsystem“ mit den „faktischen Laufbahnstellen“ so strukturiert werden, damit dies auch den „Werdegangserwartungen“ der Soldaten entsprach. Besonders betroffen davon war das „militärische Mittelmanagement“. Alles im Zusammenhang mit der „Laufbahngestaltung“ und der „Laufbahnordnung“, natürlich im Sinne der „Karriereplanung“. Verstanden?

Jeder Unteroffizier und Offizier, der die NVA-Uniform getragen hatte, wusste schon bald, was gemeint war. Grundlagen bildeten das Konzept der „Inneren Führung“ und das Leitbild vom „Staatsbürger in Uniform“. Entsprechend den militärischen Erfordernissen und mit zum Teil zivil-wirtschaftlichen Managementmethoden wird so das Führungsverhalten von Vorgesetzten geprägt. Das hat sich in der Demokratie der alten Bundesrepublik seit Gründung der Bundeswehr bestens bewährt, sagte man mir. Es fand in den Streitkräften und der Gesellschaft hohe Anerkennung. Als ich im Juli 1992 in der Hamburger Führungsakademie an der Verabschiedung von Offizieren aus 31 Ländern nach zehnmonatiger Generalstabsausbildung teilnahm, um eine Reportage zu schreiben, bestätigten mir mehrere Absolventen diese Vorzüge.

Der Fairness halber muss ich anfügen, in der NVA gab es zwar keine Anglizismen, aber bekannte Redewendungen. Aus Menschen wurden „Kader“ und die dafür zuständige „Kaderabteilung“ oder die „Verwaltung Kader“ im Verteidigungsministerium. Dennoch lautete eine der Hauptlosungen aller SED-Parteitage: „Im Mittelpunkt steht der Mensch“. Aber bei der NVA stand der gewöhnliche Soldat, also der Wehrpflichtige, nicht immer im Blickpunkt des Interesses seiner Vorgesetzten. Es sei denn, es ging um militärische Normen für die Gefechtsbereitschaft oder um persönliche Bestleistungen auf der Sturmbahn und beim Schießen (Aktion „Treffen mit dem ersten Schuss“). Der Mensch als solcher wurde in der Praxis strikt befehligt.

Anders war das mit den westlichen Begriffen „Vorverwendung", „Sonderdienstverhältnis" und „Weiterverwender". Auf den ersten Blick klang das sehr unpersönlich, wenn ein Oberleutnant aus dem Osten, der vorher als Hauptmann der NVA eine Kompanie geführt hatte und bei der Bundeswehr um einen Dienstgrad zurückgestuft worden war, irgendwann über seine „Vorverwendung" Auskunft geben musste. Damit war eigentlich gemeint, dass so mancher Offizier seine neuen Aufgaben ohne jede vorherige Verwendung (Kenntnis) auf diesem speziellen militärischen Gebiet oder an einem bestimmten Waffensystem erfüllen musste. Wenn ein NVA-Militärstreifenführer (Dienstgrad Fähnrich) als Feldjäger weiterdienen konnte, dann besuchte er, inzwischen Oberfeldwebel, einen „Umsetzerlehrgang" an der Schule für Feldjäger in Sonthofen. Auch kein schönes Wort.

Als „Weiterverwender" hat die Bürokratie all die ehemaligen, länger dienenden NVA-Leute bezeichnet, die - ohne vereidigt worden zu sein - bis zum Ausscheiden auf eigenem Wunsch oder bis zu dem Zeitpunkt, wenn für sie keine direkte Aufgabe mehr vorhanden war, zur Bundeswehr gehörten. Mancher aus dem Osten hatte sogar ein „Sonderdienstverhältnis". Jedes Mal ging es um die Dauer der Dienstzeit. Diese betrug anfangs in der Regel zwei Jahre für alle Offiziere, die sich nach 1990 als Soldat auf Zeit (SAZ 2) bei der Bundeswehr beworben hatten. Für die Berufung in dieses Dienstverhältnis galten dann grundsätzlich die gleichen Einstellungsbestimmungen, wie sie bisher in der Bundeswehr angewendet wurden.

Die „wechselseitige Einberufung" und die „Durchmischung" von Wehrpflichtigen sowie länger dienenden Soldaten und Zivilbeschäftigten waren hier auch neu. Dazu hatte der Heeresinspekteur eine Weisung erlassen. Nun wurden je Quartal jeweils 500 Rekruten aus dem Osten und 500 Rekruten aus dem Westen in den anderen Teil Deutschlands geschickt, wo sie ihrer gesamten Wehrpflichtzeit nachkamen. Schon ab 1991 waren erstmals Wehrpflichtige aus dem Osten zur dreimonatigen Grundausbildung in den Westen einberufen worden. Das führte nach der Rückkehr in die noch maroden Kasernen zwischen Erfurt und Schwerin zu vielen Beschwerden beim Wehrbeauftragten des Deutschen Bundestages.

Eine positive Wirkung beim Zusammenwachsen von Ost und West ging von den „Coleurverbänden", auch Partnerverbände genannt, aus. Dabei erhielt der jeweilige neue ostdeutsche Truppenteil bei aktuellen Problemen personelle und materielle Hilfe von einem Verband aus dem Westen. Dieser Begriff hat insofern Tradition im Heer, wenn es um die Bataillone mit Reservisten geht, die als Verstärkungs- und Personalreserve in einem „Coleurverhältnis" in die aktiven Strukturen eingebunden sind. Nur so kann heute die Einsatzbereitschaft aktiver Truppen beim Auslandseinsatz eines Teils der Kameraden aufrechterhalten werden.

Und dann noch ein Wort zur „Busch-Zulage". Wer nun aus dem nicht mehr „Wilden Westen" in den immer noch „Wilden Osten" kam, erhielt im Monat eine Ost-Zulage von 450 DM zu seinem Gehalt. Böse Zungen machten das immer wieder in der Öffentlichkeit zu einem Politikum. Aus meiner Sicht war der Zuschlag in den meisten Fällen berechtigt. Hier ging es nicht nur, wie viele dachten, um einen Ausgleich für ungewohnte ostdeutsche Dienst- und Lebensverhältnisse. Die Westdeutschen behielten nämlich ihre Dienststellung in der Heimat, wo die Arbeit meist liegen blieb. Und so mancher West-Offizier hat dann am Wochenende, während die Frau die Wäsche für die nächste Reise in das Beitrittsgebiet vorbereitete, in seiner Heimatgarnison viele Dinge aufarbeiten müssen, wurde mir berichtet.

Die nun hier alles von Anfang an mit organisiert haben, in vielen Fällen auch eine große persönliche Verantwortung bei ihren Entscheidungen übernahmen, für die es in den meisten Fällen keine Dienstvorschriften gab, wandelten sich meist vom „Wessi“ zum „Wossi“. Das waren dann die Menschen, die dank ihrer exakten Kenntnisse über Land und Leute im Osten Deutschlands später zu den besten Verbündeten der Bürger aus dem Beitrittsgebiet in der alten Bundesrepublik wurden. Ich könnte hier viele Namen nennen, allein aus Achtung und Respekt vor ihrem manchmal selbstlosen Auftreten für die neuen Mitbürger im Osten.

Im Zusammenhang mit der Arbeit unter den damaligen Bedingungen möchte ich noch aus einer 1994 herausgegebenen Broschüre vom Stab des Korps und Territorialkommandos Ost / IV. Korps, der in der Henning-von-Tresckow-Kaserne in Potsdam untergebracht war, zitieren: „Ein Problem war, dass ‚Personalführung' wie zu Beginn in der Bundeswehr wieder mit Bleistift und Radiergummi gemacht werden musste, da die entsprechenden DV-Verfahren im Osten noch nicht griffen und im übrigen die Daten der Soldaten aus der ehemaligen NVA überhaupt erst einmal aufgenommen und eingegeben werden mussten. Eine Sisyphusarbeit!“

Insgesamt wurden von den Landstreitkräften der ehemaligen NVA knapp 4 000 Offiziere zunächst als Soldaten auf Zeit für zwei Jahre übernommen, ebenso etwa 7 900 Unteroffiziere. Als zum Beispiel im April 1991 hier in der Personalabteilung „innerhalb von vier Tagen über 500 Versetzungsfernschreiben für Offiziere und Unteroffiziere eingingen, war die manuelle Bearbeitung dieses Berges nur in Tag- und Nachtschichten zu bewältigen“, schätzten die Beteiligten ein.

Und noch ein paar Eindrücke von damals: Während die Auswahl für eine Dienstzeit über zwei Jahre relativ einfach und schnell vor sich ging, war das mit der anschließenden Auswahl für weiterführende Dienstverhältnisse doch komplizierter. Diese Antragsteller wurden nach den Regeln der Bundeswehr beurteilt, gründlich ärztlich untersucht, vom Militärischen Abschirmdienst (MAD) auf militärische Sicherheit geprüft sowie „gegauckt“, also von der Gauck-Behörde auf eventuelle konspirative Stasi-Kontakte überprüft. Zudem befasste sich ein unabhängiger Ausschuss mit Vertretern des öffentlichen Lebens mit der persönlichen Eignung all der Offiziere aus dem Osten, die als Berufssoldaten vorgesehen waren.

Aus der Wehrverwaltung stammte der Begriff „Langzeitprovisorien“. Es war schon eigentümlich, dass etwas Provisorisches gar für lange Zeit gelten sollte. Aber bei den Baumaßnahmen an den meisten Kasernen der ehemaligen NVA musste eben in vielen Fällen eine solche Zwischenlösung gefunden werden. Später folgte daraus ein saniertes Gebäude oder das „Langzeitprovisorium“ wurde durch einen Neubau ersetzt.

Weitere Begriffe, die bislang im Beitrittsgebiet nicht verwendet worden waren, lauteten „Materialschub“ und „Planungsvertrauen“. Den Plan und die Planung gab es in der DDR zur Genüge, nur vertrauen konnte man beim besten Willen diesen Zahlen nicht. Sie waren meist fiktiv, vor allem natürlich in der Landesverteidigung und im Militärwesen. Irgendwo hörte ich auch in den neuen demokratischen Streitkräften etwas vom „Dienstzeitausgleich“ - offizielle Abkürzung DZA. Für ostdeutsche Soldaten war das wie ein Fremdwort. Dabei konnte der Rekrut bestimmte zeitliche Ansprüche in Tagen abgelten, beispielsweise mit einem „Quartalsausgleichstag“, abgekürzt QUAT. Ein komplizierter Ausdruck für eine gute Sache!

Selbst das Neuwort „gaucken“, was im öffentlichen Dienst schon im Einstellungsgespräch eine Rolle spielte, wurde bei der Bundeswehr modifiziert: „weggaucken“. Das war dann der Fall, wenn man aus der Behörde von Joachim Gauck einem Offizier aus dem Osten seine Stasi-Kontakte nachgewiesen hatte und dieser nun seinen Platz für einen anderen Mitbewerber räumen musste. Auch das kam in der Praxis der neuen gesamtdeutschen Streitkräfte vor.

Bei den Logistikern der Bundeswehr pflegte man ebenfalls eine „eigene“ Sprache. Hier im Osten wurden von ihnen die materiellen militärischen Hinterlassenschaften aus der DDR „gesammelt“, dann „registriert“ und schließlich zur Verwertung - Verkauf oder Vernichtung - „abgesteuert“. Der Begriff „Absteuerung“ war bislang in diesem Teil Deutschlands neu. Will sagen, die „Verdichtung“ und sichere „Verwahrung“ von Bekleidung, Waffen oder Munition in den fast 50 Lagern im Beitrittsgebiet kannten die mehr als 4 000 Beschäftigten der sogenannten Verwahrorganisation sehr wohl. Aber wohin die rund 140 000 Großgeräte wie Panzer und Selbstfahrlafetten „absteuern“? Hier half am Ende meist nur die sachgerechte „Verschrottung“.

Wie man sieht, hatte sich auch die Sprache der Militärs in Ost und West nach dem Krieg recht unterschiedlich entwickelt. Die Zeiten von „Essen fassen“, „Revier reinigen“ oder „Wache schieben“ waren jetzt wohl vorbei. Der Begriff „Putz- und Flickstunde“ blieb gesamtdeutsch. Ein Fallschirmjäger der Bundeswehr berichtete mir ganz stolz über die reiche Speiseauswahl in seiner Einheit schon allein beim Frühstück. Er nannte mir als Beispiel das beliebte „Drei-Minuten-Ei“. Für ihn „ein kleiner Leckerbissen“.

Daraufhin habe ich ihn mit dem „Wahlessen“ in der NVA vertraut gemacht: Man hat das gegessen, was auf dem Speiseplan stand, oder - man hat es eben nicht gegessen. Doch Spaß beiseite: Ich habe immer gegessen. „Essen einnehmen“ war ja in der NVA so etwas wie ein Befehl. Und der musste natürlich ausgeführt werden.

Auflösung der Nationalen Volksarmee

Bundesverteidigungsminister inspiziert Honeckers Führungsbunker

Vergangenheit und Gegenwart prallten im November 1990 im brandenburgischen Prenden wie kaum an einem anderen ostdeutschen Ort aufeinander, als Bundesverteidigungsminister Gerhard Stoltenberg den Führungsbunker des Nationalen Verteidigungsrates der DDR inspizierte. Die unterirdische Anlage rund 50 Kilometer nördlich von Berlin war schlechthin der geheime Zufluchtsort von Honecker & Co. Er wurde speziell für den Kriegs-, Krisen- und Katastrophenfall gebaut. Bei Volksaufständen - erinnert sei an den 17. Juni 1953 - hätte das Bauwerk der Führungsspitze des Arbeiter-und-Bauern-Staates ebenso als Versteck gedient. Der Bunker lag gut 20 Meter unter der Erde.

Gemeinsam mit Generalen und Offizieren der Bundeswehr machte sich der CDU-Politiker mit dem bisher von der Öffentlichkeit abgeschirmten Militärobjekt näher vertraut. In einer Journalistengruppe war ich dabei. Mit vier weiteren Einrichtungen dieser Art im damaligen Kreis Bernau, ursprünglich dem Ministerium für Staatssicherheit unterstellt, kam es nach der Stasi-Auflösung 1990 in die Rechtsträgerschaft des Verteidigungsministeriums der DDR. Nach der Wiedervereinigung übernahm das Bundesverteidigungsministerium das Ungetüm „nur durch einen Zufall", versicherte der Minister gleich zu Beginn. Ebenso andere Liegenschaften dieser Art. Zum unliebsamen Erbe zählten auch die Bunker in den vormaligen 14 Bezirksstädten.

Für alle Beteiligten glich der Rundgang dem Besuch eines Gruselkabinetts. Nach einem rund 200 Meter langen unterirdischen Gang, der von einem ganz normalen Stabsgebäude aus zu erreichen war, und durch eine schwere Stahltür konnte man den 65 mal 40 Meter großen Betonklotz betreten. Drei Etagen mit insgesamt 170 Arbeits- und Wohnräumen hingen an dicken Seilen und wurden von schweren Federn abgestützt. Die Bunkerbesatzung hätte so jede schwere Erschütterung ohne ernsthafte Folgen überstanden.

Laut Berechnungen der Konstrukteure wäre selbst ein Kernwaffenschlag in der Nähe im Inneren des Bunkers kaum zu spüren gewesen, berichtete ein Ex-NVA-Offizier. Um dem atomaren Explosionsdruck zu widerstehen, seien die Außenwände durch eine besondere Konstruktion von Beton und Stahl gehärtet worden. So stabil war alles. Man sah es auch. Wie in einem U-Boot sorgten enge Korridore, einfache Arbeitsräume und hohe Schlafsäle der Besatzung mit je 15 dreistöckigen Betten für insgesamt bescheidene Lebensbedingungen. Eine Energiezentrale, das Wasserwerk und eine Klimaanlage sollten die ständige Handlungsfähigkeit der Führung im Untergrund sichern.

Der Raum des Staatsratsvorsitzenden bot Kontakte zu fünf Arbeitsgruppen. In diesen Gremien sollten Militärs, Wirtschaftsexperten und Medienleute aus dem SED-Zentralkomitee die aktuelle militärische Lage analysieren. Auf dem Fernseh-Bildschirm konnte Honecker neben den beiden DDR-Programmen aus Berlin-Adlershof auch die ARD, das ZDF und den NDR empfangen. So wollte er sich im Ernstfall jederzeit ein Bild über die Lage „auf der anderen Seite" der Front machen. Der Beratungsraum nebenan bot den 17 Mitgliedern des Verteidigungsrates, alles hohe Partei- und Staatsfunktionäre, Platz an einem langen Tisch.

Terminals waren mit dem Rechnersystem des Verteidigungsministeriums verbunden. Dessen Führung verfügte für den Kriegsfall im brandenburgischen Harnekop über einen eigenen Bunker. Ein Lagezentrum mit aktuellen Karten sollte die Entscheidungsfindung Honeckers erleichtern. Von hier aus wäre der Truppeneinsatz von Volksarmee, Staatssicherheit, Grenztruppen, Polizei und Betriebskampfgruppen bis hin zur Zivilverteidigung an der Seite der Westgruppe der sowjetischen Streitkräfte koordiniert und befehligt worden, erläuterte man uns. Der „Oberkommandierende" Honecker sollte zudem in einer Marschallsuniform aus der Bunkertiefe heraus zur Bevölkerung zwischen Ostsee und Erzgebirge sprechen können.

Der Bunker im Urstromtal hätte seinen Insassen etwa 14 Tage lang ausreichend Luft, Wasser und Essen geboten. Mit Hilfe der Besatzung von etwa 350 Bediensteten sollten die ostdeutschen Partei- und Staatsfunktionäre auch ohne Kontakt zur Außenwelt nicht auf die nur ihnen gewährten Bequemlichkeiten verzichten: Wie in der Politbüro-Waldsiedlung Wandlitz waren dafür hochwertige Getränke und Speisen aus dem Westen und nicht etwa Thüringer Wurst oder Radeberger Pils vorgesehen.

Zwei Wachbataillone des Mielke-Ministeriums, das nach sowjetischem Vorbild diesen Bunker als Kernstück eines von der Regierungsebene über die DDR-Bezirke bis zu den Kreisen reichendes Schutzsystem betrieb, sorgten für Geheimhaltung und Bewachung. Das betraf ebenso den Anlaufpunkt, den Ausweichgefechtsstand und die geschützten Sendestellen rund um diese Anlage. An alles hatten die Planer vom VEB Kombinat Spezialtechnik Dresden gedacht.

Das „Projekt 5000" mit der Hauptführungsstelle und vier weiteren Bunkeranlagen in dieser Gegend hat der DDR-Bevölkerung weit über eine Milliarde Ost-Mark gekostet. Die Personal- und Wartungskosten für den Gesamtkomplex unweit der Waldsiedlung Wandlitz bei Bernau betrugen jährlich rund 12 Millionen Mark. Etwa 30 DDR-Betriebe waren im Prendener Forst am Bau der meterdicken Betonwände mit einer stabilen Außen-Stahlblechverkleidung, die das Eindringen von Grund- und Schichtenwasser völlig ausschließt, sowie an der damals hochmodernen technischen Ausstattung beteiligt.

Dieser Bunker stellte eine der wenigen echten „Festungen" im ansonsten wohl auch aus ökonomischen Gründen recht schwach pioniertechnisch befestigten Verteidigungssystem der DDR dar. Dieses Missverhältnis von kaum vorhandenen Verteidigungsanlagen in der DDR, dafür aber ausgeprägten Angriffsplanungen für die eigenen Truppen, fiel den Experten der Bundeswehr schon sehr bald auf. Bekanntlich mussten die NVA-Soldaten angesichts der offensiven sowjetischen Militärdoktrin meist mit hoher Gefechtsbereitschaft den schnellen Durchbruch vorbereiteter „gegnerischer" Stellungen üben - also mehr Angriff als Verteidigung. Erst ab 1987 wandelte sich die Angriffsfähigkeit der NVA zugunsten der Verteidigungsfähigkeit, weil das so vom Politischen Beratenden Ausschuss der Teilnehmerstaaten des Warschauer Vertrages in Berlin beschlossen worden war.

Nach der Besichtigung der unterirdischen Kommandozentrale aus DDR-Zeiten erklärte der Bundesverteidigungsminister: „Wir haben für diese zentrale Einrichtung keine Verwendung." Verständlich, denn Monster dieser Art waren nach der deutschen Wiedervereinigung sowie der Annäherung zwischen Ost und West in Europa nicht mehr zeitgemäß. Ähnlich erging es etwas später dem 83 000 Quadratmeter großen geheimen Regierungsbunker Ahrweiler in der Eifel. Er war im Oktober 1966 während der Nato-Stabsrahmenübung FALLEX 66 zum ersten Mal auf seine Tauglichkeit erprobt worden. Dazu fand ein virtueller Krieg gegen die Warschauer Vertragsstaaten statt. Auch die 1965 erlassenen Notstandsgesetze wurden dort geübt.

Weil die Bundesregierung generell auf solche Reliquien des SED-Regimes verzichtet hat, wurde dieser Bunker, erst 1988 fertig gestellt, im April 1993 für immer dicht gemacht. Zuvor entsorgte man die Elektronik der Überdruckanlage und die Dispatcheranlage als Sondermüll. Die Notstromaggregate wurden ausgebaut und verkauft. Kommunen erhielten das Mobiliar. Honeckers Wechselwäsche und Mielkes Hauspantoffel, die uns hier angesichts des Ernstes dieser Situation im Bunker nach ständigem Kopfschütteln oder Staunen über den Einfallsreichtum der Bunkerkonstrukteure auch mal tief unter der Erde zum Lachen brachten, bekam das Deutsche Rote Kreuz als Spende.

Um der 480-Seelen-Gemeinde Prenden Wallfahrten zum einstigen Superbunker der DDR zu ersparen, wurden die Ein- und Ausgänge der Anlage laut Strausberger Wehrverwaltung „fachgerecht verschlossen". Auch für die Geheimausgänge, Notausstiege, Montageöffnungen und Lüftungsschächte nutzte die beauftragte Firma den Beton 25. Das Material in hoher Güte- und Festigkeitsklasse sollte diesem Erbstück aus der DDR-Diktatur den ewigen Frieden bringen.

Doch weit gefehlt: Inzwischen ließen sich hier immer wieder „Bunkerspechte" heimlich nieder und suchten in der Anlage nach bisher unbekannten Schätzen. Im Jahr 2008 bot der Verein Berliner Bunkernetzwerk sogar Führungen durch das inzwischen von den Einflüssen der Natur gezeichnete Labyrinth an. Da hatten es Fachleute aus den USA unmittelbar nach der Wiedervereinigung leichter: Sie konnten noch wie wir den völlig intakten Eingangsbereich benutzen, um dann in der einst modernsten Bunkeranlage des Warschauer Pakts alles Wissenswerte für ihre Zwecke zu dokumentieren. Dieser Transfer von Know-how muss sich durchaus gelohnt haben. Denn inzwischen steht der verschlossene und auch unsichtbare Bunker als technisches Denkmal unter Schutz.

Das internationale Interesse erinnerte mich irgendwie an das Ende des 2. Weltkrieges 1945, als nur wenige Kilometer von meiner Heimatstadt Arnstadt entfernt den amerikanischen Truppen bei ihrem Vormarsch in Thüringen im Jonastal, direkt am riesigen Übungsplatz Ohrdruf der Wehrmacht und heute (ein paar Nummern kleiner) der Bundeswehr, ein noch unvollendetes Bunkersystem mit unzähligen Stollen in die Hände fiel. Kurz vor Kriegsende sollte hier von Tausenden KZ-Häftlingen aus Buchenwald bei Weimar ein neues Führerhauptquartier errichtet werden. Davon ist noch heute mancher Historiker, aber auch die Bevölkerung dieser Gegend fest überzeugt.

Über Nacht 531 000 Soldaten – „Bürger unter Bürgern“

Die Bundesrepublik übernahm mit dem Tag der deutschen Einheit eine „Hinterlassenschaft“ der besonderen Art: Die schon erwähnten fast 100 000 Soldaten der ehemaligen NVA. Zu ihnen zählten immerhin 50 000 Berufs- und Zeitsoldaten sowie 50 000 Wehrpflichtige. Da laut Einigungsvertrag keine eigenständige deutsche Armee im Beitrittsgebiet existieren sollte, wuchs der Personalbestand der Bundeswehr über Nacht auf 531 000 Mann. Das hieß zugleich: Niemals zuvor trugen im Nachkriegs-Deutschland so viele deutsche Soldaten wieder die Uniform von ein und derselben Armee. Hinzu kamen 215 000 zivile Mitarbeiter zwischen Rügen und Bodensee.

Das Heikle an diesem Zuwachs bestand aber darin: Vor dem Hintergrund internationaler Abrüstungsverhandlungen hatte die alte Bundesrepublik über die verringerte Wehrdienstzeit von 15 auf 12 Monate schon zuvor eine beachtliche Kürzung der eigenen Truppenstärke erreicht – etwa 430 000 Mann. Und jetzt diese ungeplante Aufstockung. Hinzu kam noch die Vereinbarung zwischen dem deutschen Bundeskanzler und dem sowjetischen Präsidenten, die Stärke der gesamtdeutschen Streitkräfte bis 1995 auf 370 000 Mann zu reduzieren. Davon sollten zunächst etwa 320 000 Soldaten in den alten und rund 50 000 in den neuen Bundesländern stationiert werden. Bis zum Jahr 2000 werde diese Zahl im Osten auf etwa 66 000 ansteigen, verlautete damals aus Bonn.

Auch wenn es sich hier bei den tief greifenden Veränderungen auf den ersten Blick nur um Zahlen handelte, war doch jede einzelne davon mit dem Schicksal einer Person oder einer ganzen Familie verbunden. Egal, ob in Ost- oder Westdeutschland. Vorrangig betroffen von der Abrüstung waren die Verbände an der ehemaligen innerdeutschen Grenze. Nur vier Monate nach der deutschen Vereinigung hatte man zudem bis Ende Januar 1991 bereits jeden zweiten Berufssoldat aus dem Osten entlassen. Viele Offiziere gingen auf eigenem Wunsch.

Wer von den Offizieren und Unteroffizieren aus dem Osten bereit war, in die Bundeswehr einzutreten, dem bot sich, wie vom Bundesverteidigungsminister wiederholt betont wurde, „eine faire Chance“. Bewerber konnten sich in den gesamtdeutschen Streitkräften zunächst auf zwei Jahre verpflichten, anschließend für eine längere Zeit oder als Berufssoldat. Für eine zweijährige Dienstzeit stellten 11 700 Offiziere sowie 13 400 Unteroffiziere und Mannschaften der früheren NVA den Antrag. Nach einem Auswahlprozess wurden 6 000 Offiziere, 7 800 Unteroffiziere mit Portepee (Feldwebel) und 3 300 Unteroffiziere ohne Portepee verpflichtet.

Von diesen Personen wiederum wollten fast alle länger in der Bundeswehr dienen. Doch eine langfristige Übernahme als Berufssoldat oder Soldat auf Zeit erreichten schließlich nur 3 050 Offiziere, einschließlich Offiziersanwärter und Sanitätsoffiziere, 7 550 Unteroffiziere, darunter auch Unteroffiziersanwärter, und 200 Mannschaften. Sie nahmen nun, oft auch phasenweise, an Ausbildungsgängen und Truppenpraktika im Westen teil. Ende 1998 hatten noch etwa 9 300 Soldaten der Bundeswehr eine „Vordienstzeit“ aus der NVA. Das war doch beachtlich.

Aus der Kategorie der Generale und Admirale der ehemaligen NVA fanden in der Bundeswehr nur fünf Herren als „Berater in Zivil" eine Anstellung. Verzichtet wurde auch auf die einstigen Politoffiziere. Bei diesen Propagandisten der SED kam wohl auch ihr geringeres militärfachliches Wissen und Können zur Sprache. Denn der Chef in der Kaserne und auf dem Übungsplatz war immer der Kommandeur. Der „Regimenter" oder „Batailloner" hatte letztlich das Sagen über seine Offiziere, erst recht, wenn es um die alle zwei Jahre vom vorgesetzten Stab geforderte Attestierung der dienstlichen Leistungen ging.

Nach Hinweisen des Beauftragten der Bundesregierung für die Unterlagen des ehemaligen Ministeriums für Staatssicherheit, Joachim Gauck (daher Gauck-Behörde), wurden wegen einer Tätigkeit für das MfS oder verschwiegener Kontakte dorthin 550 Offiziere und 1 021 Unteroffiziere nach ihrer Übernahme als Soldat auf Zeit oder als Berufssoldat entlassen. Das geschah dann wegen Einstellungsbetrugs, hieß es vom Bundesverteidigungsministerium. Diese Personen durften entsprechend einer ostdeutschen Forderung im Einigungsvertrag nicht im öffentlichen Dienst beschäftigt werden.

Der Personalabbau und die Auflösung der Truppenteile der ehemaligen Volksarmee bildeten für die Bundeswehr Ost überhaupt die erste große Herausforderung. Vor allem der hohe Anteil von Offizieren in der NVA galt auch als ein Spiegelbild sowjetischer Strukturen. Hier gab es in der militärischen Hierarchie nur ein Unteroffizierskorps mit einem ausgeprägten Spezialistentum, aber ohne eigenständige Führungsfunktionen und mit weniger Verantwortung.

Auch dieses Verhältnis bedeutete nur die Konsequenz aus der russischen Militärphilosophie von striktem Befehl und unbedingtem Gehorsam, anstatt die Unterstellten mit Auftrag zu führen, wie das schon immer in deutschen Armeen praktiziert wurde. Ganz sicher hatte das etwas mit dem Bildungsgrad der Wehrpflichtigen zu tun. Dass dabei jede Eigeninitiative eines Offiziers, Fähnrichs oder Unteroffiziers der DDR-Armee von vornherein unterbunden wurde, ja sogar verboten war, hinterließ gerade in der Menschenführung „nach unten" sichtbare Spuren. Ich habe im ehemaligen NVA-Artillerieregiment in Lehnitz bei Berlin erlebt, wie kurz vor dem Besuch eines bekannten ausländischen Verteidigungsministers ein Oberstleutnant mehrere Soldaten beim letzten Fensterputzen im Klubhaus vor dem Eintreffen des hohen Gastes beaufsichtigt hat. Diesen Befehl hatte ihm wahrscheinlich der Kommandeur erteilt.

Es folgte also die unvermeidliche Entlassung von Tausenden Berufs- und Zeitsoldaten nach dem Abbau, Umbau und Aufbau im Osten. Die neue militärische Führung bot bei ihrem sozialen Engagement den Betroffenen eine Vielfalt von Berufe fördernde Maßnahmen an. Sowohl die Kommandeure im jeweiligen Truppenteil als auch der Berufsförderungs- (BFD) und der Sozialdienst der Bundeswehr engagierten sich stark in dieser Angelegenheit. Davon zeugten von Ende 1990 bis Mitte 1993 fast 400 Aktivitäten dieser Art für mehr als 11 800 Teilnehmer. Allein 1992 nahmen 67 Prozent der Soldaten auf Zeit (SaZ 2) an 1 800 die Dienstzeit begleitenden Maßnahmen teil: Besuch von Arbeitsgemeinschaften, Fachkursen und Fernlehrgängen. An den Fachschulen der Bundeswehr wurden ehemaligen NVA-Soldaten 720 Lehrgangsplätze zur Weiterbildung angeboten, so zum „Staatlich geprüften Betriebswirt“ oder „Staatlich anerkannten Erzieher“. Zudem gab es EDV-Grundlagenkurse und Sprachenlehrgänge.

Die Bundeswehr entdeckte im Osten ein ganz wertvolles Reservoir: Unter den Rekruten, die noch in der NVA ihre Armeezeit begonnen hatten, konnten viele junge Männer für einen längeren Dienst gewonnen werden. Außerdem verpflichteten sich mehrere tausend Wehrpflichtige, die noch nicht bei der Fahne waren, für eine Zukunft im jungen Unteroffizierskorps der Bundeswehr Ost. Für sie alle galt, was Verteidigungsminister Stoltenberg beim ersten öffentlichen Gelöbnis auf dem Marktplatz von Bad Salzungen (Thüringen) vor 250 Rekruten sagte: „Unsere Soldaten sind Bürger unter Bürgern.“

Auch für die Offizierslaufbahn bestand in dieser Zeit ein außergewöhnlich reges Interesse unter den Jugendlichen im Beitrittsgebiet. Als wichtiges Datum beim Zusammenwachsen von Ost und West in der Bundeswehr galt der 1. April 1992: Ab diesem Zeitpunkt wurden Rekruten aus dem Westen in den Osten einberufen und umgekehrt. Ob nun Bayern in Sachsen oder Thüringer in Hessen – unabhängig von ihrer Herkunft, lebten nun junge Deutsche in einer Kasernenstube. Aus diesem menschlichen Klima und kameradschaftlichen Miteinander gingen so manche persönliche Freundschaften hervor. Ich komme noch darauf zurück.

Eine wirklich schwere Last bürdete sich das Bundesverteidigungsministerium mit dem gesamten materiellen Erbe der DDR-Landesverteidigung auf. Man übernahm insgesamt 970 Truppenteile, Dienststellen und Einrichtungen der verblichenen Armee, davon allein 562 von den ehemaligen Landstreitkräften. Insgesamt verfügte die Volksarmee über 2 280 Liegenschaften zwischen Rügen an der Ostsee und dem Erzgebirge, zwischen Burg bei Magdeburg und Cottbus in der Lausitz. Das waren Kasernen, Truppenunterkünfte, Depots, Übungsplätze und -anlagen, Bunker, Häfen und Flugplätze. Das meiste davon hat die Bundeswehr nicht benötigt. In das Allgemeine Grundvermögen der Bundesrepublik wurden die rund 64 000 NVA-Dienstwohnungen abgegeben.

Schon nach erster eingehender Begutachtung dieser militärischen Stätten mit zahllosen Übungsplätzen stand für die Verantwortlichen auf der Hardthöhe fest: Zwei Drittel davon sind ab sofort entbehrlich und werden dem Bundesvermögensamt übergeben. Schließlich blieben 1993 nur noch 155 Liegenschaften zur weiteren Truppennutzung übrig. Heute sind es noch viel weniger. So ganz nebenbei: Die 1 420 Heizanlagen der NVA entsprachen ebenso wenig den Bestimmungen des Bundesimmissionsschutzes wie die überalterten Tankanlagen und Abwassereinrichtungen mit Gefahren für das Grundwasser, auch für die Bewohner von Dörfern und Städten in der Nähe.

Für Erstaunen, ja sogar für Entsetzen sorgte nach dem Ende der NVA bei der Übernahme das Ausmaß der ostdeutschen Bewaffnung und Ausrüstung. Erwähnt werden sollte unbedingt, dass zum Waffenarsenal Ost ebenso die Hinterlassenschaften der anderen bewaffneten Organe der DDR gehörten.

Hierzu zählten die Waffen des Ministeriums für Staatssicherheit mit seinem Berliner Wachregiment „Feliks Dzierzinski“. Es hatte mit 12 000 Mann Personal die Stärke einer Mot. Schützendivision und war für den Städtekampf in West-Berlin bewaffnet und ausgerüstet. Nur die Panzer fehlten in dieser Struktur. Ebenso gehörten die Hinterlassenschaften der Grenztruppen, der Volkspolizei-Bereitschaften des Ministeriums des Innern und der Betriebskampfgruppen zum Erbe der DDR.

Diese Truppen mit „Werktätigen in Uniform" waren in den letzten Jahren als voll einsatzfähige Mot. Schützeneinheiten für den Ernstfall vorbereitet worden. In ihren Beständen: Handfeuerwaffen, Schützenpanzerwagen, Fliegerabwehrkanonen und Maschinengewehre. All das hatte vorher die NVA genutzt. Auch die Gerätschaften der Zivilverteidigung und der Gesellschaft für Sport und Technik mussten bei der einzigartigen Bestandsaufnahme nach dem Ende der DDR von der Bundeswehr erfasst werden.

Unterm Strich kamen mehr als 1,2 Millionen Handfeuerwaffen, etwa 300 000 Tonnen Munition und zirka 4 500 Tonnen flüssiger Raketentreibstoff sowie riesige Mengen mit anderem Kriegsmaterial zusammen. All das war für eine rasche Mobilmachung in der DDR und zur Unterstützung weiterer Ostblock-Armeen eingelagert worden. Von der starken Bewaffnung des Arbeiter-und-Bauern-Staates zeugten vor allem die 2 300 Kampfpanzer T-55A und T-72, fast 9 000 gepanzerte Kampf- und Spezialfahrzeuge, über 5 000 Artillerie-, Raketen- und Flugabwehrsysteme, etwa 700 Kampf- und Transportflugzeuge sowie Hubschrauber, 192 Kriegsschiffe und sonstige Marinefahrzeuge sowie rund 85 000 Kraftfahrzeuge und Anhänger.

Jetzt hieß es erst einmal für die neuen Soldaten im „Nato-oliv", für die Sicherheit dieses gewaltigen Waffenarsenals zu sorgen. Da bei Munitionsbunkern die Hochspannungsleitungen schon allein aus juristischen Gründen gekappt werden mussten, was im Eilverfahren geschah, hat man zusätzliches Wachpersonal eingesetzt. Bis zur Verwendung oder Verwertung von Waffen und Munition war deren „Schutz vor fremden Zugriffen" zu gewährleisten, lautete die Weisung. Das hatte der Befehlshaber der Bundeswehr Ost seinen Kommandeuren mit Nachdruck ans Herz gelegt.

Ein Teil dieses Gerätes wurde für die Ausbildung und im täglichen Dienstbereich verwendet: Kalaschnikow, Panzerbüchse, Maschinengewehr, Jeeps, Helikopter, Jagd- und Passagierflugzeuge. Die LKW (W 50) und PKW (Trabant, Wartburg, Lada) fuhren noch viele Wochen mit dem alten Kennzeichen VA und vier Nummern, bevor der Y-Fahrzeugschein mit dem entsprechenden Kennzeichen der Bundeswehr übergeben wurde. Die Masse dieser NVA-Hinterlassenschaft hat man entsorgt und verwertet. Schließlich war von Deutschland gemäß der „1 + 1= 1"-Vereinbarung im November 1990 die zweithöchste Reduzierungsverpflichtung aller KSE-Vertragsstaaten übernommen worden. In diesem Sinne musste die Masse der Waffen aus der Volksarmee bis November 1995 zerstört werden. Tausende Kraftfahrzeuge, Zelte und Sanitätsmaterial gelangten zu Kommunen und Hilfsorganisationen. Im Rahmen der Nato-Verteidigungshilfe wurden Rad- und Kettenfahrzeuge abgegeben. Außerdem verkaufte die Bundesrepublik Flugzeuge und Schiffe aus ehemaligen NVA-Beständen ins Ausland.

Erinnert werden sollte in diesem Zusammenhang auch an die Beteiligung der ehemaligen DDR-Außenhändler von der Kommerziellen Koordinierung (KoKo) am internationalen Waffenhandel in fast alle Krisengebiete der Welt. Ob Panzer

T-55A oder MiG-21-Jagdflugzeuge, Maschinenpistolen oder Panzerabwehrlenkraketen - gegen Erdöl oder harte Währung wurde vom Waffen- und Munitionsdepot Kavelstorf bei Rostock fast alles Militärische geliefert. Ich kann mich noch gut an einen Bericht unserer Rostocker ADN-Bezirksredaktion erinnern, als Vertreter der Bürgerbewegung während der Wende dort in einem geheimen Lager riesige illegale Waffenbestände entdeckten. Niemand unter den Anwohnern hatte bislang auch nur den Hauch einer Ahnung von diesen krummen Geschäften der DDR-Führung.

DDR-Luftwaffe am „Geburtsort" abgewickelt

Das über 800-jährige Cottbus in der Lausitz galt zu DDR-Zeiten nicht nur als ein Zentrum von Kohle und Energie oder der Textilindustrie. Hier war auch der „Geburtsort" der NVA-Luftwaffe. Sie nahm 1952 mit der 1. Fliegerdivision den Dienst auf und begann mit dem militärischen Flugbetrieb. Das fand vier Jahre vor der Gründung der Volksarmee statt. Zum Ende der DDR existierten dann 34 Großverbände und Verbände mit einer Vielzahl von Stäben, Einheiten, Teileinheiten, Depots, Werkstätten und Versorgungseinrichtungen. Sie waren an rund 130 Standorten vertreten und nutzten mehr als 300 Liegenschaften.

Zur Täuschung der Öffentlichkeit wurde der Verband mit Regimentern in Brandenburg, Kamenz und Bautzen damals als Aeroklub bezeichnet. Die Maschinen trugen einen roten Stern als Hoheitszeichen. Nachdem auch in Cottbus am Vorabend des Tages der Deutschen Einheit 1990 die NVA-Truppenfahne eingerollt worden war, endete in der Spreestadt das allerletzte Kapitel der anderen deutschen Luftwaffe. Danach begann der Abwicklungsstab Süd mit der Auflösung von 117 Verbänden, Einheiten und Dienststellen, die nicht in die Bundeswehr übernommen werden sollten. Gut drei Jahre später hieß es: Auftrag erfüllt. In 218 Liegenschaften hatte man alles personell und materiell abgewickelt. Die Objekte wurden „besenrein" an die zuständigen Stellen oder Nachnutzer übergeben.

Bei diesen Hinterlassenschaften ging es immerhin um zehn Geschwader, je drei Fla-Raketenbrigaden und -regimenter, acht Radarführungsabteilungen, zwei Offiziershochschulen und eine Unteroffizierseinrichtung. Für all das gab es in der neu geschaffenen 5. Luftwaffendivision der Bundeswehr Ost keine Verwendung. Die meisten der 600 Kampf- und Transportflugzeuge (MiG-15, -17, -19, -21, -23, L-29, -39, AN-2, -14, IL-14, -18) sowie Hubschrauber (Mi-2, -4, -8, -24) wurden im Rahmen des KSE-Vertrages verschrottet. Einen Teil - so die in jener Zeit moderne SU-22 (FITTER), von der die DDR 54 Maschinen besaß - erhielten Museen in aller Welt. Das bedeutete, auch international, eine recht spektakuläre Abrüstungsmaßnahme der Bundesrepublik.

Parallel zur Herstellung der Unbedenklichkeit an den Luftfahrzeugen wurden die einzelnen Schritte hin und wieder in Wort und Bild dokumentiert. Beispiel MiG-23: Einweisung des Personals, Öffnen aller Luken, Ablassen aller Betriebsstoffe, Ziehen des Sitzes, Ausbau der Bordkanone, Entfernen des Bremsschirmes, Abbau der Außenlastträger...

Die DDR-Streitkräfte verfügten über 50 Fla-Raketen-Komplexe mit insgesamt 3 500 Lenkflugkörpern. Darunter befanden sich Typen wie "Dwina" (GUI-

DELINE), "Newa" (GOA) und "Wega" (GAMMON). Ihre Vernichtungszonen lagen zwischen fünf und 240 Kilometern. Die Flugkörper wurden zerlegt. Anzündladungen, Gefechtsteile und Starttriebwerke kamen zu Verwertungsfirmen. In Pinnow erfolgte die Entsorgung der Lenkflugkörper, einschließlich der Pulverstangen der 1. Stufe und des Raketentreibstoffes. Das waren etwa 2 200 Tonnen. Die munitionstechnische Entsorgung erfolgte fast ausschließlich in Betrieben der neuen Bundesländer. Vernichtet wurden bis 1994 auch 110 000 Tonnen Munition, das war gut ein Drittel des Gesamtbestandes der NVA. Allein das kostete 420 Millionen DM, sicherte aber 1 200 Arbeitsplätze.

Von den einst fast 20 000 Kraftfahrzeugen der NVA-Luftwaffe erhielten Kommunen und gemeinnützige Vereine etwa 8 000 Stück unentgeltlich. Weitere 2 500 fahrbereite Kfz wurden für die GUS-Hilfe an die Ukraine, nach Kasachstan, Russland, Estland und Lettland via Überseehafen Rostock verschickt. Verschenkt hat man die Bekleidungs- und Ausrüstungsgegenstände. Schulen in Cottbus und Umgebung bekamen brauchbares Mobiliar, Ausbildungs- und weitere Hilfsmittel. Dem Deutschen Roten Kreuz wurde Sanitätsmaterial, den Städtischen Vermessungsämtern Theodoliten übergeben. Die Universität Frankfurt/Oder konnte rund 80 000 Fachbücher aus den Offiziershochschulen Kamenz und Bautzen kostenlos übernehmen.

Bei der Übernahme der Liegenschaften registrierte man Schadstoffe unterschiedlichster Art. Sie wurden klassifiziert und konzentriert. Eine Anmeldung zur Entsorgung konnte oft nur auf der Basis von geschätzten Mengen erfolgen. Der Zustand der Behälter ließ zum Teil keine Umlagerung zu. Ein weiteres Problem: Auf den ehemaligen Flugplätzen waren beispielsweise die Betankungsanlagen noch vorhanden. Die Außerbetriebnahme und Entsorgung konnten mit eigenen Kräften und Mitteln nicht durchgeführt werden. Da halfen die Pipelinepioniere des Heeres. Sie entleerten die Tanklager und das Pipelinenetz auf den Flugplätzen Drewitz, Holzdorf und Bautzen. Es wurden insgesamt zirka elf Kilometer Rohrleitungen abgebaut.

Zur Verwertung des Materials der DDR-Luftstreitkräfte gelangten noch folgende „Artikel“ in den Wirtschaftskreislauf: 470 t Melange, 80 t Tanktechnik, 24 Flugplatzbetankungsanlagen, 400 000 Rollreifenfässer mit verschiedenen Inhalten, 8 Millionen Liter Flugturbinenkraftstoff, 2 Millionen Liter Vergaserkraftstoff/Diesel, 600 t Altöle, Fette und Schmierstoffe, 3 000 t Schadstoffe wie Methanol, 3 000 t Farben und Verdünnung. Allein im Verwahrlager Cottbus befanden sich 500 t Bekleidung und Ausrüstung, 600 t Kfz-Ersatzteile, 700 t Fernmelde-Ersatzteile, 300 t Pioniermaterial und 100 t Sanitätsmaterial. Man konnte wirklich sagen: Die Militärs der DDR hatten auch in dieser Teilstreitkraft für den „Fall der Fälle“ gut vorgesorgt.

"Im Gegensatz zur Umstrukturierung oder Auflösung von Verbänden in den alten Bundesländern gab es hier erhebliche Probleme", berichtete mir Major Walter Weinert, Leiter des Abwicklungsstabes. "So fehlten Verfahrensweisen, Entsorgungskonzepte und Verwertungsverträge. Zudem war die Vorschriftenlage West nur bedingt auf die besonderen Aufgaben der Abwicklung anzuwenden." Darüber hinaus habe es Schwierigkeiten bei der Entsorgung von Gefahr- und Schadstoffen, beim Betriebs- und Umweltschutz sowie bei sonstigen Altlasten gegeben.

Beim sozialverträglichen Abbau von Personal - "eines der größten Probleme" - habe man Hervorragendes geleistet. Für viele Soldaten sei die Übernahme in das Dienstverhältnis eines Berufs- oder Zeitsoldaten erreicht worden. Standortverwaltungen oder Firmen übernahmen viele zivile Mitarbeiter. „All diese Arbeiten wurden erfolgreich abgeschlossen und waren nur zu bewerkstelligen, weil Soldaten und zivile Mitarbeiter aus den alten und neuen Bundesländern von Anfang an eng und vertrauensvoll zusammengearbeitet haben."

Es sei auch „ganz deutlich festzustellen, dass diese Leistungen zu einem wesentlichen Teil von Grundwehrdienstleistenden erbracht wurden. Die jungen Kameraden haben einen sehr untypischen Wehrdienst abgeleistet und die notwendigen Aufräumarbeiten vorbehaltlos und zuverlässig verrichtet.“ Er hoffe, dass sie ein wenig stolz darauf sind, „dabei gewesen zu sein“, bilanzierte Weinert.

Für die hierher abkommandierten Unteroffiziere aus dem Westen war der Auslöser, in der ehemaligen DDR Dienst zu tun, „eine Mischung aus Neugierde, Pioniergeist und Abenteuerlust“. So beschrieben sie zum Schluss ihre Eindrücke über „den wilden Osten“. Unteroffiziere mit und ohne Portepee waren per Fernschreiben in den Westverbänden gesucht worden, „die durch ihr Auftreten und Engagement helfen sollten, die desolaten Zustände in den Ostverbänden, die besonders bei der Führung der Wehrpflichtigen vorlagen, zu beheben“. „Das Bild, das sich uns bot, war ohne Übertreibung als Katastrophe zu bezeichnen. Aus militärischer Sicht waren die anderen Vorgesetzten sehr froh, endlich kompetente Unterstützung zu erhalten. Denn die Vollständigkeit war nur an einem Tag im Monat gewährleistet - am Zahltag. Es war notwendig, durch korrektes und bestimmtes Auftreten zu führen und dennoch stets ein hohes Maß an Einfühlungsvermögen für die jeweilige Situation aufzubringen.“

Abschließend müsse man sagen, „dass beide Armeen in einer für alle Bereiche mustergültigen Manier innerhalb kürzester Zeit verschmolzen sind. Es entstand eine Kameradschaft zwischen Ost und West, die durch Vertrauen und gegenseitigen Respekt geprägt ist.“ So die schriftlichen Erinnerungen einer Unteroffizierskameradschaft mit Herkunft West.

Mit der Arbeit des Abwicklungsstabes im Haus gegenüber der Heeresfliegerkaserne am Flugplatz Cottbus leistete die Bundesrepublik einen wichtigen Beitrag zur Abrüstung und Entspannung in Europa. Denn die Luftstreitkräfte/Luftverteidigung der DDR waren bei einer Personalstärke von 34 600 Mann, darunter 858 Flugzeugführer, und Waffen aller Art hochgerüstet. Davon zeugten nicht nur 2 200 Tonnen Abwurf- und Bordwaffenmunition, 28 Tonnen Einmann-Fla-Raketen, 240 Radargeräte und 67 000 Maschinenpistolen. Auch die 27 eigenen Flugplätze sowie mehrere Autobahnabschnitte für militärische Starts und Landungen belegten die umfassenden Vorbereitungen der DDR-Führung auf einen möglichen militärischen Konflikt mit dem Westen.

Russisches Jagdflugzeug MiG-29 nun mit Eisernem Kreuz

In den lebhaften Debatten um die Anschaffung eines neuen Jagdflugzeuges für die deutsche Luftwaffe hatte sich das wohl niemand träumen lassen: Der einst im Bodenkampfpotenzial der Nato hoch stilisierte Wundervogel dieser Klasse – die russische MiG-29 – flog eines schönen Tages ins eigene bundesdeutsche Nest. Noch dazu als vollständiges Geschwader. Das geschah im brandenburgischen Preschen in unmittelbarer Nähe zur polnischen Grenze. Für die Öffentlichkeit, besonders in der alten Bundesrepublik, bedeutete das eine Riesenüberraschung.

Die Fachwelt wertete diesen Vorgang als Sensation. Ähnlich wie die vom 1. Juli 1986, als auf dem finnischen Flugplatz Kuopio Rissala sechs sowjetische Jagdflugzeuge dieses Typs zu Besuch kamen. Sie waren bis dahin noch nie öffentlich gesehen worden. Nur USA-Satelliten hatten dieses Flugzeug 1979 über dem Erprobungsgelände ausgemacht. Es wurde als RAM-I bezeichnet.

Was dem Nato-Bündnispartner Deutschland so einfach in der Nacht zum 3. Oktober 1990 von der gegnerischen Seite zugeflogen war, verkörperte in der Tat internationales Spitzenniveau - nicht als Waffensystem, aber für den Luftnahkampf. Nach öffentlich zugänglichen Quellen lieferten die bemerkenswerten Parameter dieses Typs bis zur Wiedervereinigung auch wesentliche Argumente für das Milliarden-Projekt Jäger 90. „Seit den Jahren der ersten Diskussion um den Jäger 90 geisterte die MiG-29 durch die Papiere der Hardthöhe und die Beratungen des Parlaments“, erinnerte sich der ehemalige Parlamentarische Staatssekretär im Bundesverteidigungsministerium Willy Wimmer (CDU) in seinem Buch „Lass uns Dir zum Guten dienen – Der Weg der NVA in die Bundeswehr“ (Neusser Zeitungsverlag GmbH, S. 101). Und so habe dieser Typ und der mögliche Einsatzbereich bei einer Konfliktlage als „eine logische Begründung für den Einstieg in die Entwicklung des Jägers 90“ gegolten.

Nach einem fortdauernden Für und Wider um die „Rote Rita“ – auch wegen der hohen Kosten in der Logistik und ihrer geringen Reichweite – entschied das Bonner Verteidigungsministerium, die MiG-29 zunächst als Erprobung bis zum Jahr 1993 zu behalten. Von den sechs Jagdfliegergeschwadern der NVA blieb vorerst nur der Luftwaffenstützpunkt bei Forst erhalten. Hier waren ursprünglich 24 der von der Nato als FULCRUM bezeichneten Maschinen stationiert, vier davon als Doppelsitzer-Jäger. Allesamt hatte sie die DDR noch im Mai 1989 für das damalige Jagdfliegergeschwader 3 angeschafft.

Ein Kritiker aus der alten Bundesrepublik war so in seinem alten Denken behaftet, dass er in dem Jagdflugzeug, das auch mit zwei Tonnen Waffen an Bord (Raketen und Bomben) eingesetzt werden konnte, bei der Avionik eine „Technologie der fünfziger Jahre“ vermutete. Andere Offiziere warnten davor, die deutsche Luftwaffe dürfte sich nicht vom sowjetischen Nachschub abhängig machen. Für deutsche Experten war das Flugzeug nicht als Waffensystem, sondern nur für eine bestimmte enge Rolle geeignet.

Nun ging es hier im Geschwader mit der Erprobung der leichten und recht manövrierfähigen MiG-29 weiter. Der bisherige Originalanstrich der DDR-Luftstreitkräfte wich dem Silber der anderen deutschen Luftwaffe mit dem gut sichtbaren schwarzen Eisernen Kreuz unterhalb der Flügel. Westdeutsche Luftfahrtexperten erkannten recht bald, dass es sich bei Aerodynamik, Triebwerk und Kurvenkampffähigkeit um ein leistungsfähiges Flugzeug der dritten Generation handelt - mit 2,3 Mach (2 400 km/h) Höchstgeschwindigkeit und einer Dienstgipfelhöhe von 18 Kilometern. Ein ideales Gerät mit beeindruckender Wendigkeit für den Luftnahkampf, aber mit Schwächen bei der Bekämpfung von Zielen auf große und mittlere Entfernung.

Doch vorher war aber eine sogenannte Germanisierung der Maschinen notwendig. Dabei musste der Standard der Internationalen Zivilluftfahrt-Organisation (ICAO) zur Flugsicherheit umgesetzt werden. Eingebaut wurden eine neue Navigationsanlage, ein Notfunkgerät und ein Flugsicherungsabfragegerät. Gemessen wurde jetzt von den Piloten in Knoten und Fuß.

Der Kommandierende General Luftflotte, Generalleutnant Walter Schmitz, setzte sich ebenfalls an den Steuerknüppel der ehemals gegnerischen Maschine vom Flugzeughersteller Mikojan-Gurewitsch MiG. Dort wurden seit 1941 vor allem Jagdflugzeuge entwickelt und produziert. Danach lobte der deutsche General „die hervorragenden Eigenschaften, beispielsweise im Langsam- und Hochgeschwindigkeitsflug".

Allerdings hat man beim offiziellen Check mehrere Schwachpunkte ausgemacht. Vor allem das Radargerät, die Betriebsdauer von Zelle (2 500 Flugstunden) und Triebwerk (nur 1 500 Triebwerkslaufstunden) sowie die hohen Betriebskosten eines typischen „Spritfressers" führten die Kritiker weiter ins Feld. Auch die komplizierte Beschaffung der Ersatzteile sowie die oftmalige Grundinstandsetzung der Triebwerke im Ausland seien nennenswerte Defizite für einen kontinuierlichen Flugbetrieb in Deutschland, hieß es in ersten Reaktionen.

Und noch etwas fiel den Wehrtechnikern aus der alten Bundesrepublik auf: Eine unebene Beplankung mit hervorstehenden Nietköpfen auf der Titanoberfläche. Das galt beim ersten flüchtigen Betrachten „als die Arbeit von Grobschmieden", erläuterte Kommodore Oberst Manfred Menge. Dessen Laufbahn begann 1960 bei der Bundeswehr. Doch schon bald habe man bemerkt, „dass diese ungewöhnlich Rauheit der Oberfläche für größeren Auftrieb sorgt".

Inzwischen war die MiG-29 beim Kampf in der Nähe den führenden Jagdflugzeugen der USA, F-15 und F-16, mindestens ebenbürtig. Heute gibt es bereits die MiG-35 als SUPER-FULCRUM mit Triebwerken der Schubvektorsteuerung, neuen Waffensystemen und einer größeren Reichweite als beim Vorgänger. Jedenfalls sollte die MiG-29 keine Alternative zum Jäger 90 sein, der später zum Eurofighter 2000 modifiziert und als Mehrzweckkampfflugzeug der 4. Generation in die deutsche Luftwaffe eingeführt wurde. Und immer wieder hinterfragten Politiker mit Blick auf die damaligen Summen zwischen rund 10 und 50 Milliarden Euro für das Jäger-90-Projekt mit Entwicklung und Bewaffnung, ob denn diese Ausgaben nach dem Ende des Kalten Krieges und der in Rom beschlossenen neuen Nato-Strategie überhaupt noch notwendig seien. Eine ernst zu nehmende Frage. Sie wurde nicht nur von Fachleuten gestellt.

In diesem Zusammenhang bot ein Artikel von Karl Feldmeyer in der F.A.Z. (16.4.1991) über einen vertraulichen Bericht des Bundesrechnungshofes in der

Auseinandersetzung um ein neues Jagdflugzeug für die Bundeswehr neuen Diskussionsstoff. Darin zitierte der bekannte Journalist aus der zusammenfassenden Bewertung der Behörde: „Die MiG 29 ist nach Ansicht der Bundeswehr ein westlichen Flugzeugen der dritten Generation vergleichbares, sehr zuverlässiges und wartungsfreundliches Flugzeug.“ Der Weiterbetrieb werde „bei einer geeigneten Lösung der Ersatzteilfrage und der Herstellerunterstützung zu einer wirksamen Entlastung der Luftverteidigungsverbände führen“.

Feldmeyer: „Das macht die Befürchtungen des früheren Generalinspekteurs (Wellershof – d.A.), die ‚äußerst positive Bewertung der MiG 29’ werde zu heftigen Diskussionen über den Jäger 90 beitragen, nur zu verständlich. Im Kern geht es aber nicht nur um die Kosten, sondern darum, ob die Bundesregierung bereit ist, in Deutschland eine Flugzeugindustrie zu erhalten, die zur Entwicklung und zum Bau moderner Jagdflugzeuge fähig ist. Dann nämlich müsste sie sich für den Jäger 90 entscheiden.“ Was dann auch geschah!

Jedenfalls konnte die Bundeswehr seit Juni 1993 beim Schutz der eigenen Lufthoheit, so beim Air Policing, als einzige Nato-Armee Jagdflugzeuge aus West und Ost einsetzen. Später wurde ein Konzept entwickelt, wie die F-4 F-Phantom und MiG-29 in gemeinsamen Aktionen wirkungsvoll eingesetzt werden können. Bevor aber das Geschwader ab 1994 ins mecklenburgische Laage verlegte, um hier mit dem F-4 F-Phantom-Geschwader aus Pferdsfeld (Rheinland-Pfalz) einen neuen Verband zu bilden, wurde Preschen mit seinen Wundervögeln zu der „Attraktion“ der deutschen Luftwaffe im Osten. Weit über 10 000 Besucher passierten an der Wache das Schild „Welcome to Preschen Airbase“. Ihre Aufwartung machten der MiG-29 Politiker, Abgeordnete, Kommunal- und Firmenvertreter, Schulkassen sowie viele Journalisten. Zu denen gehörte ich auch mehrere Male.

Ein besonders herzlich begrüßter Gast unter den Militärs und Experten von weither war die damals 55-jährige US-Luftwaffen-Ministerin Dr. Sheila E. Widnall. Sie galt als eine international angesehene Luft- und Raumfahrtexpertin. Ihrer vor dem Besuch geäußerten Bitte zum Mitfliegen im Zweisitzer hatte der Bundesverteidigungsminister sein „O.K.“ gegeben. Deshalb standen an der Start- und Landebahn neben vielen anderen aufmerksamen Beobachtern hochkarätige Fachleute: der Inspekteur der Bundesluftwaffe, Generalleutnant Jörg Kuebart, und Divisionskommandeur Generalmajor Jürgen Höche.

Als die Ministerin im Cockpit hinter Oberstleutnant Frank Klümper zum einstündigen Rundflug über Ostdeutschland und einige alte Bundesländer abhob, war sie voller Neugier, die 16 Tonnen schwere, aber optisch elegante Maschine nun selbst beim Flugverhalten kennen zu lernen. Nach der Landung lautete ihr kurzer Kommentar: „Alles wunderbar!“ Im Anschluss ließ sie sich von den Offizieren berichten, wie in der „Armee der Einheit“ aus dem früheren NVA-Truppenteil ein „Top-Geschwader“ der Bundeswehr wurde. Hier war die Integration von Soldaten aus dem Osten und Westen schon so weit vorangeschritten, dass dieses Thema im Alltag keine besondere Rolle mehr spielt, erfuhr sie aus erster Hand.

Für einige ehemalige NVA-Angehörige bedeutete diese Begegnung mit der charmanten Frau, Mutter von zwei Kindern, eine „Sprachkundigenprüfung“ in Englisch. Denn bis zum Ende der NVA 1990 war Russisch für die ostdeutschen

Flugzeugführer die Fliegersprache. Seit ihrem Eintritt in die westdeutsche Luftwaffe hatten diese Kameraden sowie die anderen insgesamt 100 Piloten, die von der Bundeswehr übernommen wurden, recht intensiv die neuen Aufgaben in Theorie und Praxis gemeistert. Selbst das Grundgesetz wurde studiert. Und so war für sie die angeregte Frage-und-Antwort-Runde wie ein tägliches „Wetterbriefing".

Bei der Abreise der US-Ministerin fasste Pressesprecher Oberstleutnant Paul F. Vosseler von der 3. Luftwaffendivision zusammen, was in diesen Stunden der Begegnung mit einer langjährigen Beraterin der amerikanischen Luftwaffe und Autorin von rund 70 Fachartikeln die Anwesenden so beeindruckt hatte: „Eine Frau voller Kompetenz. Einfach toll, sie in Aktion zu erleben. Für uns war das ein großer Tag." Und so blieb nicht nur ihr Mitflug in der „Roten Rita" den Angehörigen des Jagdgeschwaders 73 in guter Erinnerung.

Nach einer Flugschau in Ohio urteilte später ein US-Oberst über eine von Deutschland ausgeliehene MiG-29: „Phantastisch. Es ist, als fährt man einen Volkswagen ‚Käfer' mit einem Cadillac-Motor." Das war sein Kommentar nach einem Kunstflug mit Loopings, Doppel-S, Kurven und Nachbrennersturzflügen in geringer Höhe.

2004 wurden die deutschen MiG-29 an Polen verkauft, nachdem zwei Jahre zuvor schon die F-4 F Phantom als eines der ältesten Kampfflugzeuge im Dienst der Bundeswehr das Geschwader verlassen hatte und in andere Verbände verlegt worden war. Nun bereiteten sich hier die Kameraden aus Ost und West mit der Einführung des Eurofighters auf den in Deutschland lang ersehnten Wechsel in eine neue Generation von Kampfflugzeugen vor. Das geschah mit spezieller Ausbildung des Personals sowie der Umstellung der Infrastruktur und Logistik.

Laage, das als militärischer Einsatz-Flugplatz durch den zivilen Luftverkehr (Geschäfts-, Charter- und Linienflüge) mitgenutzt wird, erhielt als erster Fliegerhorst der Luftwaffe dieses hochkomplexe Waffensystem der 4. Generation. All das war würdiger Anlass genug, hier im Nordosten Deutschlands 2006 die Jubiläumsveranstaltung „50 Jahre Luftwaffe – immer im Einsatz" zu begehen. Mit von der Partie waren etwa 130 000 begeisterte Bürger aus allen Teilen der Bundesrepublik. Unter ihnen verdienstvolle Flugzeugführer aus den Anfangsjahren der Bundeswehr, aber auch so mancher ehemalige ostdeutsche Militärflieger, dessen Herz noch immer für diese wundersame Technik schlägt.

Auf der ILA 2008 in Berlin konnte ich mich unter der Obhut von Offizieren im Cockpitsimulator Eurofighter Typhoon von den Fähigkeiten dieses neuen Flugzeuges der Luftwaffe überzeugen. Besonders beeindruckt hat mich, dass ich das hochleistungsfähige Kampfflugzeug nicht nur per Steuerknüppel und Schubhebel „fliegen" konnte. Das System war auch in der Lage, via Direct Voice Input auf meine gesprochenen Befehle zu reagieren. Obwohl mit den Fähigkeiten zur „vernetzten Operationsführung" und zu „G9-Manövern auch im Überschallbereich" ausgestattet, bin ich ohne waghalsige Flugmanöver doch lieber gleich am Boden geblieben. Eine Urkunde mit Foto erinnert mich an diese einzigartige Begegnung mit einer supermodernen Technik.

Jähn-Büste und Sojus-Landekapsel geerbt

Mit Sigmund Jähn, dem ersten Deutschen im All, verbinden mich mehrere angenehme Begegnungen und herzliche Gespräche. Vor allem denke ich gern an ein ausführliches ADN-Interview und einen anschließend ebenso freimütigen Gedankenaustausch zurück. Das war ein Jahr nach seinem spektakulären Raumflug 1978. Ich habe damals Oberst Jähn, der zum 30. Jahrestag der NVA am 1. März 1986 Generalmajor wurde, in seinem Büro im Kommando dieser Teilstreitkraft in Eggersdorf getroffen. Es arbeitete in dem üblichen Dienstzimmer eines Militärs. Aber irgendwie spürte ich hier eine andere Atmosphäre.

Beeindruckt hat mich an diesem außergewöhnlichen Menschen (Jahrgang 1937) sein Wissen über diese Materie. Musste er schon als Jagdflieger und dann als Geschwaderkommandeur beste Kenntnisse in der „Fliegerkunst" nachweisen, für die ab 1891 Altmeister Otto Lilienthal mit Gleitflügen bis zu 25 Metern erste Grundlagen geschaffen hatte, so kamen mit der Raumfahrt ganz andere naturwissenschaftliche Anforderungen auf ihn zu. Zwei Jahre dauerte damals die Vorbereitungszeit im sowjetischen Sternenstädtchen.

Dann im Spätsommer 1978 gemeinsam mit Valerie Bykowski der Flug mit dem Raumschiff Sojus-29 zur sowjetischen Orbitalstation Salut 6. Hier fanden viele wissenschaftliche Experimente statt. Eine seiner ersten Erkenntnisse lautete seinerzeit: „Im Weltraum ist die Zeit sehr teuer." Weniger erfolgreich war dann die Rückkehr zur Erde. Als sich bei der Landung am 3. September 1978 die Sojus-Kapsel mehrfach überschlug, zog sich Jähn eine Rückenverletzung zu. Darüber verlor er in der Öffentlichkeit nie ein Wort.

Auch das spätere Promotionsthema des Pioniers der deutschen Luft- und Raumfahrt am Potsdamer Institut für Physik der Erde - es ging um Fernerkundung - blieb geheim. Dennoch hat die DDR-Führung diesen Sympathieträger nicht nur als Botschafter technischen Fortschritts in der Öffentlichkeit darstellen lassen. Man vereinnahmte das Arbeiterkind aus dem Vogtland, das beruflich über die NVA-Offiziersschule und eine sowjetische Militärakademie im wahrsten Sinne „aufstieg", um auch mit seiner hohen persönlichen Leistung die Vorzüge des Sozialismus zu demonstrieren.

Mit nahezu militärischer Stabskultur wurde das Projekt „Raumflug UdSSR/DDR" in der Agitationsabteilung des SED-Zentralkomitees vorbereitet und realisiert. Beim Rundfunk und Fernsehen der DDR, im ADN und „Neuen Deutschland" bildete man Sonderredaktionen. An der Spitze eines solchen Teams in unserem Haus stand der 1. Stellvertreter des Generaldirektors. Abgeschirmt von anderen Kollegen, begann in einem Hinterzimmer die Vorproduktion aller Nachrichtentexte - vom Start in Baikonur bis zur Landung in der Steppe von Kasachstan und dann die Jubel-Woche in der DDR. Als die Stunden der Wahrheit kamen, musste diese Schnelligkeit in der ADN-Berichterstattung Nachrichtenprofis und nicht eingeweihten Lesern wie Hexerei vorgekommen sein. Mehrere Orden „Banner der Arbeit" von ganz oben für alle Beteiligten waren der Lohn für diese Propagandaschlacht mit einem unsichtbaren Gegner.

Der kontaktfreudige und aufgeschlossene Offizier der Volksarmee wurde von den führenden Propagandisten der SED wie eine Figur auf dem Schachbrett bewegt. Er hatte an der Seite dieser sozialistischen Propagandakompanien nie eine Chance, vielleicht zu sagen: Ich freue mich über diese Leistung, bin auch mächtig stolz darauf. Aber Leute, das Drumherum bitte ein paar Nummern kleiner. Das stand in keiner Regieanweisung. Und von diesem Papier gab es viele, viele Blätter mit Anweisungen, wenn man doch mal einem eingeweihten Kollegen neugierig über die Schultern schaute. Wie oft las ich da: „Hochrufe auf die Partei- und Staatsführung" und „Stürmischer Applaus".

Jähn blieb wirklich nichts anderes übrig, als allen zu danken, zu danken, zu danken. Als wir ein Jahr später darauf zu sprechen kamen, holte er tief Luft und lächelte. Klar war, sein Forschergeist, sein persönlicher Mut sollte alle im Staat der Arbeiter und Bauern anspornen, auch zu Pionierleistungen. Daher kämpften viele Kollektive in der DDR um den ehrenvollen Namen des Kosmonauten. Er war in jeder Weise ein Vorbild und ist auch heute noch.

Tja, dann kam die politische Wende. Und mit dem Ende der DDR und ihrer NVA war für diese auch international geschätzte Persönlichkeit erst einmal eine Ära vorbei. Jähn musste wie alle anderen Generale und Admirale seine Uniform ausziehen. Viele politisch Andersdenkende im inzwischen wiedervereinigten Deutschland wollten ihn nun zu gerne für seine Staatsnähe als „Held" und „hoher Offizier" in Haftung nehmen. Da wurde meines Erachtens viel Falsches gesagt und geschrieben. Und wie ich ihn als einen ehrlichen, aufrechten Menschen kennen gelernt habe, inzwischen haben das auch viele Westdeutsche, wird er sich selbst die größten Vorwürfe noch heute machen, so von seiner Partei und deren führenden Genossen für Propagandazwecke im großen Stil vereinnahmt worden zu sein.

In seinem „zweiten Leben" setzte Jähn sein Wirken für die Raumfahrt fort. Nun stand nicht mehr er im Mittelpunkt, es ging um andere Raumfahrer. Als Freier Berater bereitete er im Auftrag der Europäischen Raumfahrtagentur (ESA) und des Deutschen Zentrums für Luft- und Raumfahrt (DLR) europäische und deutsche Raumfahrer auf ihre Missionen mit russischen Raumschiffen zu den MIR- und ISS-Stationen vor. Ein weiterer gebürtiger Vogtländer aus Greiz, „Republik-Flüchtling" und ESA-Astronaut Ulf Merbold, der als zweiter Deutscher 1983 an Bord des Spaceshuttles „Columbia" ins Weltall flog, machte ihn mit dem gesamtdeutschen Markt dieser Branche vertraut. Später stand Jähn den ersten ESA-Astronauten als Dolmetscher und Ausbilder zur Seite. Heute spricht man sogar voller Hochachtung vom „Nestor der deutschen bemannten Raumfahrt".

Mit dem Namen des Kosmonauten gab es für die Bundeswehr im Osten Deutschlands leider keine persönlichen, wohl aber indirekte Berührungen. So übernahm das Militärhistorische Museum der Bundeswehr in Dresden die Sojus-Landekapsel, die zuvor viele Jahre im Armeemuseum der DDR zu sehen war. Von dort kam sie als Leihgabe in die Luft- und Raumfahrthalle des Deutschen Museums in München und konnte hier neben dem Raumlabor Spacelab von einem Millionen-Publikum bestaunt werden. Im neuen Dresdner Leitmuseum der Bundeswehr soll sie künftig einen besonderen Platz inmitten vielfältiger historischer Technik finden.

Und noch ein weiteres Erinnerungsstück an den ersten Deutschen im All kam nach der Wiedervereinigung in die Obhut der gesamtdeutschen Streitkräfte: An der ehemaligen Offiziershochschule der Luftstreitkräfte in Kamenz, wo seine Ausbildung 1955 - ein Jahr vor NVA-Gründung - begann, wurde damals seine Büste abmontiert und im Luftwaffenmuseum Berlin-Gatow eingelagert. Seit 2008 steht sie wieder in der bisherigen Garnisonsstadt Kamenz. Das ehemalige NVA-Gebäude war in der Zwischenzeit zu einem modernen Behördenzentrum umgebaut worden. Im Foyer des Statistischen Landesamtes trifft man nun „Sig". Ich finde das toll.

Dank eines Leihvertrages mit der Bundeswehr und der Initiative der Kamenzer Bundeswehrkameradschaft blickt „Jähn" nun von einem neuen Sockel, den die Künstlerin Anne Hasselbach gestaltet hat, auf seine Mitmenschen - wohl wissend, dass nun Ost und West nicht mehr im Wettstreit der Systeme konkurrieren, sondern in gemeinsamen Projekten eng zusammenarbeiten. Und in das Goldene Buch der Stadt trug er sich auf wiederholtes Bitten von Bürgermeister Roland Danz ein zweites Mal ein. „Die Stadt ist schöner geworden", schrieb der hoch geschätzte Kosmonaut. „Unter uns sind Gäste, ehemalige Generäle der Bundeswehr als Freunde. Ich bin bewegt über die freundschaftliche Atmosphäre…"

Vor kurzem sah ich Sigmund Jähn in einer Fernsehsendung von Phoenix. Er fasste sein bisheriges Lebenswerk, bescheiden wie immer, so zusammen: „Ich habe keine Geschichte gemacht. Ich war nur eine Figur in der Geschichte."

Kampfmaschine BMP war „Meßlatte der Bedrohung"

Das Bundesverteidigungsministerium übernahm auch das mit dem NVA-Erbe: Ein sehr modernes russisches Kampffahrzeug für das Heer. In seiner Kategorie bildete es bislang, so die offizielle Bewertung durch westdeutsche Sachverständige, „die Meßlatte der Bedrohung". Deutlicher konnte man es nicht formulieren.

Nun standen, buchstäblich über Nacht, im Oktober 1990 mehr als 1 100 Schützenpanzer des Typs BMP 1 zur eigenen Verfügung bereit. Die russische Abkürzung für „Bojewaja maschina pechoty" bedeutet „Kampfmaschine". Das war sie in der Tat. Noch einige Monate zuvor war das selbst für Politiker und Militärs in Ost- und Westdeutschland unvorstellbar. Auch in der jüngeren Militärgeschichte hat es wohl keine friedliche Übernahme des gegnerischen Kriegsgerätes mit Besatzungen und Munition in solch einer Größenordnung gegeben.

Im Juli 1991 fiel auf der Hardthöhe die Entscheidung: Nur 764 Schützenpanzer werden übernommen. Sie sollten den Heimatschutzbrigaden in den neuen Ländern aber erst nach einigen wichtigen technischen Veränderungen übergeben werden. Deren Panzergrenadierbataillone bildeten gewissermaßen die Nachfolger der Motorisierten Schützenregimenter (MSR) der NVA. Allerdings werde die Verwendung in der Bundeswehr nur so lange dauern, sagte man offiziell, bis der Schützenpanzer Marder 2 einsatzbereit ist. Heute gilt auch der schon als überholt, weil er unter der Bedrohungslage des Kalten Krieges konzipiert, 1971 eingeführt und inzwischen schon dreimal sein Kampfwert gesteigert wurde. Jüngst hat die Bundeswehr den Puma-Schützenpanzer als Nachfolger der noch vorhandenen 521 Marder als Auftrag in die Serienproduktion gegeben.

In der DDR gehörten die BMP 1-Kettenfahrzeuge ab 1971 in den beiden Armeekorps der Landstreitkräfte neben den Panzern T-55 und T-72 zur Hauptbewaffnung. Für die Motorisierten Schützenregimenter waren sie Standard. In der Sowjetarmee kam dieser Typ allerdings schon 1967 beim Manöver „Dnepr“ zum ersten Mal vor der Öffentlichkeit zum Einsatz. Der weiterentwickelte BMP 2 musste sich später im großen Umfang in Afghanistan bewähren, was aber die sowjetischen Truppen nicht davor bewahrte, im Kampf gegen die vom Westen mit modernsten Panzer- und Flugzeugabwehrwaffen ausgerüsteten Taliban erfolglos den Rückzug anzutreten. Die NVA verfügte von diesem Nachfolger-Typ mit mehr Feuerkraft nur über 24 Exemplare.

In der Entscheidung des Bundesverteidigungsministeriums für den BMP 1 sahen die Experten vom Koblenzer Bundesamt für Wehrtechnik und Beschaffung ein „außergewöhnliches Vorhaben“. Dem ging ein zwar kurzer, aber umfassender Vergleich mit dem NVA-Schützenpanzerwagen 70 voraus. Dabei standen technische, taktische und logistische Anforderungen im Mittelpunkt. Zudem fand eine Erprobung auf „Herz und Nieren“ statt, darunter in einem Truppenversuch.

Und so stellte sich das Fahrzeug dar: Mit einer Höhe bis zum Wannenrand von 1,47 Meter und bis zum Turmrand von 1,98 Meter war der schwimmfähige Schützenpanzer ein überaus flaches und kleines Gefechtsfahrzeug. Mit Kampfbeladung betrug sein Gewicht 12,5 Tonnen. Die Hauptwaffe war eine 73-Millimeter-Kanone. Als weitere Waffen konnten ein 7,62-Millimeter-Maschinengewehr und eine Abschussrampe für Panzerabwehrraketen genutzt werden. Da die von Bordkanone und Turm-Maschinengewehr verschossene Munition gefährliche Dämpfe für die Besatzung mit sich brachte, wurde auch diese verändert.

Ein wassergekühlter Dieselmotor von 280 PS sorgte für Höchstgeschwindigkeiten von 55 Kilometer pro Stunde auf dem Land und acht Stundenkilometer im Wasser. Während zu NVA-Zeiten acht motorisierte Schützen zur Besatzung gehörten, bestand diese in der neuen Version nur aus sechs Soldaten. Dennoch hätten Fahrer und Insassen jegliche Gemütlichkeit im Innenraum als Spott abgetan.

Es war hier wie so oft mit Kriegsgerät, das die DDR in einem „Bruderland“ gekauft hatte und auch mit Konsumgütern bezahlen musste: Bei dessen Konstruktion - ob für den Einsatz zu Land, in der Luft oder auf See - spielte der Faktor Mensch meist nur eine Nebenrolle. Dieses Prinzip galt nicht nur im 2. Weltkrieg, sondern selbst in Friedenszeiten, wenn man den Jahrzehnte währenden Kalten Krieg darin einordnet.

Bei der Überprüfung des BMP erteilten die westdeutschen Wehrtechniker vor allem Auflagen an den Sicherheitsstandard. Denn bei seiner bisherigen Auslegung als Gefechtsfahrzeug im Warschauer Pakt dominierten keinesfalls die Ergonomie, Funktions- und Betriebssicherheit. Das sollte sich nun in der Bundeswehr ändern. Mit verbesserter Kupplung (somit ruckfreies Anfahren) und Bremsanlage, einer modifizierten Vorwärmanlage und ohne Automatik-Lader mit Verletzungsgefahr für die Besatzung wurde das Kettenfahrzeug für das Gelände zugelassen. Obwohl nun mit Rückspiegel und einer zusätzlichen Beleuchtung versehen, durften die Heeressoldaten damit keine öffentlichen Straßen benutzen.

Die ersten umgerüsteten BMP 1 Al wurden 1991 von der Firma System-Instandsetzungs- und Verwertungsgesellschaft in Neubrandenburg der Truppe übergeben. Für das ehemalige Panzerinstandsetzungswerk bedeutete dieser Auftrag den Einstieg in die Marktwirtschaft, allerdings mit wenigen Mitarbeitern. Auch mit dem Umbau weiterer ehemaliger NVA-Gefechtsfahrzeuge dieses Typs in diesem Betrieb leistete die Wehrverwaltung einen spürbaren Beitrag zum wirtschaftlichen Aufschwung in Mecklenburg-Vorpommern.

Beim Tarnen & Täuschen viel von der NVA gelernt

Die Führung der Nationalen Volksarmee, die gern auf Paraden und bei Truppenbesuchen ihre „schlagkräftige Kampftechnik“ zur Schau stellte, liebte nach dem Vorbild der Sowjetarmee auch Potemkinsche Dörfer. Um den Westen irrezuführen, wurden zwar keine Dorfattrappen wie Anno dunnemals auf der Krim errichtet, was der Zarin den Wohlstand vortäuschen sollte, wohl aber im brandenburgischen Storkow (Mark) unter strenger Geheimhaltung Scheinwaffen gebaut. Sie sollten im Kriegsfall das ohnehin schon übervolle NVA-Waffenarsenal in den vielen militärischen Objekten weiter anreichern. All das wurde natürlich erst nach der Wiedervereinigung bekannt.

In diese List der Volksarmee-Generalität, bei der auch das Trojanische Pferd als geistige Anleihe gedient haben könnte, waren die Angehörigen der Pionierlehr- und Auswertestelle 2 eingeweiht. Der für sie gültige Ministerbefehl lautete: Waffen und anderes Kriegsgerät als Attrappen in größter Präzision nachbauen! Nicht nur die Äußerlichkeit sollte dem Original zum Verwechseln ähnlich sein. Auch die „Innereien“ hatten mit Wärmeabstrahlung und Gasen diesen Eindruck bei der Luftaufklärung durch gegnerische Flugzeuge oder Satelliten zu verstärken.

Das „Produktionsprofil“ der Storkower Handwerker in Uniform umfasste sowohl Gattungen der Landstreitkräfte als auch der Luftverteidigung. So wurde der moderne Panzer T-72, der seine NVA-Premiere 1978 noch mit optischem Entfernungsmesser - später durch einen Laserentfernungsmesser ersetzt - in der Eggesiner Division erlebte, in recht großer Stückzahl als Plagiat hergestellt. Spiritus- und Petroleumkocher sorgten für „Auspuffgase“. Auch einen T-72-Panzerturm in einer angeblichen Stellung konnte man aus einer gewissen Entfernung ebenso wenig wie eine Oder-Brücke als Attrappe erkennen. Über diese Pionieranlage sollten im Ernstfall ausgediente Wartburg-PKW mit Zweitakt-Motor als „mittlere Kampfpanzer“ rollen. Die Brücke aus Storkow konnte Zwei-Tonnen-Lasten tragen.

Doch das Meisterstück der Waffennachbauer aus der anderen deutschen Armee war die Nachbildung einer Boden-Boden-Rakete mit operativ-taktischer Bestimmung 8K14/R300, bekannter unter dem Nato-Code SCUD-B. Der Start des Original-Flugkörpers von etwa sechs Tonnen Gewicht und einer Reichweite von etwa 300 km erfolgte stets vom Schwertransporter Tatra 813. Die 11 164 mm lange Raketenhülse mit einem Durchmesser von 880 mm und andere Teile wurden zentimetergenau aus glasfaserverstärktem Polyester-Harz nachgebildet. Auch Winkelreflektoren hatte man an der selbstfahrenden Vollattrappe angebracht, womit im Funkmessbereich die Originaltechnik noch besser vorgetäuscht werden konnte.

Dafür brauchten die Beteiligten gut zwei Jahre. Dann sollte das SCUD-Modell in Serie gehen. Doch mit dem Ende der NVA kam auch das Aus für dieses Vorhaben. Wie Augenzeugen später berichteten, seien selbst amerikanischen Experten beim Betrachten dieser Startrampe samt Rakete Zweifel gekommen, ob das hier echt oder tatsächlich „getürkt" ist. So schwer war das Modell vom Original zu unterscheiden. Im ersten Golf-Krieg hatten die irakischen Truppen zahlreiche „SCUD"-Attrappen aufgestellt, die dann tatsächlich angegriffen wurden. Das Interesse dieser Besucher galt auch einer imitierten Fla-Raketenstellung des Typs SA-4 (GANEF) und sogenannten Radaranlagen.

Mit dem Aufbau der Bundeswehr entstand in Storkow der Technologiestützpunkt Tarnen und Täuschen im heutigen Bereich der Heeresaufklärungstruppe. Was gestern oft noch simple Attrappen bei den Täuschungsmanövern schafften, erfordert heute immer mehr den Einsatz modernster Technik mit ihren Wärme- und Infrarotprofilen. Selbst die Tarnnetze sind nicht mehr das, was sie einst waren - sie schützen nun die eigenen Truppen mehr denn je vor den Augen gegnerischer Aufklärer, ebenso vor Infrarot und Radarrückstrahlung. Auch Textilien der persönlichen Bekleidung des Soldaten wurden in Storkow auf ihre Tarnwirkung geprüft.

Ob nun Soldatenpuppen („Pappkameraden") an Schießscharten oder in Stellung an einem Maschinengewehr, der Waffenträger Wiesel zum Aufblasen oder das Flugabwehrraketensystem „Roland" aus bemalten Zeltbahnen - dem Ideenreichtum sind hier scheinbar keine Grenzen gesetzt. Auf einem Foto sieht man den Schützenpanzer Marder in drei verfügbaren Versionen: Einmal echt, dann in Hartschale und schließlich aus Gummi. Alle sind voneinander aus der Ferne kaum zu unterscheiden. Zudem müssen nun die Imitate relativ leicht und einfach zu transportieren sein. Auf alle Fälle soll der „Gegner" über den tatsächlichen Sachverhalt auf dem Gefechtsfeld so ins Bild gesetzt und desinformiert werden, wie sich das die jeweilige Bundeswehr-Einheit wünscht.

Auch für die Ausbildung bei den Pioniertruppen entwickelt der Technologiestützpunkt wertvolle Gerätschaften. Darunter befinden sich Minen- und Zünderattrappen. Hierbei geht es nicht nur um die Sensibilisierung der Soldaten für Landminen, beispielsweise in Afghanistan, sondern auch um den richtigen Umgang damit. Jedenfalls dient heute die Arbeit der Storkower Tüftler, das sind Techniker und Konstrukteure sowie erfahrene Handwerker, hauptsächlich dem direkten Schutz der Soldaten. Realistisches Tarnen und Täuschen erhöht dann für die Armee im Einsatz die Überlebenschancen in Krisengebieten.

Plötzlich Verantwortung für Minen, Stacheldraht und Wachtürme

Nun zu einem Kapitel ganz anderer Art nach dem 3. Oktober 1990: Die treuhänderische Verantwortung der Bundeswehr für die Sperranlagen an der ehemaligen innerdeutschen Grenze, die zugleich die Teilung Europas symbolisierte. Was sich heute von der Ostsee bis zum Frankenwald immer mehr zu einem Grünen Band mit einem einzigartigen Naturraum von seltener Flora und Fauna entwickelt, galt bis zum Ende der DDR als ein Todesstreifen. Er brachte über Jahrzehnte unzähligen Menschen Trennung und Leid, vielen auch den Tod. Die genauen Zahlen kennt niemand. Eigentlich das dunkelste Kapitel deutscher Teilung.

Mit der Wiedervereinigung sollten deshalb so schnell wie möglich alle Grenzabschnitte ohne Gefahr für Leib und Leben begehbar gemacht werden. Das setzte aber eine umfangreiche Untersuchung der Abschnitte voraus, im Wesentlichen durch die Bundeswehr. Zuerst wurden etwa 820 km Sperrzäune abgebaut, dann zirka 200 km Kfz-Sperrgräben entfernt.

Die Minenfelder zwischen Hof und Lübeck - Kernstück beim Abbau der Grenzanlagen - waren auf DDR-Seite auch auf Drängen des Warschauer Pakts als "Militärisches Sperrgebiet" deklariert worden. Von hier ging für jedermann, selbst für die wehrpflichtigen Grenzsoldaten, Lebensgefahr aus und sollte die Flucht unzufriedener Bürger in den Westen verhindern. Auch aus anderen sozialistischen Ländern, die in der DDR zu Besuch waren.

Wer dagegen aus der Bundesrepublik in den Osten „abhauen" wollte, was meines Wissens nur ganz wenige Menschen nötig hatten, brauchte sich nur in einen Interzonenzug zu setzen und war unverletzt im anderen deutschen Staat. Die ostdeutschen Sperranlagen bildeten so einen Teil des Eisernen Vorhangs. Dieser erstreckte sich über 6 800 Kilometer entlang der Grenze des Machtbereichs der damaligen Sowjetunion zwischen Nordkap und Schwarzem Meer.

Die innerdeutsche Grenze hatte eine Länge von 1 455 Kilometern. Davon betrug der Grenzstreifen mit Mauer in und um Berlin 136 Kilometer. All das wurde von den DDR-Baupionieren errichtet. Hinzu kamen 818 Beobachtungstürme und Führungsstellen. Begründung: „Schutz der sozialistischen Errungenschaften". Außerdem hatte man schon unter Ulbricht seit 1961 mehr als 1,3 Millionen Infanterieminen in den Grenzsperranlagen nach einem ausgeklügelten System mit Langzeitwirkung verlegt. Sie sollten jeden „Grenzverletzer" bewegungsunfähig machen.

Welche strategische Bedeutung dieser Grenzstreifen an der Trennlinie zwischen Warschauer Pakt und Nato für die Kriegsplanungen im Osten besaß, kam ebenfalls erst nach der Wiedervereinigung ans Tageslicht. Aus ehemals streng geheimen Dokumenten ging nämlich hervor, dass wiederholt hohe Offiziere der militärischen Aufklärung aus der GSSD und späteren WGT hier in Aktion traten. Also zur Rekognoszierung des Geländes. Man könnte meinen, nichts Ungewöhnliches bei Verbündeten. Aber die Grenztruppen der DDR wurden bei den Wiener Verhandlungen vom Ostblock immer wieder kleingeredet, um nicht in die Abrüstung vereinnahmt zu werden.

Das Besondere war jedoch, dass sich sowjetische Generale und Oberste mit Fernglas und Fotoapparat gelegentlich auf ausgewählten Wachtürmen in den Grenzkommandos Nord und Süd mit offizieller Genehmigung der DDR-Armeeführung zu schaffen machten. Dann hatten die eigenen Grenzer in diesen Abschnitten ausnahmsweise dienstfrei oder wurden an anderen Abschnitten des Grenzverlaufs eingesetzt. Ungewöhnlich war nur, dass die Waffenbrüder hier als „Deutsche" auftraten. Sie trugen dann ganz ungeniert den ostdeutschen „Ein-Strich-Kein-Strich", also den Kampfanzug der DDR-Grenzsoldaten und Volksarmisten.

Selbst der Oberkommandierende, ein Armeegeneral, zwängte sich wie seine Entourage in diese Bekleidung und ließ sich im DDR-Jeep mit dem Grenztruppen-Kennzeichen „GT" bis an die Sperranlagen befördern. Damit das auch alles echt wirkt und dieser hohe Besuch im Westen nicht erkannt werden sollte, wurde auch über das Grenzmeldenetz (kein Funk) bis nach Wünsdorf ausnahmsweise mal in deutscher Sprache telefoniert. Mit diesen Eindrücken über Befestigungen und Waldschneisen hat man dann die eigenen Einsatzdokumente für den Angriff oder die Verteidigung aus den Bereitstellungsräumen der WGT-Panzertruppen präzisiert.

Nach internationalem Druck und vor dem zwischen Franz Josef Strauß und dem damals schon hoch verschuldeten sozialistischen Staat ausgehandelten Milliarden-Kredit, für den der Abbau der tödlichen Waffen an der innerdeutschen Grenze (Selbstschussanlagen und Minenfelder) Voraussetzung war, traf die SED-Führung ab 1983 Vorbereitungen, um im Eilverfahren die Minensperren zu beseitigen. Als die Such- und Vernichtungsaktionen mit schwerem Gerät vorbei waren, fehlten 33 863 Minen - obwohl sich die Trupps strikt an die Verlegepläne von einst gehalten hatten. Bei solchen Pionierarbeiten von Offizieren und Soldaten war vor 1990 schon mancher Beteiligte in die Bundesrepublik geflüchtet.

Um zu verdeutlichen, um was für eine Größenordnung es sich dabei handelte: Das Grenzgebiet der DDR zur Bundesrepublik hatte eine Fläche in der Größe des Großherzogtums Luxemburg (etwa 2 500 Quadratkilometer). Was damals nicht entdeckt worden war, sorgte 1990 bei der Bundeswehr für alarmierende Nachrichten. Nirgendwo existierte in den DDR-Vernichtungsunterlagen der Nachweis über diese gefährlichen Sprengkörper. Sie waren einfach nicht aufgespürt worden. Eigentlich unverantwortlich, auch den eigenen Leuten gegenüber, die hin und wieder auf solchen ehemaligen Minenstreifen zu tun hatten. Zudem hatte man bei der 1985 unter Zeitdruck durchgeführten Minenräumung Orientierungs- und Vermessungspunkte willkürlich beseitigt.

Nur in einigen hundert Kilometer Minenstreifen stimmten Verlege- und Räumprotokolle überein. Das damalige Auflösungskommando der DDR-Grenztruppen sprach deshalb von „Fehlminen". Ehemalige ostdeutsche Pionieroffiziere verwiesen darauf, dass die Normliegezeit für Minen fünf Jahre betrug. Aus diesem Grund habe man damals die Suche nach den russischen Holzkastenminen, einst auf einem Abschnitt von 325 km verlegt, eingestellt. Sie galten nach all den Jahren als "unschädlich".

In der DDR wurden von Zeit zu Zeit verlegte Minen durch immer wirkungsvollere kleine Sprengkörper ersetzt. In den 25 Jahren der Minensperren zu Land kamen so sechs Generationen dieser heimtückischen Waffen zum Einsatz. Das begann mit den russischen Typen POMS-2 und POMS-2M. Bei 1,7 und 1,47 kg Gesamtmasse betrug die Sprengladung 75 g. Nach Ansicht der Hersteller reichte das, um Beine oder Arme der Betroffenen zu verletzen. Von solchen Details hatten die Wehrpflichtigen damals keine Ahnung.

Waren diese Sprengkörper noch aus Metall und mit einem Durchmesser von 6 cm, so boten die nächsten Minengenerationen zwar Holz- und Plastikhülsen, hatten aber bis zu 20 cm Durchmesser und mit 200 g etwa die dreifache Sprengkraft.

Dann wurden zwischen 1971 und 1985 auf den Minenfeldern erstmals Minen aus DDR-Produktion verlegt. Sie hießen PMP-71 und PPM-2, waren in Duroplastik beziehungsweise Polyäthylen verpackt und extrem flach. Mit 130 und 100 g Sprengladung versehen, stellten sie bei der kleinsten Berührung immer eine tödliche Gefahr dar. In dieser Verpackung konnten Flüchtende, und das waren nicht wenige, die das Minenfeld mit selbstgefertigten Suchgeräten überwinden wollten, die Sprengladung nur schwer ausmachen.

Da auch die Minensperren lückenhaft waren, wurden außerdem Stacheldrahtzäune gezogen, Mauern gebaut oder Streckmetallzäune errichtet, Signal- und Selbstschussanlagen installiert. Wo das nicht ausreichte, sollten freilaufende Hunde die Flucht verhindern. All das nannte sich "DDR-Grenzsicherung". Wie ich das heute sehe: Ein Todesstreifen zwischen beiden Deutschlands.

Doch schon vor der Einheit Deutschlands begann die eigentliche Rest-Minensuche auf dem ehemaligen gefahrvollen Streifen. Nach dem 3. Oktober 1990 waren fast 6 000 Mann aus den früheren Grenztruppen mit dem Abbau der Sperranlagen und der aufwändigen Nachsuche nach Minen beschäftigt. Später wurden die Arbeiten an zivile Firmen übertragen. Tätig waren vor allem Spezialisten unterschiedlicher Berufsgruppen, hauptsächlich Baufacharbeiter, Maschinenbauer, Schlosser und Sprengstoffspezialisten aus den neuen Bundesländern. Gefunden wurden insgesamt mehr als 1 000 Minen.

Die bundeseigene Gesellschaft für Rekultivierung und Verwertung von Grundstücken (GRV) erhielt 1992 den Auftrag, die früheren Grenzabschnitte "nach menschlichem Ermessen minenfrei" zu übergeben. Das Ergebnis der Minennachsuche wurde für jedes Gebiet in Karten eingetragen und von der Bundeswehr als Auftraggeber und Kontrollorgan abgezeichnet. Minengefährdete Bereiche hat man bis zur Freigabe durch die Bundeswehr mit Hinweisschildern gekennzeichnet und bei der Nachsuche weiträumig abgesperrt. Für Anwohner und Spaziergänger bestand bis vor Abschluss der Arbeiten keine Gefahr, wenn die Warnschilder beachtet wurden.

Auch das war nicht ungefährlich: Von einem Traktor mit Egge wurde der Boden 40 cm tief umgepflügt, um eventuell vorhandene Minen an die Oberfläche zu bringen. Das geschah viermal hintereinander. Vorschrift! Dahinter fuhr eine Raupe mit Arbeitsbühne, auf der zwei erfahrene und besonders ausgebildete Beschäftigte wachen Auges die Erde nach möglichen Sprengkörpern absuchten. Überhaupt wurden bei der Räumsicherheit nur solche Geräte - auch eine Fräse - und Verfahren eingesetzt beziehungsweise verwendet, die der Auftraggeber genehmigt hatte.

Überall gewährleistete man bei den Arbeiten ein Höchstmaß an Sicherheit: Vor Ort befanden sich jeweils ein Krankenwagen sowie ein Sanitätshelfer. Zur nächsten medizinischen Versorgungseinrichtung bestand ständig Funkkontakt, um im Notfall auf kürzestem Weg mit einem Rettungswagen oder Helikopter dorthin zu gelangen.

Die Arbeiten wurden von 1 320 Minensucher der Rekultivierungsgesellschaft durchgeführt. Da im felsigen oder sumpfigen Gelände eine maschinelle Bodenbearbeitung nicht möglich war, wurden Metalldetektoren verwendet, die den Boden bis zu einer Tiefe von einem Meter auf metallische Gegenstände absuchten. Was für eine Überraschung, als bei Heiligenstadt (Thüringen) ein komplettes Minenfeld mit 31 scharfen Sprengkörpern entdeckt wurde. Sprengtrupps der Bundeswehr haben die Minen unschädlich gemacht.

All das Suchen bedeutete jedes Mal ein schweres Stück Arbeit auf den Kilometer langen Abschnitten voller Baumwuchs, mit Gewässern und Sümpfen. Doch die Beteiligten waren qualifiziert, auch motiviert. Kein künftiger Landwirt oder Spaziergänger im wiedervereinigten Deutschland sollte sich hier jemals einer Gefahr aussetzen, die ehemals vom Nationalen Verteidigungsrat der DDR bewusst bei der Planung dieser Todeszone einkalkuliert worden war. Dafür wurden später zu Recht nicht nur Grenzsoldaten, die Todesschüsse abgegeben hatten, sondern auch hohe politische und militärische Amtsträger der DDR hart bestraft.

Vor der Minennachsuche hatte die GRV folgende Leistungen erbracht: Abbau von etwa 820 Kilometer Sperrzäunen, Abriss von 100 Beobachtungstürmen, Entfernung von zirka 200 km Kfz-Sperrgraben, die Beseitigung von 32 Brücken und 85 Wassersperrwerken sowie von zahlreichen Lichttrassen.

Welch ein Erfolg, erklärte mir Oberstleutnant Gerhard Rüddenklau, der Verantwortliche des Bundesverteidigungsministeriums für diese Aufgabe, als beispielsweise der Brocken im Harz "minenfrei" übergeben werden konnte. Im brandenburgischen Pätz südlich von Berlin, wo einst das Kommando der DDR-Grenztruppen die Befehle für das Verlegen der Minensperren ausgegeben hatte, überwachte er nicht nur am Schreibtisch die Vernichtung der letzten einzelnen Sprengkörper aus DDR-Zeiten. Dies war Ende 1995 der Fall, also fünf Jahre nach der Wiedervereinigung.

Ein zehn bis 500 Meter breiter Streifen bildete die damalige Trennlinie zwischen Ost und West. Heute ist sie ein lebendes Denkmal für die jüngste deutsche Geschichte. So etwas darf sich nie wiederholen, bekräftigen immer wieder Anwohner und Besucher aus nah und fern am ehemaligen Todesstreifen. Thüringen hatte dabei mit 763 Kilometern den größten Anteil an der innerdeutschen Grenze. Damit auch künftigen Generationen dieses dunkle Kapitel begreifbar bleibt, trifft man sich alljährlich zum Tag der Deutschen Einheit an solchen Orten, die das Gesamtkonzept der Naturpflege mit einzelnen Projekten der Erinnerung verbinden.

Ein rollender NVA-Gefechtsstand wird zur Touristenattraktion

Wie ich schon erwähnt habe, verzichtete die Bundeswehr auf alle Reliquien aus DDR-Zeiten. Auch auf den Sonderzug der ehemaligen Armeeführung. Denn zum ostdeutschen Militärpotential gehörte ein auf den Schienen der Deutschen Reichsbahn rollender NVA-Befehlsstand. Das war keine DDR-Erfindung. So etwas hat es in der Militärgeschichte schon oft gegeben.

Hier konnte im Ernstfall der Verteidigungsminister mit Hilfe der Reichsbahn „abtauchen“. Waren die damalige Kreisstadt Strausberg und ein Bunker in Harnekop gewöhnlich die im Verteidigungsfall vorgesehenen Führungspunkte für den Armeegeneral, so hätte er in dieser besonderen militärischen Situation - das bedeutete die Nutzung des dritten geplanten Befehlsstandes - nun den Heimatbahnhof mit „unbekanntem Ziel" verlassen. Getestet wurde der Zug bei Besuchen von Verteidigungsministern aus dem Warschauer Bündnis.

Im Gegensatz zu den damals üblichen Waggons bei der Bahn im Osten, die wie die meisten öffentlichen Einrichtungen in einem ungepflegten Zustand waren, ging es in den 24 Salon-, Speise- und Schlafwagen außerordentlich gediegen zu. Sie wurden über das ganze Jahr von einem zuverlässigen Team der Berufssoldaten gewartet. Obwohl die Mehrachser irgendwo auf einem Abstellgleis standen, gut bewacht, versteht sich, waren sie immer einsatzbereit.

Bei ihrer Ausstattung hat man nicht gespart: Die Salonwagen waren mit edlen Furnierhölzern ausgelegt. Eine Videoanlage und der Zugfunk sollten den hochrangigen Verteidigern des Sozialismus den Ernst der Lage vergessen machen. Vielleicht hätte man den Generalen sogar Liebesfilme und flotte Musik aus dem Westen serviert. Ein Küchenleiter konnte auf dem Sechs-Platten-Elektroherd und an anderen modernen Einrichtungen dem Minister und seinem Gefolge nahezu jeden Speisenwunsch erfüllen.

Für die militärischen Aufgaben der Führungscrew vom Büroleiter über den Adjutanten des Ministers bis zu den vielen anderen Spezialisten waren die Wagen untereinander telefonisch verbunden. Wenn der kommandierende ostdeutsche Vier-Sterne-Generale dem Oberkommandierenden des Warschauer Bündnisses seine Entschlüsse vortragen wollte, hätte er problemlos mit ihm über das verschlüsselte Armeenetz telefonieren können.

Nach der deutschen Wiedervereinigung und dem Verzicht der Bundeswehr auf den „Sonderzug aus Strausberg" verlor dieser seine geheimnisvolle Mission. Er wurde zu einer Touristenattraktion. Und die Nachfrage für Familienfeiern und kleine Betriebsausflüge in dieser exklusiven Umgebung war enorm: Ab 1990 kamen der gesamte Zug oder einer seiner Waggons etwa 300 Mal zum Einsatz. Der Slogan für die Werbung lautete: „Reisen wie die Roten Preußen". Allein der Gesellschaftswagen war über Wochen ausgebucht. Je nach Entfernung konnte man sich hier für einen Preis zwischen 600 und 1 000 DM häuslich niederlassen.

Vielleicht nicht ganz so bequem und umsorgt, wie das einst führende DDR-Militärs im rollenden NVA-Befehlsstand schon bei Manövern und anderen Übungen erlebten. Dafür hatten aber die Beteiligten nun die Gewissheit, sich ohne Kontrollen und Befehle in schönen Landschaften ihrer Heimat aufhalten zu können, egal ob in Mecklenburg oder Bayern. Die Fahrtroute war nun nicht mehr geheim.

Hochkonjunktur beim Handel mit DDR-Orden

Eine wahre Hochkonjunktur erlebte in Ostdeutschland unmittelbar nach der Wiedervereinigung der Handel mit Orden und Ehrenzeichen der DDR. Beim Straßenhändler vor dem Brandenburger Tor in Berlin waren es meist noch solche Auszeichnungen, die - wie früher der Volksmund hier zu sagen pflegte - in Betrieben und Kasernen „aus dem Kochgeschirr" unters Volk gebracht wurden. Das fand vor jedem Staats- und Armeejubiläum statt. Die Fachgeschäfte nicht nur in der Hauptstadt boten dagegen schon bald erste Qualität: Karl-Marx-Orden, Orden

„Held der DDR", Vaterländischer Verdienstorden, Scharnhorst-Orden, Kampforden für Volk und Vaterland, Nationalpreise.

Die militärischen Utensilien des Möchtegern-Marschalls Erich Honecker wurden damals aber noch nicht feilgeboten. Als Vorsitzender des Nationalen Verteidigungsrates sah sich der SED-Generalsekretär im Range eines Obersten Befehlshabers aller Waffenträger im Arbeiter-und-Bauern-Staat. Daher pflegte er immer bei Treffen mit seinen Generalen und Offizieren oder den Befehlshabern der WGT den militärischen Gruß. Zur Verabschiedung bei Truppenbesuchen brachte dann der Verteidigungsminister mit geballter Faust stets ein „dreifaches militärisches Hurra auf unseren Oberkommandierenden" aus, dem diese Ehrerbietung von seinen Untergebenen sehr wohl gefiel.

Auch vom Träger der größten aller DDR-Ordensspangen, Stasi-Chef Erich Mielke, kamen vorerst keine Auszeichnungen auf den Markt. Wie damals jeder DDR-Fernsehzuschauer nicht nur bei seiner letzten peinlichen Rede vor der Volkskammer sehen konnte, legte der MfS-Minister stets allergrößten Wert darauf, bei seinen uniformierten Auftritten als Armeegeneral einer heimtückischen Streitmacht im Untergrund immer mehr Orden auf der linken Brustseite zur Schau zu stellen als der jeweilige Verteidigungsminister. (Hier begann eigentlich schon die Konkurrenz zwischen Armee und Staatssicherheit und nicht erst beim Fußballspiel zwischen dem Armeesportklub ASK Vorwärts und der Stasi-Truppe vom BFC Dynamo.)

Das waren mit Hoffmann und Kessler ebenfalls Armeegenerale, allerdings einer nach DDR-Struktur richtigen Armee. Mielkes Orden haben wohl auch 1984 den Generalstabschef der Libyschen Arabischen Streitkräfte, Brigadegeneral Mustafa al-Kharroubi, bei seinen Geheim-Verhandlungen in Pankow so beeindruckt, dass man danach in dem arabischen Land eine regelrechte Reisediplomatie von Sicherheitsexperten aus der DDR registrierten konnte.

Zu den höchsten und damit sehr begehrten Orden gehörte der „Held der DDR". Dieser wurde mehr als 200 Mal verliehen. Er war mit 20 000 Mark dotiert. Honecker und Mielke müssen wohl bei der üblichen Verleihung im Staatsratsgebäude am Marx-Engels-Platz in Ost-Berlin mit viel Pomp zweimal „Hier!" gerufen haben. Denn nur sie brachten es in 40 Jahren DDR zum Doppelpack. Aus dem Mielke-Nachlass wechselte etwa 15 Jahre nach der Wende der Helden-Orden für 24 000 Euro den Besitzer.

Die Tatsache, dass einigen von diesen DDR-Spitzenleuten Anfang 1990 unter der ersten frei gewählten Regierung alle staatlichen Auszeichnungen aberkannt wurden, dürfte der Sammlerleidenschaft spezieller Käufer erst recht Auftrieb gegeben haben. Allein der Scharnhorst-Orden als höchste militärische Auszeichnung auf den ostdeutschen Generalsuniformen kostete nach der Wiedervereinigung schon ein paar hundert Deutsche Mark. Mit dem Euro-Zeitalter stiegen auch hier die Preise, wie jeder Interessierte im Internet sehen konnte.

Was zu DDR-Zeiten gar nicht so bekannt war, sagte mir der Chef eines angesehenen Münzladens in der Frankfurter Allee der Hauptstadt ganz offen: „Damals war es per Gesetz verboten, staatliche Auszeichnungen zu sammeln oder gar zu handeln." Daher nun die unverminderte Nachfrage von Experten, auch von Laien.

Man sammelte eben nicht nur Münzen und Briefmarken mit Bildnissen von NVA-Soldaten. Allerdings war die Sondermarke vom 9. November 1958 so misslungen, dass sie auf Weisung „von ganz oben" noch am Ausgabetag aus allen Postschaltern der Republik verschwand. Heute hat der „Pappchinese", so nennen Deutschlands Philatelisten diese Rarität mit dem etwas merkwürdigen Gesicht eines Volksarmisten, einen extrem hohen Verkaufswert. Ich habe leider nur eine postfrische, ungestempelte Marke (Nr. 662) davon. Diese war noch bezahlbar.

Anders verhielt sich das mit den Plaketten aus Blech und Plaste oder mit Büchern aus dem Militärverlag. Diese Massenware konnte man nach der politischen Wende recht preiswert erwerben. Besonders gefragt waren aber Auszeichnungen des ostdeutschen Staates, die einst in geringer Stückzahl „verteilt" wurden. So die Medaillen aus Zeiten der Kasernierten Volkspolizei bis 1956. Wie sehr die Mächtigen um politische Korrektheit im Umgang mit ihren Untertanen besorgt waren, zeigte sich 1959 bei einer großen „Rückführaktion" für Auszeichnungen: Die Träger des NVA-Leistungsabzeichens mussten ihr Erinnerungsstück wieder an die jeweilige Einheit zurückschicken, weil die Prägung zu „Missverständnissen führen konnte".

Das war der Anlass: In geringer Stückzahl geprägt und mit Nummern versehen, hatte diese Plakette zwar das deutsche Fahnensymbol. Jedoch fehlten Hammer, Zirkel und Ährenkranz, wie inzwischen auf der DDR-Fahne als sichtbarer Unterschied zur westdeutschen Flagge verankert. Auf jedem dieser Leistungsabzeichen wurde dann das sogenannte Spaltersymbol nachgeprägt.

Weniger Wert besaßen dagegen die unzähligen „Medaillen für treue Dienste". Sie brachten ihren Besitzern auf dem freien Markt fünf bis zu 20 DM, heute sind es nur ein paar Euro. Was die Anerkennung der Tapferkeit ihrer Kämpfer betraf, so hatten die Kriegsplaner aus dem Nationalen Verteidigungsrat zwar kein „Ritterkreuz" als Orden vorgesehen, wohl aber einen eigens für den Ernstfall geschaffenen Blücher-Orden: Natürlich mit DDR-Emblem auf der Rückseite, in Gold, Silber und Bronze.

Auch wenn alle drei Kategorien weder massenhaft noch einzeln verliehen wurden - mancher Sammler hat sie dennoch erworben und ist recht stolz darauf. Allerdings: Der eine besitzt die Echten, der andere die „Blüten". Denn das war das Kuriose beim florierenden Militaria-Handel: Obwohl noch Tonnen von DDR-Orden und -Medaillen auf Halde lagen, machten schon ausländische Fälscher aus diesem Kapitel ostdeutscher Vergangenheit bares Geld. Vielleicht inspirierte sie dazu auch die ungewöhnliche Publizität des „Stolpe-Ordens". Das war die DDR-Verdienstmedaille. 1978 hatte sie der Konsistorialpräsident der Evangelischen Kirche Berlin-Brandenburg von den DDR-Behörden erhalten. Wie mir ein anderer Berliner Fachhändler sagte, kam diese Prägung nach 1990 „kistenweise" auf den Markt und fand reißenden Absatz. Immerhin kostete anfangs ein echtes Stück schon 25 DM.

Doch nicht nur die DDR-Orden, auch Uniformen avancierten zu begehrten Verkaufsobjekten. Eintausend DM für die Rote-Biesen-Kleidung eines ehemaligen Generals der NVA-Landstreitkräfte verlangte ein Händler in Berlin Unter den Linden direkt vor dem Brandenburger Tor, nicht weit von der einstigen Trennlinie zwischen Ost und West. Er war ganz sicher, dass ihm „zwar kein ostdeutscher Kunde, wohl aber ein Sammler aus Westdeutschland oder gar ein Tourist aus den USA den Tausender hinblättern wird".

„Alles echt", meinte er. Selbst die „Affenschaukel", jenes auffällige, geflochtene Seil zwischen Schulterstücken und Knopfleiste, war „Made in GDR". Wer jedoch einen „Oberleutnant" oder gar „Major" mit nach Hause nehmen wollte, brauchte für deren Einheitsbekleidung nur 100 DM auf den Tisch zu legen. Die Schirmmütze eines Offiziers - ob im Mot.-Schützen-Grau oder im Blau der Volksmarine - kostete 25 DM. Fast gratis und nur für ein paar Silbermünzen erhielt man das NVA-Bestenabzeichen von Soldaten und Unteroffizieren. Etwas teurer waren da die einschlägigen Wettbewerbswimpel aus den „Kampfzeiten" der Panzereinheiten, Flugzeug- oder Schiffsbesatzungen vor den SED-Parteitagen, die alle vier Jahre stattfanden.

Der Militaria-Handel mit den Hinterlassenschaften der einstigen DDR florierte überall, besonders in und um Berlin. Kein Flohmarkt, auf dem man nicht solche Bekleidungs- und Ausrüstungsgegenstände, darunter Stahlhelme, Koppel und Stiefel oder Kampfanzüge, günstig kaufen konnte. Für eine Schutzmaske gegen den Atomschlag wurden knapp 30 DM verlangt, für ein schwergewichtiges russisches Funkgerät kurzer Reichweite gar drei- oder viermal soviel. Bei Militaria-Fans und Souvenirjägern saß jedenfalls das Geld dafür recht locker.

Meinen einzigen staatlichen Orden, „Aktivist der sozialistischen Arbeit", der mir zusätzlich 300 Mark Geldprämie eingebracht hatte, besitze ich noch immer. Vielleicht steigt einmal sein Sammlerwert. Damals war ich jedenfalls sehr stolz drauf. Viele Menschen in diesem Landstrich sahen darin eine begehrte Auszeichnung. Denn ein Aktivist an der Arbeit zu sein, das war doch keine Schande. Und wer sich im Land - auch in der NVA - besonders fleißig ins Zeug legte, der wurde dann „Verdienter Aktivist" oder bekam den Orden „Banner der Arbeit" mit einer entsprechend höheren Geldprämie.

Als mein ehemaliger Sportchef im ADN nach seiner hervorragenden Berichterstattung über die Olympischen Sommerspiele 1964 in Tokio sogar den „Vaterländischen Verdienstorden" in Bronze erhielt, neidete ihm das so mancher Politik-Redakteur, obwohl diese Kollegen schon viele Jahre die Aktivitäten der Partei- und Staatsführung in aller epischen Breite beschrieben hatten und dafür bisher nicht mit einer solch hohen Auszeichnung bedacht worden waren. Dieser Zwist zwischen Geehrten und Nicht-Geehrten sollte wohl in der sozialistischen Gesellschaft immer wieder zu neuen Leistungen anspornen. Auch unter Journalisten!

Gravierende Strukturveränderungen beim Bund

Wehrbereich Ost – ein militärisches Experimentierfeld

Die Auflösung der NVA-Bestände, der Aufbau der Bundeswehr Ost und der Abzug der WGT waren an sich schon große Herausforderungen. Sie gingen zeitgleich einher mit den zum Teil gravierenden Strukturveränderungen in der Bundeswehr. Dazu gehörten die Reduzierung des Personals um fast die Hälfte, eine ausgewogene Neuverteilung auf dem Gesamtterritorium Deutschlands und die völlige Umstrukturierung der Teilstreitkräfte. Schließlich zählte auch die Vorbereitung auf den Einsatz für die Völkergemeinschaft zu den neuen Aufgaben.

All das war kein Zufall. Die Entspannung im Ost-West-Verhältnis nach dem Wegfall der Konfrontation, die Erosion im Warschauer Pakt und die Abrüstungsvereinbarungen im Rahmen der KSE vom November 1990 erforderten nun bei diesem Umbruch weitere Schritte: Weniger Soldaten, weniger Waffen. Auch im Westen Deutschlands. Aus dem etwas starren Modell „Vorneverteidigung" aus Zeiten der Konfrontation ging nun das militärische Konzept mit Flexibilität und Mobilität hervor. Entsprechend dieser Leitidee der Armee der Einheit gab es nun im Osten ebenfalls Hauptverteidigungs- (HVK) und Krisenreaktionskräfte (KRK).

Diese Reorganisation - Experten sprachen von der „weitreichendsten Strukturreform der Bundeswehr seit ihrer Gründung" - passte zu den Finanzzwängen im Zusammenhang mit der deutschen Einheit und der sich positiv verändernden sicherheitspolitischen Lage auf dem Kontinent. Allerdings verschob sich nun die „Gefahrenachse" in Richtung Nord-Süd. Einen Schwerpunkt bildete dabei die Golf-Region.

Hinzu kam das erweiterte Aufgabenspektrum der Bundeswehr mit der wachsenden Stellung des wiedervereinigten Deutschlands in der Völkergemeinschaft und im Rahmen der UNO. Parallel dazu erforderte die neue Nato-Streitkräftestruktur verminderte Hauptverteidigungskräfte, die bei bedrohlichen internationalen Entwicklungen wieder aufgestockt werden sollen. Die Reaktionskräfte, mit den Hauptverteidigungskräften eng verflochten, würden in Krisensituationen schnell und reibungslos zusammenwirken, hieß es.

Was also schon in den einzelnen Teilstreitkräften geplant, aber noch nicht überall abgeschlossen war, musste nun unter dem Aspekt einer gewachsenen gesamtdeutschen Bundeswehr realisiert werden. Die 370 000 Mann Obergrenze bis zum 31. Dezember 1994 hätten auch ohne den plötzlichen Zuwachs im Osten nur mit einschneidenden Kürzungen beim Personal in der alten Bundeswehr erreicht werden können. Das war die Ausgangsposition für die neuen Strukturen im Heer. Ihr Motto: Kleiner, aber professioneller. Die Leitlinie „Mehr Kaderung und schneller Aufwuchs" galt auch für die Luftwaffe und die Marine.

Mit der organisatorischen Zusammenfassung von Feld- und Territorialheer in Friedenszeiten, Kern der damaligen Reform, erreichte die Bundeswehr beachtliche Zahlen bei der personellen und organisatorischen Rationalisierung. Mindestens 7 500 Dienstposten konnte man so einsparen. Dazu mussten laut einer Übersicht vom Bundesverteidigungsministerium beim Heer Kommandobehörden und Stäbe von 120 auf 85 Organisationselemente reduziert werden. Bei der Luftwaffe verringerte man diese Zahlen bei der Kommandostruktur von 23 auf 14, bei der Marine von 15 auf 10. Dass dann noch Truppenverbände weitgehend aus Ballungs- in Flächengebiete verlegt wurden, verbesserte außerdem die Ausbildungs- und Übungsmöglichkeiten der Truppen.

Diese Veränderungen wurden nun ohne Erprobung realisiert. Das war für moderne Streitkräfte völlig untypisch. Als fester Bestandteil galt die Allgemeine Wehrpflicht mit „höherer Führerdichte", wie der Fachmann sagt, sowie einer erlebnisreichen Ausbildung für Grundwehrdienstleistende und Reservisten. All das mit moderner Ausrüstung und Bewaffnung. Das war schon ein Programm für sich, möchte ich einschätzen.

Solche Überlegungen spielten deshalb beim Neuaufbau der Truppenteile und Einrichtungen im Osten bereits eine wesentliche Rolle. Die Devise lautete daher von Anfang an: Wenn schon neue Streitkräfte, dann auch gleich in den modernen Strukturen. So kam es, dass die neu formierten ostdeutschen Heeresverbände den alten im Westen ab einem bestimmten Zeitpunkt einen Schritt voraus waren. Beispielsweise in der Logistik. Der Wehrbereich Ost wurde so zum militärischen Experimentierfeld. Das war keinesfalls eine negative Bewertung. Das Gegenteil war hier der Fall - mit vielen positiven Aspekten für die heranwachsende Armee der Einheit und spätere Armee im Einsatz. So ist mir das vielerorts erklärt und gezeigt worden.

Auch andernorts im Beitrittsgebiet fand bei den neuen Streitkräften eine vorgezogene Einnahme der neuen Heeresstruktur statt. Besonders bei der Wahrnehmung territorialer Aufgaben konnten fusionierte Stäbe in der Führungsverantwortung ihre Effektivität beweisen. Zur Kommunikation zwischen Ost und West wurde das Fernmeldesystem der Bundeswehr mit dem Stabsnetz „S 1" der Ex-NVA verknüpft, was dann auch manchem Offizier einen telefonischen Kontakt mit der Heimat in Bayern oder Niedersachsen ermöglichte.

Die Verantwortlichen der Bundeswehr in Potsdam schätzten ein: „Die Übergangsstruktur des Korps und Territorialkommandos Ost sollte Pilotfunktion für das gesamte deutsche Heer haben. Sie entsprach weitgehend dem damaligen Planungsstand der Heeresstruktur 5. Insofern waren die Truppenteile des Heeres in den fünf neuen Bundesländern bereits sehr zukunftsorientiert organisiert." Rechtskenntnisse und Disziplin, Ausbildungsstand und Ausrüstung galten als gut, die Grundsätze der Inneren Führung als Maßstab.

Neben den heeresspezifischen Aufgaben hatte das Korps und Territorialkommando Ost eine Führungsfunktion in territorialen Angelegenheiten auch für die Truppenteile von Luftwaffe und Marine in den neuen Bundesländern inne. „Diese war besonders in der Aufbauphase von großem Vorteil, da so eine zentrale Vertretung der Interessen in Bonn und gegenüber den Ländern möglich war", hieß es in einem Papier unter dem Titel „Die Einheit mitgestalten". Es wurde zur Kommandoübergabe des Korps und Territorialkommandos Ost / IV. Korps von Generalleutnant Werner von Scheven an Generalmajor Joachim Spiering vorgelegt. Die Bevölkerung habe „die Unterschiede zwischen Bundeswehr und NVA positiv wahrgenommen", urteilte sein Vorgänger.

„Heer der Einheit“ mit jungen Truppenteilen bis zur Oder

Vor der größten Herausforderung beim Aufbau einer einheitlichen Bundeswehr im vereinten Deutschland, dessen zu schützender Raum sich um 40 Prozent vergrößert hatte, und dem vertraglich vereinbarten Truppenabbau in dieser Zeit stand das deutsche Heer. Die allgemeine Forderung „Frieden schaffen mit immer weniger Waffen“ bedeutete zugleich einen großen Rationalisierungsdruck. Damit wollte man auch mehr Führungspersonal für die Arbeit in der Truppe freibekommen.

Das Heer musste bis Ende 1994 nach Standort- und Strukturentscheidungen im Westen von 288 000 auf 211 000 Mann verringert werden - im Frieden eine kleinere, aber dennoch modern ausgerüstete und bewaffnete Teilstreitkraft. Sie sollte sowohl zur Verteidigung als auch zur Krisenreaktion fähig sein. Aus dem bisher „schweren“ Heer, so konnte man die Verantwortlichen interpretieren, werde nun auch ein „leichtes“ Heer gebildet, das eng mit der Luftwaffe und der Marine zusammenwirken könne.

In den fünf neuen Bundesländern baute man zeitgleich neue Heeres-Truppenteile mit 40 000 Soldaten auf. Hier trug die Reform Modellcharakter, weil eben schneller reduziert werden musste. Übernommen worden waren 1990 etwa 60 000 Landstreitkräfte-Soldaten der NVA.

Leitmotiv der Verantwortlichen für diesen Neuanfang war einerseits, übernommene NVA-Soldaten in der alten Bundesrepublik an Schulen und in Verbänden auszubilden und andererseits mehr als 1 300 Offiziere und Unteroffiziere der Bundeswehr in die ostdeutschen Truppenteile abzukommandieren. Zu dieser Zeit galt der Osten Deutschlands als große Herausforderung für das Heer. Etwa bis 1994 mussten im Westen 72 Bataillone der Kampftruppen unter dem Gesichtspunkt von Kaderung und schnellem Aufwuchs mit besser als bisher ausgebildeten Reservisten umgegliedert sowie weitere 76 Kampftruppen-Bataillone aufgelöst werden. Das bedeutete eine riesige personelle und logistische Herausforderung.

Wie mir der stellvertretende Generalinspekteur Vizeadmiral Hans Frank erklärte, hätten die ausgeschiedenen NVA-Soldaten in der Bundeswehr künftig keinen Reservistenstatus. Ich machte ihn darauf aufmerksam, dass damit die Bundeswehr auf eine große militärische Kapazität, auch auf eine politische Chance verzichtet, „Ehemalige von drüben“ mit den neuen demokratischen Strukturen und Zielen vertraut zu machen. Denn für die NVA-Angehörigen waren nach dem Ausscheiden aus dem aktiven Wehrdienst in der DDR gewöhnlich ein für allemal die Kasernentore verschlossen. Ich denke schon, dass sich so mancher Reservist gern selbst ein Bild gemacht hätte, wie das Militärwesen unter kapitalistischen Bedingungen funktioniert. Die andere historische Epoche mit sozialistischem Vorzeichen kannte man doch zur Genüge.

Ansonsten begann im Beitrittsgebiet alles beim Heer im ehemaligen Kommando der NVA-Landstreitkräfte in Potsdam mit dem Aufstellungsstab Heereskommando Ost unter Brigadegeneral Heribert Göttelmann. Er hatte zuvor drei Jahre die Artillerieschule in Idar-Oberstein (Rheinland-Pfalz) geleitet. Aus den früheren vier aktiven Mot. Schützen- und zwei Panzerdivisionen der DDR gingen nun sechs Heeresbrigaden der Bundeswehr hervor.

Die ersten Erfahrungen mit den Neuen beim gemeinsamen Anfang und Aufbau eines gesamtdeutschen Heeres waren durchaus positiv. Das wurde mir wiederholt in Gesprächen mit Verantwortlichen des Heeres versichert.

Generalinspekteur Admiral Dieter Wellershoff freute sich bei seinem ersten Besuch der Bundeswehr Ost über die recht aufgeschlossenen neuen Kameraden. Während einer Mitfahrt im offenen „Trabi"-Kübel, der nun in der Tarnfarbe der Bundeswehr zum Fuhrpark gehörte, strahlte er über das ganze Gesicht und lobte dann diesen geländegängigen Flitzer mit dem 26-PS-Zweitaktmotor. Die NVA hatte in ihrem Bestand ein paar Tausend der einst mehr als drei Millionen Kleinwagen aus den Zwickauer Produktionsstätten - vor allem wegen seines geringen Spritverbrauchs. Lustig war das damals schon, wenn ein hochgewachsener NVA-Regimentskommandeur an der Seite eines Militärkraftfahrers im „Trabi" zu seinen Truppen gefahren wurde.

Trotz allgemein ungünstiger Rahmenbedingungen wuchsen ab April 1991 im Korps- und Territorialkommando Ost, wo Feldheer und Territorialheer wie im Westen zusammengeführt wurden, die Verbände rasch in die Regelausbildung der Bundeswehr. Erschwerend wirkten sich noch Lücken beim Führungs- und Fachpersonal in den Verbänden sowie fehlende Ausbildungsanlagen aus. Dennoch waren vielerorts gute Fortschritte zu verzeichnen. Die aus der NVA übernommenen Offiziere und Unteroffiziere des Truppendienstes hatten ihre Ergänzungsausbildung bei der Bundeswehr im Großen und Ganzen 1993 abgeschlossen. Im militärfachlichen Dienst konnte man das Ziel erst 1994 erreichen.

Bei den Erfurter Panzerartilleristen mit vielen ehemaligen Soldaten aus Thüringer NVA-Artillerieeinheiten klappte die Integration der Kameraden aus Ost und West an der Feldhaubitze 105 mm und der Panzerhaubitze 155 mm M109 sehr gut. „Anfänglich gab es auch Missverständnisse", erzählte mir Hauptmann Ralf Schröder, „die aber meist aus unterschiedlicher Begriffsauslegung resultierten. Wir haben uns oft zusammengesetzt und fanden nach etwa drei Monaten eine gemeinsame Sprache. Dabei ist Vertrauen und gegenseitige Achtung gewachsen."

Die erfolgreiche Heeresentwicklung wurde am 1. Januar 1995 in Ostdeutschland mit der Umgliederung des Korps- und Territorialkommandos als oberste Kommandobehörde des Heeres und oberste territoriale Dienststelle in den neuen Ländern zum IV. Korps fortgesetzt. Gemeinsam mit allen deutschen Korps war jetzt das IV. Korps den Nato-Kommandobehörden unterstellt. Von nun ab wirkte es „ohne territoriale Komponente", erklärte ein verantwortlicher Heeresoffizier. Dennoch habe sich „diese Organisationsform speziell für die schwierige Phase des Aufbaus im Osten außerordentlich bewährt".

Zu den jetzt dem IV. Korps unterstellten Truppenteilen zählten - das war mir damals eine Schlagzeile wert - erstmalig westdeutsche Einheiten: Beispielsweise das Fernmeldebataillon Elektronische Kampfführung 320 aus Frankenberg/Eder, die Fernspähkompanie 300 aus Fritzlar (alle Nordhessen) und die Frontnachrichtenlehrkompanie 300 in Diez/Lahn (Rheinland-Pfalz). Einen bedeutenden Zuwachs an Kampfkraft erfuhren die „Potsdamer" vom Heeresfliegerregiment 36 in Fritzlar mit Hubschraubern vom Typ BO-105 für Aufklärungs- und Verbindungsflüge sowie zur Panzerabwehr der Kampftruppen.

Ab 1995 erhielten mit der Heeresstruktur 5, die man noch unter den Bedingungen des Ost-West-Gegensatzes geplant hatte, auch im Osten die Kommandos und Verbände ein neues Gesicht. Das bedeutete insbesondere die Einbindung des Heeres in multinationale Strukturen sowie eine bessere zentrale Koordinierung für Kräfte und Mittel. Ein Grund dafür war, nationale territoriale Aufgaben einerseits und Einsatzaufgaben andererseits beim Heeresführungskommando in Koblenz und bei den Wehrbereichskommandos/Divisionen zusammenzufassen.

Für nationale territoriale Aufgaben unterstellte man dem Koblenzer Kommando aus dem Bereich der neuen Länder das Wehrbereichskommando VII/13. Panzergrenadierdivision in Leipzig und das Wehrbereichskommando VIII/14. Panzergrenadierdivision in Neubrandenburg. Sie wirkten mit den Landesregierungen von Sachsen und Thüringen beziehungsweise von Mecklenburg-Vorpommern, Sachsen-Anhalt, Brandenburg und Berlin eng zusammen.

Beiden Wehrbereichskommandos/Divisionen unterstanden in den Landeshauptstädten die Verteidigungsbezirkskommandos. Sie nahmen als Träger der zivil-militärischen Zusammenarbeit die territorialen Aufgaben im Rahmen der Landesverteidigung wahr. Für Einsatzaufgaben unterstanden die 13. und 14. Division dem IV. Korps in Potsdam. Beide Großverbände blieben im Frieden organisatorisch mit den Wehrbereichskommandos fusioniert. Für den Verteidigungsfall hatte man eine sogenannte Defusionierung vorgesehen. Sollte heißen: Die gemeinsame Kommandobehörde löst sich bei Krisen wieder in ihre früheren Bestandteile auf und kommt den ursprünglichen nationalen oder Nato-Aufgaben nach.

Die Großverbände der Bundeswehr in den neuen Ländern wurden vorwiegend nach der vorgefundenen NVA-Stationierung aufgebaut. Die Einnahme der neuen Heeresstruktur bedingte zum Beispiel für die Neubrandenburger Division, dass aus den bisherigen Heimatschutzbrigaden 40 „Mecklenburg“ in Schwerin und 41 „Vorpommern“ in Eggesin nun die Panzergrenadierbrigade 40/Verteidigungsbezirkskommando 86 und die Panzergrenadierbrigade 41 gebildet wurden. Aus der Potsdamer Heimatschutzbrigade 42 „Brandenburg“ ging die Panzerbrigade 42/Verteidigungsbezirkskommando 84 hervor.

Die Brigaden wurden von weiteren Kräften für die Ausbildung und den Einsatz von Führungs-, Kampfunterstützungs-, Logistik- und Sanitätstruppen verstärkt, darunter vom Artillerieregiment 14 in Karpin. Für die territorialen Aufgaben verfügte das Wehrbereichskommando VIII/14. Panzergrenadierdivision über Wehrbereichstruppen. Dazu zählten das Lazarettregiment 81 in Stern-Buchholz bei Schwerin und die Pionierbrigade 40 in Storkow. Insgesamt waren allein die Truppenteile und Dienststellen des Neubrandenburger Kommandos in rund 100 Standorten vertreten. Dort dienten etwa 20 000 Soldaten.

Die neuen Verbände erhielten modernes Großgerät, so den Panzer Leopard 2 und den Schützenpanzer Marder. Die zeitweilige Nutzung der Schützenpanzer BMP und der Radfahrzeuge aus NVA-Beständen wurde nun beendet. „Wir haben nicht nur die Strukturumstellung erfolgreich abgeschlossen. Wir bilden genauso aus wie die Bundeswehr im Westen“, sagte mir Divisionskommandeur und Befehlshaber im Wehrbereich VIII, Brigadegeneral Hans-Peter von Kirchbach. „In etwa gibt es den gleichen Leistungsstand, vielleicht hier und da noch ein paar kleine Unterschiede.“

Wie der Kommandeur hervorhob, waren in der neuen Panzergrenadierdivision mehr als 50 Prozent aller Angehörigen Wehrpflichtige. „Kampfkraft und Funktion können wir nur mit unseren - in der Masse - hervorragenden Wehrpflichtigen sicherstellen. Für deren Leistungen sprechen auch ganz fachliche und speziell militärische Gründe. Aus diesem Reservoir junger Leute, auf das wir insgesamt zurückgreifen können, gehen rund zwei Drittel unserer Unteroffiziere und jeder zweite Offizier hervor.“ Er selbst habe sich auch erst als Wehrpflichtiger entschieden, „diesen schönen Beruf zu ergreifen“.

Schon lange vor diesem Gespräch in Neubrandenburg wusste ich, dass von Kirchbach ein gebürtiger Thüringer ist. Er kam während des Krieges 1941 in einer Offiziersfamilie in Weimar zur Welt. In Anspielung auf seinen Geburtsort in der Klassikerstadt übergab ich ihm zu Beginn unseres herzlichen Gesprächs einen Artikel von mir über „Goethe und die Bienen“. Diesen hatte ich als Freier Journalist kurz zuvor über das dortige Deutsche Bienenmuseum, das nicht weit von Goethes Gartenhaus entfernt ist, veröffentlicht. Er freute sich natürlich über diese kleine Erinnerung an die Heimat.

Nach der Auflösung der früheren 9. NVA-Panzerdivision mit rund 15 000 Mann im Raum Eggesin erwarb sich der General beim Großeinsatz der Bundeswehr gegen die Oder-Flut im Juli und August 1997 mit seinen Soldaten bleibende Verdienste. Hier erntete die gemeinsame Ausbildung von Wehrpflichtigen aus Ost und West wie überhaupt die Integration der ehemaligen NVA-Angehörigen in die Bundeswehr auch bei dieser Form des soldatischen Auftrages, der Katastrophenhilfe, ihre Früchte.

Ab 1998 nahm auch die Offiziersschule des Heeres in Dresden-Albertstadt als eine von 18 bedeutenden zentralen Führungs- und Ausbildungseinrichtungen der Bundeswehr im Osten ihren Dienst auf. Sie wurde von Hannover hierher verlegt. Der neue Standort war das ehemalige Gelände der 7. Panzerdivision der NVA. Neu- und Umbau kosteten einen beträchtlichen Millionen-Betrag. Dresden setzte damit alte Heeres-Traditionen fort. Denn hier wurden auch die früheren Bundeswehr-Generale Graf Baudissin, Heusinger, Graf Kielmannsegg und de Maizière ausgebildet.

Stabsübung "Starke Sachsen 94" in Leipziger Kasernen

Man stelle sich vor: Eine ganze Division mit fast 20 000 Mann übt und die Bevölkerung bekommt davon nichts mit. Das ist nicht etwa die Aufgabe des Heeres von morgen. So etwas wurde nämlich zur Neubestimmung der sicherheitspolitischen Situation Deutschlands lebhaft diskutiert. Bei der Stabsübung "Starke Sachsen 94" in Leipzig konnte ich das schon in der Praxis erleben.

Der „Übungsraum“ umfasste Thüringen, Sachsen-Anhalt und Sachsen. Eine Riesenfläche. Dennoch fuhr in diesen fünf Tagen kein einziges Bundeswehrfahrzeug zusätzlich über die Landstraßen oder im Gelände - weder ein olivgrüner 15-Tonner mit dem Y-Kennzeichen noch ein Kampfpanzer Leopard. Es fiel auch kein einziger Schuss. Alles fand tatsächlich "im Saale" statt. Ich möchte sagen, sogar sehr realistisch.

Als Gastgeber dienten zwei Leipziger Bundeswehr-Kasernen. Sie trugen die Namen des patriotischen Dichters Theodor Körner und des Hitler-Gegners General Olbricht. Unmittelbar beteiligt waren etwa 420 Bundeswehr-Angehörige, meist Offiziere. Rund um die Uhr bewältigten sie zum Teil unter höchster Anspannung die Stabsarbeit, die bei einer solch großen Übung notwendig ist. Als Gefechtsarten wurden Verzögerung, Verteidigung und Gegenangriff geprobt.

Das war die Lage zu Übungsbeginn: "Gelbland" griff vom Süden her an. "Blauland" musste sich verteidigen. Zum Einsatz kamen auf beiden Seiten Armeen, Divisionen, Brigaden und Bataillone. Obwohl der grobe Verlauf als Rahmen der Übung geplant war, mussten die Kommandeure vom Major bis zum Oberst während des "Gefechts" immer wieder neue operative und organisatorische Entscheidungen treffen. Einzelne Abläufe oder Einlagen waren jedenfalls nicht geplant.

Zum Beispiel: Der Leitende der Stabsübung, Generalmajor Ekkehard Richter, Kommandeur der 13. Panzergrenadierdivision und Befehlshaber des Wehrbereichskommandos VII, änderte überraschend den Schwerpunkt der "gegnerischen" Kräfte, die sich links und rechts vom Harz aufhielten. Nun mussten die Truppenführer im Mittelgebirgs- und Flachgelände mit Flussläufen darauf reagieren und selbst neue Entscheidungen treffen. Das bedeutete immer wieder: Lagefeststellung und Entschluss, Planung, Befehlsgebung und Kontrolle. Für Stabsoffiziere alles bekannte Dinge. Nur jedes Mal eine andere Landschaft.

Nachdem am ersten Übungstag „noch Sand im Getriebe war, lief es dann von der präzisen Lagefeststellung zur nüchternen Bewertung immer besser". So Stabchef Oberst i. G. Gunnar Högger. Ob der "G 2", der sich mit der "gegnerischen Lage" zu beschäftigen hatte, oder der Operationsführende "G 3" im Hauptgefechtsstand - sie alle arbeiteten mit den Kommandeuren der Heimatschutzbrigaden aus Dresden, Weißenfels und Erfurt gut zusammen.

Deren Stäbe waren in der General-Olbricht-Kaserne tätig. Es gab erfreulicherweise keine Reibungsverluste. Dabei konnten die Beteiligten aus den neuen Bundeswehr-Verbänden im Wehrbereich VII ihre Erfahrungen von einer Planübung 1992 und einer logistischen Rahmenübung 1993 nutzen. Als Grundlage diente eine für das künftige Heer geltende neue logistische Organisation.

Für die beteiligten Ex-NVA-Offiziere war nach der Ergänzungsausbildung und dem Besuch der Hamburger Führungsakademie die Auftragstaktik auch schon geläufig. Gelernt hatten sie früher „Befehl ist Befehl". Die neue Taktik verlangte selbst dem Bataillonskommandeur auf der untersten Verbandsebene viel Eigeninitiative bei der Entscheidungsfindung ab.

Oberfeldarzt Dr. Reiner Nüßgen, einst in der Dresdner NVA-Panzerdivision tätig und bei der Übung für "sanitätsdienstliche Versorgung" zuständig, war von der "Kameradschaft und Fairness im Offizierskorps" angetan. Das zeigte sich gerade bei der "Auswertung von Fehlern, wo hier kein Offizier - wie zu NVA-Zeiten erlebt - 'ausgezogen' wurde". Das hatte er also aus der Vorgänger-Armee noch ganz anders in Erinnerung.

Die damals umfangreichste Stabsübung des Leipziger Großverbandes ersparte der Bundeswehr beträchtliche finanzielle Mittel. Sie wären sonst für eine ursprünglich im freien Gelände vorgesehene Rahmenübung ausgegeben worden. Diese Mittel wurden den Kompanien zur Verfügung gestellt, "damit sie ihre wehrpflichtigen Soldaten auch auf Übungsplätzen voll ausbilden können", erläuterte mir General Richter eines der wichtigsten Übungsergebnisse. Das Zusammenführen von Taktik und Logistik sowie die Schulung der Stäbe in der Führung der Verbände seien in den Aula-"Zellen" so real erfolgt, als hätten sich die Beteiligten auf Gefechtsfahrzeugen befunden. Auch konnten dabei "die Wege zur Abstimmung und Besprechung sehr kurz gehalten, das Führungsverfahren sehr intensiv eingeübt werden".

Die eigenen Stäbe seien schon "recht gut ausgebildet", schätzte der General ein. Er hatte seine militärische Laufbahn 1958 als Kanonier in Lahnstein begonnen. Seit der Aufstellung der Bundeswehr im Beitrittsgebiet habe er "eine positive Reaktion der Bevölkerung in den Standorten und Übungsplatzbereichen" erlebt. Beim Zusammenwirken mit Artillerie und Fliegerabwehrkräften spürte er anfangs noch Mängel. Dennoch: "Die Übung erfüllte ihren Zweck, auch nachdem wir die Stäbe in einer 'weiträumigen Verlegungsoperation' ausgebildet und geschult hatten."

Wie ich während meines Aufenthaltes erfuhr, gab es für jeden Rekruten der nach dem Leutnant im Freikorps von Lützow benannten Kaserne - Körner war ein gebürtiger Sachse - auch schriftlich eine herzliche Begrüßung in der Messestadt. Darin betonte Oberst Högger: „Sie sind zukünftig in der Stadt stationiert, die den Ausgangspunkt für die Ablösung des DDR-Regimes und die Wiedervereinigung Deutschlands bildete."

Und noch etwas beeindruckte mich hier: Im Freistaat Sachsen pflegte die Bundeswehr enge Bande zu den östlichen Nachbarn Polen und Tschechien. Das war doch ganz im Sinne der vom Nato-Gipfel beschlossenen „Partnerschaft für den Frieden". Als Partner galten die 11. Polnische Panzer-Kavallerie-Division in Sagan (Zagan) und die 1. Tschechische Panzerdivision in Slany (Schlan). Die Palette der Begegnungen war vielfältig. Besonderes Interesse bestand bei den Nachbarn an der Einbindung der deutschen Streitkräfte in Staat und Gesellschaft, speziell für die Wehrgesetzgebung und die Innere Führung.

Ost-Brigade pflegte Traditionen einer West-Brigade

Die Heimatschutzbrigade 38 "Sachsen-Anhalt" in Weißenfels pflegte im Gegensatz zu den anderen militärischen Formationen im Osten schon nach ihrer Aufstellung Traditionen aus der alten Bundeswehr. Sie reichten sogar bis zu deren Anfängen zurück. Das war nach dem friedlichen Ende der NVA völlig ungewöhnlich - ein ehemaliges DDR-Regiment mit Westvergangenheit?

Früher trug die Sachsen-Anhalt-Kaserne noch den Namen "Thomas Müntzer" und beherbergte ein Motorisiertes Schützenregiment der 1990 aufgelösten Nationalen Volksarmee. Sie war einstmals sogar der erste Truppenteil der DDR-Streitkräfte, wo mit ausdrücklicher Billigung des Verteidigungsministers in einem sogenannten Bierkeller nach Dienstschluss Alkohol ausgeschenkt werden durfte. Nach der Aufstellung der Heimatschutzbrigade mit personellen und materiellen

Teilen der aufgelösten 11. Mot. Schützendivision der NVA erinnerten plötzlich Urkunden und Fotos, Fahnenbänder und viele andere Sachzeugen an die Geschichte der bundesdeutschen Streitkräfte seit 1955.

Wie kam das? Diese Erinnerungen an die alte Bundeswehr hatten im Stabsgebäude und im Offizierheim einen würdigen Platz gefunden und wurden ganz stolz jedem Besucher gezeigt. Sie waren nicht einfach "von drüben" in die Saale-Stadt mitgebracht worden, als Offiziere und Unteroffiziere aus dem Westen der Republik hier ihren Dienst antraten. Vielmehr handelte es sich um ganz offizielle Dokumente. Auch wertvolle Erinnerungsstücke waren darunter. Diese befassten sich mit der Geschichte der am 30. September 1993 aufgelösten Panzergrenadierbrigade 4. All das hatte die Garnisonsstadt Göttingen als Zeichen der Verbundenheit den Weißenfelser Soldaten „zu treuen Händen“ übergeben.

Traditionsbewusstsein zu wecken galt auch im Osten von Anfang an als "eine wichtige Aufgabe der Vorgesetzten". So hieß es in einer der Bundeswehr-Richtlinien zur Traditionspflege. In der neuen Bundeswehrdienststelle der Schuhmacherstadt, wo einst die Wehrmacht einquartiert war, hatte dies eine weitaus vielfältigere Bedeutung. Da erfuhren nun junge Wehrpflichtige aus Thüringen, Sachsen, Sachsen-Anhalt, Bayern, Nordrhein-Westfalen und Niedersachsen in der Bundeswehr Ost Einzelheiten vom Aufbau der alten Bundeswehr als „Armee in der Demokratie“.

Ihr Interesse fanden der "Aufstellungsbefehl Nr. 145 Heer" ebenso wie Schriftstücke als "Dank für den geleisteten Dienst zum Schutz von Frieden und Freiheit" oder die 14-bändige Chronik aus der Göttinger Zieten-Kaserne. Genauso aufmerksam betrachteten damals die Panzerjäger, Artilleristen und Pioniere die Technik "von einst" - so den Schützenpanzer Hotchkiss im Kasernenhof. Fotos erinnerten an die Gefechtsübung "Rollende Kette" 1976. Das alles war auch für einen ostdeutschen Journalisten recht interessant.

Andererseits sollten diese Erinnerungsstücke mehr sein als eine Botschaft aus der alten Bundesrepublik. Denn die Göttinger fühlten sich mit ihren Panzergrenadieren eng verbunden. Nun wollten sie, hörte ich im Stab, dass in Sachsen-Anhalt die Tradition ihrer einstigen Bundeswehr-Brigade weitergeführt wird. Vertreter der Stadt Göttingen und des Landkreises weilten damals in Weißenfels, um die engen Bande zu vertiefen. Oberkreisdirektor Alexander Engelhard überreichte den neuen Truppen ein Fahnenband, Bilder über die Stadt an der Leine und aus der deutschen Militärgeschichte. Sie waren ebenfalls im Offizierheim zu sehen. Auch das rustikale Mobiliar stammte von der Panzergrenadierbrigade aus dem Westen.

Dass eine solche Traditionspflege Sinngebung und Motivation für hohe Einsatzbereitschaft sein konnte, machte mir Kommandeur Oberst Rolf Schneider deutlich. "Von der Tradition ins echte Leben ist es gar nicht so weit", meinte er. "Während im Westen eine erhebliche Anzahl von Verbänden aufzulösen war, mussten im Osten sechs Brigaden aufgebaut werden. So ergab sich - auch mit der anfänglichen Hilfe von Kameraden aus Göttingen - hier eine gute, enge Zusammenarbeit beim Neuaufbau der Bundeswehr. Diese schuf die Voraussetzungen, dass unsere Verbände in relativ kurzer Zeit nun zum Leistungsniveau der alten Länder aufschließen konnten."

Auch internationale Experten, so Japans Oberbefehlshaber der Landstreitkräfte, General Hikaru Tomizawe, und Norwegens Heeresinspekteur Generalmajor Sved, überzeugten sich in jenen Jahren davon, was die „Nachfolger" der Göttinger Bundeswehr-Einheiten zu leisten vermochten. Die Gäste waren auf dem riesigen Truppenübungsplatz Nochten (16 100 ha) in der Oberlausitz vom hohen Ausbildungsstand angetan. Dies konnte der ostdeutsche Truppenteil auch in Shilo (Kanada) und Castle Martin (Großbritannien) im Vergleich mit Nato-Truppen nachweisen. "Bewährt hat sich bei uns, und das haben mir auch meine Vorgänger bestätigt, dass von Anfang an die Soldaten von Ost und West aufeinander zugegangen sind, so dass es mittlerweile im militärischen Alltag keine Unterschiede Ost - West mehr gibt", sagte der Kommandeur. Das war bei meinem Besuch 1994.

Später wandelte sich die Heimatschutzbrigade in eine Panzergrenadierbrigade. Im Jahr 2002 wurde auch dieser Verband, zu dem weitere Truppenteile in Bad Frankenhausen und Gotha gehörten, außer Dienst gestellt. Heute ist in der Weißenfelser Kaserne das Sanitätskommando III zu Hause. Hier handelt es sich um den bundesweit größten Standort des Sanitätsdienstes der Bundeswehr. Er ist verantwortlich für die medizinische Versorgung der etwa 35 000 Soldaten im Wehrbereich III mit Berlin, Brandenburg, Thüringen, Sachsen und Sachsen-Anhalt.

Ostdeutsche Truppen in Nordatlantische Allianz eingegliedert

Einen weiteren Höhepunkt in der Entwicklung der Bundeswehr im Osten bildete deren Nato-Assignierung 1995. Nicht nur bei den Soldaten, sondern auch unter der Bevölkerung im Beitrittsgebiet sprach sich spätestens seit der Wiedervereinigung herum, dass die Nordatlantische Allianz als der stabilste Sicherheitsfaktor in Europa gilt. Wie die jüngste Vergangenheit gezeigt hat, ist sie ein Sicherheitsanker und das Fundament einer jeden Friedensordnung in Europa.

An der Schnittstelle der größten militärischen Konfrontation in der Geschichte der Menschheit sorgte sie mit ihrer Militärmacht für ein Patt mit dem Warschauer Pakt. Sie brachte der Bundesrepublik den Frieden. Dazu hat die Bundeswehr von Anbeginn ihrer Mitgliedschaft 1955 einen aktiven Beitrag geleistet. Das versicherte mir der Oberbefehlshaber der Alliierten Streitkräfte Europa Mitte (CINCENT), General Helge Hansen, der sich nach 38 Dienstjahren und davon nahezu 10 Jahren in integrierten Verwendungen selbst ein „Kind der transatlantischen Allianz“ nannte, in einem Gespräch. „Sie schuf das Vertrauen zwischen Menschen aus Nationen, die im Krieg gegeneinander gekämpft hatten.“

Neu war in der Nato mit ihrer multinationalen militärischen Zusammenarbeit in den integrierten Strukturen deren Strategie und Fähigkeit zur internationalen Krisenbewältigung mit friedenserhaltenden Maßnahmen und humanitären Aktionen. Das wiederum verlangte von einer reduzierten gesamtdeutschen Bundeswehr eine neue Struktur bei Heer, Luftwaffe und Marine - mit veränderten Anforderungen an eine verlässliche Verteidigungs- und Handlungsfähigkeit. In den vergangenen Jahrzehnten hatte der einseitige Einsatz für die Bundesrepublik Priorität.

Am 3. Februar wurde während eines feierlichen militärischen Zeremoniells in Potsdam das IV. Korps offiziell dem Bündnis unterstellt. Ab jetzt spielten auch die

Soldaten aus den neuen Bundesländern in der „internationalen Liga", nahmen nunmehr an den erweiterten Aufträgen der Bundeswehr bei der Verteidigung Deutschlands und seiner Verbündeten teil. Das betraf im Einklang mit der UN-Charta den Weltfrieden und die internationale Sicherheit. Zugleich entfielen für das IV. Korps die ehemals nationalen und territorialen Aufgaben.

Für Außenstehende noch kein Thema, aber im Gefüge der Heerestruppen im Beitrittsgebiet hatte sich zu diesem Zeitpunkt schon Wesentliches verändert: Jetzt diente der Kommandierende General des Potsdamer Korps zwei „Herren" - einmal dem Commander-in-Chief Landforces Central Europe (LANDCENT) mit Sitz in Heidelberg, zum anderen dem Befehlshaber des Heeresführungskommandos in Koblenz. Während der Commander für Einsatzoptionen und damit zusammenhängende Übungen zuständig war, „bündelte" der andere Chef in der 1994 neu geschaffenen Dienststelle auch die Aufgaben des vormaligen Territorialkommandos.

Wie mir damals verantwortliche Generale und Offiziere aus dem Heer erläuterten, machte sich bei der nunmehr insgesamt gestrafften Führungsorganisation schon das positiv bemerkbar, was mit der bisher in den neuen Bundesländern geschaffenen „Übergangsstruktur Ost" vor der schon lange geplanten „Heeresstruktur 5" ins Auge gefasst worden war. Dennoch mussten hier einige wenige Umgliederungen vorgenommen werden. All das sparte dem Bund viel Geld, weil man so auf manche Versetzung von Soldaten verzichten konnte.

Trotz neuer Unterstellung waren die Potsdamer Offiziere in der Kaserne Wildpark-West für den Truppendienst, die Taktik und die operative Führung ihrer Heerestruppenteile zuständig. Ihnen unterstanden ab jetzt auch Truppenteile in Hessen, Niedersachsen und Schleswig-Holstein. Außerdem befehligten sie die Wehrbereichskommandos VII und VIII sowie die 13. und 14. Panzergrenadierdivision. Alles in allem dienten hier in Friedenszeiten immerhin 45 000 Soldaten und etwa 6 500 zivile Mitarbeiter.

Für die eigenen Truppen bedeutete diese „Beförderung" zugleich die Überwindung der letzten Hindernisse seit der deutschen Einheit auf dem Weg zur Nato. Auf diese rein nationale Beschränkung des heutigen Großverbandes hatten damals die sowjetischen Verhandlungspartner von Bundeskanzler Kohl beharrt. Nun stand auch der Beteiligung des IV. Korps an Übungen unter dem Kommando der Nato nichts mehr im Weg.

Wenn man so will, begann nun auf dem Boden der fünf neuen Länder, einschließlich Berlins, nach der deutschen Wiedervereinigung und dem Ende des Kalten Krieges eine weitere neue „Zeitrechnung": Nämlich die Erweiterung des Atlantischen Verteidigungsbündnisses. Sie fand später in Ost- und Mitteleuropa mit neuen Mitgliedsstaaten ihre Fortsetzung. Da ich Jahre zuvor den gar nicht so spektakulären Abgesang der NVA beim Warschauer Pakt miterlebt hatte, dessen Moskauer Apparat für einen Journalisten aus der DDR immer ein Buch mit sieben Siegeln war, spürte ich innerlich doch so etwas wie Freude über die nun vollendeten Tatsachen in diesem Bündnis. In Ostdeutschland gehörte in der offiziellen Version die Nato neben der Bundeswehr früher immer zum Feindbild.

Wie sie geleitet und gelenkt wird und wie es dort zugeht, war mir und anderen ostdeutschen Kollegen schon wesentlich früher im Brüsseler Hauptquartier veranschaulicht worden. Die Gelegenheit, mit neuen Bundesbürgern darüber zu sprechen, ließ sich damals Nato-Generalsekretär Manfred Wörner nicht nehmen. Es war kein übliches Plauderstündchen bei Kaffee und Kuchen mit den neuen Gesichtern aus dem Osten seiner Heimat. Er hat uns, ganz Militär, sehr offen über die Strategie des Bündnisses ins Bild gesetzt. Für eine längere ADN-Nachricht aus dem Hauptquartier der Nato gab mir das genügend Stoff.

Doch nicht nur die ostdeutschen Landstreitkräfte waren jetzt assigniert. Hinzu kamen ein Jagdgeschwader, ein Flugabwehrraketengeschwader und zwei Radarführungsabteilungen der Luftwaffe sowie ein Schnellbootgeschwader der Marine aus den neuen Bundesländern. Nicht weniger bedeutungslos war die Tatsache, dass die Nato-Luftverteidigung - einst ein wichtiger Schutzschild während der Ost-West-Konfrontation - nun auf die gesamte Bundesrepublik erweitert werden konnte. Sie hatte sich in der Vergangenheit gut bewährt: Unter einheitlicher Führung und nach gemeinsamen Einsatzgrundsätzen. Daran werde auch künftig festgehalten, hörte ich wiederholt von Verantwortlichen. Dass ein Vorrücken alliierter Truppen nach Ostdeutschland ausgeschlossen blieb wie auch die Vorverlegung von Kernwaffen, gehörte ebenfalls zu den internationalen Vereinbarungen.

In jener Zeit begann die „Aufteilung" der gesamtdeutschen Bundeswehr in Hauptverteidigungskräfte (HVK) und Krisenreaktionskräfte (KVR) sowie die Militärische Grundorganisation (MGO). Sehr oft erlebte ich damals zum Teil recht lebhafte Debatten in der Truppe, ob diese Gliederung nicht eine „Zwei-Klassen-Armee" zur Folge habe - eine mit bester Technik und hoch qualifiziertem Personal, die andere mit dem „Rest". Dem widersprachen die Verantwortlichen der Hardthöhe sehr leidenschaftlich. Und wie die internationalen Einsätze der Bundeswehr seither zeigten, war die Neustrukturierung der Streitkräfte wohl doch folgerichtig. Anders wäre das mit insgesamt weniger Soldaten und den begrenzten finanziellen Mitteln gar nicht gegangen.

Internationale Gäste inspizierten Brandenburgs Panzergrenadiere

Das war ein militärischer Höhepunkt, den die beteiligten Bundeswehrsoldaten so schnell nicht vergessen haben: Wie kein anderer ostdeutscher Verband musste sich die Heimatschutzbrigade 42 "Brandenburg" vor internationalen Experten bewähren. Die Themen bei den Lehrvorführungen lauteten: "Der Panzer-Zug im Gegenangriff", "Das Zusammenwirken von Panzern und Panzergrenadieren" sowie "Das Überwinden von Gewässern". Zahlreiche Minister und hohe Militärs sahen die Fortschritte beim Aufbau der Bundeswehrtruppen im Beitrittsgebiet.

Hier fand keine übliche Protokollveranstaltung statt. Aufmerksame Beobachter dieser Militärübungen waren immerhin die Verteidigungsminister Kanadas und der Schweiz, der Generalstabchef der US-Streitkräfte, der Oberbefehlshaber der amerikanischen Heerestruppen in Europa, der Befehlshaber der belgischen Landstreitkräfte und weitere hohe ausländische Generale. Der Befehlshaber einer GUS-

Panzerarmee nahm ebenfalls die Vorführung der Leistungsfähigkeit eines Panzerbataillons mit dem Leopard 2 in Augenschein.

Offiziere aus den beteiligten Verbänden und Einheiten berichteten danach voller Stolz, dass ihnen die Gäste militärisches Können und hohe Einsatzbereitschaft bestätigt hatten. Fotos und kleine Präsente erinnerten in der Bundeswehrkaserne in Potsdam-Eiche an diese internationalen Begegnungen. Ich war auch angetan vom Können und der Routine der Soldaten.

Kommandeur Oberst Karl-Heinz Lather, heute General und seit 2007 Stabschef im Nato-Hauptquartier Europa (SHAPE): "Nach den oft komplizierten Aufbauarbeiten tritt jetzt in unseren Einheiten immer mehr Normalität ein. Unter unseren Wehrpflichtigen, die wir selber ausbilden, gibt es jetzt keine Unterschiede mehr zu den Kameraden aus dem Westen. Dennoch ist bei uns, und darauf sind wir stolz, die Aufbruchsstimmung seit der deutschen Einheit unverändert vorhanden." Davon hätten in ganz besonderer Weise die Truppenbesuche von Landespolitikern, das Gelöbnis und die Abschiedsfeier mit Soldaten der befreundeten Alliierten im Berliner Jägerbataillon 581 in Anwesenheit des Generalinspekteurs, General Klaus Naumann, Zeugnis abgelegt. Gerade diese Feierstunde, daran kann ich mich noch sehr gut erinnern, war vom Dank der deutschen Seite für die verlässliche Partnerschaft der West-Alliierten geprägt.

Seitdem die Aufstellungsphase der Brandenburger Brigade mit insgesamt rund 3 000 Mann abgeschlossen wurde, unterschied sich diese bei Ausrüstung, Personal und Ausbildungsstand "nur noch unwesentlich" von anderen Brigaden wie in Augustdorf, Koblenz oder Landshut in den alten Bundesländern. "Und daran werden wir weiter arbeiten", sagte mir Lather. Seit 1967 leistet er seinen Dienst in der Bundeswehr. Dann wurde er nach seinen Worten "ein ganz normaler Artillerieoffizier" und später Abteilungsleiter im Bundesverteidigungsministerium. Der heutige Bundesverteidigungsminister Karl-Theodor zu Guttenberg (CSU) berief den General 2010 als einzigen aktiven Soldat in eine sechsköpfige Kommission zu Vorschlägen für eine wirkungsvollere Struktur der Bundeswehr.

Schon jetzt sei zu spüren, sagte er mir damals, wie sich die Ergänzungsausbildung für Soldaten der ehemaligen NVA, vor allem bei Feldwebel-Dienstgraden und bei Offizieren, sowohl im Truppen- als auch im militärfachlichen Dienst positiv auswirkt. Einer der etwa 60 selbst ausgebildeten Unteroffiziere der Brigade, "ein prächtiger junger Mann aus dem brandenburgischen Ort Fehrbellin", sei bei der Abschlussprüfung in Sonthofen unter den Teilnehmern aus der gesamten Bundeswehr als Lehrgangsbester ausgezeichnet worden. Auch der 2. Platz des Panzergrenadierbataillons 421 aus der Stadt Brandenburg beim Vielseitigkeitswettbewerb um den Rommel-Preis mit neun Mannschaften aus der ganzen Republik sprach nach Meinung des Kommandeurs "für das gewachsene militärische Können" ostdeutscher Infanteristen.

Nach der Nato-Einbindung der Truppenteile in den neuen Bundesländern wurde am 1. Januar 1995 aus der Heimatschutzbrigade die Panzerbrigade 42 „Brandenburg". Eine erste Bewährungsprobe bildete schon im Februar auf dem Truppenübungsplatz Klietz vor hohen Gästen eine Lehr- und Gefechtsübung. Sie begann mit einer dynamischen Waffenschau im scharfen Schuss. Alle Waffensysteme kamen zum Einsatz: Panzerhaubitzen, Flakpanzer, Mehrfachraketenwerfer, Schützenpanzer, Kampfpanzer, Jagdpanzer, Minenwerfer, Rohrwaffen, Panzerabwehr- und Flugabwehrraketen sowie Panzerabwehr-Hubschrauber.

Dann folgte ein Gefechtsschießen der verbundenen Waffen. Hierbei demonstrierte eine verstärkte Panzerkompanie anhand einer vorgegebenen Lage die Verteidigung mit Kampfunterstützungseinheiten. Die Handlungselemente reichten von der Aufklärung und der Schwächung des Gegners durch Waffen aus weiter Entfernung und seine Abriegelung durch Artillerie und Minensperren bis zu Gegenstößen in dessen Flanke. Ein Luftwaffeneinsatz machte diese Übung mit 1 700 Soldaten zu einer beeindruckenden Demonstration des Ausbildungsstandes und der Leistungskraft der Truppen im Osten Deutschlands.

Bundesverteidigungsminister Rühe war begeistert. Er würdigte die neue Entwicklungsetappe in Ostdeutschland „als einen wichtigen Schritt zur Normalität in Richtung der Sicherheit Deutschlands". Dies sei „von weitreichender politischer Bedeutung für uns, für Europa und für die europäisch-atlantische Gemeinschaft. Denn die Nato ist und bleibt die Basis unserer Sicherheit." Die Truppen hier seien „gut ausgebildet, gut ausgerüstet und hoch motiviert, um die Allianz zu unterstützen. Und sie sind darauf vorbereitet, die gleichen Missionen und Risiken im internationalen Krisenmanagement zu übernehmen wie ihre Kameraden in der Nato."

Und was die Armee der Einheit betrifft: Zwischen 1991 und 1995 haben in ihren Reihen bereits mehr als 180 000 junge Leute aus den neuen Bundesländern gedient. Sie erfuhren, was eine Armee in der Demokratie bedeutet, die sich auf Freiheit, Gesetze und Menschenrechte gründet. Solidarität wurde ebenso gefördert wie gegenseitiges Verständnis.

In Potsdam-Eiche - heute Havelland-Kaserne - zogen die gesamtdeutschen Streitkräfte in eine Kaserne mit wechselvoller Geschichte ein. Bis zur Wiedervereinigung „residierte" hier der Stab der 1. Motorisierten Schützendivision der NVA, 1956 gewissermaßen eine "Wiege" der einstigen DDR-Armee. Vor 1945 lag hier eine Infanteriedivision der Wehrmacht. Die Brigade übernahm die Traditionspflege zweier ehemaliger brandenburgischer Truppenteile - der 76. Infanteriedivision und der 8. Panzerdivision. Beiden wurde ein schlichter Gedenkraum gewidmet. Ins Auge fiel mir sofort eine Friedenserklärung. Sie erinnerte an das historische Treffen von Francois Mitterrand und Helmut Kohl in Verdun und an eine Begegnung französischer und deutscher Kameraden, die im 2. Weltkrieg um die Stadt gekämpft hatten. Die gemeinsam unterzeichnete Verpflichtung endet mit den Worten: "Nous faisons la paix - Wir schließen Frieden".

Blick per Knopfdruck in die Bundeswehrlager Ost und West

Mit der Logistikbrigade Ost schuf die Bundeswehr in den neuen Ländern ein wichtiges militärisches Instrument für die künftige Heeresstruktur in ganz Deutschland. Die neu formierte Nachschub- und Instandsetzungstruppe mit Stab in Strausberg verkörperte von Anfang an das angestrebte Bild der deutschen Streitkräfte: Begrenzte militärische Personalumfänge, veränderter Auftrag bei der Friedens- und Freiheitssicherung. Man konnte auch sagen: Konzentration auf das Wesentliche.

Überlegungen aus der Heeresstruktur 5, auf dieser Ebene die logistischen Aufgaben zusammenzufassen und dafür neue Organisationselemente zu schaffen, wurden bei der Aufstellung der Brigade ab Januar 1991 voll berücksichtigt. So technokratisch das auch klang, diese Schritte waren nach Auflösung der Volksarmee für die materielle Einsatzbereitschaft des Heeres in den fünf neuen Bundesländern bedeutungsvoll. Da ging es einmal darum, den Nachschub von Versorgungsgütern (Betriebsstoffe, Munition, Ersatzteile) straff zu organisieren. Alles unter der Devise: Lagern, bereitstellen, umschlagen und transportieren. Und das so effektiv wie möglich. Als ortsfeste logistische Einrichtungen unterstanden der Brigade sieben Gerätedepots, vier Munitionsdepots, drei Depots für Schmier- und Bodenkraftstoffe sowie zwei Sanitätsdepots.

Immerhin befanden sich zu dieser Zeit in der Versorgungskette der Bundeswehr rund 1,8 Millionen verschiedener Artikel. Zum Vergleich: Ein großes Versandhaus bot zu dieser Zeit rund 40 000 Artikel an und hatte weitere 80 000 Ersatzteile auf Lager. Ein Beispiel: Von den laut DIN 931 erlaubten 1,5 Millionen genormten Schrauben, die sich aber in Form, Größe und Materialbeschaffenheit unterschieden, verfügte die Bundeswehr über 272 verschiedene Arten.

Andererseits unterstützte die Brigade mit Instandsetzungsleistungen die Heeresverbände. Den Logistiktruppen standen dazu mobile und stationäre Einrichtungen zwischen Güstrow und Demmin in Mecklenburg-Vorpommern, Rothenstein (Thüringen) und Lohmen (Sachsen) zur Verfügung. Reichten die militärischen Kräfte und Mittel nicht aus, nutzte der Verband Unterstützungsleistungen aus Industrie und gewerblicher Wirtschaft.

Die etwa 2 300 Soldaten und 1 500 zivilen Mitarbeiter, viele von ihnen stammten aus den Rückwärtigen Diensten der NVA, packten beim Aufbau der Logistikbrigade Ost kräftig zu. Nur so konnte man schon bald eine mobile und Raum deckende Versorgung sichern. Dabei wuchsen die Beziehungen zwischen den Soldaten aus Ost und West "ein gutes Stück zusammen", berichtete mir Kommandeur Oberst Bernd Vohland voller Stolz. Er selbst wurde in Sachsen geboren, trat 1960 in die Bundeswehr ein und war ab 1989 Chef des Stabes vom Materialamt des Heeres. "Die Integration ist schon sehr weit fortgeschritten. Kameradschaft und Zusammengehörigkeit haben sich weiter ausgeprägt."

Wovon manches Wirtschaftsunternehmen im Osten Deutschlands zu diesem Zeitpunkt noch träumen musste, war in der Bundeswehr bereits Realität: Per Knopfdruck konnten die Logistiker der "Operationszentrale" in Strausberg jederzeit in alle Heereslager zwischen Ostsee und Alpen, also diesseits und jenseits der Elbe, einsehen. Als an einem Vormittag das Nachschubbataillon 701 im thüringischen Sondershausen 30 spezielle Schrauben anforderte, die aber in keinem ostdeutschen Lager zu finden waren, durchsuchte Disponentin Helga Rudolf am Bildschirm westdeutsche Depots. Minuten später erging elektronisch der Lieferauftrag an das Versorgungskommando 800 in Lingen (Niedersachsen). Zwei Tage später erreichten die Schrauben auf diesem Weg den Zielort.

Das brachte einen gelernten DDR-Bürger wie mich, der mit Engpässen jeder Art aufgewachsen war, bei diesem schnellen Zugriff auf die dringend benötigten Ersatzteile nur zum Staunen. In der Transportzentrale in unmittelbarer Nähe zum

Kommandeurzimmer bot sich ein ähnliches Bild: Über die elektronische Datenverarbeitung wurden Waggons der Bahn bestellt oder Ferntransporter auf Reisen geschickt. Burg in Sachsen-Anhalt galt dabei als einer der insgesamt acht zentralen Umschlagpunkte der Bundeswehr in ganz Deutschland.

Um bei der Betriebsstoffversorgung der Truppen weitere Kosten zu sparen, wurde die Zuführung durch Eisenbahnkesselwagen und Straßentransport in festgelegten Routen neu geordnet. Dringliche Transporte, so nach einer Bitte aus Russland um 2 000 Wolldecken für ein Gefängnis in Sankt Petersburg, standen an diesem Tag auch auf dem Arbeitsprogramm der Logistiker. Wie ich weiter erfuhr, übernehmen oft zivile Transportfirmen die Aufträge der Bundeswehr.

Mein abschließender Eindruck: Auch wenn die Logistiktruppen nicht wie andere Einheiten mit Panzern, Flugzeugen und Schiffen im Blickpunkt der Öffentlichkeit standen, waren sie doch ebenso auf der Höhe der Zeit. Die Strausberger Brigade galt sogar als "militärischer Vorreiter", sagte Oberst Vohland zum Schluss. Nach dieser Struktur und mit diesen Erfahrungen wurden 1994 die Logistikbrigaden Süd in Germersheim bei Ludwigshafen und Nord in Lingen aufgebaut. Und die Motivation der Soldaten war überwiegend gut. Vor allem dort, wo sie gut ausgebildet und angeleitet in ihren Funktionen gefordert wurden.

"Panzer-Meyer" (Ost) und "Tonner-Meyer" (West) dienten in Beelitz

An ein Erlebnis im Heer denke ich besonders gern zurück. Es war verbunden mit den Worten: "Diesen Jahrgang lassen wir ungern gehen." Am Entlassungstag im Beelitzer Panzeraufklärungsbataillon 80 (Land Brandenburg) hörte ich das oft - von den Zugführern über den Kompaniechef bis hin zum Bataillonskommandeur. Man war voll des Lobes über die Wehrpflichtigen. Der Grund: Zwischen 1. April 1993 und 29. März 1994 hatten diese wiederholt solide militärische Leistungen gezeigt. Das sowohl auf Truppenübungsplätzen in Nochten als auch in Castle Martin/Wales.

Der Verband, dessen Offiziere und Unteroffiziere mit den Einberufenen im Jahr zuvor mehr als einmal Probleme in Sachen Einstellung zum militärischen Dienst zu klären hatten, musste sich diesmal eigentlich nur mit Kuriositäten auseinandersetzen: Zum Beispiel im dritten Zug der dritten Kompanie: Da hießen vier Soldaten Schmidt beziehungsweise Schmid. Hier halfen aber immer noch die verschiedenen Vornamen: Marco, Christian, Ingo und Sascha.

Schwerer hatten es die Vorgesetzten mit den Meyers in dieser Kompanie. Beide Soldaten hießen nämlich Torsten. Da gab es schon am Tag der Einberufung, ich stand zufällig neben dem Hauptfeldwebel, passend zum 1. April Verwechslungen: „Ihr Name?“ – „Meyer“. „Ihr Vorname? - „Torsten“. So weit, so gut. Als sich das kurz darauf wiederholte, verzog der Spieß das Gesicht. Erst als er auf seine Anwesenheitsliste schaute, merkte er an den Geburtsdaten, dass doch alles mit rechten Dingen zuging.

Auch in der ersten Woche beim Bund wiederholte sich das, wenn im selben Flur der Hans-Joachim-von-Zieten-Kaserne nach "Soldat Meyer!" gerufen wurde.

Am Anfang zeigten sich dann beide jungen Männer - der Raucher aus dem einen, der Nichtraucher aus dem anderen Zimmer. Das konnte also kein Dauerzustand werden. Doch wie war das zu ändern? Die korrekte Anrede durch die Vorgesetzten musste bleiben. In der Truppe hieß es schon bald "Meyer-Ost" und "Meyer-West".

Der damals 25-Jährige und etwas kleinere von beiden stammte aus Ost-Berlin. Als der Köpenicker von seiner Ehefrau Antje am Einberufungstag in Beelitz vor dem Tor der ehemaligen NVA-Kaserne mit Tränen in den Augen "abgegeben" wurde, wäre er am liebsten gleich wieder mit nach Hause gefahren. Eigentlich verständlich!

Außer der Liebe gab es da noch etwas: Der gelernte Maler wollte zu diesem Zeitpunkt gern ein „Häuslebauer“ werden. Das war doch nach der Wiedervereinigung in Deutschland eine tolle Perspektive für junge Leute, erst recht, wenn sie handwerkliches Geschick hatten. Dazu kam noch, dass ihm seine beiden älteren Brüder mit ihren schlechten Erinnerungen an die NVA den Wehrdienst "schon vorher total vermiest hatten", sagte er mir.

Der fünf Jahre jüngere Torsten Meyer kam aus dem 315 km entfernten Soltau in Niedersachsen. Er kannte schon das Kasernengelände. Von außen jedenfalls, wie er später berichtete. Der gelernte Landmaschinenmechaniker hatte bereits am Wochenende zuvor "dieses Stück unbekanntes Land" erkundet. Für einen späteren Panzeraufklärer der Bundeswehr eine ganz typische Handlungsweise, würde ich sagen.

Und so war der Niedersachse über das triste Äußere der ostdeutschen Kaserne, wie er meinte, „regelrecht erschrocken“. Der angehende Rekrut wiederholte innerlich, was er schon nach Erhalt des Einberufungsbefehls im zuständigen Kreiswehrersatzamt wissen ließ: "So weit entfernt. Soll das etwa ein April-Scherz sein?" Er wollte vielmehr „gleich um die Ecke in Munster dienen und nicht etwa im Osten".

Ganz gewiss haben auch viele andere Wehrpflichtige in Westdeutschland so gedacht, als es für sie hieß: Für ein Jahr schickt euch der Bund nach Thüringen, Sachsen, Sachsen-Anhalt, Brandenburg oder Mecklenburg-Vorpommern. Sicher hat man dann noch in Erwägung gezogen, was in vielen Zeitungen stand: Dass dort die Kasernen aus DDR-typischen Plattenbauten bestanden. Hier drohte also schon von der Bausubstanz her Gefahr für Leib und Leben, musste man schlussfolgern. Und dann noch unter Ex-Volksarmisten dienen. Das war auch nicht ohne.

Nach dem Vierteljahr Grundausbildung wurden beide Meyer noch einmal umbenannt: "Panzer-Meyer" und "Tonner-Meyer". Denn jetzt begann die Spezialgrundausbildung - für den Älteren auf dem Panzer Leopard 2, der Jüngere bestieg einen Zweitonner von Mercedes. Beide Kameraden, die sich immer humorvoll mit "Guten Tag, Herr Meyer" grüßten, was unter den Mannschaften völlig unüblich ist, wurden Fahrer und blieben es bis zur Entlassung.

In all diesen Monaten leisteten sie "vorbildlich und gut ihren Dienst". So die Einschätzung von Kommandeur Oberstleutnant Volker Fries. Auch diese beiden von insgesamt 650 Soldaten trugen dazu bei, dass das Bataillon mit seinen 30 Spähpanzern Luchs, 27 Kampfpanzern Leopard 2 sowie 96 sonstigen Fahrzeugen "alle militärischen Aufgaben erfüllen konnte". Später haben die Panzeraufklärer im kanadischen Shilo ihr gewachsenes soldatisches Können nachgewiesen. Ansporn dazu gab es auch aus den Traditionen des eigenen Standorts - hier war 1731 die erste Husarenformation des preußischen Heeres beheimatet.

"Ich bin genauso ein Mensch in der Kaserne gewesen wie draußen", resümierte Gefreiter Torsten Meyer aus Berlin nach seinem Wehrdienst. Seine Ruhe, seine menschliche Reife und seine fahrerischen Leistungen prädestinierten ihn zum Vertrauensmann der Kompanie. Dazu wählten ihn dann seine Kameraden. Als "Leo"-Panzerfahrer war es für den Malergesellen am Anfang "mit der Technik ein bisschen kompliziert, das Fahren selbst das Einfachste und machte viel Spaß".

Sein westdeutscher Namensvetter wäre tatsächlich um ein Haar noch ein paar Jahre in Beelitz geblieben. Der Grund für die Variante „Weiterverpflichtung" war nicht etwa eine große Liebe in Brandenburg. Ihm gefiel ganz einfach das angenehme Umfeld unter Hauptfeldwebel Joachim Lohse. Der stammte ebenfalls aus Niedersachsen und war seit 19 Jahren Soldat. Anstatt zu Hause in die Arbeitslosigkeit zu gehen, wo sein Zeitvertrag abgelaufen war, so „Meyer-West", hatte er sich noch ein paar Wochen vor der Entlassung "dazu entschlossen, weiter zu dienen". Der Soltauer fand dann doch noch in seiner Heimat einen Job und konnte in der Freizeit wieder "an alten Landmaschinen basteln". Sein Hobby liebte er über alles.

Auf meine Frage, ob in diesem Jahr der Gemeinsamkeit unter einem Dach auch das Ost-West-Verhältnis in ihren Beziehungen irgendwie eine Rolle gespielt habe und sie sich auch persönlich näher kennen gelernt hätten, meinte als erster der Köpenicker: "Man hält eben zusammen. Stimmt's, Herr Meyer?" Dieser entgegnete: "Man muss ja!" Beide nahmen aus ihrem Dienst viel Wissen und so manche Erfahrung mit, betrachteten ihren Aufenthalt beim Bund jedenfalls nicht als vergeudete Zeit. Das hörte man doch gern.

Als sie nach der allgemeinen Verabschiedung und einem Dankeschön an die Offiziere und Unteroffiziere wegtraten, nannten sich beide "gute Kumpels". Dass unter den Beelitzer Bundeswehrsoldaten kein Geist von "Ossis" und „Wessis" herrschte, konnte schon der Bundesverteidigungsminister hier feststellen. Im Bundestag meinte Volker Rühe dazu: "Wir können ein bisschen davon lernen."

Neue Umweltmaßstäbe auf legendärem Übungsplatz Ohrdruf

Nach Jahrzehnten militärischen Übens begann auf dem thüringischen Truppenübungsplatz Ohrdruf bei Arnstadt, eines der größten Ausbildungsgelände dieser Art im Osten Deutschlands, 1993 für Flora und Fauna ein neues Leben. Wo seit Ende des 2. Weltkrieges russische Truppen mit Panzern, Schützenpanzern und Artillerie bei späterer Luftunterstützung durch Kampfhubschrauber am Rande des Thüringer Waldes kriegsnah ausgebildet wurden, setzte die Bundeswehr seit der Übernahme des Areals ihre Maßstäbe für den Umweltschutz. Sie lauten: Bevölkerung entlasten, Umwelt schonen.

Der neue Hausherr ging bei den Anwohnern des legendären Truppenübungsplatzes in der Tat von Anfang an behutsam vor. Das hatte auch seinen Grund: Insgesamt lebten hier einst 25 000 russische Soldaten und Familienangehörige. Noch saßen deshalb im Ort die Vorurteile gegenüber den Militärs sehr tief. Unter diesen Vorzeichen wurden Kontakte zu Bürgerinitiativen in Arnstadt und Gotha geknüpft. Dann folgten Treffen mit der Öffentlichkeit. Bei all den freimütigen Gesprächen ging es um die Konzeption umweltschonender Vorsorge für die Tierwelt – etwa 70 Arten von hier standen auf der „Roten Liste“ – und die Landschaft.

Darin hatte die Bundeswehr schon vielfältige Erfahrungen. Hieß früher eine der vordergründigsten Forderungen von Naturschützern Deutschlands „Naturschutz statt Panzer“, so traten sie angesichts der wertvollen Biotope auf ostdeutschen Truppenübungsplätzen nun für einen „Naturschutz durch Panzer“ ein. Man hatte erkannt, dass große, unzerschnittene Militärflächen wie in Ostdeutschland ökologisch bedeutsam sind. Das unregelmäßige „Ballern“ stört die Tierwelt nicht; ansonsten ist sie ganzjährig von den neugierigen Blicken unliebsamer Besucher verschont. Und wenn diese Foren zur Verständigung zwischen Militär und Anwohnern nicht ausreichten, wurde in der Arbeitsgruppe „Truppenübungsplatz Ohrdruf“ mit Abgeordneten, Behörden- und Bürgervertretern weiter beraten. Offiziere der Bundeswehr erläuterten die einzelnen Etappen der Ausbildung, schufen so Vertrauen. Das hat es in den Jahrzehnten zuvor nie gegeben.

„Unsere ständigen Kontakte und der rege Meinungsaustausch mit der Bevölkerung haben dazu geführt, dass die Bundeswehr mittlerweile eine völlig normale Institution geworden ist.“ Das erklärte mir der Kommandeur des Erfurter Verteidigungsbezirkskommandos, Oberst Dieter Zeigert. Mein Interesse war begründet: Durch das Jonastal, am Truppenübungsplatz Ohrdruf vorbei, bin ich in jungen Jahren fast täglich mit meinem Rennrad gefahren, habe dort bei Wind und Wetter trainiert. Oft im Windschatten von russischen Militärfahrzeugen, von denen mir dann Soldaten auf der Ladefläche freundliche Worte wie „Bistro, bistro“ (Schneller, schneller) zuriefen. Was ich auch beherzigte. Bei den 40 bis 50 km/h dieser meist älteren Fahrzeuge im kurvenreichen Jonastal war das meist kein Problem.

Vom 4 950 Hektar großen Gelände – etwa 12 km lang und sechs km breit - nutzte die Bundeswehr nur rund 3 200 Hektar für bedarfsgerechte Übungszwecke. Der Höhenunterschied beträgt im Areal 180 m – ideal zum Üben für alle Waffengattungen. Vorwiegend gibt es hier Mager- und Trockenrasen sowie robuste Pflanzen. Völlig verschont bleiben 900 Hektar Wald. Als Nahziel waren etwa 900 Hektar für die Ausbildung in allen Gefechtsarten vorgesehen. Das wurde dann der Standortübungsplatz für die Panzeraufklärungstruppe. Bis dahin fand die Fahrausbildung auf den Wegen des Übungsplatzes statt. Danach wurden Schotterwege und Straßen angelegt.

Viel später dachte man an die Unterbringung von 550 Soldaten und für weitere 300 im Biwak. Kein Vergleich zur Masse der bisherigen Stationierungstruppen. Deren Anwesenheit spürte man selbst mitten in Ohrdruf mit Schildern wie „Eltern haften für ihre Kinder“ in Deutsch und Russisch, wie ich sie hier oft gesehen habe. Meist kommen Soldaten aus den umliegenden Standorten Erfurt, Gotha und Bad Salzungen hierher. Den Übungsplatz nutzen heute auch Infanteristen und Versorger aus anderen Einheiten vor ihren Auslandseinsätzen.

Was das Schießen betrifft, so boten die noch provisorischen Möglichkeiten nur die Ausbildung an Handfeuerwaffen und mit der Panzerfaust. Ein Lärmemissionsschießen mit 20- und 120-mm-Waffen, so vom Panzer, brachte der Truppe Erkenntnisse, wo dies auf dem Truppenübungsplatz am Besten möglich ist. Spätere Gespräche ergaben, dass die Lärmtests vielerorts in der Umgebung gar nicht zu hören waren. Heute übt man auf modernen Schiessbahnen.

Von großer Aktualität waren damals die Altlasten. Wie der Oberst erklärte, ging es nicht in erster Linie um die Zahl der 600 dokumentierten Fälle. „Aus Verantwortung für Leib und Leben müssen wir untersuchen, welche Gefährdung darin steckt." Nahezu 50 Prozent aller Altlasten betrafen die bisherige russische Garnison und galten überwiegend als Hinterlassenschaften technischer Bereiche. Andere Altlasten seien so beseitigt worden, „dass davon keine Gefahr für Menschen ausgeht".

Die Bevölkerung lebt hier seit Generationen mit Militärs zusammen. Von 1890 stammt das erste Gesuch der Stadt Ohrdruf an das preußische Kriegsministerium zur Einrichtung eines Truppenübungsplatzes. 1906 beschloss der Reichstag, das Gelände zu erwerben. 1919 zog hier die Reichswehr ein. Nach der Aufstellung des „Kraftfahr-Lehrkommandos II" 1934 wurde Ohrdruf zum Geburtsort der deutschen Panzertruppe. Aus dem „Lehrkommando" mit verdeckter Ausbildung entstand 1935 die 1. Panzerdivision Weimar. Zwischen 1936 und 1944 nutzte die Wehrmacht das riesige Gelände. In dieser Zeit wurde die unterirdische Zentrale für eine geheime Fernmeldeführungsanlage „Amt 10" gebaut. Im Herbst 1944 übernahm die SS das Truppenlager und errichtete ein Außenlager des KZ Buchenwald, vermutlich für den Aufbau eines Führerhauptquartiers im Jonastal („Unternehmen S III").

Am 5. April 1945 nahm die 4. US-Panzerdivision Ohrdruf ein. Später kamen Truppenteile der sowjetischen 8. Garde-Panzerarmee hierher. Sie übten auf dieser Seite des Thüringer Waldes während des Kalten Krieges „Angriff" und „Verteidigung". Gerade diesen Truppen des Warschauer Pakts war damals ein überraschender Marsch in Richtung Westen zugedacht. Das zeigten wiederholt gemeinsame Übungen mit der NVA. Auch Befestigungen außerhalb des Truppenübungsplatzes zeugten nach dem Abzug der WGT-Truppen davon.

Luftwaffe reduziert ihre Stärke

Die Wiedervereinigung und die Entspannung im Ost-West-Verhältnis stellten die deutsche Luftwaffe vor ungewöhnliche Herausforderungen. Bisher bestand ihre vorsätzliche Aufgabe darin, die Lufthoheit der alten Bundesrepublik vor unberechtigtem Eindringen von Luftfahrzeugen mit eigenen Mitteln und, wenn notwendig, mit Kräften der Alliierten vor Übergriffen zu schützen. Das änderte sich für das Beitrittsgebiet: Hier musste ab 3. Oktober 1990 der Schutz der Souveränität ausschließlich mit nationalen Kräften und eindeutig defensiven Einsatzwaffensystemen erfolgen. Damit verbunden waren neue Überlegungen bei der Aufklärung und beim Gegenangriff.

Für das Gebiet der früheren DDR wurden in diesem Zusammenhang neue Voraussetzungen geschaffen. Zwischen Rügen und Erzgebirge existierte bis zu diesem Zeitpunkt ein „Diensthabendes System". Es setzte sich aus einer Vielzahl von

Radarsensoren (Rundsuch- und Höhenmessgeräte), Waffensystemen und Führungsgefechtsständen zusammen. Sie wurden jeweils für einen bestimmten Zeitabschnitt in Bereitschaft gehalten.

Nach Einschätzung der Bundeswehr konnte das Einsatzgerät der ehemaligen NVA-Luftstreitkräfte/Luftverteidigung die Forderungen nach einem umfassenden und vollständigen Luftlagebild nicht erfüllen. Es ging nunmehr darum, die erforderlichen Signale nahezu ohne Zeitverlust an die übergeordneten Entscheidungsträger zu übertragen. Gefordert wurde jetzt ein ständiger Austausch an Informationen zwischen Sensoren, Gefechtsständen und Waffensystemen. Und: Das alles sollte nach standardisierten Verfahren stattfinden.

Außerdem sei dieses Gerät „äußerst kostenintensiv, bedingt einen hohen Personalaufwand und wird mittelfristig logistisch nicht mehr versorgbar sein", hieß es. Dass die großen russischen Radargeräte in der NVA noch mit Röhren ausgestattet waren, löste bei den neuen Chefs doch eine gewisse Verwunderung aus. Manche sprachen von „altmodischer Technik". Oder hatten die Konstrukteure dabei schon an die Wirkung von Atomschlägen gedacht?

Die Befehle zum Start von Jagdflugzeugen zur Sichtidentifizierung über den neuen Bundesländern kamen vom Nationalen Operationszentrum in Erndtebrück (Nordrhein-Westfalen). Befehle zum Abdrängen erteilte nur der befugte Nationale Befehlshaber, ein vom Bundesminister der Verteidigung ernannter Offizier im Generalsrang.

Das bedeutete in der Praxis: Die Sicherung der Lufthoheit durch Air Policing mit Jägereinsatz und Air Surveillance mit Radarführungsdienst als alleiniger Auftrag für die deutschen Kräfte. Entsprechend dem Zwei-plus-Vier-Vertrag durfte in Ostdeutschland kein alliierter Verband stationiert werden. Interessant war auch, dass man entlang der früheren innerdeutschen Grenze eine Entflechtungszone eingerichtet hatte. Diese war für militärische Luftfahrzeuge der Nato und der Sowjetunion/Russland verboten. Ihre Überwachung oblag den Luftverteidigungskräften im Westen und Osten Deutschlands. Eine Identifizierungszone existierte auch entlang der deutschen Grenzen zu Polen und zur damaligen CSFR. In das Gesamtsystem Ost wurden, gewissermaßen als erster Schritt, „Freund-Feind-Kenngeräte" eingebaut, die für eine sichere Identifizierung von Luftfahrzeugen unverzichtbar sind.

Für die flächendeckende Luftraumüberwachung, Luftlageerstellung und Jägerleitung hat man ausgewählte Einrichtungen der funktechnischen Truppen der Ex-NVA wie in Pragsdorf, Wusterwitz, Meißen und Sprötau sowie ein Flugsicherungsgerät in Berlin-Tempelhof genutzt. Ursprünglich standen als Jagdkräfte F-4F-Phantom II der Luftwaffe zur Verfügung, die von den Flugplätzen Fassberg, Hopsten und Pferdfeld aus gestartet sind. Später übernahmen diese Aufgaben nationale F-4F-Verbände von Flugplätzen der neuen Bundesländer.

Im früheren Zentralen Gefechtsstand der NVA-Luftstreitkräfte / Luftverteidigung in den Rauener Bergen bei Fürstenwalde (Land Brandenburg) wurde der Sektorgefechtsstand Ost eingerichtet. Die unterirdische militärische Einrichtung trug früher die Tarnbezeichnung „Fuchsbau". Sie unterlag einer sehr hohen Geheimhaltungsstufe. Und wie konnte es jetzt anders sein: Die Bundeswehr stellte es in allen Einzelheiten deutschen Journalisten vor.

Als mich zu dieser Pressekonferenz etwa 50 Kilometer östlich von Berlin zwischen Fürstenwalde und Bad Saarow ein ehemaliger NVA-Oberstleutnant, der als ziviler Mitarbeiter auf Zeit übernommen worden war, telefonisch einlud, sagte er wörtlich: „Wir treffen uns am ‚Fuchsbau'. Du weißt doch, wo das ist." Ich musste ihm entgegnen, dass ich eben nicht weiß, wo sich dieser „Fuchsbau" befindet. Woher sollte ich das auch wissen?

Um die Worte des Pressesprechers der Luftwaffe Ost, Oberstleutnant Hans Agata, wiederzugeben, „wussten noch nicht einmal die Ehefrauen der dort Beschäftigten, wo ihre Männer den ganzen Tag über oder in der Nacht dienstlich waren". Um auch vor der westlichen Luftaufklärung sicher zu sein, fuhren nachts mehrere NVA-Fahrzeuge mit Personal und Versorgungsmitteln oft über eine Stunde durch ein dichtes Waldgebiet, bevor eines davon schnell im unterirdischen Gefechtsstand verschwand. Hier fand damals die militärische Flugüberwachung der DDR im Bestand des Warschauer Vertrages statt. Von hier aus wären im Ernstfall die Befehle für Flugabwehrraketen und Abfangjäger erteilt worden.

Nach dem Sechstagekrieg im Nahen Osten 1967 hatte auch die DDR daraus Schlussfolgerungen zum Schutz von Luftwaffe und Luftverteidigung gezogen, später sogar modernste Informations-Technik installiert. Immerhin ergaben sich für die Angehörigen der Luftwaffe Ost, die nach der Einheit Deutschlands mit einem Teil der Soldaten und Bewaffnung der ehemaligen NVA-Luftstreitkräfte/Luftverteidigung unter Führung erfahrener Bundeswehrangehöriger aufgebaut wurde, mit dieser neuen Überwachungsfunktion sehr sensible Aufgaben. Allein bis zu 1 700 Flugbewegungen der sowjetischen Truppen sowie auch viele Verbindungsflüge fanden Tag für Tag statt. Man musste sie koordinieren, planen und überwachen. Es war ein riesiges Puzzle. Hier ging es wirklich um Leben und Tod.

Das Erfreuliche: Es gab keinen Konflikt im Luftraum, obwohl die Starts, Flüge und Landungen von Jägern und Hubschraubern in vielen Gebieten der neuen Bundesländer stattfanden. Alles in allem handelte es sich laut Oberstleutnant Peter Pflug vom Gefechtsstand Fürstenwalde „um einen zwar sehr belebten, aber gut kontrollierten Flugverkehr".

Ab Frühjahr 1994 existierte die Luftwaffe Ost nicht mehr. Auch der „Fuchsbau", dessen Baubeginn schon im Jahr 1942 stattfand, wurde nun nicht mehr gebraucht. Zuvor hatten sich Piloten der Ex-DDR-Luftwaffe nach der Umschulung im Jagdbombergeschwader 49 in Fürstenfeldbruck ihre Berechtigung zum Fliegen von Bundeswehrmaschinen erworben. Im westfälischen Hopsten (Rheine) erhielten sie im Jagdgeschwader 72 die Ausbildung auf der F-4F Phantom, einem zweistrahligen Kampfflugzeug, das einst den Starfighter abgelöst hatte. Hier schon begannen laut Kommandierendem General Luftflotte, Generalleutnant Gerhard John, „Verfahren und Struktur der Luftwaffe zu greifen und Gestalt anzunehmen".

Aus der bisher für die neuen Bundesländer zuständigen 5. Luftwaffendivision mit Sitz in Strausberg - eigentlich eine kleine Luftwaffe in sich, gänzlich abweichend von den übrigen Einsatzdivisionen - ging dann eine geschmeidige 3. Luftwaffendivision hervor. Sie wurde eine von vier Luftwaffen-Divisionen in Deutschland. Deren Stab verlegte ab Oktober 1994 nach Berlin-Gatow in die General-Steinhoff-Kaserne. Die Division, inzwischen in jeder Weise gesamtdeutsch mit insgesamt 7 500 Soldaten in fünf Verbänden, unterstand wie die 4. Luftwaffendivision mit Sitz in Aurich nun dem Luftwaffenkommando Nord in Kalkar. Damit endete hier eine Interimsstruktur. Jagdgeschwader, Radarführungsdienst, Transportfliegerkräfte und Raketengeschwader wurden nun samt Versorgungsregiment, Flugsicherung und Leitstelle für den Such- und Rettungsdienst (SAR) übergreifend geleitet.

„Bei dieser gravierenden Veränderung wurde die bisher notwendige ‚Regionalisierung' der Verbände und Einheiten nach Auflösung der NVA-Truppen von einer ‚Funktionalisierung' abgelöst, wie sie in den alten Bundesländern üblich ist." So Divisionskommandeur Generalmajor Jürgen Höche. Ihm unterstanden Einsatzverbände von Rheine/Hopsten bei Osnabrück bis ins brandenburgische Ladeburg. Auch das Flugabwehrraketengeschwader 1 „Schleswig-Holstein" in Husum, mit seinen PATRIOT- und HAWK-Raketen eine der Nato-Stützen während der ständigen Konfrontation mit dem Warschauer Pakt, zählte dazu.

Die heutige FlaRak-Gruppe 21 kam als erster PATRIOT-Verband der Luftwaffe in die neuen Bundesländer - mit Soldaten aus den früheren Standorten Möhnesee (Nordrhein-Westfalen) und Bad Arolsen (Hessen). Wo einst die NVA bei Sanitz/Prangendorf (Mecklenburg-Vorpommern) die Raketenkomplexe SA-5 GAMMON und SA-10 GRUMBLE stationiert hatte, wurden nun die Waffensysteme HAWK und ROLAND genutzt. Heute sind die Einheiten dieser Flugabwehrraketengruppe in Sanitz, Prangendorf und Bad Sülze stationiert. Ihre Friedensausbildungsstellung befindet sich in Gubkow. Jeder zweite Soldat und Zivilbedienstete dieses Verbandes kam schon 1993 aus den alten Bundesländern. In den Raketenstellungen und im Gefechtsstand wurden sie mit den Ost-Kameraden schnell ein Team.

Zu DDR-Zeiten war in der Hermann-Duncker-Kaserne der Stab der 41. Flugabwehrraketenbrigade untergebracht. Die ehemaligen Stellungen und Radaranlagen dieses Verbandes befanden sich mit verschiedenen Waffensystemen rund um Berlin. Ihre Standorte: Zachow, Beetz, Fehrbellin, Schönermark, Badingen, Klosterfelde, Prötzel, Fürstenwalde und Reichenwalde. Beim Einholen der Truppenfahne am 2. Oktober 1990 trugen in der Brigade noch etwa 1 700 Soldaten die alte Uniform.

Gewissermaßen als Übergang zur neuen Zielstruktur der Luftwaffe wurde in Ladeburg nach Auflösung der NVA das Flugabwehrraketengeschwader 52 geschaffen. Zu seiner Bewaffnung gehörte die russische SA-5 GAMMON. 1985 in der DDR in Dienst gestellt, sollte sie vor allem gegen wichtige Nato-Luftziele eingesetzt werden. Das waren Aufklärungs- und Leitflugzeuge wie AWACS, Störträger, Träger von Luft-Boden-Raketen sowie hoch und schnell fliegende Ziele. Bei einer Marschgeschwindigkeit von 1 400 Meter pro Sekunde konnten Ziele im Umkreis von 240 km in einer Höhe von maximal 35 km vernichtet werden. Das 10 Meter lange Fluggerät mit einem aktiven Radar im Lenksystem galt damit als die am weitesten reichende Rakete aus der traditionellen SA-Serie. Es diente vor allem der

Abwehr von Interkontinentalraketen. Zur Treffergenauigkeit: Gewöhnlich erreichten vier von fünf Raketen ihr Ziel.

Die Wiedervereinigung besiegelte dann auch das Schicksal dieses Waffensystems, von dem jeweils zwei Lademaschinen in einem Bunker untergebracht und über Schienen zum Einsatz gerollt wurden. Danach baute man die letzten Anlagen ab und transportierte die Raketen zur Vernichtung in Spezialbetriebe. Ziel des Führungsstabes der deutschen Luftwaffe war von Anbeginn eine einheitliche, nach den operativen Einsatzgrundsätzen der Allianz nutzbare Bewaffnung und Ausrüstung.

"Stellen Sie sich vor, ich war Staffelchef eines russischen Raketensystems", sagte mir der neue Kommodore des Geschwaders, Oberstleutnant Horst Reitinger. "Das hätte ich mir früher nie träumen lassen." Doch richtig stolz war er auf seine neuen Kameraden aus dem Osten. "Wir hatten bisher einen ganz normalen Dienstbetrieb mit Ausbildung und Übungen und sind dabei ein tolles Team geworden." Auch das gute Verhältnis der Bevölkerung in den umliegenden Orten zur Bundeswehr habe einen tiefen Eindruck auf ihn hinterlassen. Ihm pflichtete Hauptmann Rudolf Graßhoff bei. Seine Heimat war das Ruhrgebiet. "Auch wenn es anfangs bei einigen Wehrpflichtigen noch keine richtigen Vorstellungen über die demokratischen Rechte bei der Bundeswehr gab, es hat sich seither alles zum Guten entwickelt. Die Leistungen können sich sehen lassen."

Der Geist dieser Truppe - das waren Kameradschaft, Zusammenhalt und keine Ost-West-Differenzen im militärischen Alltag. So auch das Urteil von Bundeswehrangehörigen aus den neuen Ländern. Ihr Dank galt daher dem scheidenden Kommodore, Oberstleutnant Wolfgang Hoppe, als dieser nach Bonn versetzt wurde. Ein nicht alltäglicher Abschied unter Männern: Blumen, Umarmung und manche Träne. Gekommen waren mehr als 100 Gäste aus dem kommunalen und zivilmilitärischen Umfeld sowie zahlreiche ehemalige Offiziere und Unteroffiziere. Sie hatten ihren Bundeswehrdienst wegen der Verkleinerung des Geschwaders quittieren müssen. Sicher wäre so mancher von ihnen gern zur PATRIOT-Ausbildung nach El Paso in die USA mitgeflogen, da doch die einstigen Auslandsreisen der DDR-Raketensoldaten zum Schießen nur in die Sowjetunion geführt hatten. Nach einer Zwischenstationierung in Ladeburg (Juni 1994 bis September 1996) erfolgte die Verlegung des Geschwaderstabes nach Bad Sülze.

Ab 1. Januar 1995 konnte man keinen Unterschied zwischen Luftwaffe Ost und Luftwaffe West mehr feststellen. Die im Vorjahr in dieser Teilstreitkraft eingeführte Luftwaffenstruktur 4 wurde nun auch im Osten voll wirksam. Voraussetzung war die erwähnte Assignierung zwischen der Insel Rügen und dem Erzgebirge in das Nato-Verteidigungsbündnis mit der integrierten Luftverteidigung. Ende 1995 gab es weitere Strukturveränderungen beim Bund, denen auch der Ladeburger Standort zum Opfer fiel.

Den Weg der Bundesluftwaffe im Beitrittsgebiet haben drei wesentliche Entwicklungsetappen gekennzeichnet: Übernahme und Abwicklung einstiger NVA-Truppenteile, Aufstellung der neuen Bundeswehrverbände sowie Gewährleistung ihrer Einsatzfähigkeit. Allein die Auflösung dieser Teilstreitkraft im beigetretenen Teil Deutschlands schätzten die beteiligten Verantwortlichen nahezu einhellig als ein „gigantisches Werk“ ein.

Getreu der Devise „Altes Gerät und neue Strukturen" musste in den ersten Jahren nach der Wiedervereinigung bis zur Aufstellung des „gemischten" ostdeutschen Großverbandes, der vom Luftflottenkommando in Porz-Wahn bei Köln geführt wurde, viel verändert werden. Die Anzahl der Truppenteile und Dienststellen verringerte sich von rund 270 auf 23. Der Personalbestand ging von 21 000 Soldaten auf etwa ein Drittel zurück - mit 3 000 Wehrpflichtigen, 3 730 Unteroffizieren und 650 Offizieren. Um die Betriebskosten der Luftwaffe deutlich zu senken, wurde auch die Typenvielfalt der Waffensysteme reduziert.

Nachdem man Fernmeldeverbindungsdienst und Luftraumüberwachung direkt übernommen hatte, passten sich boden- und luftgestützte Verteidigung, Lufttransport, Flugsicherung, Einsatzunterstützung und Ausbildung immer mehr dem Verteidigungsauftrag der Bundesluftwaffe an. Jeweils zwei Geschwader und Flugabwehr-Dislozierungsräume bildeten den Kern der neuen „ostdeutschen Luftwaffe".

Sie verfügte vor allem über die bereits erwähnten Jagdflugzeuge MiG-29 FULCRUM im Preschener Fliegerhorst und später in Laage bei Rostock sowie die hierher verlegte ehemalige 2. Staffel des Jagdbombergeschwaders 35 aus Sobernheim (Rheinland-Pfalz) mit deren 32 F-4F Phantom II. Nun beherbergte das Land Mecklenburg-Vorpommern das kampfstärkste Jagdgeschwader der deutschen Luftwaffe. Wer hätte das gedacht! Mecklenburg war doch früher eher der Inbegriff für Rückständigkeit. Denn dort passiert „alles 100 Jahre später", sagte 1885 Reichskanzler Otto von Bismarck.

Bereits seit Februar 1995 stand die MiG-Alarmrotte der Nato zur Verfügung, wie man überhaupt mit der Nato-Assignierung und der Ausdehnung ihrer Strukturen auf die neuen Bundesländer der sicherheitspolitischen Normalität in Gesamtdeutschland und damit auch der Verwirklichung der Einheit einen wichtigen Schritt näher gekommen war. Dabei übernahmen der Oberste Alliierte Befehlshaber in Europa, SACEUR, und der regionale Luftverteidigungsbefehlshaber Zentraleuropa, COMAIRCENT, die Verantwortung für Luftverteidigung und Air-Policing-Aufgaben in diesem Bereich.

Die Flugabwehr in den neuen Ländern stützte sich anfangs besonders auf das erwähnte sowjetische System SA-5 GAMMON. Die SA-5 wurde dann mit den vorrangig gegen Tiefflieger und Ziele in mittlerer Höhe einsetzbaren HAWK- sowie PATRIOT-Raketen ergänzt, mit denen sogar mehrere Ziele in fast jeder Flughöhe gleichzeitig bekämpft werden können. Und später von diesen ersetzt.

Die Ex-NVA-Hubschrauber des Typs Mi-8 HIP mit einer Ladepforte im Heck und eingebauten Rampen konnten auch Fahrzeuge an Bord nehmen. In Friedenszeiten nutzte sie beispielsweise der Such- und Rettungsdienst der Bundeswehr oder die Berlin-Basis der Flugbereitschaft in der Salonversion. Obwohl damit nur 250 km/h erreicht wurden, wiesen die wendigen Fluggeräte seit 1992, dem Beginn des Einsatzes bei der Bundeswehr, ihre Zuverlässigkeit beim VIP-Personentransport nach. Vor allem bei Flügen des Bundespräsidenten und des Bundeskanzlers oder mit Staatsgästen von Ort zu Ort in den alten und neuen Bundesländern. Eine Verstärkung für die Transportkapazitäten der Bundesluftwaffe, die im wiedervereinigten Deutschland erheblich vergrößerte Distanzen nicht nur für militärische Zwecke, sondern auch im Personentransport zu bewältigen hatte, bildeten ebenfalls die ehemaligen NVA-Maschinen der sowjetischen Typen Tu-154 M CARLESS und An-26 CURL.

Generell galt auch für die Luftwaffe, den Prozess der Sparsamkeit so gut wie möglich zu gestalten. Vordergründig ging es darum, mit weniger Kräften auf einem gewachsenen Territorium die hohe Flexibilität und Reaktionsfähigkeit weiter auszubauen. Bei einer Reduzierung um zirka 30 Prozent des Personalbestandes mussten auch die einst 14 Kampfgeschwader in den alten Bundesländern auf nunmehr zehn in Gesamtdeutschland reduziert werden. Es existierten nur noch 13 Fliegerhorste, nachdem 39 Flugplätze von Alliierten und GUS-Streitkräften geschlossen wurden. Deutschland sicherte sich damit eine glaubwürdige Verteidigung. Zumal mit dem Ende des Kalten Krieges zwar alte Gefährdungen, aber nicht alle Risiken beseitigt worden waren.

Ganz im Sinne der damals jüngsten Nato-Überlegungen wurden sowohl die Aufklärungs- und Führungsfähigkeiten verbessert als auch die Lufttransportfähigkeiten vergrößert. Diesem Ziel diente zudem die Verwirklichung des Führungssystems Air Command and Control System (ACCS) und die Weiterführung des Nato-Identifizierungssystems.

Dresdner Wappen auf Europas Flughäfen

Wie es sich in einer solchen Antonow An-26 CURL reist, erlebte ich mit einer ostdeutschen Journalistengruppe auf dem Flug nach Brüssel zum Nato-Hauptquartier. Schon vor dem Abflug bei Berlin war uns am Heck dieses Mittelstreckentransporters das Staffelabzeichen mit dem Dresdner Wappen und der Aufschrift TS-24 aufgefallen. Auch auf dem Brüsseler Militärflughafen gab des dafür Interesse: Während wir ausstiegen, wechselte ein belgischer Feldwebel ein paar freundschaftliche Worte mit der vierköpfigen Besatzung aus Sachsen. Er wollte wissen, wie der Flug verlaufen ist, welches Wetter in Deutschland herrscht. Zudem interessierte er sich für die Leistungen der Militärmaschine sowjetischer Bauart, die hier noch immer so etwas wie Seltenheitswert besaß.

Flüge in Nato-Staaten galten zu NVA-Zeiten für die Angehörigen der Transportfliegerstaffel 24 in Dresden-Klotzsche nach dem Willen der Staats- und Armeeführung als „falsche Träume". Wer darüber sprach, dem erteilte die allgegenwärtige Stasi-Abwehr das fliegerische Aus. Stattdessen mussten die ostdeutschen Flugzeugführer immer wieder in sozialistischen Ländern Starts und Landung trainieren, ihr Können oft unter Feldbedingungen beweisen. Nur ganz selten durften zivile Passagiere an Bord. Die Gefahr einer Entführung der Maschine in den Westen war zu groß.

Seit der Wiedervereinigung gehörten Personal- und Materialtransporte in das gesamte Bundesgebiet ebenso zum Alltag der Staffel wie Flüge nach Suda auf Kreta, Beja in Portugal und Decimomannu auf Sardinien. Täglich flogen vier bis fünf Maschinen des Typs An-26. Bis zu 500 Flugstunden standen monatlich zu Buche. Vor der Wiedervereinigung kam man auf 200 bis 250. Für die 15 Kommandanten, 12 zweiten Piloten, 20 Steuerleute und 13 Bordtechniker der Staffel unter Kommandeur Major Detlef Gröschel bedeutete diese Umstellung auf ein völlig neues Reglement eine große fliegerische Herausforderung.

In den zwölf Maschinen samt Personal sah die Bundesluftwaffe, so deren Einschätzung, „eine willkommene Verstärkung aus Dresden". Deren Vorteil gegenüber dem zuverlässigen Truppentransporter „Transall", der 16 Tonnen oder 91 Passagiere laden kann, bestand darin: Mit einer Nutzlast von 5 500 Kilogramm oder Sitzplätzen für 30 bis 39 Personen galt dieser Typ als ein „Fliegengewicht". Zudem benötigte er keine großen Start- und Landebahnen. Den Schulterdecker konnte man mit einem bordeigenen Kran beladen, eigentlich unter allen meteorologischen Bedingungen einsetzen.

Das Rüstzeug für die neuen Bundeswehraufgaben erwarben sich alle Flugzeugführer aus der sächsischen Einheit im Lufttransportkommando Münster. In der Elbestadt koordinierte Major Jürgen Trapp, ein Flugsicherungsstabsoffizier vom Lufttransportgeschwader 63 in Hohn (Schleswig-Holstein), alle dienstlichen Belange. Als Partner stand ihm Oberleutnant Frank Zinnow zur Seite. Er musste sich aber in diese Funktion erst einarbeiteten.

Zwischen all diesen Flügen sorgte die Reparaturgruppe der Staffel in Dresden dafür, dass die Sendboten aus der sächsischen Landeshauptstadt ihre Ziele auf Europas Flughäfen sicher erreichen und heil zurückkehren konnten. In der NVA waren sie zwischen 1980 und 1985 in Dienst gestellt worden. Die Antonows, deren Prototyp schon 1967 seinen Erstflug in der Sowjetunion absolviert hatte, verstärkten die Lufttransportkapazität der gesamtdeutschen Streitkräfte. Aber selbst bei der Frachtausführung mit klappbaren Metallsitzen an den Seiten, so mein Eindruck vom Flug nach Brüssel und zurück, ließ es sich ganz gut reisen.

Die Dresdner Maschinen, Anfang Februar 1991 dem Transportgeschwader 44 in Neuhardenberg unterstellt, hatten trotz der bis dahin kurzen Zugehörigkeit zur Bundeswehr ein verantwortungsvolles Erbe angetreten: Sie erhielten die Kennungen der ehemaligen Luftwaffentransporter „Noratlas". Von diesem Ganzmetallschulterdecker mit zwei Doppelleitwerksträgern verfügte die Bundeswehr einst 186 Exemplare. Sollte einmal ein deutscher Tourist auf einem Flugplatz im Ausland das Staffelabzeichen am Zweimotorer aus der Ex-NVA nicht gleich erkennen können, sagte man uns auf der Heimreise, so brauchte er sich nur die taktischen Nummern 52-01 bis 52-12 zu merken. So einfach ist das mit dem Flugwesen, bei dem vor rund 100 Jahren deutsche Flugpioniere wie Hermann Dorner und Hans Grade mit den ersten Motorflügen in selbstgebauten Kisten manchmal nur 65 Kilometer in der Stunde erreichten. Was damals als Sensation galt!

Von der anderen deutschen Luftwaffe übernahm die Bundeswehr auch die zweimotorigen Schulterdecker LET L-410 S. Diese wurden in der Tschechoslowakei in der einmaligen Größenordnung von mehr als 1 000 Stück gebaut und benötigten nur eine Landebahn von einem Kilometer Länge. Jetzt standen vier Maschinen mit dem Eisernen Kreuz bereit. Die Volksarmee setzte ursprünglich zwölf als Passagier-, Kurier- oder Schulflugzeuge ein. Ihre eigentliche Attraktion waren die idealen Arbeitsmöglichkeiten in gut 3 000 Meter Höhe an geräumigen Tischen, selbst bei kleinen Konferenzen. „Mit einem Treibstoffvorrat für eine Reichweite um 1 000 Kilometer ergänzten die Maschinen sehr gut unseren Flugpark", erläuterte mir Staffelkapitän Oberstleutnant Harald Stern.

Auf dem Flughafen in Berlin-Tegel, den die französischen Streitkräfte bis zum Abzug 1994 nutzten, wurden deutsche Militärflugzeuge und Hubschrauber von damals 185 Mann betreut. Zu 95 Prozent hatten diese Männer aus Brandenburg (Havel), Neuhardenberg und Strausberg (alle Land Brandenburg) in der NVA gedient. Wehrpflichtige aus der Hauptstadt gehörten ebenfalls zum Personal. Nun kamen immer öfter Maschinen mit einer umflogenen Weltkugel an den Bordtüren hierher - dem Wappen der Flugbereitschaft Köln-Wahn.

Bisherige Einsatzunterstützungskräfte wie Kfz-Transportkompanien, Werkstätten und Lager unterstanden einem Luftwaffenversorgungsregiment. Ob im Funktechnischen Bataillon in Pragsdorf, beim Radarführungsdienst oder auf der Flugplatzbasis in Trollenhagen – überall bemühten sich die Männer aus Ost und West gemeinsam um gute militärische Leistungen.

Kommandoführung bis nach Nordrhein-Westfalen

Ein weiterer Höhepunkt in dieser Entwicklung war der Umzug des Kommandos der 3. Luftwaffendivision nach Berlin-Gatow. Während eines militärischen Zeremoniells wurde die Bundesdienstflagge auf dem ehemaligen deutschen Fliegerhorst gehisst. Dieser hatte zuvor der Royal Air Force 49 Jahre lang als Militärstützpunkt gedient.

In einem Grußwort wertete Berlins Regierender Bürgermeister Eberhard Diepgen (CDU) die Bundeswehr als einen "Grundpfeiler und Garant unserer Freiheit". Auch diese Übernahme eines bisher von den befreundeten Alliierten genutzten Areals, wo während der Luftbrücke zwischen Westdeutschland und West-Berlin täglich bis zu 1 000 Tonnen lebensnotwendige Güter befördert wurden, verkörperte sehr symbolisch die wachsende Souveränität des gesamtdeutschen Staates und seiner Hauptstadt.

Nachdem sich die Briten mit der Schlüsselübergabe und dem Einholen der Truppenfahne aus Gatow verabschiedet hatten, versicherte Verbandskommandeur Generalmajor Jürgen Höche den Spandauern eine "von gegenseitiger Achtung und Hilfsbereitschaft getragene Partnerschaft". Damit wollten die hier stationierten Bundeswehr-Soldaten "in das gute Verhältnis unserer britischen Freunde zur Bevölkerung eintreten und fortsetzen. Wir alle sind stolz und dankbar zugleich, in der Hauptstadt zu sein, wo man sich wohlfühlen kann", betonte der gebürtige Berliner. "Wir werden natürlich auch unsere Soldaten mit der Geschichte Berlins vertraut machen." Was dann regelmäßig geschah.

Mit dem Umzug der Kommandoführung in den Süden Berlins nahm die Division ihre endgültige Struktur ein. Ihr geographischer Bereich erstreckte sich nun von Nordrhein-Westfalen über Niedersachsen, Schleswig-Holstein und Mecklenburg-Vorpommern bis nach Brandenburg und Berlin. Dazu gehörten Jagdgeschwader in Rheine/Hopsten und Laage, das Aufklärungsgeschwader "Immelmann" in Jagel/Kropp, die Flugabwehrraketengeschwader in Husum und Ladeburg, Flugabwehrraketengruppen in Husum, Stadum/Leck, Oldenburg und Sanitz.

Diese Verbände verfügten über Flugzeuge der Typen F-4F Phantom II, Tornado und MiG-29 sowie die Waffensysteme PATRIOT und HAWK.

In Gatow fand nun zur Freude der Anwohner keine Flugtätigkeit mehr statt. Auch hier diente nur noch „ruhiges Militär". Das riesige Gelände wurde um ein Drittel seiner Fläche verkleinert. Es beheimatete ein Fernmeldebataillon, das Luftwaffenmusikkorps 4, das Luftwaffenmuseum, eine Fachschule der Streitkräfte und weitere Dienststellen. Ein großer Teil der Wohngebiete, der Schießplatz, der Golfplatz und einige Sportplätze gehörten nicht mehr zum Fliegerhorst.

Nächstes größeres Ereignis war die offizielle Einweihung der Dienststelle am 6. Oktober 1994. Dabei erhielt die Einrichtung den Namen "General-Steinhoff-Kaserne". Die Bundeswehr ehrte einen ihrer ehemaligen Luftwaffeninspekteure, der hier einst seine Pilotenkarriere begonnen hatte und später auch wichtige Nato-Posten einnahm. Wie eng der neue Bundeswehr-Standort mit der Bevölkerung verbunden war, zeigte sich schon bei einem Fußballspiel zwischen Angehörigen des Divisionsstabes und Mitarbeitern des Bezirksamtes. Gatow konnte zu jener Zeit auf eine wechselvolle militärische Vergangenheit zurückblicken.

Hier war einst die Luftwaffenakademie der deutschen Vorkriegs-Streitkräfte errichtet worden. Nach der Nutzung während des 2. Weltkrieges als Schulungszentrum und Flugfeld für vielfältige Flugzeugtypen wurde der Horst am 26. April 1945 von russischen Truppen besetzt. Am 2. Juli übernahmen die Briten die Kontrolle. Zwischen 22. Juni 1948 und 12. Mai 1949, als die Russen über Berlin die totale Blockade der Land- und Wasserwege verhängt hatten, gehörte die Militärbasis im britischen Sektor zu einem der drei Stützpunkte der Luftbrücke der Alliierten bei der Versorgung der 2,2 Millionen Einwohner im Westteil der Stadt.

Nach diesem erfolgreichen Auf- beziehungsweise Umbau der Luftwaffe stellte deren Führung fest: Der Auftrag wird auch in Zukunft sein, den Schutz und die Sicherheit unseres Landes und unserer Bevölkerung gegen Angriffe aus der Luft zu gewährleisten. Neben der Luftverteidigung als Kernaufgabe ging es ebenso um Mittel, „die - falls notwendig - in der Lage sind, den Kampf auch in die Tiefe zu tragen". Was die damit zusammenhängende Beeinträchtigung der Bevölkerung vom Übungsbetrieb betraf, so war diese in den letzten Jahren schon „enorm zurückgegangen", sagte der damalige stellvertretende Luftwaffeninspekteur Generalleutnant Bernhard Mende. „Sie wird im Vergleich zur ‚alten' Bundesrepublik noch weiter reduziert."

Konkret sah das so aus: Trotz veränderter sicherheitspolitischer Rahmenbedingungen und des damit einhergehenden Abbaus und Abzugs von Streitkräften waren beispielsweise 1995 im niedrigen Höhenbereich 8 000 Flugstunden notwendig. Etwa 2 500 Flugstunden entfielen auf die neuen Länder, wo zu DDR-Zeiten russische und NVA-MiG alljährlich bis zu 40 000 Flugstunden absolviert hatten. Darüber informierte das Luftwaffenamt rechtzeitig die Vertreter von Städten und Gemeinden der neuen Bundesländer in Potsdam. Auch diese Geste gegenüber der Öffentlichkeit war ein Novum im Osten Deutschlands.

Jedenfalls wurde der Umfang des taktischen Ausbildungsflugbetriebes wesentlich von der Anzahl der in Deutschland stationierten Kampfflugzeuge bestimmt, die sich im Rahmen der internationalen Abrüstung deutlich verringerten. Aufgelöst wurden die Geschwader in Husum, Oldenburg, Leck und Bremgarten. Das Fürstenfeldbruck-Geschwader traf dieses Schicksal 1997.

Bei den Alliierten waren von den Reduzierungen Zweibrücken, Sembach, Hahn und Bitburg mit amerikanischen, Gütersloh und Wildenrath mit britischen sowie Söllingen und Lahr mit französischen Kampfjets betroffen. Somit existierten mit den ebenfalls aufgelösten WGT-Flugplätzen ab 1. Januar 1995 in Deutschland insgesamt 39 Flugplätze nicht mehr. Jetzt gab es nur noch 13 deutsche Fliegerhorste: Hopsten, Schleswig/Jagel, Wittmundhafen, Pferdsfeld, Neuburg, Nörvenich, Lechfeld, Büchel, Memmingen, Jever, Fürstenfeldbruck, Eggebek/Tarp und Laage. Von den amerikanischen und britischen Flugplätzen verblieben Ramstein und Spangdahlem beziehungsweise Brüggen und Laarbruch.

Mit der Auflösung von Geschwadern, dem Teilabzug alliierter Verbände sowie dem Abzug der WGT-Luftstreitkräfte zwischen 1990 und 1994 verringerte sich die Gesamtzahl der Kampfflugzeuge in Deutschland um etwa zwei Drittel auf 751. Obwohl nach den Rüstungs-Kontrollvereinbarungen der Bundesluftwaffe sogar eine Höchstzahl von 900 Kampfflugzeugen zustand, wollte sie ab 1995 nur noch mit 464 Maschinen dieser Kategorien fliegen und so dem Abrüstungsprozess in Europa neue Impulse verleihen.

Für die Luft-Boden-Ausbildung mit taktischen Tiefflugübungen verfügten die Bundeswehr und ihre alliierten Partner die Schießplätze Nordhorn und Siegenburg sowie begrenzt Truppenübungsplätze des Heeres. In Wittstock protestierten seit 1994 Teile der Bevölkerung aus Brandenburg und Mecklenburg/Vorpommern gegen die beabsichtigte militärische Nutzung durch die Bundeswehr, was 15 Jahre später per Gerichtsbeschluss bestätigt wurde. Außerdem flogen die Deutschen zusätzlich Luft-Boden-Schießplätze in Belgien, den Niederlanden und Frankreich an.

Mit der Sicherstellung der territorialen Integrität und der Überwachung des eigenen Luftraumes durch nationale Luftverteidigungskräfte wurden Luftkampf- und Abfangeinsätze sowie international übliche Verfahren für Jagdgeschwader Bestandteile dieser Aufgaben, allerdings nicht unter 1 800 Meter. Eine Tiefflugvermessungsanlage namens „Skyguard“ (Himmelswächter) aus dem Luftwaffenamt - auf der ILA 94 vorgestellt - überwachte die Piloten, ob sie unberechtigt zu tief fliegen oder von ihren vorgegebenen Tiefflugstrecken abweichen. Ihre Luftkampfausbildung verringerte die Luftwaffe von 6 030 (1987) auf 1 260 Flugstunden (1995). Die Alliierten reduzierten ihre Aktivitäten von 25 340 auf 8 900 Flugstunden. Tiefstflüge fanden zu dieser Zeit nur in der kanadischen Basis Goose Bay statt. Auch in Italien und den USA übten ständig deutsche Flugzeugführer.

Das Luftwaffenamt betonte bei der Präsentation all dieser Zahlen und Fakten, dass im niedrigen Höhenband (300 Meter) nur 10 Prozent des gesamten militärischen Flugbetriebes über Deutschland stattfinden. Nach wie vor mussten sich moderne taktische Luftstreitkräfte auf unterschiedliche Szenarien mit hochmodernen Flugabwehrsystemen einstellen, hieß es schon damals.

Erinnern möchte ich in diesem Zusammenhang noch einmal an eine Standortbestimmung in Strausberg mit 40 Kommandeuren der Luftwaffe. Die Chefs von Ausbildungsverbänden, technischen Schulen und Dienststellen erörterten, wie im künftig breiteren Aufgabenspektrum die vom Bundesverteidigungsminister erlassenen Verteidigungspolitischen Richtlinien weiter wirksam umgesetzt werden können.

Als "reaktionsschnelle, flexible Instrumente der Sicherheitspolitik" sollen sich die beteiligten Verbände vor allem durch "großräumige Beweglichkeit und operative Präzision" auszeichnen. Das gelte "bei humanitären und Friedensmissionen wie in Krise und Verteidigung", betonte der Amtschef des Luftwaffenamtes, Generalmajor Botho Engelien. Schon bald bereitgestellt würden die für Krisenreaktionskräfte des Bündnisses vorgesehenen Staffeln und Kräfte zur Einsatzunterstützung.

Das Luftwaffenamt, bisher für die allgemeinmilitärische und nun auch für die militärfachliche Ausbildung verantwortlich, hatte bereits damit begonnen, diese Anforderungen am neuen Auftrag auszurichten. Da das auf jeden Rekruten, aber auch auf Unteroffiziere und Offiziere der Teilstreitkraft zutraf, wurden schon hier Voraussetzungen für die Krisenreaktionsfähigkeit geschaffen. Von diesem "Einsatzbedarf der Zukunft" war besonders die Technik-Ausbildung von Flugabwehrraketensoldaten, Flugzeugführern und Navigatoren geprägt. Der Vorteil: Die Ausbildung lag nun in einer Hand; Doppelausbildung und unnötige Wiederholungen wurden vermieden.

Auf eine mögliche Entwicklung zur "Zwei-Klassen-Armee in der Luftwaffe" angesprochen, verneinte Engelien die spezielle Vorbereitung in den Verbänden der Krisenreaktionskräfte mit den Kampfflugzeugen Tornado und Phantom sowie HAWK-, PATRIOT- und ROLAND-Einheiten. "Das können wir uns auch gar nicht erlauben", sagte er und verwies auf die insgesamt 106 Kampfstaffeln der Luftwaffe. Davon sollten künftig 34 Staffeln mit Führung und Logistik, Lufttransport und -betankung die Krisenreaktionskräfte bilden.

Den neuen Auftrag könne aber nur die gesamte Luftwaffe tragen. „Wenn wir nur einen Bereich zuungunsten eines anderen übermäßig ausstatten, hätten wir sofort eine Schräglage." Dann sei die Luftwaffe nur sehr schwer in ihrer Ganzheit einsatz- und verteidigungsfähig zu halten. Jede Möglichkeit der „Demotivation" wolle man daher vermeiden. Nur so sei zu gewährleisten, dass bei einem möglichen "Einsatz über eine längere Zeit die Staffeln ohne Qualitätsverlust ausgetauscht werden könnten".

Davon zeugten die Erfahrungen der Alliierten während des ersten Golf-Krieges, wo man stets nur einzelne Einsatzelemente ausgetauscht hat. Beim Lufttransport habe Deutschland "wie alle unserer Partner Bedarf". Deshalb müsse man auch auf andere Möglichkeiten zurückgreifen. Wichtig sei, dass der Lufttransport "die rasche Erstbefähigung vor Ort sicherstellt, was nicht zwangsläufig gleich Waffeneinsatz bedeutet". Die "großen Pakete, die dann die Kampffähigkeit oder Auftragswahrnehmung über längere Zeiträume sicherstellen", müssten "mit anderen Transportmitteln erfolgen". Das könnten auch Schiffs- und Eisenbahntransporte sein, "um den Massenbedarf zu gewährleisten".

Während des Treffens berichteten Kommandeure aus allen Bereichen des Luftwaffenamtes über bisherige Erfahrungen bei der Ausbildung entsprechend dem geänderten Auftrag. Für den Chef der deutschen Luftwaffen-Raketenschule in El Paso (Texas), Oberst Bernhard F. Müller, waren die "fachlichen und bewußtseinsmäßigen Anforderungen an die Soldaten auch im Hinblick auf die Krisenreaktionskräfte beträchtlich größer geworden". Durch Überzeugung, politische Bildung und Erziehungsarbeit sollten die Unteroffiziere und jungen Offiziere an die neue Auftragslage herangeführt werden. Mehr fachliches Hintergrundwissen und mehr Fertigkeiten wurden bei der Bedienung komplizierter Geräte mit modernster Mikroelektronik verlangt. Nur so waren die drei Typen von Flugabwehrraketen "im Daten- und Führungsverbund" zu meistern.

Mit sanitätsdienstlicher Auftragserfüllung sollte den Soldaten der Krisenreaktionskräfte eine medizinische Versorgung wie zu Hause zuteil werden. Dies für den Fall einer Erkrankung, eines Unfalls oder einer Verwundung. Das machte Dr. Verena von Weymarn deutlich. Als Generalarzt der Luftwaffe war sie nicht nur die erste Frau im Generalsrang der Bundeswehr, sondern in der deutschen Militärgeschichte überhaupt. Nun gehe es darum, "zur richtigen Zeit die richten Leute parat zu haben. Wir wollen keine 'handverlesenen' Personen, sondern Teams einsetzen, die sich schon vor Auslandseinsätzen kennen und miteinander vertraut sind." Vorgesehen waren mobile Rettungsstationen für die erste allgemeinmedizinische Versorgung und notfallmedizinische Hilfe.

Nach der sächsischen Humanzentrifuge ins Kampfflugzeug

Wie ernsthaft und intensiv man sich in der Luftwaffe auf die realitätsnahe Ausbildung von Luftfahrzeugbesatzungen eingestellt hat, erlebte ich im sächsischen Königsbrück. In die Luftwaffen-Außenstelle für Flugphysiologie - heute Flugmedizinisches Institut der Luftwaffe - machte an diesem Tag eine achtköpfige Gruppe von Pilotenschülern der Bundeswehr einen dienstlichen Abstecher. Das war unmittelbar vor ihrer Ausbildung zu Jet-Piloten in den USA

Hier bei Dresden erwartete die jungen Männer eine der leistungsfähigsten Humanzentrifugen Europas. Ebenso eine hochmoderne, EDV-gestützte Höhen-Klima-Simulationskammer. In beiden Anlagen müssen sich die Piloten der Bundeswehr extremen Anforderungen stellen, um Situationen kritischer Flugzustände schon in der Simulation zu trainieren.

Diese Großgeräte stammten von der NVA. Sie waren 1986 und 1987 für die ostdeutschen Einsatzpiloten der russischen MiG-29 FULCRUM mit westlichen Spitzenerzeugnissen gebaut worden. Alles natürlich „Streng Geheim". Kein ziviler DDR-Journalist durfte sich je in dieser Einrichtung umsehen und vielleicht auch noch fotografieren. Daher mein großes Interesse an dieser supermodernen Einrichtung.

Die Bundeswehr hatte den „Hochtechnologiebereich des ehemaligen sehr renommierten und leistungsfähigen Instituts für Luftfahrtmedizin übernommen, da Gleichwertiges bei uns nicht vorhanden war". Das meinte der Generalarzt der Luftwaffe, Dr. Hartmut Zacher. Eine Verlagerung der Ausbildung für Besatzungen in Druckkabinen sei damals „als sinnvoll erachtet" worden, „um ihnen eine optimale, heutigen Erfordernissen angepasste Flugphysiologie anzubieten".

Unter ärztlicher Aufsicht sind hier einige der Umstände erlebbar, die in einem Hochleistungskampfflugzeug der neueren Generation bewältigt werden müssen. Ein erster "Flug" im Cockpit am 10 Meter langen Arm der Humanzentrifuge diente der Gewöhnung. Der zweite "Lauf" konfrontierte die jungen Leutnante über Sekunden mit verstärkten Beschleunigungskräften. Flugeindrücke wurden im Kabinendisplay zur Realität.

Steuerknüppel, Schubhebel und Druckluftversorgung machten die Simulation bis an die psycho-physiologischen Belastbarkeitsgrenzen, vor allem während des rasanten Kurvenfluges, perfekt. In dieser angespannten Situation kann beim Piloten sogar eine Handlungsunfähigkeit über mehrere Sekunden entstehen. Mit der Humanzentrifuge werden deshalb solche vorausschaubaren Zustände risikoarm erzeugt und die aktive Flugsicherheit erhöht.

Geübt wurden noch keine Loopings und Kurven, auch keine Auf- und Abschwünge. Das konnte mit dem Drehen, Rollen und Nicken der Kabine bei Umlaufgeschwindigkeiten bis zu 150 km/h problemlos nachgestaltet werden. Dennoch kontrollierte ein Expertenteam ständig an Monitoren und Messgeräten die Akteure. Es ging wirklichkeitsnah um die Herzfunktion, die Durchblutungssituation im Kopfbereich, die Atemfähigkeit sowie die Reaktionsfähigkeit auf Lichtsignale - alles, um die gefürchtete, kurzzeitige Bewusstlosigkeit (hier auch Blackout) unter Flugbedingungen zu verhindern.

Das waren nur einige der ermittelten Daten. Aber für die Flugmediziner haben sie große Bedeutung. So kann man die Piloten in dieser Grenzsituation gut überwachen, was in erster Linie deren Sicherheit dient. Weitere Messgrößen wie Blutdruck, Blutfluss und zusätzliche Atemparameter standen bei Bedarf zur Verfügung. Hier wurde selbst dem Laien verständlich, welch eine hohe Verantwortung die Wehrmediziner bei der Vorbereitung des Flugpersonals auf ihre künftigen Einsätze tragen: Hochleistungskampfflugzeuge legen bei einer Geschwindigkeit von 1.0 Mach etwa 340 Meter pro Sekunde zurück. Das sind rund zehn Kilometer in einer halben Minute. Und auf den menschlichen Körper wirken dabei hohe Erdanziehungskräfte, auch G-Belastung genannt.

Obwohl es sich in Königsbrück vorwiegend um ein passives Training handelte, waren die jungen Bundeswehrangehörigen voll bei der Sache. Die eng sitzende Anti-G-Hose, die in Abhängigkeit von der Überlastung mit Druckluft ein "Versacken" des Blutes in die unteren Körperpartien verhindern soll, aber auch die Anspannung der Muskulatur und die koordinierte Atemtechnik dienten der Erhöhung der eigenen G-Toleranz und wirkten dem mehrfachen Körpergewicht beim Flug entgegen.

Die besten Werte schaffte an diesem Morgen der 22 Jahre alte Berthold Eibisch aus Bayern. Sein „Geheimnis“: Ein persönliches Fitnessprogramm mit regelmäßigem Laufen und Schwimmen. "Es ist hier schon beeindruckend, wenn man seine eigenen Leistungsgrenzen spüren kann."

Die Simulation von Höhen und Klima ist in diesen Anlagen nach wie vor fester Bestandteil von Untersuchung und Ausbildung, auch von Forschung und Entwicklung. Höhenbedingungen bis zu 25 000 Meter, die sich durch geringen Luftdruck und Temperaturabfall auf etwa minus 40 Grad Celsius darstellen lassen, können in kürzester Zeit erreicht werden. Zur Verfügung steht eine 10-Personen-Unterdruckkammer. Eine kleinere Dekompressionskammer wird als Schleuse genutzt.

Hier geht es, so die Flugmediziner, um eine auf den Einsatz orientierte flugphysiologische Ausbildung. Sie erreicht man durch die erlebbare Vermittlung der Grenzen der eigenen Leistungsfähigkeit bei zunehmendem Sauerstoffmangel. Aber auch die Baro-Funktion bei schnellen beziehungsweise schlagartigen Druckänderungen wird ermittelt. So ist die Verträglichkeit von Druckausgleichsvorgängen im Organismus exakt zu beurteilen. Man übt unter Aufsicht Gegenmaßnahmen wie Anti-G-Manöver, um sie dann in der Praxis effektiv einsetzen zu können.

Bei dieser ganzheitlichen Flugmedizin sind immer Mediziner sowie Flugpsychologen und Diplom-Sportlehrer zugegen. Sie überwachen nicht nur. Sie geben allen Beteiligten Ratschläge für künftige Flüge in den modernen Maschinen. In der Fliegertrainingshalle können die Bundeswehrangehörigen spezielle Muskelgruppen und das Gleichgewichtsorgan belasten.

Für den damaligen Leiter der Einrichtung, Oberstarzt Dr. med. Dipl.-Ing. Heiko Welsch, "hat die Flugmedizin einen ganz wesentlichen Anteil an der Flugsicherheit“. Mit neuen Konzepten werden in Königsbrück nicht nur die Anforderungen an eine realitätsnahe Ausbildung der Luftfahrzeugbesatzungen erfüllt. Damals wie heute steht hier eine moderne Technologie mit Wachstumspotential zur Verfügung. Dazu kommt ein optimal ausgebildetes Fachpersonal, das den Probanden ein Höchstmaß an wehrmedizinischer Sicherheit bietet.

Mit der Namensgebung "Hubertus-Strughold-Simulationszentrum" 1991, die einem aus Westfalen stammenden Pionier der Raumfahrtmedizin (1898-1986) gewidmet ist, wurde die Luftwaffeneinrichtung über die Grenzen Deutschlands hinaus bekannt. Mehrere Staaten nutzten schon die hervorragenden flugmedizinischen Bedingungen in Königsbrück für ihr Personal.

Wer also mit einem der superschnellen Düsenjets der deutschen Luftwaffe seinen Dienst hierzulande oder im Ausland versieht, lernte in seiner recht anspruchsvollen und teuren Ausbildung auch eine ganz andere Seite der einstigen kaiserlichen Garnisonsstadt kennen. Damals galt noch das Exerzieren als Hauptfach. Im Zeitalter der Luft- und Raumfahrt ist das nun anders: Hier kann er nach neuesten wissenschaftlichen Erkenntnissen und Methoden trainieren, um dann fernab von der Erde mit Muskelanspannung und Pressatmung die auf seinen Körper wirkenden Anziehungskräfte sicher zu beherrschen.

In Königsbrück, heute die einzige Luftwaffendienststelle in Sachsen, wo inzwischen auch Fliegerärzte in Flugphysiologie ihre Ausbildung erhalten, holen sich die Piloten der Bundeswehr in dieser Hinsicht das nötige Rüstzeug. Sie kommen aus Heer, Luftwaffe und Marine.

Nach der Wiedervereinigung galt die MiG-29 als das modernste Hochleistungskampfflugzeug der Bundeswehr. Heute ist es der Eurofighter. Weil die Zentrifuge für die damals notwendigen Parameter der Flugzeuge konzipiert war, musste ihr Beschleunigungsvermögen inzwischen erhöht werden. Nun ist eine Radialbeschleunigung von 15 g möglich. Vor 20 Jahren reichten noch 12 g. Zum Vergleich: Ein Formel-1-Fahrzeug kommt in Kurvenfahrten etwa auf 4 bis 5 g.

Doch die eigentlich sensationelle Veränderung der Königsbrücker Anlage besteht meines Erachtens nicht nur in der Modernisierung der supermodernen Technik. Was während des Kalten Krieges die Öffentlichkeit „gescheut" hat, kann nun jeder technisch Interessierte nicht nur im Fernsehen betrachten, wie schon ausführlich im ZDF, sondern sogar vor Ort in Augenschein nehmen. „Unser Team freut sich auf Ihren Besuch", lautete eine Veröffentlichung des inzwischen weltbekannten Bundeswehr-Instituts in der Lokalpresse. Möglich seien Führungen an den Simulationsanlagen für Besuchergruppen ab zehn Personen. Eine solche Offenheit beim Militär und noch dazu auf einem solch sensiblen wissenschaftlichen Gebiet wie der Flugmedizin - wann hat es das schon gegeben?

Hier möchte ich noch einen „Nachtrag" anfügen. Der damalige Pilot in der Ausbildung Berthold Eibisch, der während meines Aufenthalts an der Humanzentrifuge die besten Werte schaffte, ist heute Oberstleutnant im Jagdgeschwader 74 in Neuburg an der Donau. Auf der Internationalen Luft- und Raumfahrt-Ausstellung ILA 2008 in Berlin stellte er sich bei „Meet the Pilots" vor und berichtete, dass er schon knapp 2 000 Flugstunden auf der F-4F Phantom hinter sich hat. Allerhand! Nun bereite er sich in einer halbjährigen Umschulung auf den Eurofighter vor. „Ihn zu fliegen ist einfach ein Traum", sagte er. Nach meinen Eindrücken von damals trifft auch bei ihm zu: Klasse setzt sich durch.

Auf einem Volksfest in Neuburg schaffte der inzwischen 36 Jahre alte Eurofighter-Pilot im Sommer 2009 auf der Schiffschaukel immerhin 739 Überschläge um die eigene Achse - ebenfalls eine tolle Leistung. Er wurde dort von vielen hundert Schaulustigen bejubelt. Und dem „Donaukurier" war dies eine Meldung wert. Was in solch einem erfahrenen Piloten der Bundeswehr aber noch so alles steckt, offenbarte Eibisch bei anderer Gelegenheit im Volksfestdreikampf mit der Mannschaft seines Geschwaders: Er erreichte im „Bullenreiten" auf dem elektronischen Stier einen Rekordritt mit der Höchststufe zehn und hielt das bis zum automatischen Abschalten nach 45 Sekunden aus. Der Super-Pilot ist also nicht nur ein Bezwinger der Lüfte.

Flotte rüstet auf seetüchtigere Komponenten um

Die Flotte, mit damals 16 000 Marinesoldaten und 2 000 Zivilangehörigen, 140 Schiffen und Booten sowie rund 180 Marineflugzeugen wesentlicher Teil der Marine, war zu jener Zeit wie die gesamte Bundeswehr in einem Prozess der Umorganisation. Das bedeutete vor allem eine Verringerung, aber auch die Umstationierung von Verbänden und Einrichtungen. So erläuterte mir das Befehlshaber Vizeadmiral Hans-Rudolf Boehmer in einem Gespräch.

Die Umorientierung liege hauptsächlich in der Abkehr der Marine vom Szenario des Abwehrkampfes in den Ostseeausgängen und der Heranführung von Verstärkung über den Atlantik begründet, wie das zu Zeiten des Kalten Krieges konzipiert war. Nach dem positiven Wandel im Ost-West-Verhältnis, dem Abschluss der Wiener Rüstungskontroll- und Abrüstungsverhandlungen, den politischen Veränderungen in Mittel- und Osteuropa sowie der Deutschen Einheit "muss sich nun die Marine für nicht festgelegte, völlig neutrale maritime Aufgabenstellungen wandeln". Der Grundgedanke: Die Einbindung Deutschlands in ein sicherheitspolitisches Konzept. "Denn Sicherheit finden wir nur im Bündnis. Und maritime Kräfte sind ein Beitrag zum Bündnis."

Die Frage, wo im oder außerhalb vom Bündnis "der Horizont für die Marine" zu sehen ist, sei beim Minenräumen im Golf 1991 sehr schnell exemplarisch geklärt worden. "Was im weitesten Sinne ein UNO-Auftrag war und als humanitäre Aktion deklariert wurde, bedeutete für die Marinesoldaten einen Einsatz." Seitdem werde die Marine eigentlich "ununterbrochen gefordert". Beispielsweise bei der Embargokontrolle gegenüber Rest-Jugoslawien mit zwei Fregatten und drei Aufklärungsflugzeugen.

Schon an diesem Beispiel und mit Blick auf die finanziellen Möglichkeiten Deutschlands lasse sich erkennen, dass die Marine "wohl kleiner werden würde. Aber im Kern über Einheiten verfügen muss, die hochseefähig sind.“ Dies sei aber nicht so schnell zu erreichen mit einer einstmals maßgeschneiderten westdeutschen Ostsee-Flotte. In ihren "besten Zeiten" besaß sie 40 Schnellboote, über 60 Minensucher und 24 U-Boote. Auch wenn die Zerstörerflottille auf 12 Schiffe "geschrumpft" sei, gebe es Pläne, diese auf 16 zu erhöhen. „Diesen Wandlungsprozess kann man natürlich nicht über Nacht vollziehen.“ Das bedeute aber auch die Hoffnung, bei allen Einsparungen im Verteidigungshaushalt die letzten drei mit Dampf getriebenen Zerstörer der Lütjens-Klasse, vornehmlich für Flugabwehr ausgelegt und mit einer Besatzung von immerhin 340 Soldaten, durch neue Fregatten der Klasse 124 (heute Sachsen-Klasse) zu ersetzen. Hierbei handelt es sich um Mehrzweckfregatten mit Bordhubschrauber für Geleitschutz und Gebietssicherung, auch zur Abwehr von Flugzeugen und Flugkörpern.

Eine "ausgewogene Marine" heißt heute auch, dass sie sich an möglichst vielen Gangarten bei Krisenoperationen beteiligen kann. Unter und über Wasser sowie aus der Luft, meinte der Vizeadmiral. Das mache ihren "politischen Wert" aus. Dies sei aber auch für das Innenleben einer Marine ganz wichtig, "weil sie dann die einzelnen taktischen Einsatzverfahren und Kampfarten wie U-Boot-Abwehr mit eigenen Mitteln üben kann".

Für Aufgaben wie Präsenz, Geleitschutz und Aufklärung - überhaupt als Kriseninstrument - sei unverändert eine starke Komponente von Fregatten geeignet. Angesichts der Tatsache, dass sich heute die Anzahl der Länder mit U-Booten gegenüber 1960 mit 50 nahezu verdoppelte, haben die Luftaufklärung, das Räumen von Minen sowie der Einsatz von Korvetten an Bedeutung gewonnen. All das mache eine "runde Flotte“ aus.

Bei all diesen Überlegungen der Neuorganisation der Marine kam jedoch der weiteren Ost-West-Integration in der Bundeswehr ein herausragender Platz zu. Für die Marine bedeutete dies die Verlegung der Schnellbootflottille mit zwei Geschwadern und etwa 1 000 Mann von Kiel nach Warnemünde sowie des Marineamtes nach Rostock. Auch das Zusammenfassen der norddeutschen maritimen Schullandschaft mit bisher acht Einrichtungen in künftig nur einer Marinetechnikschule in Stralsund zählte zu den bedeutenden Veränderungen.

Um gerade den Prozess der inneren Einheit voranzutreiben, hatte der Vizeadmiral ein ständiges Staatsbürgerliches Seminar mit Marinesoldaten in Berlin ins Leben gerufen. Dabei kamen wöchentlich etwa 30 Mann in die Hauptstadt, um sich für ihre Mission als "Botschafter in Blau" in jährlich 130 ausländischen Häfen solide Kenntnisse über die eigene Hauptstadt anzueignen. "Vielleicht können wir auch in Berlin ein bisschen für die kleinste Teilstreitkraft der Bundeswehr werben, da wir sonst nur an der Küste präsent sind", fügte Boehmer hinzu. Schließlich ist er selbst an der Spree geboren worden. Zwischen 1995 und 1998 war dann der Vizeadmiral Inspekteur der Marine.

Oberstleutnant Bernd Zivny (heute a.D.) aus der NVA stieg vom Dirigenten des Berliner Luftwaffenmusikkorps mit Musikern aus der DDR-Armee zum Dezernatsleiter Militärmusik im Streitkräfteamt auf.

Der erste ostdeutsche General: Frau Generalarzt Dr. Erika Franke, Chefin des Stabes und Stellvertreterin des Amtschefs des Sanitätsamtes der Bundeswehr, empfängt im März 2010 eine Delegation der usbekischen Streitkräfte.

Oberstleutnant Wolfgang Dobrig, ehemaliger NVA-Dolmetscher, neben Bundesverteidigungsminister Rühe.

Internationale Absolventen verabschieden sich von der Führungsakademie der Bundeswehr in Hamburg mit einem Gruppenfoto.

Ein Großaufgebot von Journalisten zum Truppenbesuch bei der Luftwaffe Ost.

Das schottische Regiment „Gordon Highlanders" erhält zum Abschied aus Berlin ein Fahnenband des Bundesverteidigungsministers aus den Händen von Generalinspekteur Klaus Naumann.

Journalisten aus den neuen Bundesländern fliegen mit einer AWACS-Maschine der Nato.

Hier erleben sie die internationale Besatzung in Aktion.

Auch hier: Eine enge internationale Zusammenarbeit.

Geilenkirchen als Haupteinsatzflugplatz der europäischen E-3A-Staffeln.

Verteidigungsminister Rühe und Außenminister Kinkel beobachten in Charlottenhof bei Görlitz die Zerstörung der letzten DDR-Panzer – Deutschland erfüllt damit vorzeitig seine internationalen Abrüstungsverpflichtungen.

Auf dem Bundeswehr-Truppenübungsplatz Lehnin bei Potsdam erproben Feuerwehrleute und Brandbekämpfungsexperten modernste Technik gegen einen Waldbrand, darunter ein demilitarisierter Leopard 1 A4 mit verstellbarem Sprühstrahl.

Ein Hubschrauber vom Typ CH-53 bringt als Außenlast von der ILA 94 in Berlin-Schönefeld eine T 6 mit 9-Zylinder-Sternmotor in das neue Luftwaffenmuseum Berlin-Gatow.

Die T6 war eines der ersten Schulflugzeuge der Bundeswehr.

Die Bundesluftwaffe übernahm im Jagdgeschwader Preschen bei Cottbus 24 MiG-29 (FULCRUM), Kommodore Oberst Manfred Menge ist stolz auf seine „Supervögel".

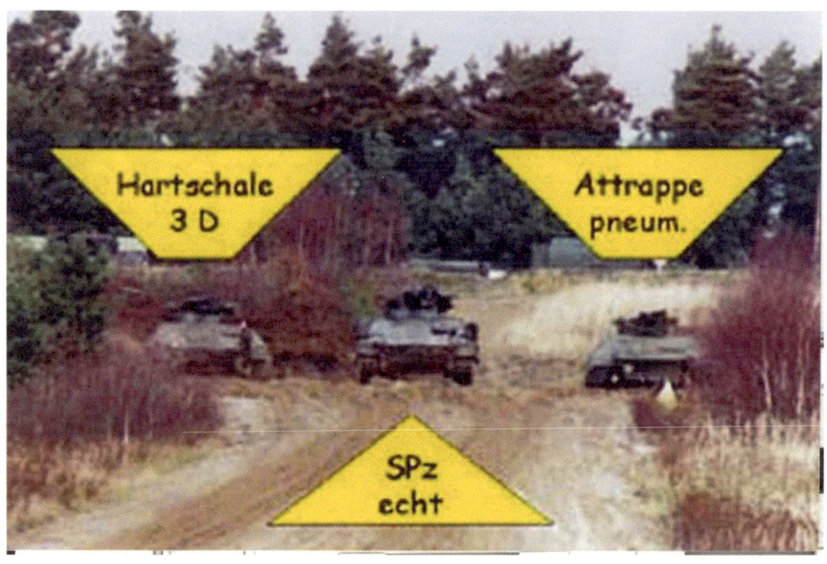

Beim Tarnen und Täuschen – hier ein Schützenpanzerwagen echt, als Hartschale und als Gummiattrappe - wurde manches von der NVA übernommen und weiterentwickelt.

Außerdienststellung der deutsch-russischen Luftraum-Koordinierungsstelle in Wünsdorf bei Berlin.

Unter den Gästen: Generalleutnant Jörg Kuebart, Inspekteur der Luftwaffe, und Generalmajor Alexander Woltschenko von der WGT.

Die Soldaten Torsten Meyer (Ost, 25, links) und Torsten Meyer (West, 20) dienen nach der gemeinsamen Einberufung im Panzeraufklärungsbataillon Beelitz und werden gute Kameraden

Anlässlich „40 Jahre Bundeswehr – 5 Jahre Armee der Einheit“ ehrt das Bundesverteidigungsministerium 1995 auf dem Invalidenfriedhof in Berlin den preußischen General Gerhard von Scharnhorst.

An seinem Todestag (28. Juni 1813) werden Kränze niedergelegt.

Appell zur Verlegung der Flugabwehrraketengruppe 31 von Westertimke (Niedersachsen) nach Sanitz/Prangendorf (Mecklenburg/Vorpommern).

Bundesverteidigungsminister Volker Rühe führte anschließend herzliche Gespräche mit Bewohnern der Gemeinde.

Generalleutnant Jörg Schönbohm, ein von den Medien gefragter Mann.
An seiner Seite Pressesprecher Oberst Wulf Splitgerber.

Befehlshaber Generalleutnant Jörg Schönbohm im Gespräch mit Infanteristen (vorher Mot. Schützen der NVA) in Drögeheide bei Eggesin.

Ein Pressevertreter interessiert sich für die Ausbildung einer Panzerbesatzung.

Motorwechsel im freien Gelände – mehr als eine „kleine Durchsicht".

Wo liegt das Problem?

Bei der gemeinsamen Truppenübung NVA/GSSD 1987 begrüßt der sowjetische Generalleutnant Walentin Sadownikow die beiden westdeutschen Vertreter.

Einweisung in den Ablauf der Manöverbeobachtung durch NVA-Generalleutnant Gerhard Kunze.

Die ersten Bundeswehr-Manöverbeobachter bei der NVA, die Oberstleutnante Hans-Henning Kahmann und Joachim Hornig, werden von Oberst Peter Herrich begrüßt.

Marinestandort Parow: Grauer "NVA-Look" weicht Rotstein-Bauten

Seit der Wiedervereinigung verfügte die Flotte über eine um 30 Prozent längere Küstenlinie. Trotzdem wurden die künftigen Seestreitkräfte im Umfang kleiner. Als östlichster Standort der Marine galt nun der Stralsunder Ortsteil Parow. Der Zufall wollte es, dass am Strelasund einst die Wiege Preußischer Seestreitkräfte stand. Vorläufer der Strelasund-Kaserne war zwischen 1935 und 1945 ein Seefliegerhorst der deutschen Luftwaffe. Dennoch rückte Mecklenburg-Vorpommern nicht nur wegen seiner Garnisonsgeschichte, die 1628 begann, sondern aus politischen und wirtschaftlichen Gründen zu einem gleichwertigen Marine-Bundesland auf.

Die beiden anderen Küstenländer, Niedersachsen und Schleswig-Holstein, waren in diesem Fall die Gebenden. Denn aus acht Marinetechnikschulen im Westen sollte eine neue im Osten hervorgehen. Wo noch vor fünf Jahren Maate der DDR-Volksmarine ihr politisches und militärisches Rüstzeug für den "Kampfauftrag See" erhielten, nahm seit 1992 das größte Bauprojekt im Nordosten Deutschlands immer mehr Form an. Heute präsentiert sich die Marinetechnikschule, und hier nicht nur das attraktive Stabsgebäude, in voller Schönheit.

Damals legte Minister Rühe den Grundstein. Am 500-Millionen-DM-Projekt in Parow kamen besonders kleine und mittelständische Unternehmen der Region zum Zuge. Mir begegneten diese Firmennamen schon außerhalb des Geländes, wo ein Teil der insgesamt 350 Wohneinheiten für künftige Soldaten und zivile Mitarbeiter entstand. Mitten im "Objekt", wie Parower einst sagten, ging das Bau- und Modernisierungsgeschehen ebenfalls zügig voran. Landestypisch mit Rotstein und Ziegeldach wurden die ersten Unterkunftsgebäude teils neu errichtet oder umgebaut. Untergebracht waren darin neben Mitarbeitern des Aufstellungsstabes der Schule auch Teilnehmer ziviler Aus- und Weiterbildung. Nur das Stabsgebäude und technische Einrichtungen erinnerten bei meinem ersten Besuch nach der Wiedervereinigung noch im grauen "NVA-Look" an die einstigen Nutzer. "Der Neuaufbau der Marinetechnikschule erfüllt beispielhaft Forderungen und Vorgaben aus wirtschaftlicher, strukturpolitischer und militärischer Sicht bei einem sparsamen Umgang mit den verfügbaren Ressourcen", berichtete Kapitänleutnant Dieter Schmidt. Die Neugestaltung begann mit einer umfassenden Bestandsaufnahme: topographische Vermessung, Gebäudeanalyse, Schadstoffkataster, Baugrundgutachten und Baumbewertung.

Auf dieser Grundlage wurde funktional sowie städte- und landschaftsplanerisch eine zufrieden stellende Lösung gefunden. Parallel dazu erfolgte der Personalaufwuchs der Einrichtung. Ab Juli 1997 erhielten in der Lehrgruppe C ungefähr 700 Rekruten der Verwendungsbereiche Marine- und Marinefliegertechnik ihre militärische Grundausbildung. Die "B" deckte ab 1999 den Bereich Marineelektronik und Informationstechnologie ab. Hier bekamen die Soldaten die Möglichkeit, in technischen Berufen den Facharbeiter oder Meisterbrief zu erwerben. Die Lehrgruppe mit Laufbahnlehrgängen vom Maat bis zum Offizier sowie Sonderlehrgängen nahm 2004 den Ausbildungsbetrieb auf.

Pro Jahr wurde mit etwa 5 400 Lehrgangsteilnehmern gerechnet. Dem Schulstamm gehörten etwa 400 militärische und zivile Mitarbeiter an. Auf 95 Hektar Gesamtfläche verfügte die Marinetechnikschule über 180 000 Quadratmeter Gebäudenutzfläche. Darunter waren Hörsaal- und Laborräume mit moderner Technik für die Computer gestützte Ausbildung. In Hallen wurden schiffs- und waffentechnische Großanlagen aus den alten Schulen aufgestellt. Die Lehrgruppe Schiffssicherung, organisatorisch mit Parow verbunden, verblieb mit ihrem 32 Meter hohen Tauchturm und der Schwimmhalle in Neustadt/Holstein.

Die Konzentration technischer Ausbildungsinhalte an der neuen Schule - parallel zum Aufbau der Marineoperationsschule in Bremerhaven - bedeutete für viele Orte im westlichen Teil der Küste beträchtliche finanzielle Verluste. Dessen war man sich hier bewusst. Die Bundeswehr erwartete jedoch jährliche Einsparungen an Personal- und Betriebskosten von nahezu 100 Millionen Mark. Dazu kam noch, dass die neue Schule kaum Belastungen für die Umwelt mit sich brachte.

Außerdem leisteten die Streitkräfte in einem Raum besonders hoher Arbeitslosigkeit äußerst wirksam strukturpolitische Hilfe. Denn am erstmals 1260 als Siedlung erwähnten "to Parowe" lief in den vergangenen Jahrhunderten der technische Fortschritt vorbei. Bis 1978, las ich in der Ortschronik, gab es "Wasser aus der Pumpe, wie zu Omas Zeiten". Das Armeeobjekt und die LPG-Ställe hatten schon eine Wasserleitung, "nur bis ins Dorf hat es nicht gereicht".

Mittwochs: Tag der offenen Tür bei der Marine

Sicher war in jenen Tagen im wiedervereinigten Deutschland so mancher Ostseeurlauber aus Sachsen, Thüringen oder den anderen neuen Ländern ganz überrascht, als er in Rostock-Warnemünde im Stadtführer unter "M" zwischen Literatur und Museum ein völlig neues Ausflugsziel entdeckte - das Marineabschnittskommando Ost, Kaserne Hohe Düne. Und erst recht über die freundliche Einladung: "In den Sommermonaten mittwochs nachmittags Tag der offenen Tür".

Daneben hatte man das Foto eines Marine-Schnellbootes der Klasse 148 abgebildet. Es gehörte als Flugkörperschnellboot zur Tiger-Klasse, war mit Metallrümpfen (sonst bei Schnellbooten nicht üblich) 47 Meter lang, sieben Meter breit und mit Seezielflugkörpern MM 38 EXOCET ausgerüstet. Auch die Telefonnummer für Rückfragen konnte man sich gleich notieren.

Wie sich die Zeiten gewandelt haben, dachte so manche ostdeutsche „Landratte“. Ich auch. Noch vor Jahren galt ein solcher Ferien-Kontakt mit Kasernen und Schiffen der Volksmarine als undenkbar. Wenn überhaupt eine ständige Schiffsbesichtigung, dann durfte der DDR-Bürger an der Warnow das ausgediente Pionierschiff “Vorwärts“ näher in Augenschein nehmen. Ab 1950 war es das erste Handelsschiff dieses Landes. Bei der Volksmarine öffneten sich später die Tore für Besucher meist nur zur "Gratulationscour" am Tag der NVA, also am 1. März, oder zu einem Flottenbesuch von „Waffenbrüdern“ und anderen Ostsee-Anliegern.

Von diesem Angebot, hinter die Kasernenmauern der neuen Marine in Mecklenburg-Vorpommern zu schauen, machten Alt und Jung regen Gebrauch. Wer eine solche Führung miterlebt hat, spürte sehr schnell die Offenheit bei Offizieren und Matrosen, auch ihre Verbundenheit mit denen da draußen, die sonst nur aus den Medien über das oft harte Leben der Matrosen auf den internationalen Meeren erfuhren. Hier wurde keine Marine aus alten Zeiten präsentiert, sondern schon Zukunftsstruktur: Das Marineabschnittskommando Ost als Nachfolger des ursprünglichen Marinekommandos Rostock und des Warnemünder Marinestützpunktkommandos, seit 1995 Unterstützungsbereich mit endgültiger Organisation.

Während die Abschnittskommandos West in Wilhelmshaven und Nord in Kiel ihre Bereiche koordinierten, ging es jetzt hier um die Aufgaben der Marine an der Küste des neuen Bundeslandes, etwa von Lübeck bis zur Grenze Polens. Weiterhin kamen zum Stützpunkt Warnemünde, dem neuen Heimathafen der gesamten deutschen Schnellbootflotte, der Stab der Schnellbootflottille und das 2. Schnellbootgeschwader aus Olpenitz als erster Großverband. Später folgte auf Dauer das 7. Geschwader aus Kiel. Da beeindruckten auf der Hohen Düne zunächst neue und modernisierte Unterkunftsgebäude. Sie gehörten zum "Kaserne 2000"-Projekt der Bundeswehr, das dann aber aus Kostengründen nur noch vereinzelt realisiert wurde. Hier konnten sich die Besatzungen nach den Ausbildungsfahrten und damit verbundenen Strapazen gut erholen. Ein weiterer Blickfang war das künftig zweistöckige Stabsgebäude der Flottille. Es wurde in einer S-Form errichtet. Dazwischen moderne Kultur- und Sportstätten. Nur noch einzelne Gebäude und Wege erinnerten in ihrem schlechten Zustand an die früheren Nutzer. Diese waren mit U-Boot-Abwehr-, Minensuch- und Räum- sowie Küstenschutzschiffen ausgerüstet.

Die Hafenanlagen wurden ebenfalls erneuert. Nun bot sich ein prächtiges Bild – hier lagen die "Greif", die "Geier" und andere Schnellboote. Die Pontons der beiden großen Schwimmbrücken stammten aus geschlossenen oder verkleinerten Marine-Stützpunkten in Flensburg und Borkum. An der früheren Kieler Förde-Brücke legte das 7. Geschwader an. Damit wurden insgesamt 1 500 Soldaten und Zivilbedienstete hier beschäftigt. Jeder vierte Geschwaderangehörige konnte schon heimatnah seinen Dienst versehen. Für andere wurden im Raum Rostock mit Bundeswehr-Unterstützung Wohnungen geschaffen.

Allein für die Infrastruktur des Stützpunktes tätigte man anfangs über 350 Millionen Mark an Investitionen. Auch andernorts in Mecklenburg-Vorpommern wurde die Bundeswehr ein wichtiger Arbeitgeber. Die regionale Wirtschaft erhielt bei den meist europaweiten Ausschreibungen vorrangig Aufträge.

Doch nicht nur der Heimathafen der deutschen Schnellbootflotte prägte das Bild. Schon an der Bezeichnung Marineabschnittskommando Ost war zu erkennen, "dass hier Marinenormalität eingezogen ist". So dessen Kommandeur, Kapitän zur See Dieter Leder, heute Admiral a.D. "Die neue Organisation entspricht der in den alten Bundesländern." Damit wurden an der Nord- und Ostseeküste die deutschen Seestreitkräfte nach einheitlicher Struktur geführt. Stützpunktverwaltung sowie Führung der unterstellten Dienststellen, so Material- und Munitionsdepots oder Sicherungs- und Transportbataillone, hat man nun von hier aus wahrgenommen.

Auf die allwöchentliche Öffnung der Kaserne angesprochen, antwortete mir Leder: "Wir zeigen das, was wir tun. Das sind ja auch die Steuergelder der Bürger." Es sei nicht überraschend, wenn deshalb die Kontakte zur Bevölkerung und die

Zusammenarbeit mit öffentlichen Stellen "ausgesprochen gut sind. Bei aller Normalität mit dem Einzug des Marinealltags gilt es dennoch, ein wenig Pioniergeist und Entdeckerengagement zu bewahren." Noch war zu dieser Zeit die "Marine-Landschaft" in Mecklenburg-Vorpommern nicht vollkommen. In den nächsten Jahren zog das Marineamt nach Rostock. Und in Stralsund-Parow entstand inzwischen die hochmoderne Marinetechnikschule. Ein Schmuckstück.

Würdiger Integrationsbeitrag zur deutschen Einheit

Die Bundeswehr hat zu dieser Zeit den größten Wandel ihrer Geschichte erfahren. Einerseits musste sie um fast die Hälfte reduziert werden. Andererseits baute sie im Osten Deutschlands neue Truppenteile auf. Zudem übernahmen die deutschen Streitkräfte im Auftrag der Vereinten Nationen weitere internationale Aufgaben. Kurzum: Nicht nur zu Hause, sondern auch in anderen Regionen sicherte sie den Frieden.

Dabei leisteten die Streitkräfte wie keine andere Institution in Deutschland einen so erfolgreichen Beitrag zur Integration zwischen Ost und West. „Die Bundeswehr ist die Armee der Demokratie. Sie trägt keine Verantwortung für die Verbrechen der Vergangenheit und sie hat vor allem mit Säbelrasselei nichts zu tun“, sagte Bundespräsident Roman Herzog. „Unsere Bundeswehr steht dafür, dass sich die schlimmen Kapitel unserer Geschichte nie wiederholen, und sie steht für ein demokratisches und weltoffenes Deutschland, für die Achtung und Verteidigung der Menschenrechte und für den Wunsch nach Frieden, nach Frieden in Europa und in der Welt.“

Wie das so in der Truppe im Osten „langgeht“, schilderte der Parlamentarische Staatssekretär im Bundesverteidigungsministerium, Bernd Wilz, auf einer Veranstaltung in Berlin-Lichtenberg. Von diesem Zusammenwachsen zeuge auch die Übernahme der früheren Soldaten der Nationalen Volksarmee. Deshalb werde von den Verbündeten oft gefragt, "wie habt ihr es denn eigentlich gemacht, die ehemals gegnerische Armee nahezu geräuschlos in euch aufzunehmen. Wenn alle Bereiche so kreativ und mit so viel Idealismus gearbeitet hätten, dann wären wir auf manchen Gebieten schon weiter, als das heute der Fall ist." Fakt war: Es gab keine erkennbaren Widerstände unter den neuen Soldaten.

Auf den Umfang der Bundeswehr in den neuen Ländern angesprochen, meinte Wilz, dass man die Verpflichtung - Verbände und Einrichtungen mit etwa 60 000 Soldaten - halten wolle. Allerdings müssten "manche Dinge auf der Zeitachse verschoben werden", wie die Einrichtung der Heeresoffiziersschule in Dresden. Es sei schon ein großes Opfer, wenn dazu Lehrgruppen in Hannover und München geschlossen werden müssen. "Aber dies ist ein wichtiges Signal in Richtung neue Länder, wenn diese Einrichtung nach Dresden verlegt wird." Und nach dreijähriger Bauzeit nahm die Lehreinrichtung in der historischen Albertstadt am 14. September 1998 ihren Dienstbetrieb auf. Sie ist heute für die Bundeswehr ein lebendes Symbol der deutschen Einheit als eine der Führungs- und Ausbildungseinrichtungen, die von West nach Ost verlegt wurden.

Zum 50. Jubiläum der Bundeswehr 2005 konnte der damalige Bundesverteidigungsminister Peter Struck auch nach 15 Jahren Armee der Einheit eine beeindruckende Bilanz ziehen: Die gesamtdeutschen Streitkräfte waren zu diesem Zeitpunkt zwischen Ostsee und Elbsandsteingebirge an 105 Standorten mit etwa 45 000 Soldatinnen und Soldaten sowie zirka 17 000 zivilen Mitarbeiterinnen und Mitarbeitern präsent. Weit mehr als 600 000 junge Männer und Frauen aus den neuen Ländern leisteten schon ihren Dienst in den gesamtdeutschen Streitkräften, viele von ihnen im Westen.

Der langjährige Außenminister Hans-Dietrich Genscher (FDP), ein gebürtiger Hallenser, der sich schon zu Zeiten des Kalten Krieges große Verdienste um die internationale Abrüstung und Entspannungspolitik sowie besonders um die deutsche Wiedervereinigung erworben hat, würdigte vor Soldaten der Panzergrenadierbrigade 41 in Eggesin den Weg zur Armee der Einheit als ein ganz ungewöhnliches Kapitel in der deutschen Geschichte. „Nichts verbindet so sehr, wie das intensive Zusammenleben und Zusammenarbeiten junger Menschen. Dabei bringen die jungen Soldaten aus den neuen Bundesländern wie aus den alten die Erfahrungen ganz unterschiedlicher Entwicklungen in den Dienst ein.“ Das war schon ein großes Lob von einem Nicht-Militär.

Truppe hat Umbruch und Umbau gut überstanden

Die Truppe hat die insgesamt schweren Jahre des Umbruchs und des Umbaus gut überstanden. Dies war angesichts der großen Aufgaben, die es zu bewältigen galt, keineswegs selbstverständlich. Diese Zwischenbilanz zog der Stellvertreter des Generalinspekteurs, Generalleutnant Jürgen Schnell, auf einer Tagung in Strausberg für die mehr als 180 Zen-tralen Militärischen Bundeswehrdienststellen. Kommandeure und Dienststellenleiter der Ämter, Schulen, Stäbe, Akademien und Universitäten, die nicht den Teilstreitkräften unterstehen, erörterten die neuen Anforderungen an die Bundeswehr.

Unter Hinweis auf die Reduzierung und Reorganisation der Streitkräfte, den Aufbau der Bundeswehr in den neuen Ländern sowie die Vorbereitung auf das erweiterte Aufgabenspektrum sei man "weit vorangekommen". Auch wenn "große Leistungen" erbracht wurden, so habe doch der tief greifende Wandel "Spuren und sicher auch Enttäuschungen" hinterlassen. "Viele Verbände mit gewachsener und stolzer Tradition wurden aufgelöst, mehr als 100 Standorte aufgegeben und allein in den letzten Jahren etwa 100 000 Berufs- und Zeitsoldaten versetzt", betonte der General beim Treffen im neuen Dienstsitz der Akademie für Information und Kommunikation.

Die Truppe habe dies mit großer Disziplin und Opferbereitschaft bewältigt. "Dabei war stets zu beachten, dass unsere Streitkräfte Teil unserer Gesellschaft sind - einer Gesellschaft, in deren Werteskala Opferbereitschaft, Dienst am Gemeinwesen und Pflichterfüllung nicht gerade Werte sind, die einen vorrangigen Platz einnehmen."

Auch wenn die "raschen Veränderungen und das oft unvermeidbare Nachsteuern in der Planung zu Verunsicherung" geführt habe, sei "meistens eingesehen und verstanden worden, dass aus übergeordneten Gründen der Verteidigungshaushalt zu kürzen war". So mancher Kamerad stellte dennoch die Frage, "wie oft sich dies noch wiederholen wird".

Der General verwies darauf, dass die Bundeswehr vor allem für den investiven Anteil "unterfinanziert" sei. Durch eine umfassende Rationalisierung und Aufwandbegrenzung im Betrieb sollten bei einer entsprechenden Ressourcenstrategie Mittel aus dem Betrieb in die Investitionen umgeschichtet werden. "Damit können wir die Fähigkeiten aufbauen, die wir zukünftig gebrauchen."

Bei einer gegenwärtigen Gesamtstärke von 355 000 Soldaten sei die Personallage, einschließlich Nachwuchsgewinnung, "insgesamt positiv. Wir sind in wichtigen Bereichen wie Professionalität, höhere Führerdichte und günstigere Laufbahnerwartungen vorangekommen. Die innere Lage ist alles in allem stabil. Die Innere Führung hat sich auch bei den vielfältigen neuen Herausforderungen überzeugend bewährt."

Schwerpunkte der Weiterentwicklung im personellen Bereich sehe er unter anderem in der Neuorientierung der Ausbildung auf der Grundlage der vom Bundesverteidigungsminister vorgegebenen Konzeptionellen Leitlinie. Das bedeute die Einbeziehung vieler und nicht nur ergänzender Elemente, die von der historischen Bildung über eine Intensivierung der Sport- und Sprachenausbildung bis hin zu Computer gestützten Ausbildungsmethoden reichen. Außerdem sollten die Anstrengungen fortgesetzt werden, "um unsere Soldaten in ihrem Selbstverständnis, in ihrer Wertorientierung - also in ihrer Haltung und ihrem Können - auf die neuen Dimensionen unseres Auftrages auszurichten". Das Motto laute: "Fähig zu kämpfen und bereit zu helfen".

General Schnell ging noch auf ein weiteres Thema ein: Auch wenn "Vorkommnisse mit rechtsradikalem und ausländerfeindlichem Hintergrund in den Streitkräften in keiner Weise eine besorgniserregende Größenordnung haben, so ist doch jeder Vorfall dieser Art ein Vorkommnis zu viel". Er appellierte an die Kommandeure und Dienststellenleiter, mit allen ihnen verfügbaren Mitteln derartigen Tendenzen, wenn sie erkennbar werden, schon im Ansatz entgegenzuwirken. "Für Ausländerfeindlichkeit, Rechtsradikalismus und demokratiefeindliche Strömungen darf es in unseren Streitkräften keinen Platz geben!"

Auf meine Frage, wie er dieses Treffen und das gemeinsame Informieren über die aktuelle Lage einschätze, entgegnete der General: "Sehr erfolgreich. Die erneute Informationstagung in den neuen Bundesländern hat uns nicht nur neue Einsichten und Eindrücke verschafft, sondern auch unsere besondere Verpflichtung gegenüber den Menschen hier bekräftigt. Sie sollte auch unsere enge Zusammengehörigkeit zum Ausdruck bringen." So wurden mit Wehrmaterial aus den alten Bundesländern in Größenordnungen bestehende Verbände im Osten vervollständigt beziehungsweise Neuaufstellungen damit ausgestattet.

Erster ostdeutscher Bundeswehr-General – eine Frau Doktor

Die Übernahme in die Bundeswehr zum 3. Oktober 1990 bedeutete für fast alle Offiziere aus der ehemaligen DDR, was die Schulterstücke betraf, zunächst eine Degradierung. Mindestens ging es um einen, manchmal auch um zwei Dienstgrade abwärts. So wurden aus NVA-Stabsoffizieren wie Oberstleutnant oder Major wieder Hauptleute, die nun kein Regiment, sondern ein Bataillon oder eine Kompanie zu führen hatten. Wer sich also mit dieser Berufserfahrung beim Bund als Soldat auf Zeit für die nächsten zwei Jahre beworben hatte, musste das so hinnehmen, wie es war. Denn in der Volksarmee gab es im Verhältnis zur Truppe zu viele Offiziere. Und die Bundeswehr musste, auch personell, abrüsten.

Vor diesem Hintergrund diskutierten damals ost- und westdeutsche Journalisten, oft sogar recht leidenschaftlich, ob denn überhaupt „einer von hier" künftig bei der Bundeswehr General werden könnte. Und wann? Wetten wurden keine abgeschlossen. Aber einem jungen Offizier mit einer NVA-Vergangenheit traute man das frühestens in etwa 15 bis 20 Jahren zu. Fast zeitgleich hätte sich dann eine solche Chance den vielen jungen Männern aus dem Osten geboten, die sich seinerzeit beim Bund an einer Offiziersschule bewarben. Bei all den Überlegungen war aber immer nur von außerordentlich einsatzbereiten und hoch qualifizierten Männern die Rede, mit viel Stehvermögen, vor allem, was den Zeitraum ihrer Karriereplanung im nunmehr „zweiten Leben" nach dem Ende der NVA anbetraf.

Angesichts der großen personellen Konkurrenz in den nunmehr gesamtdeutschen Streitkräften sahen also die Chancen für eine solch spektakuläre Dienststellung mit goldenen Schulterstücken für einen Bundesbürger mit DDR-Vergangenheit eigentlich gar nicht rosig aus. Zu frisch waren noch die Debatten im Gedächtnis, ob man denn überhaupt den demokratisch erzogenen Rekruten aus den alten Bundesländern einen Vorgesetzten „von drüben" zumuten könne. Da war noch vom „Abschaffen" die Rede, als es um die NVA ging. Aber auch der Tenor „Probieren wir es mit denen, die sich ernsthaft um einen Neuanfang bemühen" machte die Runde.

Und das war richtig so, wie das Zusammenwachsen von Soldatengenerationen aus Ost und West seit dem „Gründungstag" der neuen Streitkräfte in Deutschland gezeigt hat. Dank dieser klugen Entscheidung im Bundesministerium der Verteidigung vom Sommer 1990 gibt es heute in der Bundeswehr den ersten ostdeutschen General - eine Frau Doktor aus Berlin. Korrekt und offiziell handelt es sich um Frau Generalarzt Dr. Erika Franke. Sie ist seit September 2009 Chefin des Stabes und Stellvertreterin des Amtschefs des Sanitätsamtes der Bundeswehr in München.

Dieses Fachamt mit seinen mehr als 500 Mitarbeitern sorgt als eine der Höheren Kommandobehörden dafür, dass allen Bundeswehrsoldaten im In- und Ausland jederzeit ein leistungsfähiger Sanitätsdienst zur Verfügung steht. Dazu zählen sowohl Fach- und Organisationsaufgaben als auch die Zusammenarbeit mit dem örtlichen Gesundheitswesen und die Unterstützung der Truppenführer. Am Einsatz und Bedarf der Teilstreitkräfte orientiert, steht letztlich die Qualität der medizinischen Leistung im Mittelpunkt, machte die Generalärztin deutlich. „Wir wollen hauptsächlich Dienstleister für jeden Angehörigen der Bundeswehr sein." Ich finde – ein recht anspruchsvolles Ziel, damit jeder Soldat die mit zivilen Einrichtungen vergleichbaren medizinischen Leistungen erwarten kann.

Zuvor war Frau Dr. Franke seit 2006 Chefärztin des Ulmer Bundeswehrkrankenhauses, mit mehr als 450 Betten das zweitgrößte der deutschen Streitkräfte. Sie sicherte hier jedem Patienten, ob in Uniform oder zivil, „bestmögliche ärztliche und pflegerische Betreuung" zu und die Gewissheit: Hier bin ich in guten Händen.

Doch wie in der deutschen Medizin im Allgemeinen - so auch die Drehbücher mancher Fernsehserien - war auch beim Sanitätsdienst der Bundeswehr der Weg für die Fachärztin für Mikrobiologie und Infektionsepidemiologie in eine solch hohe, verantwortungsvolle Position gar nicht so einfach. Die Mutter von zwei Kindern, die liebend gern Chirurgin geworden wäre, wurde 1990 als Oberfeldarzt in die Bundeswehr übernommen: Zuerst als Leiterin der Laborabteilung I - Medizin und stellvertretende Institutsleiterin am Zentralen Institut des Sanitätsdienstes der Bundeswehr in Berlin. Es folgten Auslandseinsätze auf dem Balkan: Zuerst in Bosnien-Herzegowina und dann im Kosovo, wo sie nach eigenen Worten „viel menschliches Leid erleben musste".

Ihre weiteren Stationen waren mit verantwortungsvollen Führungsaufgaben im Sanitätsamt Bonn und München, beim Einsatzführungskommando in Potsdam sowie am neu geschaffenen Institut für den Medizinischen Arbeits- und Umweltschutz der Bundeswehr in der Hauptstadt verbunden. Laut damaligem Amtschef des Sanitätsamtes habe hier Frau Dr. Franke als Leiterin „praktisch von Null an" die materiellen und infrastrukturellen Grundlagen des Instituts aufgebaut. Es sei ihr „hervorragend gelungen, ein erfolgreiches Team zur zielgerichteten Auftragserfüllung zu bilden".

Immerhin handelt es sich hier um das Kompetenzzentrum des Sanitätsdienstes der Bundeswehr für die wissenschaftliche Bearbeitung wehrmedizinischer Fragestellungen aus Arbeitsmedizin, Umweltmedizin und Umwelthygiene. Vor allem geht es um militärspezifische Methoden und Verfahren zur Prophylaxe, Diagnostik und Therapie, aber auch um die Begutachtung und Verifikation arbeits- und umweltbedingter Gesundheitsstörungen bei Bundeswehrsoldaten im In- und Ausland. Da bekanntlich Soldaten unter besonderen Bedingungen rund um die Uhr und sieben Tage in der Woche im Dienst sind, verlangt die Bewertung dieser gesundheitlichen Belastungen ein anderes Herangehen als in der Wirtschaft.

Die gebürtige Berlinerin, die später noch den Abschluss als Gesundheitsökonomin erwarb, verdankt diesen Aufstieg beim Bund in einer ausgesprochenen Männerdomäne nicht nur ihrem fachlichen Können und ihrer persönlichen Ausstrahlung. Sie war eben auch 1990 als Chefärztin des Instituts für Mikrobiologie am damaligen Polizei-Krankenhaus wohl doch „am richtigen Ort". Denn per 30. September ging das Gebäude in der Berliner Scharnhorststraße samt Personal vom damaligen Innenministerium in die Liegenschaften und Verantwortung der NVA über. Oberster Dienstherr war zumindest bis zum 2. Oktober, 24 Uhr, der Minister für Abrüstung und Verteidigung der Noch-DDR.

Schon nach dem Studium an der Humboldt-Universität musste Erika Franke als Assistenz-, Fach-, Ober- und Chefärztin am Ost-Berliner Polizeikrankenhaus von Mal zu Mal dazulernen. Der Mauerfall habe hier „allen Beschäftigten Monate der Ungewissheit und Unsicherheit" gebracht, erinnerte sie sich. „Doch nicht nur die Verantwortung für kranke Menschen, sondern auch die fachlichen Fähigkeiten waren dann bei der Bundeswehr gefragt." Zur engen Zusammenarbeit „mit den neuen Kameraden aus dem Westen" kam so mancher freundschaftliche Kontakt, der auch heute noch besteht.

Wenn ich also an die einstigen Debatten über einen Ost-General in der Bundeswehr zurückdenke, dann hätte ich 2006 noch nicht damit gerechnet. Und noch dazu eine „Frau Doktor" im Generalsrang, das war – denke ich – in den Anfangsjahren der Armee der Einheit keinesfalls so abzusehen. Sie ist damit zugleich in der deutschen Militärgeschichte nach Dr. Verena von Weymarn - einst in der Luftwaffe der Bundeswehr ebenfalls eine sehr geschätzte Ärztin und Soldatin, seit ein paar

Jahren aber pensioniert - die zweite Frau General. Das hätte sich die Abiturientin der Erweiterten Oberschule Oranienburg bei Berlin 1972 nie träumen lassen.

Dass aus dem Osten Deutschlands auch so mancher bewährte „Herr General“ der Bundeswehr (Helge Hansen aus Dresden oder Jörg Schönbohm aus Neu-Golm) stammt, sollte hier nur der Vollständigkeit halber angeführt werden. Das aber kann keinesfalls die Verdienste von Dr. Erika Franke beeinträchtigen. Sie will auch weiterhin “mit Kompetenz und Leistung im Dienste der Gesundheit überzeugen“, hat sie mir versichert. Auch als Vizepräsidentin der Deutschen Gesellschaft für Wehrmedizin und Wehrpharmazie.

„NVA-Hauptstadt“ nun Kommunikations- und Dialogzentrum

Keine Stadt in Deutschland hat meines Erachtens eine so wechselvolle Militärgeschichte in ihrer Chronik zu verzeichnen wie das 1247 erstmals erwähnte "Struceberch" - Strausberg. Am Tor zur Märkischen Schweiz und rund 40 Kilometer vom Zentrum Berlins entfernt, spielte der Ort seither "teils eine rühmliche, teils eine unrühmliche Rolle". Auf diesen Nenner brachte es Bürgermeister Jürgen Schmitz. Er sprach noch Jahre nach der deutschen Wiedervereinigung über diese Seite der örtlichen Historie.

Die schwersten Rückschläge erlebte der Ort im Dreißigjährigen Krieg. Damals nahmen kaiserliche, schwedische und brandenburgische Heerscharen hier Quartier. Auch Wallenstein kam zweimal in die Stadt. Preußenkönig Friedrich Wilhelm I. verlegte im Jahr 1714 einige Kompanien des Infanterieregiments 23 hierher. Seit dieser Zeit ist die Stadt am Straussee eine Garnison. Die alte Stadt hatte Friedrich der Große als "gottverfluchtes Drecknest" beschimpft, weil sein Quartier 1765 nicht seinen Vorstellungen entsprach. Vor dem 2. Weltkrieg gab es hier Kasernenanlagen, einen Militärflugplatz und eine Munitionsfabrik.

Nur wenige Jahre nach Kriegsende richtete hier die Kasernierte Volkspolizei unter Aufsicht sowjetischer Generale ihren Hauptstab ein. Aus ihm ging 1956 - zeitgleich mit der Gründung der DDR-Volksarmee - das Ministerium für Nationale Verteidigung hervor. Als dann 1959 mit dem Sitz der NVA-Luftstreitkräfte ein weiteres Führungskommando nach Strausberg zog und der Nationale Verteidigungsrat der DDR zuerst unter Ulbricht und dann unter Honecker regelmäßig hinter NVA-Mauern im Ort tagte (von außen war dann die Dienstflagge des Staatsratsvorsitzenden zu sehen), musste die Stadt bis zum Ende der ostdeutschen Republik mit dem zweifelhaften Ruf der "NVA-Hauptstadt" leben. Manche Bewohner waren stolz darauf.

Schon der Tag der Deutschen Einheit am 3. Oktober 1990 brachte den damals 28 500 Einwohnern, von denen 11 000 in der NVA dienten, die Begegnung mit völlig anderen Streitkräften: Kein Tschingderassabum auf den Straßen, wie vorher oft zu staatlichen Feiertagen üblich. Es war alles ruhig. Heute leben etwa 26 000 Bürger in der Stadt.

Es begann eine neue Zeit: Der Bürgermeister hatte nun nicht mehr an der Seite des SED-Kreissekretärs bei den Militärs im Ministerium "anzutanzen" und mit kommunalen Anliegen wie beim Wohnungsbau um gut Wetter zu bitten. Für eine asphaltierte Umgehungsstraße um das Stadtzentrum mit seinen holprigen Straßen hatte schon der DDR-Verteidigungsminister gesorgt. Nun wurde der gewählte Amtsträger zu einer geachteten Persönlichkeit für Bürger in Zivil und mit Uniform. Nach Auflösung des Bundeswehrkommandos Ost 1991 entstand im Ort ein neues, geistiges Zentrum der Bundeswehr - mit der Akademie für Information und Kommunikation (AIK), einem Fachbereich für Innere Führung, deren Hauptsitz in Koblenz blieb, und dem Sozialwissenschaftlichen Institut der Bundeswehr (SOWI).

Damals hat sich in den neuen Bundesländern wohl kein anderes Dienstgebäude mit DDR-Vergangenheit in seinen Mauern so grundlegend verändert wie hier das ehemalige Tagungszentrum des Ministeriums für Nationale Verteidigung. Wo seit 1985 immer wieder geheime Beratungen militärischer Führungsorgane des Warschauer Vertrages abseits der neugierigen Blicke von westlichen Diplomaten und in Ost-Berlin akkreditierten Korrespondenten stattfanden, richtete der Nato-Bündnispartner Bundeswehr eine offene Stätte der Kommunikation und des Dialogs ein.

Ihr Auftrag: Den sicherheitspolitischen Meinungsaustausch zwischen Angehörigen der Bundeswehr und der Öffentlichkeit zu fördern, sich im Rahmen von Lehrgängen und Seminaren mit aktuellen Fragen der Menschenführung und der politischen Bildung in den Streitkräften sowie des Wehr- und Völkerrechts zu befassen.

Das Bundesverteidigungsministerium sah darin "einen Meilenstein für die Entwicklung der Bundeswehr". Denn hier trafen sich Soldaten, Wissenschaftler und Bürger aller Berufsgruppen beim Dialog. Theorie und Praxis rückten näher zusammen, Streitkräfte und Bevölkerung wurden stärker verbunden. All das sollte die Akzeptanz der Bundeswehr in der Gesellschaft fördern. Auch für die Partnerschaft mit den Nachbarn im Osten - inzwischen Verbündete der Bundeswehr - wurden an der AIK neue Zeichen gesetzt.

Ein "Tag der offenen Tür" bot damals allen interessierten Strausbergern und Gästen der Stadt Gelegenheit, den Gebäudekomplex endlich einmal von innen zu sehen. Nach einem Rundgang durch wesentliche Teile des Hauses konnten sich die Besucher aktiv an Gesprächskreisen und Workshops beteiligen. Sie machten sich auch über die Arbeit der Jugendoffiziere in der Truppe und das Vorgehen bei Konfliktanalysen schlau.

Die ersten Gäste waren wie ich zudem von der Bibliothek angetan. Sie verfügte damals über 17 000 Bände. Darunter befanden sich Churchills Memoiren, Kissingers "Gleichgewicht der Großmächte" und eine 19-bändige russischsprachige "Bolschaja Enziklopedia" (Große Enzyklopädie) von 1901 bis 1903. Auch "Die Bundeswehr - eine Gesamtdarstellung" und "Grundzüge der deutschen Militärgeschichte" fanden solches Interesse wie die Titel "Dialog als kommunikative Strategie" und "Umgang mit der öffentlichen Meinung".

Später kamen die Bestände der Zentralbibliothek der Bundeswehr aus Düsseldorf und der früheren DDR-Militärbibliothek Dresden hinzu. In einem Neubau stehen heute mehr als 700 000 Bücher und tausende Zeitschriften zum Lesen oder zur Ausleihe bereit. Auch ehemalige Berufssoldaten von der „Vorgängerarmee“, wie manchmal zu hören ist, machen davon Gebrauch. Eine Fundgrube, in jeder

Beziehung. AIK-Gründungskommandeur wurde Oberst Horst Prayon. Er hatte sein Medien-Handwerk nicht erst als ehemaliger Pressesprecher auf der Hardthöhe erlernt. Ich habe mit ihm ausführlich über den Informationsbedarf im Osten nach der Wiedervereinigung gesprochen. Seine Devise, die auch heute noch volle Gültigkeit besitzt: "Die Bevölkerung soll sehen, dass wir wirklich ein offenes Haus sind." Das "Ungewöhnliche" an dieser neuen militärischen Top-Einrichtung in einer alten Garnisonsstadt war zu Beginn der Verzicht auf Posten am Eingang.

Gerade das unterschied hier die beiden Armeen auf deutschem Boden: Die Nationale Volksarmee mochte keinen Blick der Bevölkerung auf das, was sich hinter Kasernenmauern abspielte oder in ihren Einrichtungen vor sich ging. Die Bundeswehr ist da wesentlich offener. Sie lädt, wie in Einrichtungen dieser Art, regelmäßig zur Begegnung und zum freimütigen Meinungsaustausch ein - Soldaten, Wissenschaftler, Bürger aus allen Berufsgruppen. Das regte in der Stadt unter den ehemaligen Offizieren aus der damaligen NVA-Führung schon mal zum Nachdenken an. Die zivilen Einwohner sehen das noch positiver. Schließlich war alles hinter dem weitläufigen Gebäudekomplex, den der bekannte DDR-Architekt Ehrhardt Gißke entworfen hat, für sie früher absolut tabu.

Aus dem „TAZ“ wurde mit der Wiedervereinigung und den gesamtdeutschen Streitkräften als neue Hausherren zuerst ein „BEZ“. Dahinter verbarg sich ein Betreuungszentrum mit ausreichenden Übernachtungsmöglichkeiten. Genutzt haben es vor allem Angehörige der Bundeswehr aus allen Teilen Deutschlands, auch von der Wehrbereichsverwaltung. Hauptsächlich wurden die Teilnehmer von Seminaren und Kursen dazu befähigt, die deutsche Sicherheitspolitik „in der Öffentlichkeit verständlich darzustellen und zu erläutern. Fachliches Wissen und Können wird hier um kommunikative Kompetenz ergänzt.“ So lautete der schon 1994 erteilte Auftrag des Bundesverteidigungsministers an die AIK.

Auch die Akademie selbst vollzog einen Wandel: Sie war einst in Euskirchen als Bundeswehrschule für Psychologische Verteidigung gegründet worden. 1990 erhielt sie in Waldbröl vom damaligen Bundesverteidigungsminister Gerhard Stoltenberg eine völlig neue Aufgabenstellung mit dem Hinweis auf die gewachsene Bedeutung der Presse- und Öffentlichkeitsarbeit in der neuen nationalen und internationalen Situation.

Zuerst einmal hatten hier die Handwerker viel zu tun. Aus dem Tagungssaal, wo bis zu den ersten freien Wahlen in der DDR im Frühjahr 1990 Erich Honecker sowie andere Partei- und Staatsführer des Warschauer Pakts von übergroßen Porträts auf die versammelten Militärs herabblickten, verschwanden auch die fest montierten Tische und Sessel. „Diese Starre war für die neuen Aufgaben ungeeignet“, erläuterte Prayon. Im Lehrbetrieb konnten die Teilnehmer neue Lehrsäle, modernste Technik für Information und Kommunikation sowie eine umfassende Dokumentation nutzen.

In der AIK fanden vielfältige Treffen statt. Dazu kamen seither Politiker, Beamte, Journalisten, Wissenschaftler, Studenten, Schriftsteller und Künstler. Auch Lehrer kamen jährlich zu mehreren Tagungen hierher. Im Mittelpunkt stand naturgemäß die Bundeswehr, die etwa mit der Wehrpflicht direkt in das Leben der Bürger eingreift.

Neben der Wissensvermittlung geht es darum, öffentliche Meinungen zu analysieren, Konfliktursachen und Möglichkeiten ihrer Bewältigung zu untersuchen sowie zeitgemäße Information und Kommunikation zu entwickeln. Davon sollen vor allem Kommandeure, Jugend- und Presseoffiziere der Bundeswehr profitieren. Auch ich war hier schon ein Gesprächspartner, als es um die Geschichte von nationalen und internationalen Nachrichtenagenturen ging.

Auch andere Aspekte der Sicherheitspolitik kommen zur Sprache. Das erste internationale Symposium in diesem Haus - daran kann ich mich noch gut erinnern - befasste sich 1994 mit der Proliferation von Nuklearwaffen und ihrer Trägermittel als neue Herausforderung. Dieses Ziel konnte von keinem Land und keiner bestehenden sicherheitspolitischen Institution allein bewältigt werden. Heute geht es zudem um Auslandseinsätze im Rahmen der UNO. Dabei weilte der bekannte Journalist und Analytiker außen- und sicherheitspolitischer Sachverhalte von nahezu allen Krisengebieten der Welt Peter Scholl-Latour zu einem Gespräch über Kommunikation und Information im Wandel der Zeit in diesen Räumen.

Letztlich soll an der AIK das Vertrauen in die eigenen Streitkräfte gestärkt werden. Zudem sieht man ein wichtiges Anliegen darin, Teilnehmer von Kursen und Besucher mit neuen Erkenntnissen auf diesem Gebiet vertraut zu machen. Dabei betätigen sich Presseleute, Jugendoffiziere und Wehrdienstberater ebenso wie Kommandeure und Führungskräfte vor allem vor Auslandseinsätzen beispielsweise in hochwertigen Rundfunk- und Fernsehstudios.

Auf dem Programm stehen weiterhin internationale Symposien und Tagungen. In den Anfangsjahren befassten sie sich unter anderem mit den Entwicklungen in Osteuropa. Erörtert wurde mit den Gästen die gemeinsame Verantwortung für internationale Sicherheit. Solche Kontakte knüpfte die AIK besonders zu Partnern aus Polen, Tschechien, der Slowakei und Ungarn - heute Nato-Staaten.

Für Strausbergs Bürgermeister waren die Angebote der neuen Bundeswehreinrichtung „ein gutes Zeichen“. Deren Öffnung für die Bürger werde das Leben in der Stadt „bereichern“, kündigte er damals an und sollte Recht behalten. Nach all den Jahren militärischer Konzentration in diesem Ort gebe es mit der Bundeswehr „ein Militär, das sogar kommunaldienlich denkt“.

Und es bestätigt sich auch in der einstigen NVA-Hochburg eine Erkenntnis, die die Menschen in den neuen Bundesländern früher so nicht kannten: Die staatlichen Einrichtungen sind für die Bürger da. Ihr Tun wird für diese einsehbar. Seit dem 3. Oktober 1990 macht gerade in den neuen Bundesländern das Wort vom „Geist von Strausberg“ die Runde, womit Transparenz statt Bürokratie gemeint ist, wie sie die Truppen und Wehrbereichsverwaltung beim Jahrhunderthochwasser an der Oder 1997 eindrucksvoll demonstriert haben.

Dass Strausberg auch für die Bundeswehr eine bedeutende militärische Stadt blieb, fand ich jetzt in meinen schriftlichen Aufzeichnungen von damals bestätigt. Zum Jahresempfang im Februar 1994 wurden vom Standortältesten, Generalmajor Jürgen Höche, Vertreter folgender Dienststellen und Einheiten begrüßt: 5. Luftwaffendivision, Außenstelle des Bundesministeriums der Verteidigung, Wehrbereichsverwaltung VII, Logistikbrigade Ost, Außenstelle des Zentrums für Verifikationsaufgaben der Bundeswehr, Außenstelle Ost des Amtes für Fernmelde- und

Informationssysteme der Bundeswehr, Überleitungsstelle Materialwirtschaft der Luftwaffe, Nachschubregiment 80, Transportbataillon 802, Fernmeldesektor 121, Luftwaffenunterstützungskompanie und Luftwaffensanitätsstaffel Eggersdorf, Rechenzentrum der Bundeswehr Strausberg, Vorschriftenverteilerstelle Ost, Verpflegungsamt Ost, Standortverwaltung Strausberg und Fernmeldedienstgruppe 828/30.

Später folgten der Stab der Sanitätsbrigade 4 und das Sanitätsbataillon 4 für die bisherigen Luftwaffenkomponenten. Alles in allem sorgt die Präsenz der neuen Streitkräfte und der Wehrverwaltung auch für einen beachtlichen wirtschaftlichen Faktor in Strausberg und Umgebung. Die Bundeswehr ist mit der Stadt seit 2001 durch einen Patenschaftsvertrag verbunden, der ihr nach der bisherigen erfolgreichen Zusammenarbeit viele weitere Gemeinsamkeiten in Aussicht stellt.

Via Satellit in den neuen Ländern Grundstücke vermessen

Die Bundeswehr knüpfte auch andernorts gute Kontakte zur Bevölkerung. So leistete sie 1993 in den neuen Ländern einen wichtigen Beitrag zum Wiederaufbau des Liegenschafts- und Katasterwesens. Daran beteiligten sich 235 Angehörige des Vermessungspersonals der Topographie- und Artillerietruppen, darunter 36 Offiziere. Sie legten sogenannte Aufnahmenetze an. Diese galten als Grundlage für die Vermessung von Grundstücken.

Allein durch diesen Einsatz, der Ende September abgeschlossen und 1994 von weiteren 188 Soldaten weitergeführt wurde, sparten örtliche Liegenschaftsämter Kosten in Höhe von zusammen 1,2 Millionen DM ein. Insgesamt wurden in Ostdeutschland von den insgesamt 14.000 Festpunkten etwa 10.000 vermessen. Diese Arbeiten bildeten die Voraussetzung für die Errichtung neuer Industriebauten und waren lebensnotwendig für den „Aufschwung Ost“: Klare Angaben und Rechtslagen zu Grundstücken. Sonst erhielten die betroffenen Investoren keine Kredite.

Die Bitte um Hilfe der Bundeswehr bei der Landvermessung ging von den Landesregierungen in Berlin, Dresden, Erfurt, Magdeburg, Potsdam und Schwerin an die Bundesregierung aus. Da nach Kriegsende 1945 die damalige Sowjetische Militäradministration in ihrer Besatzungszone die „Vergesellschaftung von Grund und Boden“ eingeleitet hatte, wurde nach der Deutschen Einheit die Wieder- beziehungsweise Neuvermessung notwendig. Denn auch zu DDR-Zeiten hatte man die Katasterarbeiten stark vernachlässigt. Ehemaligen Besitzern, künftigen Nutzern oder Käufern ging es nun um exakte Angaben bei der Rückgabe beziehungsweise Übertragung. Dazu musste jedes betroffene Grundstück ermittelt und im Grundbuch beim Amtsgericht eingetragen sein, nicht nur, was Lage und Größe betraf, sondern auch die Kulturart und Bebauung sowie vor allem die Rechtssituation.

Als sich die ersten Trupps im Frühjahr an die Arbeit machten, gab es anfangs in Städten und Gemeinden gemischte Reaktionen: In den Ämtern herrschte eitel Freude über die fachkundige Unterstützung durch die Geodäten. Auf Straßen, Plätzen und im Gelände wurde das Tun der Uniformierten dagegen aufmerksam beobachtet, oft sogar kritisch. Wusste doch nicht jeder Bürger vom zivilen Anliegen der Soldaten.

Mancher Bewohner eines entlegenen Dorfes glaubte tatsächlich, dass es sich hier um die Vorboten künftiger Raketenstellungen oder anderer Bundeswehreinheiten handelt. In diesen Fällen hatten selbst die bunten Aufkleber mit der Aufschrift: „Wir unterstützen die Zivilbevölkerung – Partner Bundeswehr" keine Wirkung erzielt. Schließlich war doch unter der ostdeutschen Bevölkerung die zu DDR-Zeiten übliche Geheimniskrämerei auf militärischem Gebiet noch immer tief verwurzelt. Auch außerhalb der Kasernen blieben manche Menschen „wachsam".

Apropos Misstrauen: Als sich in den Berliner Püttbergen, mit Wald und Grün ein beliebtes Erholungsgebiet am Stadtrand, im Rahmen einer Übung einige wenige Funker der Bundeswehr zu schaffen machten, vermutete auch die PDS Schlimmes und meinte zu wissen: „Das hat sich hier noch nicht einmal die NVA getraut." Es war aber nur Lärm um Nichts.

Überhaupt gehörte es in den neuen Bundesländern zu dieser Zeit noch nicht zum Alltag, wenn sich Messtrupps der Bundeswehr in Position stellten. Das traditionelle Winkel- und Streckenmessen hatte man ja meist schon irgendwo gesehen. Als aber da und dort die Trupps bei Messungen im Global Positioning System (GPS) über Satelliten mit einem schwarzen Kasten den Himmel anpeilten, wunderte man sich vielerorts über diese seltsame Technik und Messmethoden.

Was sich heute jedermann für sein Auto kaufen kann, konnten sich hier die meisten Menschen damals nicht vorstellen: Dass auf diese Weise Straßen oder Grundstücke zentimetergenau zu vermessen sind. In der Prenzlauer Allee im Berliner Bezirk Pankow stand neben mir ein wissensdurstiger Mann. Er schüttelte immer wieder den Kopf, als ihm sogar Millimetermessungen an diesem damals neuartigen System erläutert wurden. Das GPS-System wird von amerikanischen Militärs betrieben und darf international für zivile Zwecke genutzt werden. Heute ist es allein bei der Verkehrsführung gang und gäbe.

Die nützliche Arbeit der Bundeswehrangehörigen sprach sich schnell herum. Nicht selten fuhren Bürgermeister in Nachbarorte und wollten von den Trupps wissen: „Wann kommt Ihr zu uns?" Keine Frage, die Landvermessung erhielt zwischen Elbe und Oder, Ostsee und Thüringen wieder einen hohen Stellenwert. Schließlich hat auch im Osten ein Quadratmeter Grundstücksfläche nicht nur in Städten und Gemeinden seinen Preis.

Alles in allem gab es für die Beteiligten viel Lob. Im Korps und Territorialkommando Ost in Potsdam liefen die Fäden für diesen Einsatz zusammen. Oberstleutnant Peter Cothmann, einer der Verantwortlichen, sah in der Aktion einen „guten Beitrag zur Einheit" und sprach von „Solidarität durch Teilen". Ihre eigentliche Arbeit in den alten Bundesländern mussten in dieser Zeit andere Kameraden übernehmen. „Es hat uns hier viel Spaß gemacht", schätzte der Offizier ein. Er wurde nach zweijähriger erfolgreicher Tätigkeit in der Bundeswehr Ost in das Amt für militärisches Geowesen versetzt.

Die "Vermessungsunterstützung Ost" der Bundeswehr half auch 1994 beim Wiederaufbau und bei der Verbesserung der Infrastruktur des Beitrittsgebietes. Sie brachte dem örtlichen Liegenschafts- und Katasterwesen erneut einen hohen finanziellen Nutzen. Da erst nach einer Vermessung rechtskräftige Eintragungen in die Grundbücher möglich und somit die Eigentümer festlegbar sind, wirkte dies "wie ein Anschub für Investitionen in Grund und Boden". Das betonte der Leiter des Amtes für militärisches Geowesen, Brigadegeneral Karl-Heinz Bleiel, als ich ihn in Berlin traf. Es ging hierbei um die Neubestimmung, die Ergänzung oder die Wiederaufnahme alter Punkte, "weil ja in all den Jahren die Nutzung über die eigentlichen Grenzen der Grundstücke oft hinweggegangen ist".

Erstmalig "Tag der Schüler" bei den neuen Streitkräften

Wie groß das Interesse unter der ostdeutschen Jugend an den neuen Streitkräften zu dieser Zeit war, erlebte ich in Basepohl. Dieser Ort im mecklenburgischen Kreis Malchin beherbergte einst als NVA-Garnison Raketen und Hubschrauber. Fast eintausend Schülerinnen und Schüler kamen an diesem Tag mit ihren Lehrern hierher. Das Besondere an dieser Aktion: Die jungen Leute reisten ohne jede Weisung "von oben" an. Sie wollten einmal selbst sehen, wie das Leben in der Bundeswehr so verläuft.

Es gab auch keine Blumen und Gedichte, wie das früher bei Jungen Pionieren oder FDJlern so üblich war, wenn sie Soldaten besuchten. Aber dafür sehr aufmerksame Jungen und Mädchen. Sie wollten sich im Rahmen der Arbeitslehre und des Fachs Politische Bildung über die neuen Streitkräfte in ihrer Heimat informieren. Wegen der großen Nachfrage nach Truppenbesuchen in dieser Gegend hatte sich das Wehrbereichskommando VIII in Neubrandenburg zu dieser Aktion entschlossen.

Damit für die 38 Schulklassen ein Maximum an Informationen über die Bundeswehr "rüberkommt", so einer der Organisatoren, wurde alles mit den vorher geäußerten Wünschen der jugendlichen Besucher abgestimmt: Von der Einweisung in den Alltag über die Besichtigung der Unterkünfte bis zum Rundflug mit einem Hubschrauber Mi-8 HIP. Zu den elf Stationen, die man für die jungen Gäste vorbereitet hatte, gehörte natürlich auch das "Mittagessen bei Soldaten".

Obwohl die Bevölkerung vom eigentlichen Auftrag der Bundeswehr hier allgemein noch relativ wenig wusste, konnte doch so mancher Offizier, Unteroffizier oder Soldat über die Sachkenntnis und das große Interesse der jungen Leute nur staunen. So erging es Unteroffizier Matthias Bremer im Lehrsaal, als er einer neunten Klasse aus Wittstock Rede und Antwort stand. Das waren nur einige der Fragen: Wie wird ausgebildet? Können auch Mädchen eine Uniform tragen? (Damals nur bei Sanitätern und Musikern, heute auch in der Truppe möglich.) Welche Studienmöglichkeiten gibt es? Was kann man beim Bund alles werden? Als ein junges Fräulein wissen wollte, was denn nach dem Tagesdienst alles gemacht wird, schmunzelten auch die Klassenkameraden wegen dieser weiblichen Neugier. Natürlich, so die Antwort, gibt es hier ein vielfältiges kulturelles Leben in und außerhalb der Kaserne.

Was die militärische Präsentation betraf, so boten das Flugabwehrregiment 80, das Instandsetzungsbataillon 802 und die Heeresfliegerstaffel 80 keine Waffenschau. Neben Bekleidung und Ausrüstung konnte man sich mit Handfeuerwaffen und dem Flak-Panzer Gepard vertraut machen. Der 27-jährige Feldwebel Bernd Nehring aus Niedersachsen, der eine Flak-Panzer-Gruppe befehligte, sprach zu künftigen Wehrpflichtigen über die Soldatenkameradschaft. Nach seinen Worten macht es "Spaß in der Truppe. Ost-West-Probleme, von Kleinigkeiten des täglichen Lebens abgesehen, gibt es keine."

Wer jedoch noch mehr wissen wollte über die "jugendliche Großorganisation" Bundeswehr mit einem Durchschnittsalter von 23 Jahren, erfuhr dies bei den Wehrdienstberatern. Deren Problem bestand an diesem Tag darin, den jungen Gästen immer wieder vorzurechnen, warum die deutschen Streitkräfte trotz ihrer Verringerung um 40 Prozent auf 370 000 Mann jährlich 20 000 Zeit- und Berufssoldaten benötigen. Die Worte: "Die Wehrpflichtigen sind jung, also müssen auch die Vorgesetzten jung sein" überzeugten dann alle.

Zur selben Zeit fanden im Offiziersheim Diskussionen mit den Lehrern statt. Auch hier waren Jugendoffiziere gefragte Gesprächspartner. Der freimütige Gedankenaustausch über Landesverteidigung und internationale Bundeswehreinsätze vermittelte ein gewisses "Rüstzeug" für das Fach Politische Bildung. "Wir haben uns sehr angeregt unterhalten und gegenseitig Wissen vermittelt", sagte Kommandeur Oberstleutnant Manfred Dormeier. „Am Beispiel unseres Flugabwehrregiments mit 550 Soldaten haben wir veranschaulicht, wie die Bundeswehr nach Auflösung der NVA im Osten Deutschlands aufgebaut wurde."

Dieser erlebnisreiche Mittwoch in der Kaserne "Mecklenburgische Schweiz" stand unter dem Motto "Tag der Schüler". Ein Ereignis, das in dieser Form - mit Schulklassen aus Mecklenburg-Vorpommern und Brandenburg sogar Länder übergreifend - zum ersten Mal in den neuen Bundesländern stattfand. Und ein solcher interessanter Tag wurde auch andernorts wiederholt, da unter der Jugend des Beitrittsgebiets großes Interesse an der Bundeswehr als Streitkraft in der Demokratie und an ihrem Verteidigungsauftrag bestand und besteht.

Als ich mit meinem PKW wieder nach Berlin fuhr, erinnerte ich mich an einen ähnlichen „Truppenbesuch“ einer Schulklasse im NVA-Artillerieregiment bei Lehnitz. Die Gespräche mit den Wehrpflichtigen waren damals auch sehr herzlich. Aber, was die Offenheit und das Konkrete im Leben dieser jungen Männer betraf, nicht annähernd so informativ. Viel zu oft hörten wir etwas vom „Klassenauftrag“, vom „Schutz sozialistischer Errungenschaften“ und von ähnlichen Parolen, wie sie den Politoffizieren in Fleisch und Blut übergegangen waren.

Wer führen will, muss dienen können!

Dass die Bundeswehr schon nach kurzer Zeit in den neuen Bundesländern sehr populär war, spürten auch die Offiziere in der ursprünglich Freiwilligenannahmestelle Ost genannten Einrichtung in Berlin-Grünau. Glücklicherweise wurde sie dann in ein "Zentrum für Nachwuchsgewinnung" umbenannt. Denn "Annahmestellen" hatten im Beitrittsgebiet einen bitteren Beigeschmack aus DDR-Zeiten. Buchstäblich in jedem Dorf gab es damals irgendeine Sammelstelle, wo Materielles gegen bare Münze angenommen wurde.

Zu dieser Zeit war die westdeutsche Bewerberlage für den Freiwilligen Dienst in den Streitkräften außerordentlich prekär. Anders im Osten. Nach einem anfänglichen und ungewöhnlichen "Hoch" bei der Gewinnung von Freiwilligen für die Bundeswehr in den neuen Ländern unmittelbar nach der Wiedervereinigung zeigte hier das Bewerber-Barometer auf "normal".

In Zahlen: Hatten sich noch 1993 etwa 6 700 junge Leute aus dem Osten um eine längere Dienstzeit in den Streitkräften bemüht, was eine sensationell hohe Quote war, die damals von keiner Dienststelle in den alten Bundesländern mehr erreicht wurde, so stellten sich 1994 noch 5 800 junge Leute der Eignungsprüfung. Der „Arbeitgeber Bundeswehr“, so hörte ich oft in den Gesprächen, war auch vor allem wegen der Vielzahl von militärischen Ausbildungsinhalten begehrt, die entweder ganz oder zumindest teilweise zivilberuflich anerkannt wurden. Für viele junge Menschen im Osten eine große Herausforderung.

Insgesamt schickten zwischen 1991 und 1996 etwa 30 000 „ungediente“ Ostdeutsche ihre Bewerbungen hierher. 12 281 Bewerber, darunter Frauen für den Sanitäts- oder Musikerdienst, wurden eingestellt. Weitere 12 000 junge Leute aus den neuen Ländern wandten sich an die Offiziersbewerberzentrale in Köln oder meisterten die Eignungshürden der Marine in Wilhelmshaven. Hier gab es ebenfalls einen ungebrochenen Zustrom aus Thüringen, Sachsen, Sachsen-Anhalt, Berlin, Brandenburg und Mecklenburg-Vorpommern.

Mit den manchmal finsteren Erinnerungen der Eltern aus ihrer NVA-Zeit im Hinterkopf, boten sich nun beim Bund ganz andere Perspektiven. Für die Fachleute beim „Nachwuchsaufkommen" war klar, dass die Verringerung der Streitkräfte und ihre neuen - auch gefahrvollen - internationalen Aufgaben sicher so manchen jungen Mann oder manche junge Frau noch kritischer als bisher über den militärischen Lebensabschnitt nachdenken ließen. Dennoch brauchte die Bundeswehr zur Regeneration ihres ständigen Freiwilligenumfangs von etwa 210 000 Mann ab dem Jahr 1995 jährlich 30 000 "Neue". Bisher wurden pro Jahr 20 000 Soldaten für einen freiwillig längeren Dienst benötigt.

Betrachtete man die demographische Entwicklung, bei der die sinkende Jahresgeburtenrate mit der Wiedervereinigung eine Wende zum Positiven nahm, so war das Jahr 1995 auch mit insgesamt 355 600 jungen Männern im Alter von 19 Jahren in Gesamtdeutschland keine leichte Aufgabe. Denn die Konkurrenz zwischen den öffentlichen und privaten Arbeitgebern griff nun ebenfalls im Osten der Republik.

Die Bewerber für die Unteroffiziers-Laufbahnen aus dem großen Wehrpflichtigenpotential setzten hier anfangs eine Tradition aus der alten Bundesrepublik tatsächlich außer Kraft: Man wählte nicht zuerst den Standort und dann die Truppengattung oder den Verwendungsbereich. Auf die Frage "Würden Sie auch in Bayern, Hessen oder Niedersachsen dienen?" gab es meist ein klares "Ja!" zur Antwort. So nahmen viele junge Heeres- und Luftwaffensoldaten aus Erfurt, Leipzig oder Neubrandenburg für den Militärdienst den Reiz des Sich-Selbständig-Machens und die wöchentlichen Heimfahrten bei 100 Prozent West-Gehalt auf sich.

Nachdem die Liegenschaften der Bundeswehr in den neuen Ländern mit Masse modernisiert wurden, das IV. Korps, die 3. Luftwaffendivision und das

Marine-Abschnittskommando Ost voll gesamtdeutsch funktionierten sowie der "Aufschwung Ost" auch in anderen Bereichen zu spüren war, wünschte sich so mancher Soldat auf Zeit mehr Heimatnähe. Eigentlich ein verständlicher Prozess.

Für die Jugend der neuen Länder und Berlins blieb die Bundeswehr – immerhin die größte Wehrpflichtarmee des westlichen Bündnisses – "einer der größten und attraktiven Arbeitgeber". Diese Zuversicht verbreitete Oberst Siegfried Stief, Leiter der Dienststelle in Berlin-Grünau. "Nach wie vor wollen viele Bewerber die von den Streitkräften - leider nur in begrenztem Umfang - gebotene Berufsausbildung mit dem anerkannten zivilen Abschluss oder die Möglichkeit des Berufsförderungsdienstes nach Ende der Verpflichtungszeit nutzen."

Und überhaupt brauche man für eine junge, schlagkräftige Bundeswehr immer wieder Nachwuchs - ob als Panzergrenadier, Flugnavigator oder Marinetechniker. Noch sei aber viel zu wenig bekannt, dass ein Zeitsoldat auch Offizier werden kann, berichtete Stief, mit dem ich oft in Grünau zusammengetroffen bin. Er machte mir aber deutlich, dass beispielsweise bei der künftigen Offiziersausbildung das Credo gilt: Wer führen will, muss dienen können.

Sicher seien für angehende junge Unteroffiziere auch die finanziellen Verdienstmöglichkeiten bei ihrem Dienst nach Wahl in Ost oder West sowie die Chance, eine hohe Verantwortung für Menschen und Güter zu tragen, wichtige Motivationen. "Aber nicht wenige Bewerber sagten uns in den Einstellungsgesprächen, dass sie gern ihren persönlichen Beitrag zum militärischen Schutz der Bundesrepublik innerhalb unseres Bündnisses oder gar in einer internationalen Friedensmission leisten wollen." Mein Eindruck: Hier begann schon der Prozess der Bewusstseinsänderung nach der deutschen Einheit.

Damit bei der Nachwuchsgewinnung "der richtige Mann an den richtigen Platz kommt", mussten sich die Antragsteller einem zweitägigen Eignungsverfahren stellen. Geprüft wurden die charakterliche, geistige und körperliche Eignung. Zum Abschluss bekam der geeignete Bewerber schwarz auf weiß den Einstellungstermin, die Grundausbildungs- und die Stammeinheit, die Verwendungsplanung und seine Ausbildungsperspektiven mit auf den Weg. Selbst der künftige vorgesetzte Feldwebel wurde genannt.

Wo hat man denn sonst noch einem jungen ostdeutschen Facharbeiter oder Gesellen zu einer Zeit, als tausende von Betrieben und Einrichtungen in seiner Heimat schließen mussten, eine solche berufliche Perspektive geboten? Trotzdem mussten die Bewerber bestimmte Qualitätshürden bewältigen, um sich für die Laufbahnen der Mannschaften, Unteroffiziere und Feldwebel zu „qualifizieren". Gefragt war in jedem Fall Eignung und Kompetenz.

In der heutigen Dahme-Spree-Kaserne befand sich vorher die Militärpolitische Hochschule der NVA. So nannte sich die Kaderschmiede für höhere Politoffiziere. Was so an Theorien rund um den Marxismus-Leninismus in diesen Räumen verkündet wurde, konnte sich wohl ein jeder von der Bundeswehr denken. Dass aber dessen Praxis doch etwas anders aussah und allein der Speisesaal in Klassengesellschaften aufgeteilt war, hatten die neuen Nutzer bei der Übernahme der Einrichtung nicht erwartet: Die Stühle für Offiziere sowie für Wehrpflichtige und Unteroffiziere unterschieden sich nicht nur in der Farbe. Und der Kommandeur, der hin und wieder persönlich darüber wachte, dass kein Major oder Hauptmann wegen seiner Bahnfahrt am Sonnabend das Haus vorzeitig verließ, pflegte mit seinen Stellvertretern in einem separaten Zimmer zu speisen.

Mehr als 70 000 Wehrpflichtige aus neuen Ländern einberufen

Auch andere Zahlen über die Bundeswehr im Osten Deutschlands haben mich damals schon beeindruckt. So wurden seit der Einheit Deutschlands bis 1993 etwa 70 000 Wehrpflichtige von hier einberufen. Nahezu jeder vierte von ihnen leistete im Rahmen der Allgemeinen Wehrpflicht seinen Grundwehrdienst in einem Standort im Westen. Gleichzeitig „erlernten“ fast 2 500 westdeutsche Rekruten in den neuen Truppenteilen der Bundeswehr die ersten militärischen Schritte.

An dieser Stelle möchte ich auf eine Debatte verweisen, die wohl in den westlichen Bundesländern eine große Rolle gespielt hat, im Beitrittsgebiet aber kein solches Interesse fand: Mit dem Ende der DDR und ihrer Volksarmee sowie des Warschauer Vertrages gehörte für das wiedervereinigte Deutschland jegliche Bedrohung aus dem Osten der Vergangenheit an. Dieser Gedanke spielte in den Gesprächen, die ich in Berlin-Grünau und andernorts mit Wehrpflichtigen führte, überhaupt keine Rolle. Man ging oder musste zur Armee, weil sie ein Teil des öffentlichen Lebens und sogar kein schlechter Arbeitgeber war. Mit den ostdeutschen Erfahrungen war sie sogar ein attraktiver Arbeitgeber, nicht nur was die Finanzen betraf. Bei manchem Bewerber war auch im Gespräch so etwas wie Patriotismus zu spüren.

Die neuen Streitkräfte stellten sich im Gegensatz zur NVA „gläsern“ dar. Das heißt, jeder junge Bewerber oder Wehrpflichtige wusste schon vor Beginn seiner Dienstzeit ziemlich genau, was tatsächlich auf ihn zukommt - an körperlicher Belastung und geistiger Herausforderung. Gerade in dieser Zeit des Umbruchs in den neuen Bundesländern bot man den jungen Leuten keine Verlockungen an, sondern einen wichtigen persönlichen Baustein für den weiteren Lebensweg unter den neuen wirtschaftlichen und sozialen Bedingungen. Und die Praxis in der Truppe zeigte ihnen recht bald, das habe ich in vielen Kasernen erlebt, dass hier keine leeren Versprechungen gemacht wurden. Qualifiziertes Personal hatte hier eine gute und sichere Perspektive. Es gab also großes Interesse für den komplexen Soldaten-Beruf.

Laut Karl Johanny, erster Präsident der Wehrbereichsverwaltung VII, erfolgte die Einberufung durch die 26 Kreiswehrersatzämter von Aschersleben bis Zwickau und von Rostock bis Suhl nach dem 3. Oktober 1990 im rechtsstaatlichen Verwaltungsverfahren der Bundesrepublik Deutschland. Dabei habe man sich mit den Erfahrungen der alten Bundesrepublik bemüht, Wünschen und Vorstellungen des Einzelnen "nach Möglichkeit Rechnung zu tragen". Erstmalig hörte ich etwas vom "Deckungsfehl" durch Verweigerung in den neuen Ländern von nur 0,1 bis 2,8 Prozent. Auch dieser kaufmännische Begriff war im Osten neu.

In der Wehrüberwachung seiner Bereichsverwaltung befanden sich immerhin bereits 1,6 Millionen Mann. Das war schon ein bedeutendes Potenzial. Ab 1993 wurde in diesem Zuständigkeitsbereich damit begonnen, nach der Einheit aus dem aktiven Bundeswehr-Dienst entlassene Reservisten "für eine Mobilmachungs-Verwendung im Verteidigungsfall" einzuplanen.

Inzwischen hat sich die Bundeswehr auch zwischen Elbe und Oder zu einem bedeutenden Wirtschaftsfaktor und Arbeitgeber entwickelt. Zur Verpflegung und Beschaffung, vor allem aber zur Modernisierung von Bundeswehr-Kasernen in ehemaligen NVA-Anlagen sowie für die Liegenschaftsbewirtschaftung wurden 1992 insgesamt 2 Milliarden DM aus dem Haushalt des Bundes benötigt. Fast die gesamte Verpflegung von Fleisch und Wurst über Backwaren bis zum Gemüse kaufte die Bundeswehr bei ostdeutschen Produzenten. Besonders an örtliche Unternehmen würden investive und Substanz erhaltende Bauaufträge in Höhe von insgesamt 900 Millionen DM vergeben, kündigte er an. Damit sollten vor allem marode Unterkünfte, Küchen und Sanitäranlagen verbessert werden.

Erfreulich war ebenfalls, wie schon erwähnt, dass in der Wehrbereichsverwaltung VII für mehr als 20 000 neue Bundesbürger Arbeitsplätze geschaffen werden konnten. Diese Aufgaben erledigten nun zu 99,5 Prozent ehemalige Zivilbeschäftigte und Angehörige der NVA. Wenn man daran denkt, dass mit dem Ende der DDR alle Regierungseinrichtungen in den neuen Bundesländern ersatzlos geschlossen und die Beschäftigten entlassen wurden, war das nicht nur eine sozialpolitische Geste. Auch über Waffen und Munition der Bundeswehr Ost entschied nun die Wehrbereichsverwaltung.

Die Bundeswehr erbte Umweltprobleme in einem bis dahin nicht gekannten Ausmaß. Zum einen handelte es sich um ein riesiges Militärpotenzial gepanzerter Fahrzeuge, um Last- und Mannschaftswagen, Geschütze, Flugzeuge und Schiffe sowie umfangreiche Ausrüstungen des Pionier- und des Sanitätsdienstes, die ohne den nötigen Umweltschutz produziert worden waren. Andererseits wurde man auch mit hochgiftigen flüssigen Raketentreibstoffen, großen Mengen an Chemikalien und anderen Gefahrstoffen konfrontiert. Allein die aktuelle Gefahrstoffentsorgung kostete in den ersten Jahren 100 Millionen DM. Johanny: „Fest steht: Der Umweltschutz in der Bundeswehr hat durch die Einheit Deutschlands eine neue Qualität erreicht."

Von der Hohen Düne bis zur Wilhelm-Leuschner-Kaserne

Fünf Jahre nach der Wiedervereinigung hatte die Bundeswehr im Beitrittsgebiet nicht nur eine neue Führungsorganisation mit einheitlichen Streitkräften erfolgreich aufgebaut. Heer, Luftwaffe und Marine als Teile der Armee der Einheit sorgten hier auch mit ihren Kasernennamen für einen neuen Geist. Denn im Gegensatz zur früheren Praxis in der DDR-Armee, Traditionssymbole vom marxistisch-leninistischen Klassenstandpunkt aus festzulegen, kam es nun bei der Auswahl zu einer Namensvielfalt. Dabei konnte sich die Bundeswehr auf eine enge Zusammenarbeit mit Kommunen, Bildungseinrichtungen und Bürgern stützen. Ehedem war das hier ebenfalls nicht Usus.

So wurden, auch zum Stolz der dortigen Bewohner, bei der Namensgebung regionale Landschaftsbezeichnungen berücksichtigt. Es gab von nun an die Kaserne am Rennsteig in Oberhof (Thüringen), die Erzgebirgskaserne in Marienberg (Sachsen), die Havellandkaserne in Potsdam-Eiche (Brandenburg) und die Kaserne

Hohe Düne in Warnemünde (Mecklenburg-Vorpommern). Ebenso die Sachsen-Anhalt-Kaserne in Weißenfels, deren Truppenteile mit standortnahen Gemeinden durch Patenschaften verbunden waren..

Bei den Anträgen auf Neu- oder Umbenennungen wurden von der Bundeswehr sowohl in den neuen Ländern als auch in Berlin die Namen von Angehörigen des Deutschen Widerstands besonders berücksichtigt. Neben der General-Olbricht-Kaserne in Leipzig, der Henning-von-Tresckow-Kaserne im Potsdamer Stab des IV. Korps und der Berliner Julius-Leber-Kaserne erhielt die Kasernenanlage für Instandsetzungsausbildungskompanien im brandenburgischen Hennickendorf den Namen Wilhelm Leuschners. Mit der Zustimmung für die Namensgebung würdigte der Bundesverteidigungsminister Persönlichkeit und Lebenswerk des Gewerkschafters. Dessen mutiges Eintreten für Recht und Freiheit des deutschen Volkes sei "auch für die Soldaten der Bundeswehr ein Vorbild".

Herausragende Politiker der Bundesrepublik und verdienstvolle Soldaten der Bundeswehr fanden in den neuen Einrichtungen und Verbänden im Osten Deutschlands gleichfalls ihre Ehrung. In Berlin-Gatow, mit bedeutenden Ausbildungseinrichtungen eine Wiege der Luftwaffe, wurde die Kaserne der Luftwaffendivision nach General Johannes Steinhoff benannt. Dem Vermächtnis von Feldwebel Uwe Boldt fühlt man sich an der gleichnamigen Heeresunteroffiziersschule in Delitzsch bei Leipzig verpflichtet. Der Sprengausbilder vom Panzergrenadierbataillon 71 war 1961 auf dem Truppenübungsplatz Putlos (Schleswig-Holstein) tödlich verletzt worden, als er zwei Soldaten rettete.

Ostdeutscher Militärdolmetscher wurde Pressesprecher

Drei Eide während des Militärdienstes in deutschen Armeen - das ist schon ungewöhnlich. Doch damit teilte Wolfgang Dobrig, kurz nach Kriegsende 1947 im Erzgebirge in der damaligen Sowjetischen Besatzungszone geboren, das Schicksal von ein paar Tausend Offizieren der ehemaligen Nationalen Volksarmee. Sie waren, wie noch viel mehr Unteroffiziere und wehrpflichtige Soldaten, vor und nach den ersten freien Wahlen in der DDR auf deren Streitkräfte vereidigt worden. Nach der Wiedervereinigung schwor auch der vom Oberstleutnant-Ost zum Major-West gewandelte Offizier, „der Bundesrepublik Deutschland treu zu dienen und die Freiheit des deutschen Volkes tapfer zu verteidigen".

Heute darf der inzwischen wieder zum Oberstleutnant Beförderte, der noch 15 Jahre in den gesamtdeutschen Streitkräften gedient hat, laut Soldatengesetz seine Pension in Anspruch nehmen. Und dabei blickt der 1969 an der Leipziger Universität diplomierte Militärdolmetscher mit den Schwerpunktfächern Russisch und Tschechisch auf eine Militärlaufbahn zurück, um die ihn von Anfang an so mancher Ex-NVA-Kollege nur beneiden konnte. Dank seiner soliden Ausbildung, seines fachlichen Wissens und vor allem mit seinen menschlichen Qualitäten, darunter die offene Art, auch eine kritische Meinung zu äußern, was in der Armee der Arbeiter und Bauern immer ein persönliches Risiko war, wurde dieser Herr zu einem gefragten Partner.

Das sind auch meine Erinnerungen an so manche gemeinsame Pressetermine bei der NVA und der Bundeswehr. Er half mir als ADN-Berichterstatter gelegentlich, wenn beim Besuch eines osteuropäischen Verteidigungsministers oder Sportchefs aus dem Warschauer Pakt die direkte Übersetzung kein gutes Deutsch ergab und nach einer „leserfreundlichen“ Lösung gesucht wurde. Oder später, als ich Freier Journalist war und von ihm in Berlin jederzeit gleichberechtigt wie die Zeitungs- oder Agenturredakteure mit Informationen versorgt wurde.

Ob nun bei den Pressekonferenzen mit dem Bundesverteidigungsminister oder Interviews mit Bundeswehr-Generalen - meiner manchmal wohl spürbaren journalistischen Aufgeregtheit bei den VIP-Personen setzte er seine wohltuende stoische Ruhe entgegen. Das hieß, auch unausgesprochen: „Wir schaffen das.“ Seine Kompetenz half mir zudem gerade bei der Vorbereitung militärfachlicher Fragen für solche Treffen.

Ich möchte sagen: Ein angenehmer Mensch und Gesprächspartner. Das war er wohl schon in seiner Dienstzeit im Ministerium für Nationale Verteidigung unmittelbar nach dem Studium und auch später im Komitee der Armeesportvereinigung „Vorwärts“, wo er als Oberinstrukteur für internationale Beziehungen in Berlin-Grünau gearbeitet hat. Hier bei den ASV-Sportlern mit zahlreichen Olympiasiegern in ihren Reihen, die auch nach der Wiedervereinigung ihre internationalen Spitzenleistungen bestätigten, ging es gegenüber dem Tun und Treiben der Generalität in Strausberg (preußische Korrektheit, russische Hierarchie) verhältnismäßig locker zu. Da durfte der Dolmetscher beim offiziellen Besuch auf dem feuchtheißen Kuba während der Begegnung seines Chefs, eines Generals, mit Fidel Castro schon mal die Ärmel seiner Dienstbluse hochgekrempelt tragen. Das war sonst bei Protokoll-Terminen in der DDR nicht üblich.

Vom Mai bis zum Anfang Oktober 1990 diente der NVA-Oberstleutnant im Informations- und Pressestab des Ministeriums für Abrüstung und Verteidigung. In dieser Zeit erlebte er den Austritt der DDR und ihrer Armee aus dem Bündnis der Warschauer Vertragsstaaten. Als das Bundeswehrkommando Ost am 3. Oktober seine Tätigkeit hier begann, konnte er seine Arbeit in der Abteilung Presse/Öffentlichkeitsarbeit/Nachwuchswerbung fortsetzen. Nun war er wieder ein Major, allerdings in den anderen deutschen Streitkräften.

An der Führungsakademie der Bundeswehr in Hamburg holte er sich in einem Lehrgang für Ex-NVA-Stabsoffiziere über mehrere Monate das nötige Rüstzeug für eine weitere Verwendung in der Bundeswehr. Neu war für ihn und die anderen Ostdeutschen der ganze Komplex von Vorschriften und Rechtsfragen. Er diente als Pressestabsoffizier, in diesem Fall als Soldat auf Zeit (SAZ 2), im Korps und Territorialkommando Ost in Potsdam und avancierte bald wieder zum Berufssoldaten.

Anschließend kam Dobrig als Dezernatsleiter Presse in die Informations- und Pressestelle der Bundeswehr Berlin. Hier trafen wir uns fast wöchentlich. Einmal machte er mich ganz verlegen, vielleicht auch ein bisschen stolz, als er mich und einen Bildreporter vom ehemaligen DDR-Militärbilddienst bei einem Termin mit Generalinspekteur Naumann als superpünktliche Journalisten lächelnd mit den

Worten begrüßte: „Alte Schule!" Na ja, auch auf diese Art von Disziplin hat er schon Wert gelegt.

Ausgerüstet mit den vielfältigen Erfahrungen an dieser öffentlichkeitswirksamen Stelle mitten in Berlin am Alexanderplatz und guten Arbeitskontakten zu den öffentlich-rechtlichen und privaten Fernsehanstalten, wurde er ab September 1999 zum Sprecher Elektronische Medien im Bundesministerium der Verteidigung „befördert".

An dieser exponierten Stelle stellte sich Wolfgang Dobrig seinen neuen Kameraden so vor, wie er das schon zuvor auf den anderen Dienstposten bei der Bundeswehr getan hatte: „Um es gleich vorwegzunehmen - ich bin ein Ossi!" Bei der Arbeit im Bendlerblock, wo der Bundesverteidigungsminister nur einige Zimmer weiter seinen zweiten Dienstsitz hatte, fiel das unter den überwiegend westdeutschen Offizieren und Zivilangestellten gar nicht auf. Er machte seinen Job gut.

Die Damen und Herren vom Hörfunk und Fernsehen - elektronische Medien - hatten immer exklusive Wünsche. Und diese sollten möglichst sofort realisiert werden. Das konnte eine Stellungnahme zum Fund von Uranmunition sein oder eine Reportage über den Dienst von Frauen in der Truppe. Als ein Journalist wissen wollte, warum eine namhafte Person die Ehrenmedaille der Bundeswehr für Zivilisten erhalten hatte, musste auch Dobrig passen: „Keine Ahnung, warum der die bekommen hat."

Im April 2005 kam die Stunde des Abschieds vor dem „Gang" in den Ruhestand. Sein Chef und seine Mitstreiter sowie vor allem die „Kunden" seiner Dienstleistung beim Bund fanden Worte der Wertschätzung und des Dankes. Der Leiter des Presse- und Infostabes und Sprecher des Bundesministeriums der Verteidigung, Norbert Bicher, würdigte vor allem dessen Ruhe und Kompetenz in der Zusammenarbeit und brachte es auf den Punkt: „Ich habe Sie gemocht als einen hervorragenden Kameraden."

Die RTL-Journalistin Jutta Bielig erinnerte noch einmal an die Worte, die ihr bei Anfragen im Bendlerblock so oft entgegnet wurden: „Rufen Sie den Dobrig an!" So ließen sich „irgendwo bei der Truppe möglichst schnell die richtigen Leute auftreiben, die was sagen dürfen (& können!), und dann auch noch zeigen, worum's geht - also Drehgenehmigung, für möglichst bewegte, nicht gestellte Bilder. Damit ließen sich 1'30 Minuten schon mal fest einplanen, allzu viel konnte da nicht mehr schief gehen." Auch wenn es manchmal auf diesen Fluren klemmte, blieb ihr „ein kleiner Trost: Dobrig anrufen; verkehrt war das jedenfalls nie."

Für Redakteur Christian Thiels vom Südwestrundfunk war der Medien-Oberstleutnant nicht nur „der Herr über offene Schlagbäume oder geschlossene Kasernentore", einer, der sagte „Keine Chance" oder „Kein Problem", beides freundlich, aber bestimmt. „Dobrig ist ein Offizier, der den ‚LKW 0,5 t gl' schlicht ‚Geländewagen' nennt." Das sei ein Vorteil, denn so musste der Journalist „nicht erst die Fremdsprache ‚Bundeswehranisch' lernen, um einfachste Sachverhalte verstehen zu können".

Wer hätte 1990 gedacht, dass ein solide ausgebildeter NVA-Offizier, der schon zu DDR-Zeiten dienstlich durch die Welt gereist war und aus seinen Sympathien für Gorbatschow und Perestroika nie einen Hehl gemacht hat, solche Gipfelhöhen bei der Bundeswehr erklimmen würde? Da ich den erfahrenen Militärdolmetscher schon lange dienstlich gut kannte, war mir damals klar: Mit ihm bekommen die gesamtdeutschen Streitkräfte einen in jeder Weise loyalen und verlässlichen neuen Kameraden. So war es, in der Tat. Andere Ex-NVA-Offiziere machten ebenfalls Karriere in der Truppe oder in Stäben der Bundeswehr, wurden Vorgesetzte und Ausbilder.

Im Nachhinein ärgert ihn beim Blick zurück auf seinen NVA-Dienst am meisten: „Wenn man mitkriegt, dass man wider besseres Wissen in ständig hoher Bereitschaft gehalten wurde, weil angeblich die Bundeswehr an der Grenze steht und plant, über uns herzufallen. Wir saßen wie die Dummen über die Weihnachtsfeiertage oder Ostern in irgendwelchen Führungsständen herum, obwohl seit 1972 in der Bundesrepublik freitags die Kasernen leergefegt waren, weil alles nach Hause rollte. Man fragt sich dann: Warum haben die uns so betrogen, warum haben die so etwas mit einem gemacht?“ Diese unzähligen 24-Stunden-Dienste in einem Bunker „gibt es jetzt nicht. Das hat sich geändert.“

Mit der Bundeswehr kam ein neuer Geist

Statt Diensthundeschule verlegte Forschungsamt in den Osten

Verteidigungsminister Gerhard Stoltenberg forderte unmittelbar nach dem 3. Oktober 1990 den Führungsstab der Streitkräfte auf, man solle doch prüfen, welches Amt oder welche Dienststelle der Bundeswehr aus dem Westen in die neuen Bundesländer verlegt werden könnte. Mit anderen Worten: Die Verantwortlichen auf der Bonner Hardthöhe wollten dort nicht nur Kasernen, Fliegerhorste und Marinestützpunkte für die neuen Truppen einrichten. Auch ein geistiges Zentrum sollte im Osten entstehen. Der Westen wollte also etwas von den in der alten Bundesrepublik bewährten Einrichtungen wie den Offiziers- und Unteroffiziersschulen „abgeben".

Die Antwort war, auch aus heutiger Sicht, im ersten Augenblick irgendwie beschämend. Dem Minister wurde tatsächlich empfohlen, die Schule für Diensthundewesen nach Ostdeutschland zu verlegen. Diese war zu jener Zeit noch in Koblenz untergebracht. Sie bildete vorwiegend Wachbegleithunde aus.

In den gehobenen Einrichtungen dieser Art der Bundeswehr signalisierten die Militärangehörigen und zivilen Kräfte bei der Überlegung des obersten Dienstherrn, künftig im Beitrittsgebiet Dienst zu leisten, zum Teil heftigen Widerstand. Vordergründig wurden dienstliche Einschränkungen genannt, die dann entstehen und die Arbeit beeinträchtigen würden. Aber oft ging es, für den Außenstehenden zum Teil verständlich, um private Dinge wie den Umzug der Familie in das Gebiet der Ex-DDR.

Heftigen Widerstand gab es im Sozialwissenschaftlichen Institut der Bundeswehr vor seinem Umzug aus München nach Strausberg. Etwa drei Viertel der 21 beamteten Mitarbeiter versuchten beim Bayerischen Verwaltungsgericht, dieses Vorhaben mit juristischen Mitteln zu stoppen. Man verklagte die Regierung. Für einen ostdeutschen Bürger war dieses Gerangel zu einer Zeit, als Hunderttausende qualifizierte Bürger buchstäblich über Nacht ihren Arbeitsplatz verloren hatten, völlig unverständlich.

Im Militärgeschichtlichen Forschungsamt (MGFA) in Freiburg, so die Überlieferung, soll damals ebenfalls lebhaft gegen ein solches Vorhaben der Bundeswehrführung debattiert worden sein. Zumal Potsdam, was als neuer Arbeitsort für die Militärhistoriker im Gespräch war, mit seiner militärischen Vergangenheit doch nicht der rechte historische Ort für eine fruchtbringende, wissenschaftliche Forschung sein könnte, lautete ein Argument der Umzugsgegner.

Stoltenbergs Nachfolger Rühe stand von Anfang an trotz knapper Kassen zu den Umzugsplänen und vertrat diese mit der von ihm bekannten Leidenschaft. All die Argumente der Umzugsgegner hielten ihm im Dezember 1992 nicht von seinem Entschluss ab, den Umzug von Freiburg im Breisgau in die brandenburgische Landeshauptstadt anzuweisen. Als eine große historische Forschungseinrichtung der Bundesrepublik war das Amt hier seit 1958 angesiedelt.

Ihre neue Wirkungsstätte erwartete die westdeutschen Militärhistoriker in der Hohenzollern-Villa Ingenheim. Zuvor diente sie dem Militärgeschichtlichen Institut der DDR (MGI) als Sitz. Ich war bei der offiziellen Begrüßung der Institutsmitarbeiter um Brigadegeneral Günter Roth an ihrer neuen Wirkungsstätte zugegen. Für die Militärhistoriker, so mein Eindruck, bildete das eine Zäsur in ihrer Arbeit.

Nach aufwendigen Renovierungsarbeiten erstrahlte die Villa in altem Glanz. Sie wurde wieder zu einer der Sehenswürdigkeiten in der Potsdamer Vorstadt. Den Startschuss für die Aufnahme der Arbeit gab Rühe im September 1994 während einer für mich sehr beeindruckenden Feierstunde im Schlosstheater des Neuen Palais. „Dies ist ein weiterer Meilenstein beim Aufbau der Bundeswehr im Osten Deutschlands, ein Baustein für die Armee der Einheit", betonte er. Allein in dieser Stadt begegne man „auf Schritt und Tritt der deutschen Geschichte - mit ihren Glanzpunkten und ihren Schattenseiten".

Die einstige Residenz und Soldatenstadt mit ihren Erinnerungen an die totale Niederlage 1945 (Potsdamer Abkommen) war vorher ebenso der Wehrmachts-Standort für das Infanterieregiment 9 mit führenden Köpfen des militärischen Widerstandes gegen Hitler. Hier dienten auch der ehemalige Bundespräsident Richard von Weizsäcker sowie der General a.D. Wolf Graf von Baudissin, der geistige Vater der Inneren Führung der Bundeswehr. Als ein unverzichtbares Fundament dessen Leitbildes gilt seither geschichtliches Bewusstsein. Daher ist auch für die Bundeswehr historische Bildung so wichtig.

Vor diesem Hintergrund würdigte der Minister den „hervorragenden Ruf", den das MGFA schon zu jener Zeit in Deutschland und im Ausland genoss. „Hier gedeiht moderne Militärgeschichtsschreibung nach den Prinzipien der Freiheit von Forschung und Lehre. Sie begreift die Streitkräfte als integralen Teil des politischen, wirtschaftlichen und gesellschaftlichen Lebens. Eine isolierte Militärhistorie oder amtlich verordnete, zweckgebundene Geschichtsschreibung gibt es nicht."

Das MGFA war 1957 als eine Militärgeschichtliche Forschungsstelle in Langenau bei Ulm gegründet worden. Einer der ersten Anknüpfungspunkte galt der preußischen Heeresreform mit General Gerhard von Scharnhorst: An dessen 200. Geburtstag, am 12. November 1955, erhielten bekanntlich die ersten freiwilligen Soldaten der Bundeswehr die Ernennungsurkunde. Das Amt zählt heute zu den ältesten Forschungseinrichtungen im Bereich des Bundesministeriums der Verteidigung. Man erforschte und deutete nach eigenen Angaben die Vergangenheit mit der vergleichenden, kritisch-reflektiven Methode und einem interdisziplinären Ansatz.

Erarbeitet werden aus den Quellen wissenschaftliche Grundlagenwerte, Beiträge für die historische und politische Bildung sowie Studien. Zu speziellen Themen aus den Forschungsbereichen finden Tagungen und Weiterbildung statt. Somit werden im Amt entscheidende Grundlagen für die historische Bildung in den Streitkräften geschaffen. Das wiederum bedeutet ein wichtiges Fundament für das Traditionsverständnis der Soldaten und deren Umgang mit der Geschichte. Allerdings blieb das Bundesarchiv/Militärarchiv in Freiburg.

Von der fachlichen Kompetenz, der wissenschaftlichen Verantwortung und dem moralischen Engagement der Militärhistoriker zeugte die Ausstellung „Aufstand des Gewissens. Militärischer Widerstand gegen Hitler und das NS-Regime 1933-1945". Sie wurde 1984 konzipiert, später völlig überarbeitet an zahlreichen

Standorten der Bundesrepublik gezeigt. Darunter im Berliner Bendlerblock, dem Zentrum der Ereignisse vom 20. Juli 1944.

Die Potsdamer Einrichtung bot den MGFA-Mitarbeitern völlig neue Perspektiven. Sie hatten, nun im Umfeld der Wissenschaftslandschaft von Berlin und Potsdam sowie deren bedeutenden Bibliotheken und Archiven verankert, die Chance, einen wichtigen Part gegenseitiger geistiger Befruchtung zu übernehmen. Außerdem konnte von hier aus die kritische Aufarbeitung der Weltkriegsgeschichte noch intensiver erfolgen. Ob es sich weiterhin um die Militärgeschichte der Bundesrepublik im Nato-Bündnis oder der DDR im Warschauer Pakt handelt - inzwischen wurden zahlreiche Publikationen des Forschungsamtes über die Zeit der militärischen Konfrontation in Deutschland zur Standardlektüre für in- und ausländische Historiker und Interessenten.

Zu den Forschungsschwerpunkten zählten schon zu jener Zeit die bewaffnete Macht in Staat und Gesellschaft, Führung und Einsatz von Land-, Luft- und Seestreitkräften sowie Wehrrecht und Wehrverwaltung, Wehrtechnik und Wehrwirtschaft. Heute trägt das Forschungsamt, zugehörig zur Streitkräftebasis, laut ehemaligem Amtschef Dr. Hans Ehlert „zur Verortung der Bundeswehr in Staat und Gesellschaft bei". Es bringt sich „verstärkt in die Ausbildung der Soldaten" ein. Während sich die Bundeswehr in einem Transformationsprozess befinde, der die Streitkräfte den veränderten geopolitischen Rahmenbedingungen und neuen Aufträgen anpassen wird, „gewinnen die vom Militärgeschichtlichen Forschungsamt wahrgenommenen neuen Aufgaben zusätzliche Bedeutung". Mit dem heutigen Oberst a.D. hatte ich schon vor seiner Berufung in das hohe Amt Kontakte.

Unmittelbar nach dem Umzug waren mehrere Wissenschaftler und sonstige Angehörige des Militärgeschichtlichen Instituts der DDR vom MGFA in einzelne Projekte einbezogen worden. Dabei ging es besonders um Forschungsarbeiten zum 2. Weltkrieg sowie zur Geschichte der NVA und des Warschauer Pakts.

Mit großem Interesse habe ich die von den ostdeutschen Professoren Paul Heider und Wilfried Hanisch auf Honorarbasis erarbeitete Studie zur Rolle der NVA in der Wende gelesen. Sie wurde im Dezember 1993 nach einjähriger Bearbeitungszeit vorgelegt. Für den damaligen Amtschef Brigadegeneral Dr. Günter Roth war das „nur ein erster Mosaikstein zur Erforschung dieser NVA-Geschichte".

„Eine der in der interessierten Öffentlichkeit schon damals und bis heute am meisten diskutierten Fragen richtet sich doch auf die Gründe dafür, dass die DDR-Führung anders als in vergleichbaren osteuropäischen Krisensituationen (1953, 1956, 1968) nicht zur gewaltsamen Wiederherstellung der Lage schritt", schrieb er im Vorwort. „Hat die NVA-Führung tatsächlich aus eigener Einsicht Zurückhaltung gewahrt oder nicht vielmehr lediglich entsprechende Entscheidungen der politischen Führung abgewartet? Oder anders gefragt: Wie hätte sie sich bei einer Forderung der politischen Führung nach einer ‚chinesischen Lösung' verhalten? Und: Welchen Einfluss darauf hatte zudem die frühzeitig erkennbare Neutralität der Sowjettruppen in den inneren Auseinandersetzungen in der DDR?"

Im Jahr 2007 beging das MGFA sein 50. Gründungsjubiläum. Bundesverteidigungsminister Franz Josef Jung (CDU) fragte in seiner Festrede: „Ist Militärgeschichte heute noch zeitgemäß? Brauchen wir überhaupt noch Militärgeschichte? Die Antwort lautet: mehr denn je. Denn die historische Bildung gerade unserer jüngeren Soldaten hat abgenommen. Das Bewusstsein für Geschichte zu wecken, wird deshalb am besten einer zeitgemäßen Militärgeschichte gelingen." Und in dieser wunderschönen Einrichtung der Bundeswehr in der Potsdamer Zeppelinstraße ist man dabei auf gutem Wege. Sie ist heute - auch äußerlich - ein Aushängeschild der gesamtdeutschen Streitkräfte.

Mit Scharnhorst „an der Spitze des Fortschritts marschieren"

Unter den militärischen Vorbildern für die Soldaten der Bundeswehr nimmt, wie schon erwähnt, der preußische General Gerhard von Scharnhorst (1755 - 1813) einen hervorragenden Platz ein. Nicht nur sein Können als Artillerist und Chef des Generalstabes bei Blücher in den Befreiungskriegen gegen napoleonische Fremdherrschaft sind heute noch in Erinnerung. Auch sein Wirken für eine Armee als lebendiger Teil des Staates sowie den soldatischen Dienst als Ehrendienst gelten in der Bundeswehr als tief verwurzelt. Immerhin ist sie die erste Wehrpflichtarmee in einer Demokratie in Deutschland. Die deutsche Wehrverfassung wurde inzwischen auch zum Reformmodell der Streitkräfte neuer östlicher Demokratien.

Diese Verbundenheit zu den Ideen der preußischen Reformer von 1806 - Bürger und Staat, Freiheit und Mitverantwortung, Wehrpflicht und Landesverteidigung zu verknüpfen - prägte von Anfang an das Leitbild in den westdeutschen Streitkräften. So besaß schon die Vereidigung der ersten Bundeswehrsoldaten am 200. Geburtstag des Generals durchaus programmatische Symbolkraft: Aus den Händen des ersten Bundesministers der Verteidigung, Theodor Blank, erhielten in der Bonner Ermekeilkaserne die ersten 101 Freiwilligen ihre Ernennungsurkunden. Sie standen in der Tradition der preußischen Reformen. Wie in Westdeutschland wurde auch im Osten, daran kann ich mich noch erinnern, über diese Wiederbewaffnung wenige Jahre nach Kriegsende und der Zerschlagung des Nationalsozialismus ernsthaft gestritten.

Im Sinne dieser geistigen und moralischen Grundlagen galt der Aufbau der Bundeswehr - zehn Jahre zuvor war die Wehrmacht untergegangen - als ein grundlegender Neuanfang. Im demokratischen Staat verankert und in der Nordatlantischen Allianz integriert, bekannten sich die Staatsbürger in Uniform immer wieder zu Scharnhorst: Da wurden Kasernen in Hannover-Bothfeld, Lingen und Bremen nach ihm benannt. Von 1959 bis 1972 gab es ein gleichnamiges Begleitschiff der Marine. Noch heute orientiert sich die Offiziersausbildung bei Heer, Luftwaffe und Marine an der Kombination militärischer Ausbildung und Allgemeinbildung.

Die Vorstellungen Scharnhorsts von der allgemeinen Wehrpflicht waren für die Bundeswehr nicht nur eine bewährte Basis. Sie bildeten auch einen Wegbereiter für die Innere Führung. In den ersten 40 Jahren seit ihrer Gründung haben acht Millionen Männer, inzwischen auch viele Frauen, in den Streitkräften gedient. Darunter waren in der Armee der Einheit bis 1995 etwa 200 000 Rekruten, bis zum 50. Jubiläum der Bundeswehr sogar 600 000 Wehrpflichtige aus den neuen Ländern.

Für den Parlamentarischen Staatssekretär im Bundesverteidigungsministerium Bernd Wilz (CDU), Oberst d.R., „sicherten die Soldaten der Bundeswehr zusammen mit ihren verbündeten Kameraden der Bundesrepublik Deutschland Frieden und Freiheit. Sie trugen zur Überwindung der Teilung unseres Vaterlandes und zum Durchbruch der Freiheit in ganz Europa bei.“

Anlass für diese Würdigung war eine Kranzniederlegung des Ministeriums zum Todestag Gerhards von Scharnhorst (28. Juni 1813) am restaurierten Grabmal auf dem Berliner Invalidenfriedhof. Hier hat ihm der preußische Baumeister Karl Friedrich Schinkel ein großartiges Denkmal gesetzt. Der Friedhof im Schatten der Berliner Mauer litt besonders unter der Teilung der deutschen Hauptstadt. Heute ist er wieder ein Ort der Besinnung und des Nachdenkens über die deutsche Geschichte.

Auch mit Blick auf die künftige Rolle der deutschen Streitkräfte im Rahmen internationaler Krisenbewältigung wurde bei diesem militärischen Zeremoniell 1995 an die Worte Scharnhorsts erinnert: „Tradition in der Armee hat es zu sein, an der Spitze des Fortschritts zu marschieren.“

Militärseelsorge am Scheideweg?

Die Militärseelsorge gilt als die älteste Gruppenseelsorge der Kirche. Sie war nach den Worten von Generaldekan Johannes Ottemeyer, Mitbegründer der Militärkirchengemeinde, "mitverantwortlich für die Grundfragen soldatischer Existenz in einer gewandelten Zeit". Diese Auffassung vertrat der Leiter des Evangelischen Kirchenamtes für die Bundeswehr 1993 in einem Vortrag in Berlin. Zu den Zuhörern in einem ehemaligen Klubhaus der DDR-Grenztruppen gehörten Vertreter der evangelischen und katholischen Kirche, Mitglieder des Abgeordnetenhauses, Bezirksbürgermeister, Wirtschaftsexperten, Bundeswehrangehörige sowie Diplomaten.

Diese Mitverantwortung sei gerade angesichts der veränderten Aufgaben der deutschen Streitkräfte, neben der Landesverteidigung auch in einem europäischen und darüber hinaus in einem Weltsicherheitssystem integriert zu sein, von besonderer Bedeutung. Das gehe über "bloße Individualfürsorge" hinaus. "Denn da, wo ein Soldat sich in besonderer, vielleicht lebensgefährlicher Weise zu bewähren hat, da wird ein Pastor bei ihm sein." Dabei sei es egal, ob es sich um einhundert oder zweitausend Bundeswehrangehörige handelt. Er wünsche sich, dass dies "auch von der Gesamtkirche mitgetragen wird".

Ottemeyer, der seit 1960 in der Militärseelsorge wirkte und die 140 Sanitätssoldaten beim weltweit ersten Bundeswehreinsatz ab 1992 in Kambodscha besucht hat, bekräftigte in diesem Zusammenhang seinen Standpunkt, dass Krieg nicht sein dürfe. Nachdem sich das "Modell der Abschreckung" bewährt und "unserem Land die Freiheit erhalten hat", sei Deutschland nicht mehr von Feinden, sondern von Freunden umgeben. Humanitäre, Krieg verhindernde und Frieden schaffende Aktivitäten großer internationaler Institutionen wie UNO und WEU machten nun auch die Integration der Bundesrepublik erforderlich. Deutschland müsse in dieser

Beziehung ebenso "verlässlicher Partner" und "offen sein für Freunde, die wir draußen haben".

"Zur Verweigerung kann ich nicht aufrufen", meinte der Generaldekan zu möglichen Auslandseinsätzen der Bundeswehr. Die Militärseelsorge habe seines Erachtens nur dann eine Zukunft, wenn sie im Zentrum der reformatorischen Botschaft bleibe. "Wir werden uns in der neuen Situation der Bundeswehr zu bewähren haben."

Der Militärgeneraldekan, der auf Einladung des Berliner Standortkommandanten, Brigadegeneral Hasso Freiherr von Uslar-Gleichen, vor der Bundeswehr Ost sprach, nahm auch zu Diskussionen um den Militärseelsorge-Vertrag vom 22. Februar 1957 Stellung. Dieser werde vom Staat "bis auf Punkt und Komma" eingehalten. Damals wie heute würde aber in der Öffentlichkeit über die gleichen Fragen, so über den Status des Militärgeistlichen als Bundesbeamter auf Zeit, gestritten. Ebenso darüber, ob der Militärgeistliche nicht etwa "der Willkür seiner Kirche ausgeliefert" sei. Viel wichtiger müsse jedoch die Frage sein, wie der Christ zum staatlichen Gewaltmonopol steht, welches im Auftrag der Bürger verwaltet wird. Auch gehe es um die Politikfähigkeit der Evangelischen Kirche in Deutschland und die Verlässlichkeit der Einhaltung von Verträgen.

Ottemeyer beklagte, dass in den vergangenen Jahren die Soldaten der Bundeswehr "weitgehend zu Objekten kirchlicher Anklage" geworden seien. Das habe nicht nur diese, sondern auch Politiker "tief verbittert". Die Militärseelsorge müsse nach seiner Meinung so in die Gesamtkirche integriert werden wie die Armee in die Gesellschaft. "Allgemeinbegriffe wie Staat, Kirche, Krieg, Frieden, Soldat, Waffe suggerieren zeitlose Wirklichkeiten, wo tatsächlich sehr komplexe Differenzierungen notwendig sind." Denn ein Soldat in einer demokratisch verfassten Gesellschaftsordnung unter der allgemeinen Wehrpflicht als Staatsbürger in Uniform sei "etwas völlig anderes als ein Soldat in einem absolutistischem Staat unter einer möglicherweise strengen diktatorischen Regierung". So stelle sich das Problem der Militärseelsorge als "eine Aufgabe der Kirche in einem komplizierten gesellschaftspolitischen Umfeld" dar.

Was die Kirche in der ehemaligen DDR anbelangt, so habe er "großes Verständnis" für deren Bemühungen aufgebracht, "sich in einer atheistischen Umwelt zurechtzufinden und ihre Botschaft dennoch zu erhalten". Das sei nicht leicht gewesen. Denn hier hätten sich Staat und Kirche im Gegensatz befunden. Obwohl er laut Militärseelsorgevertrag "nicht für diesen Teil Deutschlands" zuständig sei, da diesem noch die Zustimmung der ostdeutschen Landessynoden fehle, finde er, "was Pfarrer hier tun, in hohem Maße bewundernswert". Unter vielen Soldatenpfarrern könne er "zwischen Ost und West identische Motivationen" feststellen.

In der anschließenden Diskussion schilderten Pfarrer, Bundeswehrangehörige, darunter der Kommandeur des Korps- und Territorialkommandos Ost, Generalleutnant Werner von Scheven, und andere Teilnehmer aktuelle Probleme ihres gemeinsamen Wirkens. Dabei erinnerten sie an die Opposition der Kirche zum SED-Staat und ihre bedeutende Rolle während der Wende. Theologen hatten in der DDR meist auch den Wehrdienst verweigert.

Standortpfarrer Christoph Tiedeke aus Storkow berichtete eindrucksvoll über seine geistliche Tätigkeit in der dortigen Bundeswehr-Pionierbrigade 80. Sie war im April 1991 - daran kann ich mich noch gut erinnern - auf einer Liegenschaft der ehemaligen Nationalen Volksarmee aufgestellt worden. Sollten "meine Pioniere" in Frieden schaffender Mission auf Reisen gehen, was ständig zu erwarten sei, möchte er die Soldaten begleiten. "Und nur dann bin ich glaubwürdig", versicherte der Pfarrer unter dem Beifall der Anwesenden.

Zum Hintergrund dieser Debatte: Die Übernahme des Militärseelsorgevertrages war 1991 bei der kirchlichen Wiedervereinigung - auch vor dem Hintergrund protestierender Pazifisten - von den ostdeutschen Landeskirchen abgelehnt worden. Es gab mit den Erinnerungen und Erfahrungen aus DDR-Zeiten ethische Vorbehalte zum Soldatendienst sowie Kirchenkritik gegenüber dem rechtlichen Rahmen. So konnten die von den Landeskirchen beauftragten evangelischen Pfarrer auch innerhalb der Kasernen, wo sie sich als Besucher aufhielten, zwar seelsorgerisch wirken, aber keinen Lebenskundlichen Unterricht erteilen.

Und überhaupt waren sie eng an die Ortsgemeinden gebunden, denn in der Regel fand die seelsorgerische Betreuung der Soldaten nur durch die Ortspfarrer statt. Es sollte aber auch nicht vergessen werden, dass zu dieser Zeit nur etwa jeder zehnte Soldat aus einem östlichen Wohnort getauft war. Außerdem gab es in der DDR keine Christen in Uniform, die gern Soldat waren. Erst 1996 hat man mit der Bundesregierung eine Rahmenvereinbarung abgeschlossen, nach der die Soldatenseelsorger in den neuen Bundesländern Kirchenbedienstete wurden. Ab 1. Januar 2004 trat diese Rahmenvereinbarung außer Kraft. Der Militärseelsorgevertrag war nun im Bereich der Evangelischen Kirche in Deutschland für alle Landeskirchen als Grundlage der Evangelischen Seelsorge in der Bundeswehr gültig.

Katholischer Militärbischof lobt Zusammenwachsen in Bundeswehr

"Für uns ist die Militärseelsorge auf den bisherigen Grundlagen überhaupt kein Problem." So lautete die Meinung von Erzbischof Johannes Dyba (1929-2000). Als Katholischer Militärbischof für die Bundeswehr besuchte er 1993 Soldaten in Berlin, Neubrandenburg und Eggesin. Zum Abschluss stellte er sich in der Hauptstadt den Fragen von Journalisten. Auch dieses Treffen an einem Runden Tisch mit dem in der alten Bundesrepublik sehr bekannten, aber auch in manchen Positionen umstrittenen Kirchenmann aus Fulda war für mich eine Bereicherung meiner Kenntnisse über die katholische Militärseelsorge.

Dies treffe "auch hier" zu, sagte er uns, obwohl es in den neuen Bundesländern "einen ausgesprochen niedrigen Prozentsatz an Katholiken gibt. Wir machen in jedem Fall so weiter wie bisher. Wir haben mit dem Militärseelsorgevertrag gute Erfahrungen gemacht und meinen, man braucht daran nichts zu ändern." Die Hälfte der Evangelischen Landeskirchen und die evangelischen Militärseelsorger seien auch dafür, "dass es so bleibt", ebenso "ganz überwiegend die evangelischen Zeitsoldaten".

"Wir sind natürlich unglücklich darüber, dass sich die Evangelischen Landeskirchen nicht einig sind", meinte der Bischof unter Hinweis auf deren Debatten über die Kooperation Kirche - Bundeswehr. Damit werde auch ein "Stück ökumenischer Gemeinsamkeit" in Frage gestellt. "Das Ökumenische läuft natürlich am besten, wenn alle gleiche Rechte, gleiche Pflichten und gleiche Grundlagen haben."

Es gehe in der aktuellen Diskussion um die Militärseelsorge auch um den öffentlich-rechtlichen Beamtenstatus für die Militärpfarrer. "Wenn wir jetzt mit anderen Nationen gemeinsam Auslandseinsätze haben, dann müssen natürlich die begleitenden Militärseelsorger über denselben Status verfügen wie alle Soldaten und Offiziere." Dies "allein schon wegen der völkerrechtlichen Situation, damit die Haager Landkriegsordnung auch für sie gilt und sie nicht als Zivilisten und Freischärler behandelt werden können". Es sei für ihn "unvorstellbar, dass unsere Militärpfarrer diesen Status haben und die evangelischen Brüder als Wanderprediger mitziehen". Er selbst sei in Kambodscha gewesen und habe damals "hoch motivierte Bundeswehrsoldaten erlebt". Gerade bei den Auslandseinsätzen seien die Militärseelsorger "noch viel gefragter als hier zu Hause. Wir gehen mit, wo die Soldaten hingeschickt werden."

Er wisse sehr wohl, dass die nunmehr "Verunsicherten in den neuen Bundesländern" zu DDR-Zeiten "die Armee als feindliches Gegenüber kennen gelernt haben". In Verbindung mit dem "stark links orientierten Pazifismus im Westen" sei dies "eine eigenartige Allianz". "Distanz zum Staat - das hätte ich gern gesehen in der ehemaligen DDR. Jetzt, wo das gar nicht mehr nötig ist, wo man freundlich zusammenarbeiten könnte, da wollen sie auf einmal Distanz. Das ist doch irgendwie Anachronismus."

Erzbischof Dyba hatte sich über die Lage der Truppen und deren Lebensbedingungen in Ostdeutschland informiert. Er berichtete von einer hohen Beteiligung der Soldaten am Lebenskundlichen Unterricht. Darunter Katholiken, Protestanten und viele "Ungetaufte". Diese stünden meist zum allerersten Mal im Leben einem Pfarrer gegenüber. Ihre Fragen seien oft "sehr elementar", besonders was die Anliegen junger Wehrpflichtiger nach ihrer Trennung von den Familien betrifft. "Die Soldaten können mit uns immer offen sprechen und sind sicher, dass das keinerlei Folgen hat."

"Die Wiedervereinigung in der Bundeswehr ist viel besser gelungen als in anderen Gesellschaftsbereichen, darunter im kirchlichen Bereich. Da können sich viele eine Scheibe abschneiden", schätzte der Militärbischof nach seiner 3-Tages-Reise ein. Für ihn sei die Bundeswehr "vorbildlich" und darin "auch ein Modell, mit welcher Selbstverständlichkeit bei ihr im Westen wie im Osten viele Nachteile in Kauf genommen wurden".

Im Bundeswehrkrankenhaus Berlin, im Wehrbereichskommando VIII Neubrandenburg sowie in der Heimatschutzbrigade 41 und im Artillerieregiment 14 in Eggesin führte Dyba Gespräche. In der Neubrandenburger Pfarrkirche St. Josef / St. Lukas feierte er einen Gottesdienst mit Soldaten.

Leider erfuhr ich erst im Nachhinein, dass Dyba als ein „waschechter Berliner Junge“ aus dem Wedding stammte. In der Pfarrkirche St. Georg in Pankow war er getauft worden, in Tegel hatte er die Volksschule besucht.

Minister ehrt deutsche Soldaten jüdischen Glaubens

Dieser Journalisten-Termin war für mich ebenfalls eine Premiere: Ich hatte zwar schon als Volontär den Jüdischen Friedhof in Leipzig besucht und darüber berichtet. Aber den bedeutenden Jüdischen Friedhof im Bezirk Weißensee kannte ich bislang noch nicht aus eigener Anschauung. Diese Gelegenheit bot sich im Oktober 1993 mit Volker Rühe, der als erster Verteidigungsminister Deutschlands in Berlin gefallene deutsche Soldaten jüdischen Glaubens ehrte. Am Ehrenmal für die dort bestatteten 395 deutschen Juden, die im Ersten Weltkrieg an der Front ums Leben gekommen waren, legte er einen Kranz nieder. Sie gehörten zu den 12 000 Berliner Juden, die damals nicht aus dem Krieg zurückgekehrt waren.

In Anwesenheit des Vorsitzenden der Jüdischen Gemeinde zu Berlin, Jerzy Kanal, verharrte der Bundesminister in schweigendem Gedenken. Zugegen war auch der Generalinspekteur der Bundeswehr, General Klaus Naumann.

Die Ehrung auf dem größten Friedhof Europas für Juden fand ohne militärische Formationen und Musikkorps statt. Ein Bundeswehrmusiker intonierte das Trompetensolo „Ich hatte einen Kameraden“, das in den deutschen Streitkräften zum militärischen Trauerzeremoniell gehört. Es wurden der Kranz des Bundesministers der Verteidigung und ein Kranz der Präsidentin des Abgeordnetenhauses von Berlin an der Gedenkstätte niedergelegt. Diese war in der jetzigen Form 1923 eingeweiht worden. Anschließend informierte sich der Minister beim Vorsitzenden der Jüdischen Gemeinde zu Berlin über die Geschichte des Friedhofs, der seit 1880 besteht. Kanal berichtete, dass das Friedhofsgelände während des Dritten Reiches und zu DDR-Zeiten immer wieder Plünderungen ausgesetzt war. Der Friedhof mit seinen mehr als 115 000 Gräbern verfügt im Gelände hunderte Kilometer Reihen- und Querwege. Die hier Bestatteten genießen ewiges Ruherecht.

Nach der Ehrung und einem kurzen Rundgang durch die Friedhofsanlagen mit Gräbern vieler namhafter jüdischer Persönlichkeiten sagte mir Rühe: „Es ist sehr bewegend zu sehen, welche Vaterlandsliebe die Soldaten hatten, die für Deutschland im Ersten Weltkrieg gestorben sind. Und welches Schicksal dann die Juden genommen haben. Wenn man das sieht, ist einem doppelt klar, wie unfassbar die spätere Entwicklung für die jüdische Gemeinde war, auch angesichts der Bereitschaft, für Deutschland zu sterben.“

Seit 1996 arbeiteten Soldaten aus den Streitkräften und Reservisten ehrenamtlich an diesen historischen Grabstätten. Sie säuberten überwucherte Gräberfelder deutscher Soldaten jüdischen Glaubens, setzten Grabstätten instand und stellten umgestürzte Grabstätten auf. Den Arbeitseinsatz hatten der Bundesverteidigungsminister und der Generalinspekteur mit der Jüdischen Gemeinde Berlins vereinbart. Im 1. Weltkrieg kämpften 100 000 jüdische Frontsoldaten tapfer für ihr Vaterland. Die Überlebenden waren nach 1933 ebenso wie Millionen anderer jüdischer Bürger unbarmherziger Verfolgung durch die Nazis ausgesetzt.

Doch auch in der Polischen Bildung, beispielsweise im Jägerbataillon in Berlin-Gatow, ging es um erlebte und erlittene Geschichte. Der jüdische Zeitzeuge des Nazi-Terrors Isaak Behar, ein gebürtiger Berliner, der in seiner Heimatstadt als „Botschafter der Versöhnung“ geehrt worden war, berichtete über seine Verfolgung. Es war auch für mich eine sehr beeindruckende Gesprächsrunde, über die ich lange nachdenken musste.

Verlässlicher Partner Deutscher Kriegsgräberfürsorge

Unter dem Motto "Versöhnung über den Gräbern“ hat sich der Volksbund Deutsche Kriegsgräberfürsorge e.V. der Friedensarbeit verpflichtet. Bei der Bewahrung der deutschen Grabstätten in mehr als 100 Ländern ist die Bundeswehr seit ihrer Gründung dabei ein verlässlicher Partner. Die vielfältige Zusammenarbeit reicht von Kasernen-, Haus- und Straßensammlungen, bei denen Soldaten alljährlich über 5 Millionen Euro abrechnen, bis zur Unterstützung der Jugendlager mit Personal und Material.

"Diese Hilfe ist nicht nur ein Beitrag zum sinnvollen Gedenken an die Opfer der vergangenen Kriege, sondern vor allem für junge Menschen auch eine Möglichkeit, mit der Arbeit an den Gräbern dem mahnenden historischen Erbe zu begegnen und damit den Weg zu unseren europäischen Nachbarn zu ebnen." So hieß es im Erlass des Bundesverteidigungsministeriums von 1994 zur Unterstützung der Arbeit des Volksbundes. Dieser nehme sich seit 1919 "in beispielhafter Weise der Pflege der deutschen Soldatengräber an. Seiner Arbeit ist es zu verdanken, dass die Gefallenen und Opfer der beiden Weltkriege eine würdige Ruhestätte gefunden haben."

Auch wenn Ausbildung und Einsatzbereitschaft der Truppen durch Hilfeleistungen für den Volksbund nicht eingeschränkt werden durften, so gab es doch eine breite Teilnahme von Soldaten an dieser vielfältigen Zusammenarbeit beim Gedenken an die zahllosen Opfer der beiden Weltkriege. Da transportierten Pioniereinheiten über 25 000 Betonfundamente für Metallkreuze zum Ausbau der Soldatenfriedhöfe nach Frankreich. In Italien griffen Bundeswehrangehörige, die für die freiwilligen Arbeitseinsätze des Volksbundes Urlaub genommen und dabei auch Sonderurlaub erhalten hatten, zu Hacke, Schaufel und Schubkarre, um das Antlitz dortiger Grabstätten gefallener Deutscher instand zu halten.

Nach Belgien, Dänemark, Großbritannien und in andere Länder reisten ebenfalls Wehrpflichtige und länger Dienende aus den deutschen Streitkräften. Hierbei mussten neben leichten Pflegearbeiten auch Grabsteine versetzt, Dränagen neu verlegt oder Mauern ausgebessert werden - meist Sache der Soldaten. Jährlich fuhren 60 bis 80 freiwillige Arbeitskommandos in dieser Mission ins Ausland, auch nach Ungarn. Aktiv wurden die engen Partner des Volksbundes am Volkstrauertag oder bei feierlichen Gedenkveranstaltungen. Im Rahmen staatsbürgerlichen Unterrichts vermittelte man in der Truppe Informationen über die Arbeit der Volksfürsorge.

Von besonderer Bedeutung für die Jugendarbeit ist die aktive Mitgestaltung der Jugendlager im Ausland durch die Bundeswehr. "Ohne die Fahrer der Bundeswehr mit Omnibussen und Lastkraftwagen sowie deren Feldküchen könnten diese Treffen zu den für Jugendliche erschwinglichen Teilnahmebedingungen für Selbstverpflegung nicht veranstaltet werden", meinte Paul Biermann vom Volksbund Deutsche Kriegsgräberfürsorge. "Gerade mit dem Tragen der Uniform setzen diese

Kameraden bei den Gastgebern ein Zeichen: Es gibt angesichts der Mahnung der Gräber zum friedlichen Miteinander der Menschen und Völker keine Alternative."

Mit ihrem Einsatz hätten diese Soldaten ganz beträchtlichen Anteil daran, dass der Volksbund in den vergangenen vier Jahrzehnten über 2 600 Jugendlager mit 140 000 Teilnehmern aus 22 Nationen erfolgreich durchführen konnte. Heute treffen sich unter dem Motto „Arbeit für den Frieden – Versöhnung über den Gräbern" jedes Jahr mehr als 12 000 junge Leute aus verschiedenen Ländern in Workcamps. Aus den vielen Begegnungen mit der Bevölkerung seit dem ersten Jugendlager in Lommel (Belgien) 1953, damals noch ohne Bundeswehr, sei "trotz anfänglicher Widerstände und manchmal auch Anfeindungen eine stattliche Anzahl von Städtepartnerschaften und Beziehungen zwischen Vereinen entstanden. Sie standen und stehen ganz im Zeichen der Verständigung und Versöhnung."

Zum Gedenken an die Millionen Kriegsopfer zeigte die Akademie der Bundeswehr für Information und Kommunikation in Strausberg eine Sonderausstellung des Volksbundes zum Thema "Aus der Geschichte lernen". Sie veranschaulichte in Wort und Bild, wie von Ägypten bis Schweden, von Portugal bis Russland deutsche Kriegsgräber - auch mit tatkräftiger Hilfe der heutigen Soldatengeneration - über Grenzen hinweg als Mahnung zum Frieden gepflegt werden.

Militaria-Philatelie in gesamtdeutscher Motivgemeinschaft

Für interessierte Philatelisten war das Sammeln militärischer Motive in der DDR keine leichte Sache. Problemlos konnte man zwar die Sondermarken erwerben, die einen Soldaten der NVA mit und ohne Waffe zeigten. Dieses Angebot gab es meist vor den Parteitagen der SED. Oder zu einem runden Jahrestag der Volksarmee. So kam ich auch zu einigen Briefmarken und Briefumschlägen mit diesem Motiv.

Dann erhielt man sogar an verschiedenen Standorten der Armee, beispielsweise in Erfurt oder Cottbus, einen Sonderstempel. Ganz im Sinne der jeweiligen Teilstreitkraft verkörperte dieser einen Panzer, ein Jagdflugzeug oder ein Kampfschiff. Damit die „innerbetrieblichen" Anlässe auch in der Öffentlichkeit entsprechende Beachtung fanden, präsentierten die beteiligten Philatelisten-Teams noch eine Ganzsache. Sie stellte so etwas wie eine selbst gestaltete Glückwunschkarte dar. Wenn man so will, lernte ein Außenstehender bei solch einer Gelegenheit auch schöpferische Seiten von Berufssoldaten kennen. Das waren Armeeangehörige, die sich in ihrer Freizeit gewissermaßen als Ausgleich zu ihrem harten Dienst mit der Waffe im „unpolitischen" Kulturbund der DDR betätigten und so auch Kontakte mit Menschen aus völlig anderen Tätigkeitsbereichen pflegten. Bei solchen Sammlertreffs auf Tausch- und Kaufbörsen ging es - im Gegensatz zum üblichen Kasernengeschrei – angenehm ruhig zu.

Mit Marke, Sonderstempel und buntem Aufdruck wurde auf diese Weise zugleich ungewollt ostdeutsche Militärgeschichte geschrieben. Manche Bürger in der Ex-DDR sammelten nämlich solche Belege (das ist der Fachausdruck) kontinuierlich, weil sie sich den Themen „Militaria" oder „Flugzeuge aus aller Welt" und „Schiffe von gestern und heute" verschrieben hatten. Andere Zeitgenossen kamen zufällig zu solcher Post, wenn der wehrpflichtige Sohn als Mot. Schütze von seinem Dienstort in Schwerin oder als Flugzeugmechaniker aus dem damaligen Marxwalde (heute Neuhardenberg) Grüße nach Hause schickte.

Wie ich mir damals von zivilen und uniformierten Briefmarkensammlern erläutern ließ, verlangte dieses Hobby viel Fingerspitzengefühl. Denn wer etwas - in welcher Form auch immer - über die DDR-Streitkräfte oder das sowjetische „Regiment nebenan“ zusammengetragen hat, zudem noch neugierig war und permanent wissen wollte, ob es in dieser oder jener Kaserne etwas Neues (natürlich nur philatelistisch gemeint) gibt, konnte sich schon mal verdächtig machen. Selbst die Armeeangehörigen bekamen nicht nur mit dem Hauptfeldwebel Ärger, sobald auf ihrem Brief statt Postfachnummer ausnahmsweise Dienstgrad, Vor- und Zuname, Kompanie, Ort und Straße standen. Dabei wusste in Leipzig doch jedes Kind, dass sich die große Georg-Schumann-Kaserne im Stadtteil Möckern befand.

In der NVA wurde auch das Postwesen einem strengen Reglement unterworfen. Dafür existierten zahlreiche Vorschriften und Befehle. Vor allem ab 1966 galt eine sogenannte Postordnung. Sie legte fest, dass zwischen Stäben und Truppen der dienstliche Postverkehr sowie bei den Soldaten der persönliche Briefwechsel streng nach Vorschrift zu handhaben ist. Jede militärische Dienststelle besaß nun eine Postfachnummer. Sie war bei der Deutschen Post bekannt. In der Kaserne selbst regelten mindestens zwei Postbevollmächtigte solche Angelegenheiten. Nur sie durften Schriftgut in Empfang nehmen und es weiterleiten. Bei größeren Übungen und zu Manövern konnten die Beteiligten sogar Feldpost verschicken: Briefe ohne Marke, aber mit einem Tagesstempel. Dieser enthielt keine Ortsangabe. Wenn also Thüringer NVA-Panzer über mehrere Wochen sächsische Landschaften zerfurchten, sollte das außerhalb des Truppenübungsplatzes niemand wissen. So wichtig war das - angeblich!

Alles in allem offenbarte sich dem Militaria-Sammler erst seit der Wiedervereinigung 1990, um was für ein riesiges Sammelgebiet es sich hier handelt. Hinzu kam noch die dienstliche Post. Sie wurde aus Geheimhaltungsgründen zwischen den staatlichen Verwaltungen vom Zentralen Kurierdienst (ZKD) befördert. Zwischen den Führungsorganen und Einrichtungen der Armee - vom Verteidigungsministerium bis zur Militärakademie, zum Militärobergericht oder zur Stadtkommandantur Berlin - mussten die Kuriere das Postalische mit dem Stempel „Nur für den Dienstgebrauch“ oder „Geheime Verschlusssache“ weiterleiten. Bei einer „Geheimen Kommandosache“ hat der Absender den Kurierbrief wie zu Zeiten von Kaisern und Königen mit einem Hartsiegel versehen.

Auch im Hintergrund des ZKD-Postgeschehens, für das hauptsächlich das DDR-Innenministerium zuständig war, wachte ständig die Abteilung 12 genannte Zensurstelle des Ministeriums für Staatssicherheit. Sie hatte im Außenministerium für die Privatpost aller DDR-Bürger, die als Diplomaten oder anderweitig im Ausland tätig waren, sowie in allen größeren Postämtern der DDR ein separates „Zimmerlein“. Hier wurden zu allen Tages- und Nachtzeiten Postsendungen nicht nur nach Zahlungsmitteln und Wertgegenständen „gefilzt“. Man öffnete auch viele Briefe, um sich über die Gedankenwelt der Absender aus Ost und West zu informieren und sogenannten Republikfluchten vorzubeugen.

Nun kann sich selbst der Laie vorstellen, dass heute diese postalischen Hinterlassenschaften des Arbeiter-und-Bauern-Staates und seiner Armee sehr begehrt sind. Ob es sich um eine Drucksache mit den Vermerken „Gebühr bezahlt" und „Bei Verzug nicht nachsenden" vom Wehrkreiskommando mit der Aufforderung zur Musterung oder den ebenfalls weißen Einberufungsbefehl zum Reservistenwehrdienst handelte - selbst das Einschreiben mit dem großen, dicken Aufdruck NVA ist nun nicht nur für den damaligen Empfänger ein wichtiges Erinnerungsstück an ein besonderes Kapitel deutscher Geschichte während des Kalten Krieges.

Nach der Wende interessierten sich auch viele Kameraden von der anderen deutschen Feldpostnummer für das NVA-Postwesen. Und so entstand die Philatelistische Motivgemeinschaft „Gesamtdeutsche Streitkräfte" (Freie Arbeitsgemeinschaft „Bundeswehr-Philatelie"). Sie erforscht, archiviert und dokumentiert philatelistische Belege. Diese stammen überwiegend aus der Bundeswehr, der Nato und von Alliierten Streitkräften in Deutschland, aber auch von der NVA und den anderen bewaffneten Kräften der DDR.

Seither hat sich die Motivgemeinschaft bei der Aufarbeitung dieser Seite der ehemaligen DDR sehr verdient gemacht. Ihr Leiter, Armin Blase, veröffentlichte lesenswerte Hefte über „Die Organe der Landesverteidigung der DDR" mit Katalogcharakter sowie ein Sonderheft über die Feldpost/Übungspost der NVA. Darin entdeckte ich auch einige Druckerzeugnisse von damals, darunter Postkarten zum 20. NVA-Jubiläum 1976. In der Öffentlichkeit warb die Volksarmee auch mit einer großen Militaria-Schau am Fuße des Berliner Fernsehturms.

Doch der Blick der Sammler aus Ost und West geht nicht nur zurück in die Vergangenheit. Als man die beiden ehemaligen Wohnschiffe der DDR-Volksmarine „Uckermark" und „Vogtland", die von der westdeutschen Marine übernommen und später ausgemustert worden waren, in Richtung Türkei an einen Privatmann verkauft hat, erinnerte die Motivgemeinschaft an eine Ganzsache vom Marinekommando Ost. Diese war noch 1997 mit dem Motiv eines der beiden Werftlieger, auf denen die Besatzungen während der Werftzeit ihrer Einheit Quartier nahmen, verschickt worden.

Mehr Interesse bei den Sammlern findet in jüngster Zeit die Feldpost von den Auslandseinsätzen der Bundeswehr - mit deutschen Soldaten aus allen Bundesländern in Afghanistan (ISAF) oder auf dem Balkan (KFOR). Schon die „Feldpost"-Karten aus Somalia mit Bundeswehrsoldaten im Afrika-Look und mit blauem Barett als Symbol des UNO-Auftrages waren bei den Sammlern heiß begehrt. Wie ein solcher Briefkontakt im Einzelnen so funktioniert, haben die Postler in Bundeswehruniform – ausschließlich Reservisten - wiederholt zum Tag der Offenen Tür am Berliner Bendlerblock den vielen Besuchern veranschaulicht. Die heutige Feldpost – das sind jährlich rund eine Million Briefe sowie mehrere hunderttausend Päckchen und Pakete. Wie man mir hier erklärte, stellt diese Feldpostversorgung so etwas wie „eine Brücke in die Heimat" dar.

Und hier geschah 2003 eine kleine postalische Sensation: Zum ersten Mal führte die Feldpost der Bundeswehr einen Feldpoststempel ein, der nicht wie sonst bei Übungen oder Einsätzen eingesetzt wurde. Es war der runde Feldpoststempel vom 16.08.03 mit der Nummer 1111. Wer ihn hat, besitzt also eine Rarität. Da ich auch schon oft der „Einladung zum Staatsbesuch“ hierher gefolgt bin, nutzte ich das Sonderfeldpostamt Berlin der Bundeswehr wiederholt für einen Stempel auf einer Karte nach Hause.

Doch noch einmal zurück zu den philatelistischen Sammlerstücken und vielleicht auch „Raritäten“ aus DDR-Zeiten. Ein Beispiel: Meine Schwiegermutter wohnte in Erfurt auf dem Wiesenhügel, unweit vom NVA-Standortübungsplatz, in der Straße der Waffenbrüderschaft. Das klang damals hochpolitisch, ganz nach Arbeiter-und-Bauern-Staat. Aber die Anwohner dieser winzigen Straße hatten früher nie ein Fahrzeug der sowjetischen Waffenbrüder gesehen. Als UdSSR-Verteidigungsminister Marschall Dmitri Ustinow einmal das Erfurter NVA-Mot. Schützenregiment auf dem Steiger besuchte, hätte er bestenfalls mit dem Fernglas diese unbedeutende Straße zwischen den Plattenbauten entdecken können.

Weil also diese Namensgebung hier irgendwie doch ein Kuriosum war, habe ich mir damals schon einige Briefumschläge mit dem Hinweis auf die Waffenbrüder in der Anschrift oder bei der Absenderin aufgehoben. In 100 Jahren streiten sich dann bestimmt meine Nachfahren und philatelistischen Erben, ob die Erfurter Waffenbrüder der NVA einstmals Amerikaner, Franzosen, Engländer oder vielleicht sogar Russen waren.

Nach der Wiedervereinigung rüstete die Blumenstadt auch bei den Straßennamen ab, die zu DDR-Zeiten irgendwie auch den „politischen Fortschritt“ und die „militärische Reife“ der Stadt bezeugen sollten. Die Stadtväter besannen sich wieder auf die guten alten Traditionen des Gartenbaus. Sie werden in und außerhalb der Stadtmauern seit 1685 gepflegt. Und so wurde aus der Straße der Waffenbrüderschaft der Hagebuttenweg. Der befindet sich in der Nähe vom Klettenweg mit einer ähnlichen politischen Vergangenheit.

Dafür bietet heute die Zitadelle Petersberg, zwischen dem 17. und 19. Jahrhundert eine alte kurmainzische Stadtfestung und jetzt wieder in alter Schönheit erstrahlend, den Militaria-Sammlern nicht nur in der gesamtdeutschen Motivgemeinschaft postalische Belege ganz anderer Bedeutung. Erfurt ist doch seit mehr als 350 Jahren Garnisonsstadt.

Luftwaffen-Presseleute besuchten ADN

Die Geschichte lehrt: Wenn Militär in Kompaniestärke anrückt, um eine Radio- oder Fernsehstation zu besetzen oder gar eine Nachrichtenagentur in Beschlag zu nehmen, ist das kein gutes Zeichen für den Zustand des Landes. Man kennt das aus Afrika und Lateinamerika. Auch in Russland hat es schon solche Machtdemonstrationen gegeben. Meist folgt darauf ein internationaler Protest. In den ehemaligen Ostblockländern, darunter der DDR, war das gar nicht nötig, weil Medien dieser Größe eine staatliche Einrichtung darstellten und die Regierungskontrolle als gegeben vorausgesetzt werden konnte.

Als im Jahr zwei der deutschen Wiedervereinigung ein mit Offizieren und Unteroffizieren der Luftwaffe vollbesetzter Bus mitten in Berlin, unweit vom Alexanderplatz, vor der Zentrale der Nachrichtenagentur ADN GmbH vorfuhr, drohte den Journalisten dort in diesem Fall keine Gefahr. Auch die Öffentlichkeit interessierte sich nicht sonderlich für diese „Visite". Denn es handelte sich nicht um eine Militäraktion, vielmehr um einen Arbeitsbesuch. Hier war dieser Begriff aus der Diplomatie durchaus zutreffend.

Bundeswehr und ADN - wie kam denn das zusammen? Um dieses Kennenlernen der Arbeit mit Wort und Bild in einer Nachrichtenagentur hatte der Pressesprecher der Luftwaffe Ost, Oberstleutnant Hans Agata, für diese große Gruppe ehrenamtlicher Presseleute gebeten. Ich habe das an die Geschäftsführung herangetragen. Und nach kurzem Abwägen, ob das vielleicht wieder nach Staatsnähe unserer Agentur wie zu DDR-Zeiten aussehen und unserem neuen Image politischer Unabhängigkeit schaden könnte, kam das Ja aus der zweiten Etage. Hier saß das Team der Verantwortlichen mit neuen Gesichtern seit der Wende.

Als Geschäftsführer Günter Hundro die Männer in der blauen Uniform begrüßte, dankte er ihnen für die Wertschätzung, ein „ehemals führendes Sprachrohr der DDR-Propaganda" nun unter den neuen Bedingungen der Marktwirtschaft und der freien Berichterstattung „auch mal von innen sehen zu wollen". Was früher im Haus per Weisung vom Chefredakteur über den Nachrichtenchef und den Chef vom Dienst bis zum Redakteur „durchgestellt" wurde und natürlich zu befolgen war, sei seit der Wende „ein für allemal Geschichte".

Auch den Vorbeizug tausender friedlicher Demonstranten an unserem Doppelhaus an der Karl-Liebknecht-/ Ecke Mollstraße am 7. Oktober 1989, die schon zuvor am Palast der Republik zum Ausklang des 40. Jahrestages der DDR ihren Unmut bekundet hatten, und vor allem ihre „Lügner"-Rufe habe man sich damals sehr zu Herzen genommen. So dass die Agentur auch nach harter, innerer Auseinandersetzung vor und nach der deutschen Wiedervereinigung einen Weg fand und dann über das tatsächliche Leben zwischen Ostsee und Erzgebirge berichtete.

Wie das so alles in der Praxis aussah, wenn Nachrichten aus dem In- und Ausland en masse „eintrudeln", um dann gekürzt oder angereichert mit neuen Fakten den eigenen Kunden übermittelt zu werden, erlebten die Militärs im Großraum. Hier kam es auch zu angeregten Gesprächen zwischen den Profis und den Ehrenamtlichen. ADN war zu diesem Zeitpunkt noch in den Händen der Treuhand-Anstalt und die Nummer zwei in Deutschland neben der Deutschen Presse-Agentur (dpa). Aber technisch gesehen, was Computer und Telekommunikation betraf, schon voll auf der Höhe.

Sicher hörten die Gäste von der Bundeswehr nicht ungern, dass ihre Institution, und das betraf nicht nur die Aktivitäten des Bundesverteidigungsministers, in der ADN-Berichterstattung einen festen Platz einnahm. Davon konnte ich während des Rundgangs viele Beispiele anführen. Speziell natürlich auch aus ihrer Teilstreitkraft, wo wir ADN-Kollegen bis zu diesem Zeitpunkt schon aus nahezu allen Standorten über die Fortschritte beim Aufbau der neuen Luftwaffe im Osten ausführlich berichtet hatten.

Interessant war ebenso der Besuch der ADN-Fotoabteilung Zentralbild im Haus. Ihr Basisdienst enthielt noch 1989 täglich 35 Schwarzweißfotos. Wöchentlich kamen etwa 100 Farbbilder in den Dienst. Doch die eigentliche Sensation war hier ein Blick in das Archiv: Seinen Kern bildete das 1945 von der sowjetischen Besatzungsmacht übernommene Bildarchiv des August-Scherl-Verlages mit rund zwei Millionen historischen Fotos und weit über 100 000 Negativen. Darunter befanden sich mehr als 150 000 Originalfotos der faschistischen Propagandakompanien, die einen Eindruck von der Vorbereitung, dem Verlauf und den Auswirkungen des Krieges vermittelten. Aber auch die biographische Sammlung von Amundsen bis Zeppelin war schon zu DDR-Zeiten und auch nach 1990 für die Agentur eine „Goldgrube". Sie versiegte erst, als das Bundesarchiv diesen Schatz übernahm.

Als der Informationsbesuch zu Ende ging, dankte der Oberstleutnant den ADN-Redakteuren für ihre „freundliche Berichterstattung über die Bundeswehr und natürlich die Luftwaffe" und wünschte ihnen weiterhin viel Erfolg auf dem nunmehr gesamtdeutschen Nachrichtenmarkt. Anschließend fuhren die Bundeswehrangehörigen zum Springer-Verlag im ehemaligen West-Berlin, um sich dort ebenfalls in Sachen „Pressewesen in der deutschen Hauptstadt" weiterzubilden.

Berlin – neue Heimstatt der Bundeswehr

Mit der Wiedervereinigung übernahm Deutschlands Hauptstadt eine weitere politische Funktion: Berlin wurde auch zu einer Heimstatt für die Bundeswehr. In der traditionsreichen Garnisonsgeschichte der Metropole mit Leibgarden der Kurfürsten, preußischen Militärs und NVA-Regimentern begann ein neues Kapitel.

Nach Jahrzehnten des Aufenthalts der Westlichen Alliierten in West-Berlin (etwa 12 000 Soldaten) und der Sowjet-Truppen in Ost-Berlin seit dem Ende des 2. Weltkrieges kehrten mit dem neuen Status der Stadt wieder Soldaten gesamtdeutscher Streitkräfte an die Spree zurück. Aus den hier stationierten ausländischen Truppen wurden von 1990 bis 1994 sogenannte Gaststreitkräfte. Mit ihrer feierlichen Verabschiedung endete für ganz Deutschland offiziell die Nachkriegsgeschichte. Auch das war ein Ereignis von einer besonderen historischen Tragweite.

Welche Aufgeschlossenheit die Bevölkerung hier den neuen Soldaten entgegenbrachte, schilderte uns Journalisten der ehemalige Pressesprecher der Bundeswehr in Berlin, Oberst Konrad Freytag, am Beispiel einer Begegnung mitten in der Stadt. Ihn sprach eine ältere Dame an und fragte: „Herr Offizier, welchen Dienstgrad haben Sie?“ In der Vergangenheit hatte sie bestimmt schon andere Uniformen gesehen. Sicher noch die feldgrauen der Wehrmacht, dann die mit dem roten Stern am Käppi und schließlich im Westen Berlins, wo sie wohnte, die bunte Uniformpracht amerikanischer GIs, französischer Offiziere oder die „Roten Mützen“ der britischen Militärpolizei. Der Oberst antwortete ihr und freute sich über dieses Interesse.

Jedenfalls besaß Berlin seit dem 3. Oktober 1990 wieder einen richtigen Standortkommandanten. Es war Brigadegeneral Hasso Freiherr von Uslar-Gleichen. Zu seinen ersten Worten, die ich von ihm vor der versammelten Presse der Stadt hörte, zählten „Frieden“ und „Freiheit“. Und die „Freude“, dass nun aus der bisher geteilten Hauptstadt wieder ein vereintes Berlin geworden sei. Das war kein Säbelrasseln oder irgendwelche Siegermentalität der Westdeutschen und West-Berliner gegenüber den Ost-Berlinern.

Auch das hatte ich noch ganz anders in Erinnerung. Meist waren es Paraden und Wachaufzüge sowie der Große Zapfenstreich, die ich erlebt habe und mit denen die NVA in Ost-Berlin ihre militärische Stärke demonstrieren sollte. Der ehemalige SED-Bezirkssekretär Konrad Naumann sagte einmal zu DDR-Journalisten: „So lange die im Westen protestieren, machen wir Paraden.“ Dieser Ost-Berliner Selbstdarstellung sollte auch die Funktion „Stadtkommandant der Hauptstadt der DDR, Berlin“ dienen. Sie war zwischen 1962 und 1990 von den NVA-Generalen Helmut Poppe, Arthur Kunath, Karl-Heinz Drews und Wolfgang Dombrowski ausgeübt worden. Ein „Haus der Nationalen Volksarmee“ wie in den anderen ostdeutschen Großstädten gab es in der geteilten Stadt nicht, obwohl das die NVA-Oberen zu gern gesehen hätten.

Ein bewusstes Zeichen ihrer Tradition setzte die Bundeswehr am 2. September 1993 im Berliner Bendlerblock: Verteidigungsminister Volker Rühe bezog seinen Berliner Amtssitz als einer der ersten Vertreter der Bundesregierung mit Ministerpräsenz in der Hauptstadt. Der andere Amtssitz blieb auf der Bonner Hardthöhe.

Das Gebäude an Landwehrkanal und Stauffenberstraße, zwischen 1911 und 1914 errichtet, war Sitz des Kaiserlichen Marineamtes, der Weimarer Reichswehrleitung und von Heeres-Dienststellen der Hitler-Wehrmacht. Hier wurde die Kaiserliche Flottenrüstung geplant. Die Reichswehr suchte während der Weimarer Zeit an dieser Stätte ihre Rolle im demokratischen Staat. Am 3. Februar 1933 eröffnete Adolf Hitler in diesem Block der Generalität seine verbrecherischen Ziele („Ausrottung des Marxismus" und Eroberung von „Lebensraum im Osten").

Dieser Berliner Ort symbolisiert im besonderen Maße Licht und Schatten der deutschen Geschichte mit dem deutschen militärischen Widerstand gegen Hitler und das nationalsozialistische Regime. Denn in den Räumen des ehemaligen Oberkommandos des Heeres war die Kommandozentrale des Umsturzversuches vom 20. Juli 1944. Hier wirkten Oberst Claus Schenk Graf von Stauffenberg und eine Reihe seiner Weggefährten. Nach dem gescheiterten Attentat waren er sowie der General der Infanterie Friedrich Olbricht, Oberst Albrecht Ritter Mertz von Quirnheim und Oberleutnant Werner von Haeften auf dem heutigen Ehrenhof erschossen worden.

Als erster ausländischer Gast wurde hier 1993 Frankreichs Verteidigungsminister Francois Leotard von seinem deutschen Amtskollegen empfangen. Im Anschluss legte der Gast an der Seite von Rühe im Innenhof einen Kranz nieder. Soldaten der Bundeswehr präsentierten bei diesem Zeremoniell das Gewehr.

In dieser späten Stunde war ich der einzige Journalist vor Ort. Auf meine Fragen entgegnete der Gast: „Ich fühle mich von einer großen Emotion ergriffen. Denn das ist ein wichtiger Ort der deutschen Geschichte. Er erinnert uns Franzosen daran, dass die ersten Opfer der Nazis eigentlich die Deutschen selbst gewesen sind." Und so sei er froh, mit dem deutschen Verteidigungsminister an dieser Stelle zu sein, „um zu zeigen, dass wir den Willen haben, gemeinsam die Zukunft zu bilden und zu gestalten, und dass wir zusammen mit derselben Entschiedenheit eine Vergangenheit zurückweisen, die ganz Europa entehrt hat." Er freute sich darüber, in Berlin zu sein, „in einer der ganz großen europäischen Städte". Und überhaupt sei es „eine gute Sache, dass sich hier seine Kultur zurückfindet und ein Teil seines Gedächtnisses". Dazu Rühe: „Also ein Berlin-Fan, wie wir uns so manchen in Bonn wünschen."

Kleine Episode am Rande: Aus Höflichkeit gegenüber dem ausländischen Gast stellte ich meine erste Frage auf Französisch. Diese schöne Sprache hatte ich neben Russisch an der Leipziger Journalisten-Fakultät peu à peu gelernt. Darauf entgegnete der ehemalige Hamburger Oberstudienrat Rühe: „Sie können ruhig deutsch sprechen." Ein Glück, denn so bekam ich von der hübschen Französisch-Dolmetscherin eine perfekte Übersetzung in mein Diktiergerät. Kurz darauf - es war schon 23.30 Uhr - gab die Nachtdienst-Kollegin in der Mollstraße meine Meldung an die Abnehmer im In- und Ausland. Sie trug die Überschrift: „Leotard tief beeindruckt vom Ort des deutschen Widerstands".

Nur wenige Tage später empfing der deutsche Bundesverteidigungsminister mit Jorgen Kosmo aus Norwegen einen Amtskollegen zum ersten Mal in Berlin mit militärischem Zeremoniell. Dazu war eine Ehrenformation des Siegburger Wachbataillons angetreten.

Julius-Leber-Kaserne – weiteres Zeichen für gute Traditionen

Schon bald setzte die Bundeswehr in Berlin ein weiteres Zeichen ihrer Tradition: Mit der verpflichtenden Namensgebung „Julius-Leber-Kaserne“ fand eine symbolische Ehrung der deutschen Streitkräfte für eine führende Persönlichkeit des Widerstands gegen Hitler statt. Im "Quartier Napoleon", wenige Monate zuvor noch Areal der französischen Alliierten im Norden der Stadt, würdigte sie den sozialdemokratischen Reichstagsabgeordneten am 50. Jahrestag seiner Hinrichtung (5. Januar 1945).

Der Soldat, Demokrat und Widerstandskämpfer hinterließ Deutschland ein großes Vermächtnis. Das erklärte Bundeskanzler a. D. Helmut Schmidt (SPD), von 1969 bis 1972 selbst Bundesverteidigungsminister, auf einem Festakt. Mit Recht könne der Leutnant der Reserve aus dem 1. Weltkrieg und SPD-Wehrexperte, der sich leidenschaftlich für das Prinzip des Staatsbürgers in Uniform eingesetzt habe, als einer der "geistigen Väter der Inneren Führung" der heutigen Streitkräfte angesehen werden. In "sehr bewusster Nachfolge" Lebers hätte er, Schmidt, sich mit anderen Sozialdemokraten zur jungen Bundeswehr bekannt, um "Gesellschaft, Staat und Streitkräfte ineinander zu integrieren".

Schmidt machte den Bundeswehrangehörigen von heute - und nicht nur denen, die hier zahlreich versammelt waren - ein großes Kompliment: Mit "Genugtuung und Respekt" habe er "beobachtet, wie Sie die Vereinigung zwischen Soldaten der NVA und Soldaten der Bundeswehr bewältigten".

Laut Minister Rühe stellt sich die Bundeswehr "der ganzen deutschen Geschichte und nimmt sie mit ihren Höhen und Tiefen an. Aber wir haben die Pflicht, uns mit der Vergangenheit kritisch auseinanderzusetzen und die richtigen Lehren zu ziehen." Im Sinne Lebers sei der Soldat der Bundeswehr bereit, "sein Vaterland zu schützen und den Frieden zu sichern; er steht ein für unsere Verfassung; und er übernimmt Mitverantwortung für die Freiheit und Würde anderer."

Das Ethos des deutschen Widerstands präge das Selbstverständnis der Bundeswehr. "Es verbindet sich mit den vielen Beispielen menschlicher Größe und soldatischer Bewährung in allen Epochen der deutschen Militärgeschichte, die ehrenhaft und tapfer waren. So hätte es auch Julius Leber gesehen."

An den Führer der Sozialdemokratie, der von den Nazis in Berlin-Plötzensee hingerichtet wurde, erinnert nicht nur der Kasernenname. Ein Gedenkstein mit metallener Tafel gibt die Lebensdaten des 1891 Geborenen und das Credo des wehrhaften Demokraten aus einer Reichstagsrede vom 17. Juni 1929 wieder: "Wir wollen aus dem Soldaten einen Staatsbürger machen, der bereit ist, für seinen Staat, den er kennt und liebt, seine Pflicht zu tun, eventuell sein Leben hinzugeben."

Der Bundesverteidigungsminister, der Altbundeskanzler und Lebers Tochter Katharina Christiansen ehrten anschließend Julius Leber mit einer Kranzniederlegung. Ein Ehrenbataillon präsentierte das Gewehr. Sowohl die Namensgebung als auch diese Ehrung verfolgten zusammen mit den offiziellen Gästen namhafte Journalisten aus allen Medien, unter ihnen der damalige Spiegel-Chefredakteur Stefan Aust. Für mich war dieser Tag ebenfalls eine eindrucksvolle Begegnung mit einer herausragenden Persönlichkeit deutscher Geschichte.

Weitere persönliche Gegenstände wie der Schreibtisch Lebers und eine Totenmaske Napoleons, den der Elsässer immer verehrt hat, sind seither den Soldaten der Kaserne neben einer Wort-Bild-Dokumentation beim Vertraut machen mit dem "Namenspatron" sehr dienlich. Besonders interessant für sie ist seine Rolle als Verschwörer an der Seite Stauffenbergs bis zum Prozess 1944 vor dem Volksgerichtshof. Stets war er ein standhafter Patriot.

Die weiträumige Kasernenanlage ist seit 1828 Militärgelände. Einst war hier ein Artillerieschießplatz. 1896 wurde die erste Kaserne errichtet. Nach Polizeieinheiten bezog die Wehrmachts-Elitetruppe "Göring" die Einrichtung. Am Ende des 2. Weltkrieges quartierte sich 1945 die Sowjetarmee hier ein. Dann folgten Briten. Schließlich Franzosen. 1994 übernahm die Bundeswehr das riesige Gelände - mit dem Verteidigungsbezirkskommando 100, der Standortkommandantur, der Feldjägerkompanie, dem Standortsanitätszentrum und den Truppenverwaltungen. Das Wachbataillon und das Stabsmusikkorps der Bundeswehr sowie weitere Truppenteile wurden ebenfalls hier direkt am Flughafen Tegel stationiert. Nach Abschluss aller Verlegungen zählten etwa 5 000 Soldaten und Zivilbedienstete zum Personalbestand.

Normalität: Truppenbesuch des Regierenden Bürgermeisters

Fast drei Jahre nach der Wiederherstellung der Einheit Deutschlands hatten die meisten der 16 zentralen und örtlichen Dienststellen der Bundeswehr in Berlin ihre endgültigen Standorte bezogen. Die Streitkräfte nutzten dabei 13 der ehemals 61 Liegenschaften der NVA im Osten sowie drei der Alliierten im Westen der Stadt nach deren Abzug.

Die Normalität im wiedervereinigten Berlin machte nun auch um die Bundeswehr keinen Bogen. Was in anderen Bundesländern schon lange üblich und selbstverständlich war, praktizierte jetzt Eberhard Diepgen: Als erster Regierender Bürgermeister stattete er dem damals einzigen Kampftruppenverband der Hauptstadt, dem Jägerbataillon 581, einen offiziellen Truppenbesuch ab. Hier dienten Wehrpflichtige aus Sachsen und Berlin mit Mitstreitern aus Niedersachsen, Schleswig-Holstein und Nordrhein-Westfalen. Ursprünglich ging das Bataillon aus den NVA-Wachregimentern „Friedrich Engels“ und „Hugo Eberlein“ (1937 in Moskau verhaftet, 1941 erschossen) hervor und kam aus Berlin-Treptow hierher.

Es war in der Tat ein historischer Augenblick, als ein Ehrenzug von Infanteristen den Landeschef auf Berliner Territorium mit militärischem Zeremoniell begrüßte. Die Soldaten zeigten sich im Großen Dienstanzug. Ein Trommler wirbelte den "Generalsmarsch". Ob Diepgen in dieser Minute daran zurückdachte, dass einst Offiziere der Bundeswehr, natürlich in zivil und gewissermaßen inoffiziell, in der geteilten Stadt an mancher Veranstaltung im Reichstags-Gebäude teilgenommen hatten? Oder an die Zeit, als viele wehrpflichtige junge Bundesbürger nach

West-Berlin mit seinem besonderen Militärstatus gezogen sind, um nicht zum Bund einberufen zu werden?

Berlin hat derzeit "schon mehr Truppe, als allgemein bekannt", begann Divisionskommandeur und Befehlshaber im Wehrbereich, Generalmajor Ruprecht Haasler, seine Erläuterungen zur "Lage". Alles in allem bereits 2 150 Soldaten, erfuhr der Gast. Die 800 Berliner Infanteristen gehörten zur 3 000 Mann starken Heimatschutzbrigade 42 "Brandenburg" mit Sitz im benachbarten Potsdam.

Diepgen wurde dann insbesondere über den Dienst und das Leben "seiner" Soldaten informiert. Sie waren in der Blücher-Kaserne stationiert, die seit 1993 den Namen des Generalfeldmarschalls trägt. In den ehemals Montgomery Barracks hatten vorher britische Alliierte ihr Quartier.

Vier der fünf Kompaniechefs im einzigen Kampfverband der Stadt dienten einst in einem der beiden Wachregimenter der NVA. Der Umzug aus Ost-Berlin hierher mit eigenen Kräften und Mitteln verlief problemlos. Die Einheiten übten in einem Areal der fünf Kilometer entfernten Döberitzer Heide (Bundesland Brandenburg), einem ehemals russischen Ausbildungsgelände, das heute ein Naturschutzgebiet ist. Mit Rücksicht auf die Anwohner wurde auf das Schießen verzichtet.

Was die Berliner Truppen alles so können, erlebte der "Regierende" dann an der Hindernisbahn mit Nahkampfausbildung. Kräftige sportliche junge Männer samt Ausbilder zeigten, dass sie den militärischen Dienst sehr ernst nehmen und die keinesfalls leichten Übungselemente sicher beherrschen. In der „schweren Kompanie“ des Bataillons bestimmten Mörser, Feldkanonen und Panzerabwehrwaffen das Erscheinungsbild. Die drei leichten Feldjägerkompanien verfügten jeweils über einen Waffenmix: Maschinengewehr, Gewehr G3, Granatpistole und Panzerfaust.

Auf die Motive ihres Handelns angesprochen, entgegnete ein 21-jähriger Obergefreiter aus Marzahn: "Verteidigung muss sein, zumal die Sicherheitslage trotz Abrüstung und internationaler Entspannung eher komplizierter geworden ist." Als sich Diepgen bei den jungen Leuten auch nach "Sorgen und Nöten" erkundigte, kam nahezu einhellig die Antwort: "Keine Probleme".

Auch einen persönlichen Tipp wolle er gern mitnehmen, meinte der Gast, zumal er aufgrund der besonderen Lage Berlins „zwar für die Polizeireserve ausgebildet war, in der Vergangenheit aber mit Militär nichts zu tun hatte". Als die Antwort: "Jetzt drei Monate Grundausbildung!" aus dem Munde eines Wehrpflichtigen kam, lachte auch der Regierende Bürgermeister. Er ist wie ich „Jahrgang 41“. Ein „Kriegskind“ also und als solches nun nicht mehr für den Wehrdienst geeignet.

Der CDU-Politiker führte weitere Gespräche, besichtigte Unterkünfte und nahm auch einen Kindergarten im Kasernengelände in Augenschein. Dieser wurde aus öffentlichen Mitteln, Spenden und Mitgliedsbeiträgen finanziert. Die Einrichtung in einem ehemaligen Gebäude der Briten brachte die Familien von Bundeswehrangehörigen und zivilen Anwohnern näher zueinander. Dazu trugen auch regelmäßige gemeinsame Sportveranstaltungen bei.

Da die neuen Militärs ihren Dienst ohne Kettenfahrzeuge versahen und in den engen Straßen im Südwestzipfel Berlins auch wegen der Lärmbelästigung nur mit Tempo 30 gefahren werden durfte, gab es hier „ein gutes Einvernehmen“, berichtete Kommandeur Oberstleutnant Franz Josef Paulus.

"Berlin und Bundeswehr gehören zusammen", sagte mir Diepgen zum Abschluss. Diese Normalität müsse von uns allen "jetzt richtig demonstriert werden". Gerade sein erster Truppenbesuch bei der Bundeswehr zeige, "welche gravierenden, auch faszinierenden und bedeutenden Veränderungen es in der letzten Zeit in der Stadt gegeben hat". Im Zuge des Strukturwandels in der Bundeswehr wurde das Berliner Jägerbataillon 2002 aufgelöst.

Polizeihospital und NVA-Lazarett nun Bundeswehrkrankenhaus

Zu den neuen Liegenschaften der Bundeswehr in Berlin zählte ebenfalls das ehemalige NVA-Lazarett Berlin-Mitte. Es hatte erst drei Tage vor der Wiedervereinigung diesen Namen erhalten. Zwischen 1920 und 1990 besaß es den Status eines Polizeikrankenhauses. Überhaupt blickte das neue Bundeswehr-Krankenhaus auf eine immerhin 140-jährige, wechselvolle Geschichte zurück.

Zu DDR-Zeiten - und das wurde erst nach der Wiedervereinigung publik - besaß die Einrichtung, die dem Ministerium des Innern unterstellt war, zwei „Gesichter“: In diesem medizinisch sehr gut ausgestatteten Krankenhaus der Deutschen Volkspolizei (DVP) wurden sowohl Uniformträger und Zivilangestellte als auch ostdeutsche VIPs behandelt. Außerdem brachte die Staatssicherheit nach Schießereien an der Ost-Berliner Mauer alle Opfer hierher.

Begonnen hatte seine eigentliche Geschichte schon am 23. August 1853. Damals wurde das auf Befehl des Preußenkönigs Friedrich Wilhelm IV. als Garnisonslazarett erbaute Hospital seiner Bestimmung übergeben und bis zum Ende des 1. Weltkrieges als Militärkrankenhaus genutzt. Obwohl heute eine Bundeswehreinrichtung mit 370 Betten mitten in Berlin, ist fast jedes zweite davon mit einem zivilen Patienten belegt. Im Krankenhausbedarfsplan des Landes Berlin war das so mit der Bundeswehr vereinbart worden. Das bewährte sich bestens. Diesen Eindruck erhielt auch der zuständige Minister bei seinem ersten Besuch.

"Sie kenne ich aus dem Fernsehen." Mit diesen Worten empfing eine 82-jährige Dame aus Reinickendorf im Zimmer 19 eine ihr vom Bild her vertraute Persönlichkeit. Auf dessen Namen kam sie aber nicht so schnell. Der Mann an der Seite von Chefarzt Dr. Peter-Klaus Witkowski stellte sich vor: "Volker Rühe, Verteidigungsminister." Und prompt fiel es ihr wieder ein.

Ähnlich erging es ihrer 72 Jahre alten Zimmernachbarin aus Lichtenberg, als sich der "oberste Chef" auch dieser militärischen Einrichtung nach ihrem Wohlbefinden erkundigte. Beiden Patientinnen, denen Bundeswehrärzte ein neues Hüftgelenk eingesetzt hatten, ging es gut, meinten sie übereinstimmend und lobten nicht nur die Medizinerkunst, sondern ebenso die "angenehme Atmosphäre" in diesem Haus in der Scharnhorststraße. Es war von Anfang an nicht als Regierungsklinik unter dem Dach des Bundes konzipiert worden, etwa im Sinne des unweit gelegenen ehemaligen DDR-Regierungskrankenhauses, wo einst nur die Nomenklatura des Arbeiter-und-Bauern-Staates Zutritt hatte. Das hätte die Berliner Ärzteschaft mit gemischten Gefühlen aufgenommen.

Der Minister sprach natürlich auch mit Soldaten, die hier oft nach Sportunfällen behandelt werden. Die jungen Männer erkannten ihn natürlich sofort und diskutierten mit ihm über Dienst und Freizeit. "Der Patient ist der Mittelpunkt unserer Tätigkeit." Dieses Credo vom Chefarzt hörte der Minister wiederholt während seines Rundganges und vor allem bei einem Treffen mit Ärzten, Schwestern und Pflegepersonal.

In vielen Räumen hielt nach den bis 1994 verbauten 35 Millionen DM zwar der westliche Standard schon Einzug. Aber noch "atmete" das Haus an manchen Stellen "DDR-Flair". Das bedeutete, dass zum Teil sanierungsbedürftige Bedingungen die Arbeit und die Genesung erschwerten.

Deshalb war ein zügiger weiterer Ausbau des Krankenhauses, was die Infrastruktur und die Funktionsbereiche anbelangte, das nächste Ziel. Bis zum Beginn des Regierungsumzuges 1999 sollte es "in wesentlichen Teilen modernes westliches Niveau" verkörpern, meinte Oberstarzt Witkowski, heute Generalarzt a.D., "damit wir als konkurrenzfähige Anbieter mit den medizinischen Leistungen in Berlin bestehen können". Auch galt es, den Bereich der Notfallmedizin vom Notarztwagen über eine moderne Notfallaufnahme bis zur interdisziplinären Betreuung einzurichten.

Das Berliner Bundeswehrkrankenhaus - ein Modell mit Zukunft - wurde zudem zu einer Stätte der Ausbildung, beispielsweise für Mannschaftsdienstgrade im Sanitätsdienst zum Krankenpflegehelfer und zum Rettungssanitäter. Ebenso für Studenten der benachbarten Charité. Als "Arzt im Praktikum" wirkten weiterhin angehende Ärzte der Bundeswehr in den Abteilungen von Innerer Medizin bis Orthopädie. Sanitätsoffiziere qualifizieren sich in der Fort- und Weiterbildung zu Fachärzten. Für den eigenen Nachwuchs sollte künftig eine Krankenpflegeschule sorgen.

Doch der Blick der Verantwortlichen dieser Einrichtung ging zu diesem Zeitpunkt schon über die Landesgrenzen hinaus. So wurde eine Anbindung an die medizinische Versorgung von Krisenreaktionskräften im Rahmen der Nato oder supranationaler Organisationen wie der UNO angestrebt. Ständiger fachlicher Austausch sollte durch das Sich-in-Übung-Halten des dort eingesetzten Fachpersonals ergänzt werden, um aus dem Frieden heraus im Einsatzland die moderne Rettungs- und Hochleistungsmedizin zu repräsentieren, wie sie die Soldaten in der Heimat gewohnt sind. Hier verfügte man schon über eine hochklassige Geräteausstattung wie Computertomograph, ein großes klinisches Labor und minimalinvasive Chirurgie. Der Hubschrauberlandesplatz steht zivilen Organisationen für medizinische Einsatzflüge zur Verfügung. Besonders eng sind die Kontakte zur Charité.

Abschließend äußerte sich Rühe sehr zufrieden über "die großartige Aufbauarbeit, die zum Teil unter schwierigen Bedingungen geleistet wird". Auch den Patienten brachte dieser Besuch ein nicht alltägliches Erlebnis - alle "Dienstgrade", vom Oberarzt bis zum Pfleger, trugen während des Ministerbesuchs ihre Uniform und meldeten streng militärisch. Und so waren nicht nur die beiden älteren Damen von den Bundeswehrangehörigen "entzückt, die uns so liebevoll betreuen und die wir sonst nur im weißen Kittel sehen".

Der Sanitätsdienst der Bundeswehr, der vom Medizinischen Dienst der NVA Sanitätsmaterial im Wert von zirka 1,2 Milliarden Mark übernahm und dieses vorwiegend für humanitäre Zwecke bereit stellte, bemühte sich zu dieser Zeit nicht nur um solche medizinische „Leuchttürme“ wie die Bundeswehrkrankenhäuser in Berlin und Leipzig oder um die Fachzentren in Ueckermünde, Neustadt-Glewe und Gotha. Nahezu flächendeckend konnte die allgemein- und zahnärztliche Versorgung aller Soldaten mit mehr als 40 Standortsanitätszentren und zahlreichen Außenstellen gesichert werden. Ganz im Sinne der gesetzlichen Bestimmungen wurde ein Sanitätsdienst mit westlichen Standards geschaffen. Modernstes Gerät sicherte Diagnostik und Therapie wie bei einer zivilen Behandlung.

Dass auch in der Sanitätsinfrastruktur der Ex-DDR-Armee die gröbsten Hygienemängel beseitigt wurden und eine umfassende Modernisierung der Einrichtungen stattfand, soll hier nur der Vollständigkeit halber angeführt werden. Damit hatten sich auch für das Personal die Arbeitsbedingungen wesentlich verbessert.

General Speidel: "Eine ganz wichtige Zeit meines Lebens"

Der Name Speidel hat in der Bundeswehr und den verbündeten Streitkräften einen guten Ruf. Dafür sorgten in mehr als vier Jahrzehnten zwei Generale: Hans und Hans Helmut. Vor allem der Vater machte sich um die Geschichte der Streitkräfte der Bundesrepublik verdient. Er stand nach 1949 Bundeskanzler Konrad Adenauer als militärischer Berater zur Verfügung, war führend an den Verhandlungen um die Europäische Verteidigungsgemeinschaft und Deutschlands Beitritt zum Nordatlantik-Pakt beteiligt. Später avancierte der Generalleutnant zum Oberbefehlshaber der Nato-Landstreitkräfte in Mitteleuropa. Sein Dienstsitz lag in Fontainebleau bei Paris.

Doch man sollte auch erwähnen, dass Hans Speidel als erster Deutscher nach dem 2. Weltkrieg mit einer solch wichtigen internationalen Dienststellung betraut wurde. Ein General, der in der Wehrmacht als Stabschef von "Wüstenfuchs" Generalfeldmarschall Erwin Rommel in Frankreich gedient hatte, später als Vertrauter des Generaloberst Ludwig Beck nach dem Attentatsversuch vom 20. Juli 1944 auf Hitler mit anderen Gegnern des Regimes verhaftet worden war. Nur das tatkräftige Zupacken eines Paters und die Flucht retteten sein Leben. Davor war er 1933 bis 1935 Gehilfe des Militärattachés in Frankreich.

Im Geiste dieses aufrechten Mannes wuchs der Sohn, 1938 in Mannheim geboren, heran. 1957 meldete er sich nach dem Abitur zum Bund, wurde zum Offizier ausgebildet und erwarb Truppenpraxis in der 10. Panzerdivision, im Panzergrenadierbataillon 292 und in der Panzerbrigade 29. Später war er Kommandeur des Jägerbataillons 112 Regen, im III. Korps Koblenz Stabsabteilungsleiter, Gruppenleiter im Heeresamt Köln und Bereichsleiter im Bonner Planungsstab des Bundesverteidigungsministers. Auslandserfahrung konnte der Brigadegeneral im Attachédienst in Washington, London und Paris sammeln.

Mit der deutschen Wiedervereinigung kam Hans Helmut Speidel ins brandenburgische Strausberg. Als Leiter der Stabsabteilung Personal und Innere Führung im Bundeswehrkommando Ost trug er mit anderen Soldaten aus der westlichen Bundeswehr in den neuen Ländern wesentlich zur Auflösung der ehemaligen Nationalen Volksarmee und zur Integration von einstigen NVA-Angehörigen bei. "Eine ganz wichtige Zeit meines Lebens", schätzte er später ein.

"Wir waren ja nicht als Sieger gekommen, sondern wollten vor Ort mit der deutschen Einheit auch eine einheitliche Bundeswehr in Ost und West erreichen. Das war in der Tat nicht immer leicht, sondern mit vielen menschlichen Schicksalen verbunden." Sein Leitmotiv: "Die neuen Soldaten unvoreingenommen aufnehmen, ihnen kameradschaftliche Hilfestellung geben und die schnelle Integration fördern" war für ihn ebenso in der neuen Arbeit wichtig: Ab September 1995 leitete er für drei Jahre das Verteidigungsbezirkskommando 100 Berlin, wirkte vor Ort für die "innere Einheit".

Auf der Bonner Hardthöhe galt Speidel als eine in Hauptstädten erfahrene und international geprägte Persönlichkeit. Nun musste der oberste militärische Repräsentant in Berlin in der wichtigen Phase des Umzugs der Bundesministerien aus Bonn hierher die Belange der Bundeswehr umsichtig und wirkungsvoll vertreten. Dabei hieß für den General die "Marschrichtungszahl": Nach fünf Jahren der Armee der Einheit in Berlin an die bereits hohe Akzeptanz der Bundeswehr anknüpfen, die gute Zusammenarbeit mit Senat und Bevölkerung vertiefen sowie das Zusammenwachsen beider Teile der Stadt fördern.

In der Julius-Leber-Kaserne, wo die Standortkommandantur eine ähnliche Struktur wie in München oder Hamburg einnahm, trug er die territoriale militärische Verantwortung. Die Bundeswehr verfügte inzwischen in der Hauptstadt über unterschiedliche Truppenteile und Einrichtungen, wurde zum drittgrößten Standort. Hinzu kamen beim Standortkommandanten logistische und Protokollaufgaben. Zudem klopften immer öfter ehemalige Alliierte an die Tür, ersuchten um eine neue Gelegenheit der Begegnung. Speidel: „Was wir auch unterstützten, damit dieser Teil unserer Geschichte gut in Erinnerung bleibt und weiter getragen wird."

Gerade die Familientradition enger Bande zu Frankreich machte ihn zum Experten, was Gegenwart und Zukunft militärischer Zusammenarbeit beider Staaten betraf. Es ging nicht "um irgendwelche Sonderbeziehungen. Vielmehr müssen wir auf nahezu allen militärischen Gebieten enger zusammenarbeiten. Warum sollten beispielsweise Wehrpflichtige nicht im Partnerland ihren Dienst leisten?" Auch die gemeinsame Rüstungszusammenarbeit und Logistik sei ein Beitrag zu Europa, erläuterte er mir in einem fast zweistündigen Gespräch, auch mit vielen persönlichen Erinnerungen. Presseoffizier Oberstleutnant Wolfgang Dobrig hatte es vermittelt.

Speidel: "Die deutsch-französische Zusammenarbeit hat sich auf den verschiedensten Gebieten als Motor für das Voranschreiten auf dem Weg nach Europa erwiesen. Heute arbeiten deutsche und französische Austauschoffiziere in den jeweiligen Operationsabteilungen und Führungszentralen in Paris und Bonn - deutlicher Beweis für vertrauensvolle Zusammenarbeit und Basis weiteren Fortschreitens dieser Entwicklung." Als der General nach 41 Dienstjahren im September 1998 in den Ruhestand ging, spielte das Musikkorps nur Titel, die er selbst ausgesucht hatte. Darunter war der Robert-Bruce-Marsch, den auch die französischen Streitkräfte bei solchen Gelegenheiten intonieren. Den Soldaten gab er mit auf den Weg, Deutschlands Interessen auch im Ausland würdig zu vertreten. Der Name Speidel hat nun auch in Berlin einen guten Ruf.

Zum ersten Mal ein Nato-Generalsekretär in Berlin

Auch nach dem Nato-Gipfel vom 6. und 7. November 1991 in Rom, bei dem nach dem Wandel im Osten neue Aufgaben zur Schaffung eines Systems kooperativer Sicherheit in Europa und einer erweiterten transatlantischen Gemeinschaft beschlossen wurden, blieb die Windrose das Emblem des Verteidigungsbündnisses. Nur der Kurs erhielt eine Neubestimmung. In dem von Bonn und Washington angeregten „Nordatlantischen Kooperationsrat" sollten auch die Länder Osteuropas und die Sowjetunion vertreten sein.

Das neue politische Konzept zielte „auf mehr Sicherheit, mehr Demokratie, mehr Wohlstand in einem freien Europa". Bei all dem blieb die Nato „der Sicherheitsanker" für Westeuropa. Und „ihre gewichtige Ausstrahlung" ermöglichte den neuen Demokratien im Osten die Entwicklung ihrer eigenen Potentiale. Nun war die Nato auch als eine „Hauptplattform für die Lösung vitaler politischer Probleme", als „Schicksalsgemeinschaft" im Gespräch, die noch mehr politische Konsultationen, Kontakte, wissenschaftliche Zusammenarbeit, Informationsvermittlung und parlamentarischen Austausch bewirken will. All das mit dem Anspruch, ein rein defensives Bündnis zu sein.

Vor diesem Hintergrund - Nato bleibt Stabilitätsfaktor in Europa - kam im November 1991 Generalsekretär Manfred Wörner zu seinem ersten offiziellen Besuch in das vereinte Berlin. Er informierte sich im Rathaus über die Entwicklung der deutschen Hauptstadt besonders seit dem Fall der Mauer 1989 und der Wiederherstellung der Einheit Deutschlands.

Wörner berichtete dem Regierenden Bürgermeister, Eberhard Diepgen, über den Beitrag der Allianz zu Frieden und Zusammenarbeit. Dabei erläuterte er die neue Strategie der Nato, die Freiheit und Sicherheit der Verbündeten durch politische und militärische Mittel zu garantieren und die Beziehungen zu den osteuropäischen Ländern zu normalisieren.

Bei seiner Begrüßung im Rathaus, das 1885 die erste Magistratssitzung erlebt hat und seit Anfang Oktober 1991 nach vierzigjähriger Spaltung der Stadt wieder traditioneller Sitz der Stadtregierung ist, erklärte der Generalsekretär: „Das ist wirklich ein historischer Moment." Im Anschluss trug sich Wörner im Schloss Charlottenburg in das Goldene Buch der deutschen Hauptstadt ein.

Nach einer Stadtrundfahrt stellte sich Manfred Wörner, von 1982 bis 1988 Bundesminister der Verteidigung und seit Juli 1988 in diesem Amt, der internationalen Presse. Hier erläuterte er das strategische Konzept des Atlantischen Bündnisses nach dem Nato-Gipfel in Rom. Am Abend hielt der Nato-Generalsekretär auf Einladung des Axel Springer Verlages und der Deutschen Atlantischen Gesellschaft einen Vortrag zum Thema: „Atlantisches Bündnis und Europäische Sicherheit". Dabei bezeichnete er die jüngsten Beschlüsse als die „Geburt einer neuen Atlantischen Allianz".

Nun handele es sich um ein Bündnis mit einer erweiterten politischen Rolle, einem neuen strategischen Konzept, noch engeren kooperativen Beziehungen mit den Ländern Mittel- und Osteuropas. Zugleich gehe es um einen stärkeren europäischen Pfeiler innerhalb der Nato und eine neue Streitkräftestruktur mit deutlich reduziertem Umfang. Damit habe das Bündnis „auf die veränderte Lage reagiert und dadurch einmal mehr seine Vitalität unter Beweis gestellt".

Die „Ordnung von Jalta" sei tot, stellte der Redner zum derzeitigen Umbruch in der Welt fest. Der Übergang zu einer neuen fasziniere, da er der Nato eine wahrzunehmende Gestaltungschance biete. Andererseits zeigten die tragischen Ereignisse in Jugoslawien und die Krisen innerhalb der UdSSR, im Nahen Osten und entlang des Maghreb, dass Risiken und Gefahren auch auf absehbarer Zukunft Reisebegleiter bleiben.

Die gegenwärtige Zeit des Übergangs sei von „Ungewissheit, Unsicherheit, Unkalkulierbarkeit" geprägt. Denn mit dem Ende des Kommunismus, mit der Auflösung des letzten Kolonialreiches der Welt, mit dem weltweiten Aufbruch zur Demokratie und Marktwirtschaft und der Überwindung der Teilung Deutschlands und Europas habe sich die „Topographie der Weltpolitik einschneidend verschoben".

Wer könnte jedoch Stabilität besser gewährleisten als die Nato, in der Nordamerika und Europa „in einer Schicksalsgemeinschaft" verbunden sind? Aber auch andere Organisationen wie die Vereinten Nationen und der KSZE-Prozess würden zur Stabilität beitragen. Keine könne aber die Nato ersetzen, ohne die es weder eine stabile internationale Ordnung noch eine dauerhafte euroatlantische Friedensordnung gäbe. Die Allianz brauche keinen Feind, noch suche sie künstliche Feindbilder. „Niemand ist glücklicher als wir, dass der Feind von ehemals zum Partner von heute und zum Freund von morgen geworden ist. Ohne die Nato und ihre erfolgreiche Politik wäre das nicht möglich geworden."

Der erste Aufenthalt eines Nato-Generalsekretärs im wiedervereinigten Berlin war politisch ein Spitzenereignis. Es bestimmte auch die Schlagzeilen nach seiner Abreise. Sein Pressesprecher, Dr. Harald H. Bungarten, hat mich jedenfalls, wie schon zuvor in Brüssel im Nato-Hauptquartier, sehr vertrauensvoll in die Berliner Aktivitäten seines Chefs eingeweiht.

Übrigens hatten zu jener Zeit nach dem Umzug des Regierenden Bürgermeisters von Schöneberg (West-Berlin) hierher manche Einladungen ins Rote Rathaus den diskreten Hinweis, dass es sich um einen roten Klinkerbau handelt. Rotes Rathaus - auch in Ost-Berlin Verwaltungszentrale - war also nicht politisch gemeint.

Berliner Militärmusiker auch als Sanitäter taktvoll

Es gibt wohl heute kaum einen Berliner Musikfreund, der nicht schon von den Klängen des Luftwaffenmusikkorps 4 aus seiner weltoffenen Heimatstadt begeistert wurde. Entweder bei einer feierlichen Veranstaltung am Brandenburger Tor oder im Sony-Center, beim Protokolleinsatz im Bundeskanzleramt oder im Verteidigungsministerium, im alltäglichen Geschäft innerhalb der Truppe oder in den Matinee-Konzerten „Mit Pauken und Trompeten“ im Haus des Rundfunks beim RBB. Stets bewiesen die Militärmusiker in den blauen Uniformen, dass sie schwungvoll und mitreißend ihr künstlerisches Handwerk verstehen.

Zu Hause in der guten Stube konnten die Liebhaber der Militärmusik entweder direkt aus dem Radio oder auf einer von sechs CD, darunter „Berliner Luft“ und „Sachsens Glanz und Preußens Gloria“, ein vielfältiges Repertoire erleben. Ob nun die bekannten Berliner Melodien oder der Dessauer, der Sächsische Zapfenstreich oder der Schützen-Defiliermarsch, Can-Can oder die Blumenpolka - mit einer einzigartigen musikalischen Bandbreite wurde die Formation zu einem Aushängeschild der Bundeswehr in Berlin. Als kultureller Botschafter Deutschlands und seiner Streitkräfte gastierte sie in der Schweiz, den USA, Italien, Kanada, Polen, Tschechien, Ungarn, Frankreich und Schweden.

Was heute aber nur wenige Fans der Berliner Militärmusik noch wissen, ist die Tatsache, dass es sich hier um eines der jüngsten Klangkörper der deutschen Streitkräfte handelte. Er war sozusagen „ein Produkt der Wende“ und rekrutierte sich anfangs als Luftwaffenmusikkorps 5 ausschließlich aus Militärmusikern der ehemaligen NVA. Auch für diese Musiker und ebenso für die zivilen Angestellten begann am Tag der deutschen Wiedervereinigung ein neuer Lebensabschnitt: Gemeinsam mit Musikern aus der alten Bundeswehr gestalteten sie - wie schon erwähnt - die „Geburtsstunde“ der gesamtdeutschen Bundeswehr auf einer Festveranstaltung in Strausberg zu einem unvergesslichen Erlebnis für alle Teilnehmer.

Das neue Orchester aus Berlin erfreute seine Zuhörer stets mit der hohen Qualität seiner sinfonischen Bläsermusik und den kunstvoll dargebotenen Märschen. Kein Wunder eigentlich, denn alle 65 Militärmusiker besaßen in der Regel einen Hoch- oder Fachschulabschluss auf ihrem Fachgebiet. Was 1990 in den Proberäumen der Volksarmee in Berlin-Biesdorf seinen Anfang nahm, setzte das Orchester ab 1994 in der General-Steinhoff-Kaserne in Berlin-Gatow fort. Sowohl als Luftwaffenmusikkorps oder mit den Spezialbesetzungen Klassisches Bläserquintett und Kleine Blasbesetzung machten sich die Berliner Musiker einen Namen im In- und Ausland.

Bei der ersten offiziellen Inspektion im Mai 1991 nannte der damalige Leiter des Militärmusikdienstes der Bundeswehr, Oberst Andreas Lukacsy, das neue Luftwaffenmusikkorps „in jeder Hinsicht einen Sonderfall. Es setzt sich ausschließlich aus professionell-hervorragenden Portepeeunteroffizieren zusammen. Dadurch ist die fachliche Qualität hervorragend.“ Allerdings mussten „bei der Vorführung des militärmusikalischen Truppenzeremoniells einige Kleinigkeiten geklärt und korrigiert werden; dies war auch nicht anders zu erwarten.“ Jedenfalls waren die Soldaten „mit Herz und Seele bei der Sache“. Wichtig sei, dass dem Musikkorps nun „so bald wie möglich ein Bundeswehr-Schellenbaum zugeführt wird“, hieß es im Inspektionsbericht.

Hauptsächlich waren dann die Angehörigen des Luftwaffenmusikkorps bei ihren Auftritten auf Appellplätzen und Bühnen in nahezu allen Bundesländern anzutreffen. Sie gestalteten mit ihrer Musik feierliche Gelöbnisse, Kommandoübergaben und andere militärische Zeremonielle. Zu den ersten großen Erfolgen wurde unter anderem die Teilnahme am Internationalen Musikfestival in Verona/Italien, beim „Last TATTOO“ der britischen Streitkräfte in Berlin in Anwesenheit Ihrer Majestät, der britischen Königin, sowie das erste gemeinsame „Großkonzert der Bundeswehr“ mit dem Marinemusikkorps Nordsee in Wilhelmshaven.

Aber auch in Radiokonzerten, bei Benefiz- und Festveranstaltungen zu politischen und kulturellen Höhepunkten sowie bei Festen auf Berliner Straßen und Plätzen konnten wiederholt die Herzen des Publikums erobert werden. Darunter beim internationalen Konzert unter dem Motto "Militär spielt für den Frieden" in Berlin. In vielen Orten Ostdeutschlands präsentierte das Luftwaffenmusikkorps erstmals eine Einheit der Bundeswehr. Mit Märschen und sinfonischer Blasmusik, aber auch beschwingt mit Musicals und Walzermelodien bewiesen die Orchestermitglieder ihre hohe Spielkultur und militärische Geschlossenheit.

"Es ging uns dabei nicht um das Tschingderassabum auf Straßen und Plätzen, sondern um eine wirklich kulturelle Präsentation der Bundeswehr." Das berichtete mir 1993 der Chef der Truppe, der damalige Major und spätere Oberstleutnant Bernd Zivny. Für seine Dirigententätigkeit hatte er sich das fachliche Rüstzeug an den Musikhochschulen in Weimar und Berlin erworben. Auf den ersten beiden CD, 1991 und 1992 unter seiner musikalischen Leitung produziert, konnten nun Titel aus dem Repertoire des Orchesters wie der "Königsgrätzer" und "Des Großen Kurfürsten Reitermarsch" von jedermann erworben werden. Das Besondere daran: Diese und andere Musik aus dem reichen überlieferten Kulturgut des deutschen Militär- und Konzertmarsches wurden zu DDR-Zeiten in der Nationalen Volksarmee wegen "ihres negativen Einflusses auf die Truppe" nicht gespielt.

Bei allen Problemen, die die Übernahme in die Bundeswehr für jeden einzelnen Soldaten mit sich brachte, konstatierte schon damals der Chef des Musikkorps eine überaus erfreuliche Bilanz des Hineinwachsens in die neuen Aufgaben und Strukturen: "Wir sind sehr sachlich, freundlich und kameradschaftlich aufgenommen worden. Das war schon beim gemeinsamen Auftritt mit dem Stabsmusikkorps der Bundeswehr am 3. Oktober 1990 so, das ist auch heute nicht anders, wenn ich beispielsweise an die Beratungen der Militärmusik-Chefs denke."

Von Anbeginn war das für ihn und seine Unterstellten eine Verpflichtung, "da uns der Dienst, künstlerisch und militärisch, Freude macht". Dabei denke er nicht nur an erfolgreiche Konzerte auf Helgoland oder im AWACS-Stützpunkt der Nato in Geilenkirchen zurück, sondern auch an den ersten Auftritt des Klangkörpers zu Advent in der Schweriner Nikolai-Kirche und im Großen Saal der Berliner Philharmonie zu Weihnachten. Christliche Choräle – das war auch eine der neuen musikalischen Ausdrucksweisen der Militärmusiker aus dem Osten. Denn um Kirchen mussten die Soldaten und Musiker der Arbeiter-und-Bauern-Armee stets einen großen Bogen machen.

Für mich und meine Frau gehörte das Adventskonzert 1995 mit dem Luftwaffenmusikkorps 4 unter seiner Leitung in der Luisenkirche in Berlin-Charlottenburg zu den schönsten Erlebnissen dieser Art. Georg Friedrich Händel, Friedrich Mendelssohn-Bartholdy und Johann Sebastian Bach waren hier in guten Händen. Mit diesem klassischen Programm, so Brigadegeneral Hans Helmut Speidel als Kommandeur des Verteidigungsbezirkskommandos 100 Berlin, wollte man

„den vielen Freunden der Bundeswehr in unserer Stadt Dank abstatten für Verbundenheit, Unterstützung und gute Zusammenarbeit“.

Und an ein weiteres Erlebnis mit den Militärmusikern kann ich mich noch gut erinnern. Schon einige Zeit nach ihrer Einkleidung bei der Bundeswehr 1990 beherrschten sie nicht nur die neuen Noten perfekt. In der beim Militärdienst notwendigen Zweitverwendung als Sanitäter waren diese Herren ebenfalls recht "taktvoll". Das bestätigten mir Ärzte, Schwestern und Patienten vom Bundeswehrkrankenhaus im Zentrum der Hauptstadt. Hier mussten die Militärmusiker ein Vierteljahr lang Trompeten, Klarinetten und Hörner mit Spritzen, Verbandsmaterial und anderen medizinischen Utensilien tauschen. In der Charité standen die Militärmusiker ebenfalls in der "sanitätsdienstlichen Ausbildung" ihrem Mann.

Gut 15 Jahre nach unserem letzten Gespräch traf ich Bernd Zivny am Tag der Offenen Tür im Bundesministerium der Verteidigung im Berliner Bendlerblock wieder. Im Gegensatz zu mir hatte er dienstlich hier zu tun: Als Dezernatsleiter Militärmusik im Streitkräfteamt der Bundeswehr in Bonn. An der Seite des Leiters Militärmusik der Bundeswehr bildete er die fachlich vorgesetzte Stelle aller Soldatinnen und Soldaten des Militärmusikdienstes und war unter anderem für die Organisation der Arbeit mitverantwortlich. Heute ist Zivny außer Dienst. Und seit 2009 gibt es in neuer Struktur das Zentrum Militärmusik der Bundeswehr als eine eigenständige Dienststelle und mit eigenem Wappen.

Doch viel wichtiger als seine Kompetenz und Verantwortung, schien mir, war wieder seine freundliche, optimistische Ausstrahlung. Sie beeindruckte mich schon bei unseren früheren Begegnungen nach der Wiedervereinigung. An ein Credo von ihm kann ich mich noch gut erinnern: „Blasmusik und Militär sind seit jeher eng verbunden.“ Das hatte er damals vor Jugendblasorchestern kundgetan.

Ob Militärbischof oder Kommandeur – Partner beim Jour fixe

Besonders anregend für meine Arbeit waren die „Jour fixe“-Gesprächsrunden mit Hauptstadt-Journalisten, jeweils am zweiten Dienstag im Monat. Den konnten sich die Kollegen, denen irgendwie in ihrer Arbeit das Wohl und Wehe der Bundeswehr am Herzen lag, langfristig im Kalender vormerken. Meist so am frühen Abend, etwa 18.30 Uhr, traf man sich dann mit Offizieren.

Zuletzt war das im Restaurant „Spreegarten“, direkt am Alexanderplatz und so nicht nur mit dem Auto, sondern auch mit U- und S-Bahn bequem zu erreichen. Man konnte also unbeschwert zum abendlichen Imbiss sein geliebtes Radeberger Pils oder Kölsch bestellen. Schon zum Auftakt gab es ein freundliches Willkommen vom Leiter der Informations- und Pressestelle der Bundeswehr in Berlin, Oberst Konrad Freytag. Anwesend waren in der Regel weitere Presseoffiziere aus Berlin, Potsdam oder anderen Standorten.

Er stellte dann auch dem Gast und Gesprächspartner die einzelnen Medienvertreter vor. So, wie man eben an der eigens für diese Runde gebildeten Tafel aus mehreren Tischen saß. Also nicht nach „Größe“ der Zeitung oder Agentur, die hier vertreten wurde. Das war schon mal für einen Freien Journalisten ganz wohltuend. Dazu erhielt man noch vom Oberst und seinen Mitstreitern hin und wieder ein Wort der Anerkennung für einen Beitrag, der seit der letzten Zusammenkunft erschienen war. Gerade der Einzelkämpfer, der für eine Redaktion im entfernten Bonn gearbeitet hat, empfand das als kollegiale Geste. Man wurde eben auch in Berlin aufmerksam gelesen.

Doch bevor man zur Sache kam, erläuterte Konrad Freytag noch einmal die „Spielregeln“: „Jeder kann alles sagen.“ Die Palette der Themen konnte breiter nicht sein. Ob nun ein Gespräch mit Erzbischof Johannes Dyba, Katholischer Militärbischof für die Deutsche Bundeswehr, der sich gerade in Berlin über das Anliegen von Soldaten informierte, oder ein Gedankenaustausch mit dem Berliner Standortkommandanten Brigadegeneral Hans Helmut Speidel, Kommandeur im Verteidigungsbezirk 100 - die Partner waren immer kompetent. Und man konnte stets nachfragen, was einen besonders interessierte. Darüber zu schreiben war möglich, wenn in den Ausführungen nicht ausdrücklich auf Vertraulichkeit hingewiesen wurde.

Beispiel Oberst Fritz Peter Hoppe. Er war seit Dezember 1990 in Berlin tätig und übernahm ab September 1994 für das Verteidigungsbezirkskommando 100/Standortkommandantur Berlin als Kommandant die Julius-Leber-Kaserne, vorher das Quartier Napoleon der französischen Streitkräfte in Berlin-Wedding. Der Oberst schilderte seine Laufbahn bei der Bundeswehr vom Panzeroffizier bis zur letzten Verwendung als Kommandeur an der Kampftruppenschule Munster. Freiwillig hatte er sich für einen Einsatz in den neuen Bundesländern gemeldet. Vor allem seine Kontakte zu den Alliierten und den Russen waren eine große Herausforderung. Der Kommandanten-Job sei für ihn noch einmal „ein echter Höhepunkt in seiner Laufbahn“ vor seinem Ausscheiden aus der Armee gewesen.

Zwischendurch gab es mal eine Pause für die Raucher. Wer nicht dieses Bedürfnis hatte, nutzte gleich die Möglichkeit, mit dem Tischnachbarn oder Gegenüber ein paar Worte zu wechseln. War dieser neu in der Runde, tauschte man die Visitenkarten aus und verabredete sich für ein anderes Mal. Und über all die Jahre hinweg, in denen man das etablierte Gesprächsforum in Berlin besuchte, wurde der für die journalistische Arbeit so wichtige Bekanntenkreis mit Uniformierten und Nicht-Uniformierten immer größer.

Es lohnte sich also, hierher zu kommen. Die 90-Minuten-Kasette im eigenen Diktiergerät war meist „voll“. Der Berliner Pressesprecher hatte auf der Einladung wirklich nicht übertrieben: „Kommunikation ist alles, ohne Kommunikation ist alles nicht. Kommunizieren Sie mit uns.“ Und am Schluss des Treffens erfuhr man noch einzelne Termine, beispielsweise über Ministeraktivitäten in der Hauptstadt oder Vorhaben der Bundeswehr.

Für den gelernten ostdeutschen Journalisten war noch etwas neu bei diesen Zusammenkünften und so zu DDR-Zeiten völlig unvorstellbar: Wir saßen also nicht in einem Hinterzimmer, um über militärpolitische Tagesfragen offen zu sprechen. Neben uns entspannten sich meist Gäste aus allen Teilen der Bundesrepublik von ihrer Berlin-Visite, hörten manchen Gesprächsfetzen und bekamen da vielleicht auch ein paar angenehme Eindrücke über die Offenheit in der Bundeswehr. Denn die Offiziere waren immer uniformiert, trugen gut sichtbar ihr Namensschild - zeigten also Flagge in Berlin.

Verringerung von Streitkräften und Rüstung

Atomminen bedrohten Deutsche in West und Ost

Der ältere Zeitungsleser kann sich noch gut daran erinnern: Atomminen an der innerdeutschen Grenze. Ein Riesenskandal! Doch diesmal nicht auf der Ostseite. Da lagen ja schon Hunderttausende Personenminen unter dem mehr als 1 400 Kilometer langen Todesstreifen von der Ostsee bis zum Frankenwald. Den hatte die DDR nicht nur auf Drängen des Warschauer Pakts in einem „Militärischen Sperrgebiet" angelegt. Sie sollten hauptsächlich „Republikfluchten" ihrer Bürger verhindern.

Es handelte sich vielmehr um einen „Atomminen-Gürtel entlang der Zonengrenze" der Bundesrepublik. Diese Sperrzonen und -punkte mit kleinen nuklearen Sprengkörpern sollten laut Militärs einen Überraschungsangriff von Panzerverbänden aus dem Osten aufhalten. Im Dezember 1964 waren sie zum ersten Mal von der Frankfurter Allgemeinen Zeitung öffentlich gemacht worden. Autor Adelbert Weinstein, ein Ex-Offizier der Wehrmacht und später einer der bestinformierten bundesdeutschen Journalisten dieser Branche, „zündete" mit dieser Enthüllung eine bis dato in Westdeutschland als Top Secret gehandelte Waffe. In Fachkreisen wurde sie Atomic Demolition Munition (ADM) genannt.

Das Dementi aus dem Bundesverteidigungsministerium kam prompt. Gegen den Militärexperten wurde ein Ermittlungsverfahren wegen des Verdachts auf Landesverrat eingeleitet. Kurz darauf, im Januar 1965, machte der „Spiegel" mit einer atomaren Detonation auf dem Titelblatt deutlich, dass ein solcher Atompilz auch auf deutschem Boden aufsteigen könnte - falls die Pläne von Verteidigungsminister Kai-Uwe von Hassel und Generalinspekteur Heinz Trettner zur Realität würden. Das Foto stammte von einem in der amerikanischen Wüste Nevada minenartig verlegten und ferngezündeten ADM-Sprengkörper.

Jedenfalls sollten Ende der 60er, Anfang der 70er Jahre von den USA besonders an der Frontlinie zum Ostblock solche taktischen Nuklearwaffen deponiert werden. Und angesichts der zahlenmäßigen Überlegenheit der Sowjetarmee in Mitteleuropa bei den Landstreitkräften, vor allem mit Soldaten, Panzern und Kanonen, entwickelten die Amerikaner kleine nukleare Sperrmittel zum Ersteinsatz gegen konventionell ausgerüstete Armeeverbände. Das war - neben Kurzstreckenraketen und weitreichender Artillerie mit nuklearen Sprengköpfen - sozusagen eine Ergänzungskomponente für ein mögliches atomares Schlachtfeld in Deutschland. Sie hätte dann den Anfang einer nuklearen Eskalation im Rahmen der Abschreckung gebildet.

In Europa lagerten zu dieser Zeit bereits über 10 000 taktische Atomwaffen. Das ging aus dem vom Stockholm International Peace Research Institute (SIPRI) herausgegebenen Handbuch „Rüstung und Abrüstung im Atomzeitalter" (Hamburg, 1977) hervor: "Auf jeden Bürger der Nato-Länder und der Länder des Warschauer Pakts kommen sechzig Tonnen nuklearer Explosivkraft."

Die gegenwärtig in Europa bereitgestellten taktischen Atomwaffen würden, „falls man die jemals verwendet, den Kontinent völlig ausradieren - 20 000 Hiroshimas würden losgelassen", hießt es darin weiter (s.o., S. 23). Befürworter eines nuklearen Modernisierungsprogramms - kleinere Sprengköper und weniger radioaktive Rückstände bei verbesserter Treffsicherheit und mehr Flexibilität - hätten auch behauptet, dass man gesteigerte Strahlenwaffen „ohne das Risiko einer Eskalation wie konventionelle Waffen verwenden“ könne (s.o., S. 24).

Dem Atomwaffengegner, der die Folgen des 2. Weltkrieges mit Toten in der Verwandtschaft und Trümmern in ostdeutschen Städten erlebt hat, wird noch heute angst und bange angesichts der beabsichtigten Wirkung solcher „kleinen Atomwaffen“. Mit einem Durchmesser von mindestens 40 Zentimetern und sogar im Rucksack zu transportieren, hatte die kleinste dieser Serie eine Sprengkraft von 1 Kilotonne TNT. Größere Typen, nur etwas schwerer, sollten eine ganz andere Dimension an Zerstörung erzielen. Unter der Zivilbevölkerung, ging damals aus weiteren Presseveröffentlichungen hervor, würden etwa zehn Millionen Deutsche direkt, die gesamte Bundesrepublik aber „mittelbar in Mitleidenschaft“ gezogen werden.

Dass auch ostdeutsche Landstriche zwischen Grevesmühlen an der Ostsee und Plauen im Vogtland von Verlusten und Zerstörung betroffen gewesen wären, steht wohl außer Zweifel. Auch hier: Unvorstellbar, was dieses nukleare „Teufelszeug“ bewirkt hätte. Diesen Begriff nutzte in diesem Zusammenhang zuerst Bundeskanzler Willy Brandt (SPD), bevor später Erich Honecker damit den Friedenswillen des anderen deutschen Staates bekunden wollte. Ganz gewiss hatte auch die Westgruppe der russischen Truppen in der DDR eine ganze Palette von Nuklear- und anderen Angriffswaffen in ihrem Riesenarsenal, darunter eine Vielzahl von Raketen.

Welche tatsächlichen Gefahren von den bereits angelegten Sprengschächten auf Feldwegen, gut befahrenen Land- und Bundesstraßen sowie Brücken und in Tälern in Grenznähe zur DDR ausgehen sollten, zumal noch alle 40 Kilometer im Grenzgebiet von der Nato Atomminendepots (oft getarnt als Wasserwerke) eingerichtet wurden, machte 2008 der ehemalige Verteidigungsminister (1969-1972) und Bundeskanzler (1974-1982) Helmut Schmidt öffentlich.

Bereits 2007 waren von ihm im „Zeit-Magazin“ die Geheimpläne der Nato und deutscher Militärs aus jener Zeit bestätigt worden, hunderte atomare Landminen entlang der Zonengrenze auf westdeutscher Seite zu vergraben. 1961 hatte der SPD-Wehrexperte als erster deutscher Politiker in einer umfassenden und international stark beachteten Analyse der Nato-Strategie „Zweifel an der Automatik nuklearer Vergeltung für den Fall lokal begrenzter Aktionen“ angemeldet sowie eine politische Strategie der Kriegsverhinderung in Europa erörtert („Verteidigung oder Vergeltung“, Seewald Verlag, Stuttgart, 1961).

Im Vorwort zu Detlef Balds „Politik der Verantwortung“ (Aufbau Verlagsgruppe, Berlin, 2008) berichtet Schmidt über seinen Amtsantritt als Verteidigungsminister: „Ich stieß auch auf geheime Pläne, entlang der damals sogenannten Zonengrenze zur DDR auf westlicher Seite mehr als hundert atomare ‚Landminen’ (ADM) zu verlegen, die bei einem gegnerischen Angriff gleichsam automatisch einen atomaren Krieg auslösen sollten. Ich beschloss alsbald, die atomaren ‚Landminen’ zu beseitigen; denn jeder atomare Krieg hätte große Teile des deutschen Volkes ausgelöscht. Zugleich erschien es mir unerlässlich, die Freigabe eines Einsatzes atomarer Waffen der Kontrolle der Bundesregierung vorzubehalten.“

Am interessantesten an der Studie von Bald sei nach Schmidt „seine Verdeutlichung des Zusammenspiels zwischen einigen Deutschen und einigen Nato-Generalen, welche Einsatz und Freigabe atomarer Waffen den Militärs vorbehalten und dergestalt den Primat der deutschen politischen Führung unterlaufen wollten“. Immerhin mache sie aber deutlich, resümiert Schmidt: „Das jahrelange Ringen der damaligen Bundesregierung führte zu einem zweifachen Erfolg. Zum einen kam eine Einsatzentscheidung für atomare Waffen nicht mehr ohne Konsultation zwischen der Bundesregierung und dem amerikanischen Präsidenten zustande. Zum anderen wurden die geheimen atomaren ‚Landminen' beseitigt. Beide Entscheidungen sind entscheidend meinem Freunde Melvin Laird zu verdanken, der damals amerikanischer Verteidigungsminister war.“

Die Atomminen führten unter der Friedensbewegung in der Bundesrepublik zu Protesten. Politiker und Militärs taten sie ganz offiziell als „Gerüchte“ und „Hirngespinste“ ab. Der Bundesverteidigungsminister schrieb am 3. Mai 1965 einen Offenen Brief an die DDR-Bevölkerung, der mittels einer Flugblattaktion in den Osten verbracht wurde: „Die Bundeswehr hat weder Atomwaffen noch ‚Atomminen' zu ihrer eigenen Verfügung. Deshalb habe ich zu diesem angeblichen ‚Atomminengürtel' am 20. Januar 1965 vor dem Deutschen Bundestag unmissverständlich erklärt: ‚Es gibt keine einzige Atommine im Einsatz. Es gibt kein Atomminenfeld, es gibt keinen Atomminengürtel, es gab keinen Plan, und die Bundesregierung hat nicht die Absicht, einen solchen Plan aufzustellen. Ich meine, es ist gut, wenn heute der Deutsche Bundestag feststellt, dass es derartige Pläne nicht gegeben hat, nicht gibt und nicht geben wird.“ (Dirk Drews, Die Psychologische Kampfführung, Mainz 2006, S. 130)

Jedenfalls waren die Atomminen an der innerdeutschen Grenze eine Realität. Sie hatten angesichts der Nato-Strategie der massiven atomaren Vergeltung auch einen ganz realen Hintergrund, berichtet der Münchner Historiker und Friedensforscher Detlef Bald: Deutsche Truppenkommandeure konnten die Freigabe solcher Nuklearwaffen bei den Amerikanern anfordern, ohne jemals die Bundesregierung vorher informieren zu müssen. Insgesamt waren in der Bundesrepublik rund 700 geheime US-Atomminen stationiert. Die stärksten davon hatten die dreifache Zerstörungskraft der Atombombe von Hiroshima.

Alles in allem handelte es sich um einen äußerst gefährlichen Plan der Nato, die 1967 ihre Vergeltungsstrategie auf eine „flexible Antwort“ umgestellt hatte. Seine Umsetzung war schon weit gediehen. Begonnen hatten die internen Verhandlungen zwischen Bonn und Washington über nukleare Trägersysteme schon ab 1956. Adenauer sah in den taktischen Waffen „nichts weiter als eine Weiterentwicklung der Artillerie“.

Der Gedanke an deren Auswirkungen lässt einen heute noch, egal ob man in einem alten oder neuen Bundesland lebt, 20 Jahre nach der friedlichen Wiedervereinigung Deutschlands und dem Ende des Ost-West-Konflikts regelrecht erschauern. Ähnlich wie die sowjetischen Mittelstreckenraketen mit jeweils drei unabhängig voneinander steuerbaren nuklearen Mehrfachsprengköpfen, die Mitte der

1970er Jahre auf die Bundesrepublik zielten und mit einer Reichweite von 4 500 km Ziele in ganz Europa bedrohen konnten. Sie verschwanden erst nach dem Nato-Doppelbeschluss 1979, zu dem Schmidt als Bundeskanzler maßgeblich beitrug, sowie dem rechtsverbindlichen und überprüfbaren INF-Abrüstungsvertrag zwischen den USA und der Sowjetunion 1987 von der Bildfläche. Dann wurden sie wie alle anderen landgestützten Mittelstreckenraketen und Marschflugkörper von den beiden Supermächten zerstört.

Das war wohl der Anfang vom Ende des Kalten Krieges zwischen Ost und West, bei dem es immer wieder Hiobsbotschaften à la Atomminen-Gürtel aus dem geteilten Deutschland gab. Treffender als Helmut Schmidt – nach eigenen Worten mit „viel Kriegserfahrung“ - konnte man die westdeutsche Atomstrategie nicht beurteilen: „Was nutzt es, einen Krieg zu gewinnen, wenn man gleichzeitig 20 Millionen Atomtote in Deutschland hat.“ Dem kann ich nur zustimmen.

Abrüstungsschwung im Heerlager Deutschland

Das neue Klima im Ost-West-Verhältnis, besiegelt im November 1990 auf der Pariser Gipfelkonferenz und vor allem mit dem Wiener Vertrag zur Reduzierung der militärischen Potentiale zwischen Atlantik und Ural, lag darin begründet, dass in Europa kein Staat zum überraschenden Angriff oder zu weitreichenden offensiven Handlungen mehr fähig war.

Deutschland, das Land mit den meisten Nachbarstaaten inmitten von Europa, war erstmalig nur noch von verbündeten und befreundeten Staaten umgeben. Das heißt, ohne jegliche militärische Bedrohung. Für die Bundeswehr entfiel nun ein denkbarer Gegner. Es begann ein stetiger Wandel in allen drei Teilstreitkräften. Geschichte waren die bisherigen Warn- und Vorbereitungszeiten für die Herstellung der Vorneverteidigung in einem vorwiegend am Boden geführten Krieg. Nun erhielt das wiedervereinigte Deutschland mit seiner vollen Souveränität eine größere Verantwortung gegenüber der Friedenssicherung sowie bei der Bewältigung von Krisen und Kriegen innerhalb und außerhalb des Kontinents.

„Um die deutsche Einheit zum Eckstein einer europäischen Friedensordnung werden zu lassen“, kündigte Kanzler Kohl an, reduziert die Bundesrepublik vertragsgemäß in den nächsten 40 Monaten ihre Waffenbestände um 11 273 Systeme. Sie sollten hauptsächlich aus der NVA-Hinterlassenschaft stammen. Zugleich brachte die Bundesrepublik trotz vergrößertem Territorium aus der Wirkung des 2+4-Vertrages heraus erhebliche Vorleistungen für künftige Abrüstungsgespräche: Die Bundeswehr soll bis Ende 1994 ihre Truppenstärke auf 370 000 Mann senken. Das hieß, künftig über ein Heer mit 255 000, eine Luftwaffe mit 82 000 und eine Marine mit 32 000 Soldaten zu verfügen.

Allein die Auflösung von 116 Standorten im Westen (bisher 688) und die Existenz von mehr als 100 im Osten, was die Freigabe mehrerer Hundert Ex-NVA-Liegenschaften ermöglichte, bedeutete nach Ansicht deutscher Politiker und Militärs die größte Herausforderung der Bundeswehr seit ihrer Gründung. Zudem konnten mit den neuen Strukturen die Kommandobehörden im Verhältnis von Führungsebenen zu Truppenverbänden beachtlich verringert werden. Experten sahen darin nicht nur eine erhebliche Personalreduzierung. Hier wurden auch Kapazitäten zusammengeführt und der innere Betrieb wie bei der Instandsetzung oder Versorgung mit Ersatzteilen, vor allem durch mehr zivile Leistungen, weiter rationalisiert.

Mit der deutschen Einheit, dem Ende der Blockkonfrontation und der Auflösung des Warschauer Pakts kam 46 Jahre nach dem 2. Weltkrieg für die sowjetischen Truppen in Deutschland der Befehl zur Rückverlegung in die Heimat. Etwa 338 000 Soldaten und mehr als 200 000 Zivilangestellte sowie Familienangehörige verließen den Osten in Jahresetappen. Damit endete die militärische Überraschungsfähigkeit dieser Truppen gegenüber Westeuropa. Die Motorisierte Schützenbrigade Berlin und Teile der Artilleriedivision aus dem Raum Potsdam zogen 1994 als Letzte ab.

Nachdem Halle im Juli 1991 zur ersten ostdeutschen Großstadt ohne Sowjettruppen wurde, räumten auch die letzten Matrosen der Baltischen Flotte ihren einstigen DDR-Stützpunkt auf Rügen. Auf den insgesamt 250 000 Hektar des ehemaligen sowjetischen Militärareals in Ostdeutschland bestanden große Umweltprobleme, vor allem durch Müll, Munition oder Öle.

Unter den neuen Voraussetzungen in Deutschland und angesichts der Umformung der alten in eine neue gesamtdeutsche Armee verringerten die alliierten Streitkräfte ihre Präsenz um mehr als 400 000 Soldaten. Das war mehr als die Hälfte. Nach wiederholten Ankündigungen über eine Verringerung wollten die Amerikaner in der Bundesrepublik 25 Einrichtungen teilweise oder vollständig schließen sowie entgegen ursprünglicher Ankündigung statt 56 000 nun etwa 176 000 Soldaten abziehen.

So versahen ab 1995 nur noch 70 000 GI's ihren Dienst in Germany. Geschlossen wurden Übungsplätze, „Border Camps" an der ehemaligen Grenze zur DDR, Kasernen und Munitionslager. Auch wenn die USA vornehmlich Kampftruppen aus Gebieten östlich vom Rhein abzogen, besaß Deutschland laut internationalen Militärexperten auch künftig für die amerikanische Logistik eine „erhebliche strategische Bedeutung".

Die britische Rheinarmee mit ihren 55 000 Soldaten sollte bis Mitte der 90er Jahre nur noch 23 000 Mann umfassen. Nach einer Ankündigung des Londoner Verteidigungsministeriums wurden in Recklinghausen ein Fahrzeugdepot und in Krefeld die Baupioniertruppe 232 aufgelöst. Von den Sparmaßnahmen betroffen waren außerdem die Instandsetzungstruppen in Mönchengladbach, das Materiallager in Viersen sowie die 40. Pionier- und Instandsetzungsgruppe in Willich. Sie wurden im März 1992 aus Deutschland abgezogen.

Letztendlich wollten die Briten mit einer der Schnellen Nato-Eingreiftruppe unterstellten Panzerdivision auf deutschem Boden präsent bleiben. Ihr Botschafter sorgte in diesem Zusammenhang gegenüber Bundestagsabgeordneten für Empörung. Er ließ durchblicken, für die Ausbildung des britischen Verbandes nach Abzug der Sowjettruppen 1994 deren Übungsplatz Colbitz-Letzlinger Heide - mit 23 200 Hektar Deutschlands drittgrößtes Areal dieser Art - bei Magdeburg nutzen zu wollen. Wenn man diese Äußerung aus heutiger Sicht betrachtet, war dies sicher mehr als die ganz persönliche Meinung eines Spitzendiplomaten - vielleicht ein politischer „Luftballon“ als Test oder eine Provokation. Bekanntlich hatte Deutschland mit den Russen vereinbart, dass keine anderen Nato-Streitkräfte in Ostdeutschland präsent sein werden.

Frankreich gab bekannt, 1992 weitere 10 000 Soldaten aus Deutschland abzuziehen. Im Rahmen der ersten Abzugsphase verließen 1991 schon 10 000 Franzosen die alten Bundesländer. Ursprünglich waren hier 50 000 Militärs aus dem Nachbarland stationiert. Nach dem Abzug der 3. Panzerdivision aus Freiburg folgten elf Regimenter und Bataillone der Trikolore. Die allmähliche Heimkehr aller französischen Truppen hatte man auf dem deutsch-französischem Gipfel im September 1990 vereinbart. Die gemeinsame Deutsch-Französische Brigade in Böblingen, deren Gründung am 2. Oktober 1989 auf eine Initiative von Bundeskanzler Kohl und Frankreichs Präsident Mitterand aus dem Jahr 1987 zurückging, blieb davon unberührt.

Auch die belgische Regierung hielt nach dem Ende des Kalten Kriegs eine starke und kostenintensive Präsenz ihrer Truppen in Deutschland für nicht mehr gerechtfertigt. Sie begann ab 1992 mit dem Abzug der großen Mehrheit ihrer 22 800 hier stationierten Soldaten.

Mit der Verringerung ausländischer Truppen - Kanada und die Niederlande unterhielten insgesamt 15 000 Mann und hatten zu diesem Zeitpunkt noch keine Abzugs- und Reduzierungspläne angekündigt - waren in den westlichen Bundesländern vielfältige soziale Probleme verbunden. Etwa 100 000 deutschen Zivilbeschäftigten drohte die Entlassung. Zudem „versiegten“ im Westen den Kommunen wichtige Lebensquellen. Allerdings boten sich sowohl in Ost als auch in West mit den freiwerdenden Liegenschaften zusätzliche Wohn- und Gewerberäume für eine neue Verwendung an.

Auch wenn die Freude über die wiedergewonnene Souveränität im eigenen Land bundesweit dominierte, hinterließen Freundschaften mit ehemaligen Besatzern bei vielen Deutschen so manche Träne. Jedenfalls verabschiedete die Bundesrepublik, die sich nun mit wesentlich weniger Truppen für den beschützten Frieden in Europa stark engagierte, die scheidenden ausländischen Soldaten mit unterschiedlichen Gefühlen.

Die Devise der Bundesregierung „Frieden schaffen mit immer weniger Waffen“ konnte jedermann nachvollziehen. Im Rahmen der sicherheitspolitischen Bedingungen wurden neue Eckpunkte für die künftige Streitkräfteplanung fixiert, die - offen und vertrauensbildend - auf Abrüstung und Entspannung im Haus Europa zielten. Nach den Strukturveränderungen standen 1996 auf deutschem Boden nur noch etwas mehr als 500 000 Mann unter Waffen: Fast ein Drittel der einst etwa 1,5 Millionen Soldaten. Das war eine wunderbare Begleiterscheinung der deutschen Einheit, finde ich. Und die Tendenz zu immer weniger Soldaten und Waffen hielt auch später an.

Die enorme Abrüstung auf dem Boden unseres Vaterlandes bedeutete für die Menschen weit über den Kontinent hinaus ein sichtbares Zeichen, dass das deutsche Volk vom Willen beseelt war, „dem Frieden der Welt zu dienen“. So heißt es in der Präambel des Grundgesetzes. Eine dauerhafte und gerechte Friedensordnung für ganz Europa rückte also in greifbare Nähe. Nun mussten aber die Aufgaben der Bundeswehr neu definiert werden.

Auch aus finanzpolitischen Gründen hatte sie 1998 eine Friedensstärke von 340 000 Soldaten. Im Jahr 2000 empfahl die Kommission unter dem früheren Bundespräsidenten von Weizsäcker neu gestaltete deutsche Streitkräfte mit 240 000 Soldaten. Eine Studie des damaligen Generalinspekteurs von Kirchbach bezifferte den möglichen Gesamtumfang der Bundeswehr auf 290 000 Soldaten. Heute sind es 247 000 Soldatinnen und Soldaten. Wenn man so will, verkörpern allein diese Zahlen mit einem verminderten Personalbestand eine Friedensdividende nach Jahrzehnten der Konfrontation, die 1990 geendet hatte.

560 Vor-Ort-Inspektionen zwischen Atlantik und Ural

Mit der Unterzeichnung des Pariser Vertrages über konventionelle Streitkräfte in Europa (KSE) 1990 war ein historischer Wandel auf dem Kontinent festgeschrieben worden. 22 Regierungen, später sogar 29, vereinbarten, die Anzahl der Hauptwaffensysteme der Nato und des damals noch existierenden Warschauer Pakts auf Obergrenzen festzulegen. Laut KSE-Vertrag sollten künftig in Gesamteuropa nur noch 20 000 Kampfpanzer, 30 000 gepanzerte Kampffahrzeuge, 20 000 Artilleriewaffen, 2 000 Angriffshubschrauber und 6 800 Kampfflugzeuge vorhanden sein. Das wiedervereinigte Deutschland musste demnach über 11 000 Hauptwaffensysteme, darunter fast 3 000 Panzer, abrüsten. Das war die zweithöchste Reduzierungsverpflichtung aller KSE-Vertragsstaaten.

Gemeinsam geregelt wurde die Reduzierung um insgesamt 57 200 Waffensysteme zwischen Atlantik und Ural unter KSE-Aufsicht innerhalb von 40 Monaten sowie eine gegenseitige periodische Information über Waffenbestände und Militärstrukturen. Hierbei handelte es sich nicht um „Oldtimer“ und andere Kriegsveteranen wie den legendären russischen Panzer T-34, der in vielen ostdeutschen Städten symbolhaft auf einem hohen Sockel stand. Auch der moderne T-72 musste in großen Stückzahlen daran glauben. Der damals erzielten Einigung über die gegenseitige Kontrolle der Armeen unterlag inzwischen auch die Überprüfung der Personalstärken.

Die ungewöhnliche Dimension der Abrüstung mit dem bekannten „Teufel“ in Detail ließ dann auch nicht lange auf Streitigkeiten bei der Auslegung des Vertrages auf sich warten: Moskaus Diplomaten und Militärs hatten zwar über Heer und Luftwaffe verhandelt, die Waffen der damaligen sowjetischen Küstenschutzdivisionen und Marineinfanterie glatt "vergessen". Das nächste Problem: Die Differenzen über das Erbe der Sowjetarmee unter den GUS-Staaten. Dennoch bezeichnete im Juli 1992 das KSZE-Gipfeltreffen in Helsinki den KSE-Vertrag als "vorläufig anwendbar".

Inzwischen begann das "Zeitalter der kooperativen Verifikation". So erläuterte mir Oberst i. G. Heinz Kluss, Leiter der Inspektionsgruppe 1 im Zentrum für Verifikationsaufgaben Geilenkirchen der Bundeswehr, diese komplizierte Materie. Bei der konnten zu jeder Zeit Satelliten – ab 1962 wurden die ersten Fotosatelliten gestartet - eine wirksame internationale Kontrolle ermöglichen. Zur Bilanz 1993 zählten 560 Vor-Ort-Inspektionen. Davon fanden 330 in Osteuropa und 230 im Westen statt.

Doch auch weitere Zahlen beeindruckten mich: Die Russische Armee als Hauptnachfolger der einstigen Stütze des Warschauer Vertrages unternahm 132 Inspektionen; sie selbst wurde 74 Mal kontrolliert. Das war schon wirksamer als das Verifizieren von schweren Waffen nur aus der Luft. Als eine Formel des Vertrauens galt für Abrüstung und Verifikation: Mit den Fernerkundungssatelliten konnte damals schon jeder Punkt der Erde täglich mehrere Male beobachtet werden.

Die Bundeswehr mit mehr als 470 Verifikationsobjekten - die Nato-Staaten hatten insgesamt 1 900 solcher Objekte gemeldet - wurde damals 58 Mal überprüft. Darunter waren vor allem russische, tschechische und polnische Inspektionsgruppen. Die neuen Bundesländer erhielten nur zweimal "Besuch" von KSE-Kontrolleuren. Jedoch blieben die Soldaten der abziehenden Westgruppe der russischen Truppen, einer stillschweigenden Übereinkunft zufolge, von derartigen Kontrollen unbehelligt.

Deutsche KSE-Kontrolleure waren bis Ende 1993 indes 60 Mal auf Reisen. Wie andere Inspektoren stellten sie gravierende Vertragsverletzungen "nirgendwo fest", meinte Kluss. "Es herrschte Offenheit und Großzügigkeit. Und wenn es doch einmal zu Unstimmigkeiten kam, wurden diese an Ort und Stelle geklärt." Um Misstrauen gar nicht erst entstehen zu lassen, habe man bei "sensitiven Punkten" mindestens einem Mitglied der Inspektionsgruppe Einblick gestattet. "Und das lag außerhalb des Vertrages."

Insgesamt habe das "Bestreben dominiert, gemeinsame Lösungen des Vertrages zu erreichen", betonte der Bundeswehr-Oberst. In einem Ausschuss der Nordatlantischen Versammlung im Berliner Reichstaggebäude konnte er über die vielfältigen positiven KSE-Erfahrungen der Gastgeber berichten. Auch hier ging Deutschland mit gutem Beispiel voran.

Vor allem in Russland hätten die Kommandeure der überprüften Truppen den Besuch von westlichen Inspektoren genutzt, erinnerte sich Kluss, "die Besucher mit eigenen Problemen vertraut zu machen und sie als Gäste aufzunehmen. Das Bedürfnis, miteinander ins Gespräch zu kommen, war ungeheuer. Zwei Welten begegneten sich. Und wenn man sich vor Augen hält, dass vor nicht allzu langer Zeit die Militärblöcke sich in waffenstarrender Feindschaft gegenüber standen, so wird bei den jetzigen Begegnungen der grundlegende Wandel von Konfrontation zu Kooperation besonders augenfällig."

Was die Begegnungen mit heimkehrenden Offizieren der WGT-Truppen betraf, so schätzte er ein, dass die 8,35 Milliarden DM, die der deutsche Steuerzahler für den Bau von Wohnungen in deren Heimat aufgebracht hat, "keineswegs in ein Fass ohne Boden gefallen sind. Vor allem aber verbreiten diese Häuser, die binnen weniger Monate aus dem Boden gestampft wurden, in ganz Europa die weithin sichtbare Botschaft, dass sich die Zusammenarbeit mit dem Westen lohnt." Es wurde nicht nur Menschen aus schlimmer Not geholfen, sondern auch sozialer Sprengstoff entschärft.

Bei der Zerstörung der Waffensysteme gehörte Deutschland zu jenen Ländern, die damit unmittelbar nach der Herstellung der technisch notwendigen Voraussetzungen begannen. Am 3. August 1992 wurden in Rockensußra bei Mühlhausen (Thüringen) der erste Schützenpanzer und eine Panzerkanone zerlegt. In einem Europa demokratischer Staaten sei „kein Platz mehr für Überrüstung und waffenstarrende Arsenale wie zu Zeiten des Kalten Krieges", betonte Verteidigungsminister Rühe. Mit Kosten von insgesamt 100 Millionen Mark hat dann die Bundeswehr die vorgesehenen Waffensysteme, vor allem aus ehemaligen NVA-Beständen, verschrottet. „Wir setzen ein Zeichen guten Willens und der Vertragstreue. Deutschland ist ein verlässlicher internationaler Partner."

Am 23. Mai 1995, ein halbes Jahr vor dem vertraglich vereinbarten Termin, wurden hierzulande die letzten der zu vernichtenden Waffen zerstört. Dazu zählten ebenfalls Raketenwerfer, Haubitzen und Hubschrauber. Zu den westlichen Waffensystemen gehörten auch M-48-Kampfpanzer. Deutschland war nun „Abrüstungsweltmeister". Darauf konnte in dem Land, von dem einst zwei Weltkriege mit vielen Millionen Toten ausgegangen sind, ein jeder Bürger stolz sein.

Auch wenn die Vor-Ort-Inspektionen durch Luftkontrolle und Satellitenbeobachtung vervollständigt wurden, eine zuverlässige Verifizierung von Personalstärken oder gar die Erkennung heimlicher Produktionsprozesse war damit nicht möglich. Aber die Inspektionen bildeten, und das entsprach bekanntlich der "Charta von Paris", Vertrauen und Sicherheit. Schon allein die Tatsache, dass zu diesem Zeitpunkt multinationale Teams über 200 Kontrollen im Osten und im Westen durchgeführt hatten, verlieh diesem Prozess der Entspannung zwischen Atlantik und Ural weitere positive Impulse. Trotz der nationalen und ethnischen Konflikte.

Die ordnungsgemäße Verwertung dieses Kriegsmaterials, darunter die fast 300 000 Tonnen Munition aus DDR-Beständen, erfolgte fast ausschließlich in ostdeutschen Betrieben. Das sicherte zu dieser Zeit mehrere tausend Arbeitsplätze. Außerdem: Was hier ursprünglich an ausgedientem Kriegsgerät so alles in Reih und Glied stand, korrekt wie in einer Technikhalle der Armee, waren am Ende nur noch Kisten mit sortenreinen Rohstoffen: Stahl, Kupfer, Aluminium, Glas, Plastik für einen neuen Wirtschaftskreislauf.

Vertrauen gegen Vertrauen

Der Vertrag über konventionelle Streitkräfte in Europa, der als die jemals größte Abrüstungsvereinbarung der Geschichte in Kraft getreten war, meisterte im März 1996 eine weitere Hürde: Zu dieser Zeit endete die dritte Phase seiner Verifikation. Das galt nach Ansicht von Experten als ein schwieriges Unterfangen, da die einst verhandelten Waffen nach Stationierungsort, Anzahl und Typ gemeldet worden waren.

Wie ich aus dem Zentrum für Verifikationsaufgaben der Bundeswehr in Geilenkirchen (Nordrhein-Westfalen) erfuhr, hatte der KSE-Vertrag seine Stabilitätsziele erreicht – auch angesichts noch bestehender Implementierungsmängel wie bei der Stationierung schwerer Waffensysteme in russischen Flankenregionen. Dennoch wurde die Fähigkeit zu Überraschungsangriffen und breit angelegten Offensivhandlungen in Europa beseitigt. Das Ziel: In allen Ländern zwischen Atlantik und Ural der Mitgliedsstaaten der Nato und des Warschauer Pakts wird auf ein gleich niedriges Niveau abgerüstet.

Unter der Devise "Vertrauen gegen Vertrauen" fanden bis dato auf dem Kontinent im KSE-Rahmen insgesamt 2 788 Inspektionen statt. Dabei gab es vier Arten: Die Routineinspektion an den gemeldeten Orten mit limitierten Waffensystemen, die Verdachtsinspektion in einem beliebig auswählbaren Gebiet, die Reduzierungsinspektion zur Zerstörungsüberwachung und die Zertifikationsinspektion. Letztere zielte auf die Überprüfung der Vernichtung von Mehrzweck-Angriffshubschraubern und kampffähiger Schulflugzeuge. So hatten die Inspektoren das Recht, „die Kanzel und das Innere des Hubschraubers oder des Flugzeuges zu betreten und in Augenschein zu nehmen, wozu auch die Überprüfung der Seriennummer des Herstellers gehört“. All diese Kontrollen hatten Anmeldefristen zwischen 36 und 96 Stunden.

Dem Charakter des KSE-Vertrages entsprachen ebenso die Überprüfungsbesuche und Manöverbeobachtungen sowie der Informationsaustausch über Organisationsstrukturen, Personalstärken, Hauptwaffensysteme, Dislozierung, Großgeräte und Militärhaushalte. Alles im Rahmen der Wiener Dokumente zur Vertrauens- und Sicherheitsbildung von 1990, 1992 und 1994.

Für diese Verifikationsaufgaben, bei denen man international auch Fotosatelliten und elektronische Funkaufklärung (in Berlin-Spandau machte das der Fernmeldesektor D der Luftwaffe) nutzte, war das Geilenkirchner Zentrum am 1. April 1991 in Dienst gestellt worden. Gewissermaßen in einer Hand lag hier die Überwachung vertraglich festgelegter Rüstungs-, Abrüstungs- und vertrauensbildender Maßnahmen mit den Ländern des ehemaligen Warschauer Pakts. Dazu zählten neben der KSE-Vereinbarung auch der Vertrag über die Reduzierung der landgestützten amerikanischen und sowjetischen Mittelstreckenraketen (INF-Vertrag) von 1987, die Wiener Dokumente für hohe gegenseitige Sicherheit und der Vertrag "Open Skies" von 1992 für ungehinderte Beobachtungsflüge.

Pressesprecher Oberstleutnant Hartmut Hager: "Ob bei Überprüfungen in der Russischen Föderation oder in Ungarn, bei Manöverbeobachtungen in Norwegen und Dänemark, bei Flugplatzbesuchen in Spanien und Österreich oder in Begleitung ausländischer Inspektoren in Deutschland - stets wurde von den Soldaten der Bundeswehr ein hohes Maß an politischer und militärischer Verantwortung gefordert. Was einst noch als juristischer 'Kleinkram' am Verhandlungstisch hart umstritten war, nämlich eine Vor-Ort-Überprüfung durch Ausländer, wurde allgemeine Völkerrechtspraxis. Allen Staaten in Europa kam der sicherheitspolitische Zugewinn aus dem KSE-Vertrag zugute."

Auch dieses Kapitel neuer, entspannter Beziehungen zwischen West und Ost, vor allem auf militärischem Gebiet, hing wesentlich mit den Folgen der deutschen Vereinigung zusammen. Und auch hier war die neue Bundeswehr ein Vorreiter. Dabei erinnere ich mich an ein Gespräch mit dem Sozialdemokraten Karsten D. Voigt, einem ausgewiesenen Fachmann für Sicherheitsfragen und von 1994 bis 1996 Präsident der Nordatlantischen Versammlung. Er sagte, dass gerade die Nato-

Osterweiterung die bereits im Westen vollzogene multilaterale Integration Deutschlands „vollendet und für unser Land ein stabiles Umfeld schafft".

NVA-Waffen – Schrott oder Exportschlager?

Viele Milliarden Ost-Mark und hochwertige Konsumgüter ließ sich die ostdeutsche Führung die Bewaffnung und Ausrüstung der NVA vor allem durch die Sowjetunion kosten. Bei Ehrenparaden und Manövern sollten sowohl die eigene Bevölkerung als auch der „Klassenfeind" sehen, dass man „zum Schutz der DDR und ihrer sozialistischen Errungenschaften" – das war die ständige Kampflosung – über moderne Waffen und anderes Kriegsgerät verfügt. Dem war tatsächlich so. Und so fiel dem Bund nach dem 3. Oktober 1990 das stählerne und explosive Erbe der NVA schwer auf die Füße.

Schon die ersten Bestandsaufnahmen zur Erbmasse lösten im Bundeswehrkommando Ost und dann auf der Bonner Hardthöhe regelrecht einen Schock aus, hörte ich von Insidern. Solche NVA-Bestände hatten die westdeutschen Militärs niemals in dieser Größenordnung erwartet. Allein mit 271 000 Tonnen Munition war die NVA als Koalitionsarmee für den geplanten Westlichen Kriegsschauplatz ausreichend auf längere Kampfhandlungen vorbereitet. Zudem hätte die DDR im Kriegsfall als „Durchgangsland" den nachfolgenden Warschauer-Pakt-Armeen einen Vorrat an Treibstoff, Munition und Ersatzteilen für einen Zeitraum bis zu 90 Kampftagen zur Verfügung stellen müssen. Dafür existierten spezielle Lager an „strategischen Autobahnen". Das war nur eine der vielen langfristig geplanten Vorgaben des Moskauer Oberkommandos für den ostdeutschen Verbündeten, der Jahr für Jahr mit riesigen finanziellen und materiellen Investitionen solchen Forderungen nachkommen musste.

Von Woche zu Woche gab es hier neue Überraschungen. Denn neben den bekannten Standorten der ehemaligen DDR-Streitkräfte kam die Existenz weiterer Liegenschaften ans Tageslicht. In Burg (Sachsen-Anhalt) schilderten Ex-NVA-Leute, dass die ostdeutschen Landstreitkräfte nicht, wie im Westen allgemein angenommen, nur über sechs, sondern elf Motorisierte Schützen-Divisionen verfügten. Denn auch die fünf Ausbildungszentren Burg, Karpin, Weißwasser, Schneeberg und Delitzsch waren jeweils ein gekaderter Groß-Verband nach Warschauer Vertragsstruktur. Mit dem eigenen Personal und den vorgesehenen Reservisten, die regelmäßig einberufen wurden, sowie der notwendigen Bewaffnung und Ausrüstung besaßen sie den vollen „Vorrat" für einen Krieg unter nuklearen Bedingungen.

Allein die kleinste Teilstreitkraft, die Volksmarine an der Ostseeküste, hatte Uniformen für 200 000 Matrosen und Soldaten eingelagert. Zu den Beständen gehörten seltsamerweise auch Panzer. Sie stammten ursprünglich aus dem Rostocker Mot. Schützenregiment, das noch vor den internationalen Abrüstungsvereinbarungen in ein Küstenverteidigungsregiment umbenannt worden war. Sollte heißen: Aus den offensiven Seeanlandungstruppen der DDR, bei denen, wie ich hörte, in der Ausbildung auch die erfolgreiche Landung der Alliierten am 6. Juni 1944 in der Normandie als Vorbild diente, wurden nun Truppen zur Verteidigung der Küste.

Ihre Landungsschiffe aus der Peene-Werft konnten nach wie vor jeweils acht Panzer oder zehn Schützenpanzer samt Personal aufnehmen. Mit Schnellfeuergeschützen und Geschosswerfern ausgerüstet, galten sie nun als Mehrzwecktransporter der Volksmarine.

Nach ersten Besichtigungen beispielsweise in der Eggesiner Panzerdivision, danach Heimatschutzbrigade Vorpommern, fiel bei Bundeswehroffizieren oft die Bemerkung: „Schrott". Das hat mich schon sehr verwundert. Mit Blick auf die in Wien vereinbarte massenhafte Reduzierung konventioneller Waffen war das sicher zutreffend. Selbst der nicht nur im Ostblock als hochmodern gehandelte Panzer T-72 erhielt nun aus westlicher Sicht keine gute Kritik. Der Grund: Vor allem die Sorge um den Menschen und die Umweltstandards seien schon bei der Konstruktion viel zu kurz gekommen, hieß es. Vorhanden waren am 3. Oktober 1990 etwa 550 Exemplare dieses vorwiegend für den offensiven Einsatz konstruierten Gefechtsfahrzeuges. Trotzdem wollten schon zu dieser Zeit viele Länder, darunter Polen und Ungarn, einen Teil der DDR-Hinterlassenschaft preisgünstig übernehmen.

Im brandenburgischen Preschen wurde der allseits umworbene Allwetterjäger MiG-29 FULCRUM zuerst mit größter Zurückhaltung beurteilt. Aber nach Manövrierleistungen und Parametern handelte es sich, wie dann ausführlich erläutert, tatsächlich um ein Flugzeug der Superlative für den Luftnahkampf. Schließlich blieben von den 24 Exemplaren 19 im Bestand der deutschen Luftwaffe. Übernommen hatte sie 20 Einsitzer und vier Zweisitzer, die als Trainer dienten. Eine dieser Maschinen erhielt die US Air Force für „Testzwecke".

Doch die NVA-Bestände mit letztlich 750 000 „Artikeln" in oft hundert- oder tausendfacher Ausfertigung waren anscheinend so schlecht nicht, als dass sie kein erneutes militärisches Interesse finden sollten. Ihr Ausverkauf begann noch zu DDR-Zeiten. Und nach den Worten eines Bundeswehrsprechers wahrscheinlich „in alle Windrichtungen".

Insgesamt 70 Länder hatten offiziell - so der SPD-Wehrexperte Manfred Opel - nach NVA-Material angefragt. Allein Israel erhielt 14 Lieferungen aus einstigen NVA-Beständen: Luft-Luft-Raketen, Abschussfahrzeuge, Lenkflugkörper, Panzereinzelteile, Militärkraftfahrzeuge und Munition. Auch Radarstörkörperwerfer und Flugabwehrsysteme sollten ursprünglich dorthin „zur Auswertung fremden Wehrmaterials" geliefert werden, was aber im Oktober 1991 in Hamburg beim Verladen scheiterte.

Ganz offiziell schenkte dagegen die Bundesregierung den USA für ihre Golf-Streitkräfte Ausrüstungen der ehemaligen NVA im Wert von 740 Millionen DM. Darunter waren Pioniergeräte wie Bagger und Bulldozer, Wassertankwagen und ABC-Abwehrmaterialien. Ebenfalls kostenlos bekam die Türkei ostdeutsche Panzer, Geschütze, Flugzeuge und anderes militärisches Gerät. Aus dem schwimmenden NVA-Nachlass in Peenemünde kaufte Uruguay fünf Minensuch- und Räumschiffe sowie zwei Schlepper. Ein Volksmarine-Raketenschiff, dessen Flügelraketen mit einem Flüssigkeitstriebwerk und der Feuerleitanlage PLANK-SHAVE ausgerüstet waren, ging auf Große Fahrt in die USA. Auch Tunesien erhielt mehrere Schiffe.

Da die Bundeswehr im Zuge der Ratifizierung des KSE-Vertrages nur ganz wenige Waffen aus NVA-Beständen für eine gewisse Übergangszeit behalten wollte, blieben immer noch riesige Mengen zur kostspieligen Konversion und Entsorgung übrig. Darunter das Schreddern von rund 600 000 MPi Kalaschnikow. Sie wurden in der DDR in Lizenz des sowjetischen Sturmgewehres AK-47- laut Experten heute mit 70 Millionen Exemplaren eine in aller Welt gefragte Handfeuerwaffe - produziert. Diese Entsorgung kostete natürlich dem Steuerzahler viel Geld. Und so hat man hierzulande aus mancher schwergewichtigen Hinterlassenschaft der aufgelösten ostdeutschen Armee doch noch einen „Exportschlager" gemacht. Interessenten gab es genug.

Schieden sich schon vor der Übernahme von ehemaligen NVA-Offizieren die Geister bei den Verantwortlichen auf der Bonner Hardthöhe, wobei es vorwiegend um politische und ideologische Gründe ging, so traf das etwas abgewandelt auf das meiste NVA-Wehrmaterial zu. Eine erste gesamtdeutsche Beratung dazu fand schon im August 1990 in Strausberg statt. Daran nahmen auch Vertreter der Industrie teil. Doch mit der weiteren Nutzung von Waffen der ehemaligen NVA in den neuen Truppenteilen der Bundeswehr Ost revidierte so mancher Militär aus dem Westen seine Meinung. Einig war man sich nach wie vor bei den generell höheren Betriebskosten für die vorgefundenen Geräte gegenüber der eigenen Ausrüstung sowie eine mögliche Abhängigkeit des Nato-Mitglieds Bundesrepublik von der damaligen Sowjetunion beziehungsweise dem späteren Russland bei Ersatzteilen. Zudem entsprachen Waffen und Geräte in dieser Form keinesfalls den hohen Sicherheitsanforderungen und den Umweltbestimmungen in der Bundeswehr.

Im Heer fanden der Ketten-Schützenpanzer BMP-1 und der Rad-Schützenpanzer BTR-70 besondere Aufmerksamkeit. Dieser war in der NVA als SPW-70 (insgesamt 1 266 Stück) mit Seitenluken und Reifendruckregelanlage bekannt. Auf Herz und Nieren geprüft wurde ebenso der Rad-Aufklärungspanzer BRDM-2 (SPW-40P2), von dem nun die Bundeswehr über 1 579 Stück besaß. Hier handelte es sich um ein sieben Tonnen leichtes Spähfahrzeug zur Aufklärung und Erkundung. Verlockend schienen ebenso die gezogene 122-mm-Haubitze D-30 (395 Stück) und die Selbstfahrlafette 122 mm (374 Stück) für Ausbildung und Übungen in den Rohrartillerie-Bataillonen, zumal annähernd eine halbe Million Schuss Munition allein in diesem Kaliber vorhanden war.

Doch nicht genug damit. Unter den Artilleriesystemen verfügte nun die Bundeswehr aus dem einst gegnerischen Lager auch über einen 122-mm-Raketenwerfer (RM-70) auf dem 8-Rad-Tatra 813. Davon existierten 265 Exemplare. Der Nachfolger der berüchtigten „Stalinorgel" aus dem 2. Weltkrieg konnte innerhalb einer Minute 40 Raketen, immerhin 2,87 m lang und 66 kg schwer, mit einer Reichweite von 20 km abfeuern und einen zweiten Raketensatz in kürzester Zeit automatisch nachladen. Als dann noch weit über eine Million Sturmgewehre und Maschinengewehre ausgezählt worden waren, auch die Hinterlassenschaften der Luftstreitkräfte/Luftverteidigung und der Volksmarine, registrierten so manche westdeutsche Wehrexperten tatsächlich mit Erstaunen: Die „kleine DDR" war ihrer Meinung nach allein mit diesen beeindruckenden Zahlen stärker bewaffnet als die „große Bundesrepublik". Wer hätte das gedacht! Heute kann sich angesichts dieser Materialhortung so mancher PKW-Fahrer erklären, warum denn unter sozialistischen Bedingungen die Ersatzteile so knapp und die Landstraßen so schlecht waren. Wie oft habe ich von Wirtschaftsfunktionären gehört: „Es reicht eben nicht für alle…“

Gefragt waren nach der Wiedervereinigung wirtschaftliche Entsorgungsverfahren. Jeder Wehrexperte weiß, dass die Lagerung von Munition und vor allem ihre Entsorgung die Umwelt beeinträchtigt und viel Energie benötigt. Die Metallgewinnung beim Recycling sei eigentlich recht unwirtschaftlich, hieß es im Diskussionsbeitrag eines Vertreters der Deutschen Gesellschaft für Wehrtechnik (DWT) in einem gesamtdeutschen Seminar in Strausberg.

Daher die Anregung, man möge doch auch das Einbetonieren von Munition - natürlich ohne Zünder - in die Überlegungen der Arbeiten beim Abrüsten einbeziehen. Verschalt in riesigen Betonklötzen, sei das entsorgte Wehrmaterial auch im Sinne internationaler Abrüstungsvereinbarungen nie wieder verwendbar. Die technologische Begründung war einleuchtend. Dennoch habe ich später nie wieder etwas von einer solchen Möglichkeit bei der Abrüstung in Ostdeutschland gehört. Die riesigen Betonteile sollten beispielsweise beim Küstenschutz Verwendung finden.

Ein anderer Vorschlag zielte damals darauf ab, die Unmengen Munition nun in großem Stil, wie es damals hieß, „einfach zu verballern oder zu sprengen“. Neben den bekannten Rüstungsproduzenten, die mit der Delaborierung dieser Hinterlassenschaft mit dreistelligen Millionen-Summen beauftragt worden waren, wollten nun auch andere Unternehmen etwas vom gesamtdeutschen „Abrüstungskuchen“ abhaben. Was für den Außenstehenden im ersten Moment als einleuchtend erschien, weil einfach und billig, nahm aber bei der Realisierung keine Rücksicht auf Natur und Umwelt. Das war einfach nicht mehr zeitgemäß und hätte von den damaligen deutschen Umweltministern Klaus Töpfer (1987-1994) und Angela Merkel (1994-1998, beide CDU) nie den offiziellen Segen gefunden.

Russischer "Superpanzer" T-72 hat ausgedient

Inmitten einer Zeit militärischer Hochrüstung war 1977 der russische Kampfpanzer T-72 beim Besuch des französischen Verteidigungsministers in der Nähe von Moskau erstmalig der Öffentlichkeit präsentiert worden. Beeindruckt hat den Gast nicht nur die dreiköpfige Besatzung, wobei der übliche vierte Mann eines Panzers, der Ladeschütze, auch „Lade-Hugo“ genannt, durch eine Automatik ersetzt worden war. Auch die damals ungewöhnlich starke Panzerung kam zu den Besonderheiten sowie eine voll stabilisierte Kanone und die hohe Geschwindigkeit (45 km/h im Gelände, bis zu 70 km/h auf der Straße) bei 43 Tonnen Gewicht des Fahrzeuges. All das war internationale Spitze.

Schon ein Jahr später veranlasste der DDR-Verteidigungsrat wohl auf Weisung aus Moskau den Kauf der ersten "Superpanzer" für die NVA. Sie wurden in der Eggesiner Panzerdivision gegen veraltete T-55 (36 Tonnen schwer, 27 km/h im Gelände, 50 km/h auf der Straße bei vier Mann Besatzung, aber mit mangelhafter Panzerung) ausgetauscht. So wollte man besonders in den Landstreitkräften nach offizieller Version die Kampfkraft und Gefechtsbereitschaft der Armee erhöhen.

Aufgrund ihrer flachen Konstruktion und hohen Beweglichkeit waren sie mehr für den Angriff als für die Verteidigung geeignet. Ein später installierter Entfernungsmesser auf Laser-Basis, der bei Carl Zeiss in Jena entwickelt und produziert wurde sowie die vom Hersteller angebrachte optische Messung ablöste, sicherte in den Übungen eine hohe Trefferquote.

Gut anderthalb Jahrzehnte später sorgte der von Experten noch immer als kampfstark eingestufte Panzer mit 125-mm-Glattrohrkanone und 12,7-mm-Kuppel-MG in Deutschland wieder für Aufsehen. Nicht auf einem Übungsplatz der Bundeswehr Ost, diesmal in einer Sammelstelle der Schrott- und Metallaufbereitung.

Im sächsischen Gröditz begann Mitte Oktober 1993 für 40 T-72 aus ehemaligen NVA-Beständen die Verschrottung. Da es sich bei jedem dieser Panzer um eine "harte Nuss" handelte, dauerte die ganze Zerstörungsaktion pro Stück etwa einen Monat. Beim T-55 schaffte man in dieser Zeit doppelt so viel, obwohl dieser vorher im Rahmen eines Modernisierungsprogramms der NVA mit einer Zusatzpanzerung an Turm und Wanne versehen worden war. Kein Wunder, aber mit Schrottschere und Schneidbrenner war manchem Teil des T-72 gar nicht beizukommen.

Spätestens hier lüftete dieser Typ mit der fast unscheinbaren Silhouette, von dem Ungarn und andere ehemalige Ostblockstaaten einige Exemplare in Deutschland kauften, sein eigentliches "Geheimnis": Der Turm bestand aus 42-Zentimeter-Gußstahl. Und die Frontpanzerung hatte Stahlplatten mit Keramikfüllung. Dieses Material und seine ungewöhnliche Schutzstärke an der Turmfront beeindruckten schon manchen westdeutschen Wehrexperten.

Auf dem riesigen Schrottplatz landeten alle Materialien gut sortiert jeweils in großen Abfallcontainern. Als ich mich nach „Blei“ umsah, was ja die Panzerleute bei einem Kernwaffenschlag hätte schützen müssen, staunte ich nicht schlecht: Fast nichts war davon vorhanden. Wie bekannt, werden von diesem Metall mit großer Dichte Röntgenstrahlen und radioaktive Strahlung absorbiert. Entsorgt wurde hier das Kriegsgerät nach den Bestimmungen des Kreislaufwirtschaftsgesetzes, wo es am Ende keine unverwertbaren Produktionsabfälle mehr gibt.

Was hier geschah, ging auch in den anderen neun Reduzierungsstätten Deutschlands Monat für Monat über die Bühne. In Charlottenhof bei Görlitz standen T-55-Panzer und in den Dresdner Elbe-Flugzeugwerken MiG-21-Abfangjäger (MONGOL), die vernichtet wurden, in Bremen und Mainz Bundeswehr-Panzer vom Typ M48 zur Verschrottung bereit. Das entsprach dem Willen der KSE-Unterzeichnerstaaten. Dazu leistete Deutschland mit den erwähnten rund 11 000 Waffensystemen nach den ehemaligen GUS-Staaten den zweitgrößten Beitrag. Die Verschrottungskosten waren gewaltig: Bis 1995 lagen sie bei mehr als 200 Millionen Mark.

An den Auftakt auf deutschem Boden am 3. August 1992 in Rockensußra (Thüringen) erinnerte in der Außenstelle Strausberg das Verifikationszentrum der Bundeswehr mit einem Denkmal unbrauchbar gemachter Teile eines DDR-Schützenpanzers. In dieser Einrichtung liefen alle Fäden für die international kontrollierte Abrüstung in den neuen Bundesländern zusammen. Hier konnten jederzeit Offiziere und Unteroffiziere genau über den Vollzug des KSE-Vertrages Auskunft geben. "Alles plangemäß", schätzte der Leiter, Oberst i. G. Klaus Meletzki, ein. Für ihn war Abrüstung, wie er mir sagte, so etwas wie "eine Planung rückwärts".

Die Zerstörung der vereinbarten konventionellen Waffensysteme, meist mit dem Schweißbrenner, nahmen Spezialfirmen vor. Von ihnen wurden auch Raketenwerfer und Hubschrauber dauerhaft funktionsuntüchtig gemacht. Die Kosten der Vernichtung lagen bei 5 000 Mark je Schützenpanzer und bei 12 000 Mark je Panzer, beim T-72 etwas höher. Die Demilitarisierung erfolgte gemäß Rüstungskontrollvertrag und Kriegswaffenkontrollgesetz, die Entsorgung nach Umweltrichtlinien. Pro Panzer wurden bis zu 40 Tonnen Stahl gewonnen. Da die schweren Kettenfahrzeuge vor der Vernichtung wie bei einem Gefechtsappell aneinandergereiht standen, konnten Amerikaner und Russen über Aufklärungssatelliten jederzeit die genaue Zahl der Abrüstungspanzer ermitteln und deren Vernichtung täglich verfolgen.

All das wurde, wie in Wien zwischen den Vertragsstaaten ausgehandelt, auch von Inspektionsgruppen überwacht. Per Fax oder Fernschreiben meldeten sich die KSE-Kontrolleure kurzfristig an, wonach dann beispielsweise im Osten Deutschlands die Strausberger Verifikations-Außenstelle die Begleitung der ausländischen Militärs und Diplomaten übernahm. Von den insgesamt 910 Verifikationsobjekten der Nato auf dem Boden der alten Bundesrepublik hatte die Bundeswehr 470 gemeldet. Sie wurden über 60 Mal überprüft. Deutsche KSE-Kontrolleure waren fast 70 Mal auf Reisen. Bemerkenswert, so Meletzki, "es gab von keiner Seite sogenannte Verdachtsinspektionen".

Nach der deutschen Einheit entsprach auch das Operative Ausbildungszentrum der NVA im ehemaligen DDR-Verteidigungsministerium nicht mehr dem Geist der Zeit. Hier hatten ja seinerzeit Generale im riesigen Sandkastenquadrat den "Marsch gen Westen" geprobt. Nun bot die einst geheime Stätte den Mitarbeitern der Außenstelle des Geilenkirchner Zentrums für Verifikationsaufgaben gute Arbeitsbedingungen. Sie stand den Partnern in Sachen Rüstungskontrolle, Abrüstung und vertrauensbildende Maßnahmen jederzeit offen. Wie ich viel später von einem ehemaligen NVA-Oberst während einer Buchpräsentation erfuhr, hatte die Bundeswehr das ehemalige Verifikationszentrum der Volksarmee anfänglich nahezu mit seinem vollständigen Personalbestand auf Zeit übernommen. Dann mussten jedoch einige weitere ostdeutsche Offiziere ausscheiden. (Bernd Biedermann: Offizier, Diplomat und Aufklärer der NVA, Berlin, 2008)

Was aus den entmilitarisierten Panzern aus Ost und West noch so alles werden konnte, zeigte später ein „Deutschlandtreffen der Feuerwehren“ auf dem Bundeswehr-Truppenübungsplatz Lehnin bei Potsdam. Hier bildet gewöhnlich das Heer aus, darunter beim Häuserkampf. Nun erlebte ich Vorführungen ganz anderer Art: Auf einem riesigen Ausbildungsplatz zwischen den reichen Kiefernbeständen rückten Feuerwehrleute und Brandbekämpfungsexperten der Industrie gemeinsam an. Mit modernster Technik gingen sie gegen einen „Waldbrand“ vor.

Das Land Brandenburg hatte man nicht zufällig dafür ausgewählt, werden doch die 1 Million Hektar Wald zwischen Havelland und Lausitz von etwa 40 Prozent aller Waldbrände in Deutschland jährlich heimgesucht. Auch wenn an diesem nasskalten April-Tag keine Waldbrandstufe erlassen worden war – es brannte vereinbarungsgemäß an den zur Demonstration vorbereiteten Stellen. Auch andernorts ging es an diesem Tag „heiß" zu.

Nirgendwo hätte man besser als hier auf dem Militärgelände zeigen können, wie man im Zeitalter der Entspannung und Abrüstung ehemalige Kampfpanzer für Großbrände im Wald wirksam einsetzt. Da preschte nach Anforderung ein demilitarisierter Leopard vom Typ A4 mit rund 60 Kilometer je Stunde heran, meisterte tiefe Bodenwellen und andere Hindernisse und bekämpfte mit verstellbarem Sprühstrahl den Brand. Die Wurfweite bis zu 70 Meter Entfernung und der 20 000-Liter-Löschwassertank brachten nicht nur den Laien zum Staunen. Neben dem Fahrgestell des Hochleistungslöschfahrzeuges mit ungewöhnlicher Manövrierfähigkeit erinnerten Räumschild, Klimaanlage sowie Kommunikations- und Führungssystem an seine frühere militärische Mission in der Bundeswehr.

Zur mobilen Brandbekämpfung und Gefahrenabwehr war auch ein T-55-Panzer der einstigen Nationalen Volksarmee für ein Aerosol-Abgas-Löschverfahren umgebaut worden. Um möglichst eine große Oberfläche des Wassers zu erzeugen, wurde dieses über einen Gelenklöscharm dem Abgasstrahl aus dem Triebwerk eines MiG-21-Jagdflugzeuges (FISHBED) beigemischt. Der so erzeugte feine Wassernebel von etwa 150 Meter Länge und 30 Meter Breite eignete sich gut gegen Waldbrände, zumal der zur Einsatzeinheit gehörende Transporter „Wasserbüffel" 15 000 Liter nahezu an jede Einsatzstelle befördern konnte. Das Basispatent stammte vom Institut der Feuerwehr bei Magdeburg. Auch so konnte man ehemaliges Kriegsgerät für friedliche Zwecke umwidmen. Ursprünglich war der Löschkomplex auf Initiative des Bundesforschungsministeriums für die 1991 von Irak in Brand gesetzten Erdölsonden Kuwaits entwickelt worden.

"Pinnow-Betten" aus Ex-DDR-Raketenschmiede

Die kleine brandenburgische Gemeinde Pinnow zwischen Angermünde und Schwedt an der Oder habe ich zu DDR-Zeiten nie besucht. Woher sollte ich auch Kenntnis davon haben, dass sich hier eine so bedeutende Waffenschmiede des Warschauer Pakts befand. Führende Militärs und hohe Wirtschaftsleute wussten das. Und in solchen Fällen war der Ort, denke ich, fast eine „geschlossene Gesellschaft". Man mochte hier keine fremden Besucher und schon gar nicht Journalisten in der Nähe des abgesperrten Areals von immerhin 280 Hektar Größe.

Bei meinem erstmaligen Aufenthalt spürte ich schon, dass sich hier seit der Wende und der Einheit Deutschlands eigentlich nur an der holprigen Hauptstraße nichts verändert hat. Wie nun allerorts in den ostdeutschen Bundesländern lenkten frische Fassaden an alten Gebäuden, neue Wohnhäuser und Gewerbestätten die Blicke des Besuchers auf sich. Kein Mensch galt im Gegensatz zu früher als „verdächtig", wenn er sich dem modernen Industriestandort im einstigen militärischen Sperrgebiet am Wald näherte. Hinter dessen Zäunen versteckte sich noch vor wenigen Jahren ein wichtiger volkseigener Rüstungsbetrieb von internationaler Bedeutung. Eben „Raketen-Pinnow", wie das damals die Einheimischen nannten.

Hier war 1938 eine Munitionsanstalt gegründet worden. Sie produzierte im 2. Weltkrieg Kleinkalibermunition. Ende der 1950er Jahre erfolgte auf dem Gelände unter dem Kombinat Spezialtechnik Dresden die Instandsetzung von Raketen. In den 70er Jahren wurde zusätzlich Radartechnik auf Rad und Kette instand gesetzt. In den 80er Jahren wurde in Pinnow mit der Panzerabwehrlenkrakete KONKURS das einzige komplette Waffensystem in der DDR produziert und auch an Bündnispartner verkauft.

Die Pinnower Spezialität waren also Panzerabwehrlenkraketen. Letzter Großauftrag: Ab 1989 sollte zwei Planjahrfünfte lang diese Panzer knackende Waffe (NATO-Code SPANDREL) für einen möglichen Einsatz gegen den Leopard-Panzer und andere westliche Gefechtsfahrzeuge hergestellt werden. Bei dieser Waffe - sie war sowohl tragbar als auch von Bord der Schützenpanzer BMP aus einsetzbar - erfolgten die Kurskorrekturen nach dem Abschuss elektronisch. Am 30. September 1990 verließen die letzten der bis dahin 3 000 gefertigten Raketen dieses neu entwickelten Typs das Werk über den eigenen Großgüterbahnhof. Vertragsgemäß mussten sie an sowjetische Truppen ausgeliefert werden.

Die Rüstungsaktivitäten wurden kurz vor der Wiedervereinigung Deutschlands beendet. Seit dem 3. Oktober 1990 galt auch hier das Kriegswaffenkontrollgesetz der Bundesrepublik. Die Rüstungs- und Reparaturfabrik mit etwa 1 600 Beschäftigten erhielt 1991 mit der BUCK INPAR GmbH einen neuen Besitzer unter etwa 300 Mitbewerbern bei der Treuhand. Dieser setzte auf drei neue Geschäftsfelder: Umwelttechnik/Entsorgung; Gesundheit/Medizintechnik; Wohnungs- und Systembau.

Der bekannte Produzent von Wehrtechnik BUCK, ein mittelständisches schwäbisches Familienunternehmen, schuf zugleich ein neues Werkssymbol: Die Recycling-Anlage 418. Mit vier runden Großfiltern nunmehr weithin sichtbar, konnten pro Tag zirka acht Tonnen Explosivstoffe umweltverträglich entsorgt werden. "Reaktor, Hochtemperaturverbrennung und Gasreinigung mit Nassabschneider hinterlassen dabei keinerlei Sondermüll", beschrieb ein Mitarbeiter vom Bedienungspersonal voller Stolz das Verfahren bei einem Rundgang. Vermittelt hatte mir Pressesprecher Franz-Lorenz Lill, ein früherer Offizier der DDR-Luftwaffe, diese Besuchsmöglichkeit.

Zuvor wurde die Munition in der Schrottstraße fachgerecht zerlegt. Einstige Spezialisten waren gemeinsam mit neuen Beschäftigten flink bei der Hand, um täglich rund 40 Raketen für immer unbrauchbar zu machen. Es handelte sich dabei um Typen wie die radargelenkten Flugabwehrraketen SA-2 GUIDELINE, SA-4 GANEF - mit vier Feststofftriebwerken für je 150 kg Brennstoff erreichte die immer zu zweit auf NVA-Panzern geführte Rakete die doppelte Schallgeschwindigkeit - und SA-6 GAINFUL. Mit Plasma-Schweißgeräten oder Trennschleifern entstellte man ebenso den einstigen Stolz der ostdeutschen Volksmarine, die Seezielflügelrakete P-15 (STYX). Über eine Funkmess-Zielsuch- und Lenkeinrichtung brachte sie einst den knapp eine halbe Tonne schweren Gefechtskopf fast 50 km weit in Ziel.

Besondere Vorsicht galt im Betrieb natürlich den Sprengköpfen. Sie wurden separat gelagert und entsorgt. Elektronikschrott, verschiedene Metalle, Papier und

Holzkisten gelangten wieder in den Wirtschaftskreislauf. Die Rückführrate dieser Rohstoffe lag bei 96 Prozent.

Das Anliefern und die Demontage der NVA-Raketen wurden von Inspektoren regelmäßig überwacht. Ebenso kostete das Sortieren und der Transport all der gewonnenen Rohstoffe, aber auch die Entsorgung von festem und flüssigem Raketentreibstoff und der Munition dem deutschen Steuerzahler nach der Wiedervereinigung jährlich viele Millionen Mark. Und dabei sollte nicht vergessen werden, dass die DDR in den Arsenalen von Armee, Polizei, Stasi und Kampfgruppen, wie schon erwähnt, Unmengen Tonnen an Munition für den Ernstfall und vor allem für die geplante Unterstützung der anderen Pakt-Armeen eingelagert hatte.

Natürlich gab es auch technische Probleme. Wie westdeutsche Rüstungsexperten nach eingehender Analyse der bei der NVA vorgefundenen Munition vor der Vergabe von Aufträgen zur industriellen Delaborierung an die private Wirtschaft herausgefunden hatten, handelte es sich dabei um fast 400 verschiedene Sorten mit meist unbekannter chemischer Zusammensetzung. In den alten Bundesländern musste das Bundesverteidigungsministerium gewissermaßen als „Friedensdividende“ nun ebenfalls große Munitionsbestände mit dem Blick auf den Umweltschutz recht kostenintensiv entsorgen lassen.

Die Abrüstungsbilanz der Pinnower sah damals schon gut aus. Sie vernichteten bis Ende 1994 etwa 360 000 Waffensysteme. Das waren ungelenkte Luft-Boden-Raketen, die von Flugzeugen und Hubschraubern verschossen werden sollten, tausende Flugabwehrraketen und mehr als 4 Millionen Handsignalmittel. Im Betriebsmuseum konnte man je ein demilitarisiertes Exemplar der einstigen NVA-Raketen in Augenschein nehmen. Das interessierte besonders die KSZE-Vertreter, Parlamentarier und andere Abrüstungsexperten. Heute wird in Pinnow in einem öffentlichen Raketenmuseum der komplette Kampfsatz der Raketen, Radarsysteme und militärische Funktechnik der NVA gezeigt.

Wer weiß denn heute noch, dass am 1. Mai 1960 - in einer ganz heißen Phase des Kalten Krieges - über Swerdlowsk, jetzt Jekatarinenburg, im Ural der amerikanische Spionagepilot Gary Powers in seiner U2 mit einer SA-2-Rakete abgeschossen und dann festgenommen wurde? Später wurde er auf der Glienicker Brücke zwischen Potsdam und West-Berlin gegen den sowjetischen Top-Spion Rudolf Abel ausgetauscht.

Die letzte der hier seit 1991 „zerstückelten“ Raketen war eine sechs Meter lange russische KUB (Nato: SA-6, GAINFUL). Einst auf mobiler Drillingsstartrampe in Stellung und mit Radar geführt, gehörte sie zu den ältesten Fla-Raketensystemen der NVA-Truppenluftabwehr. Nach dem 40. DDR-Jubiläum 1989 sollte diese Waffe durch den Fla-Raketenkomplex BUK (Nato: SA-11, GADFLY) mittlerer Reichweite ersetzt werden.

Doch in Pinnow ging es mit der neuen Unternehmensgruppe nicht nur um die Beseitigung militärischer Altlasten. Auch für den Aufbau neuer ziviler Produktionslinien, der eigentlichen Konversion, brachte BUCK die nötigen Unternehmenskonzepte in den Norden Brandenburgs. Von den 17 Pinnower Ideen nach dem Aus für die Rüstungsproduktion wurden zwei übernommen - die Herstellung von Pflegebetten und von Containern.

Ein echter Produktionserfolg wurde das "Pinnow-Bett". Es handelte sich dabei um eine von pflegebedürftigen Personen mit Knopfdruck selbst verstellbare Liegestätte. Sie sollte deren Wohlbefinden in Krankenhäusern, Pflegeheimen, Sanatorien oder zu Hause fördern. Die Fertigungsanlagen aus der vormaligen Raketenproduktion reichten aber nur für 3 000 Betten pro Jahr. Um jedoch 10 bis 15 Prozent des jährlichen Marktbedarfs von 150 000 solcher Pflegebetten produzieren zu können, musste der Zuschnitt von Metallteilen automatisiert und das Schweißen in Roboterhand gegeben werden. Anderes medizinisches Spezialmobiliar vervollständigte das zukunftsträchtige Produktionsprogramm. In der Systemlösung spürte man die Philosophie und filigrane Handschrift von Raketenbauern.

Nicht genug damit. Weitere Wachstumschancen erhofften sich die Pinnower von der mikrobiologischen Sanierung großer Flächen, also von Industriegelände und Truppenübungsplätzen. Jährlich wurden etwa 10 000 t mit Mineralöl verschmutztes Erdreich mikrobiologisch gereinigt. Auch vom Häuserbau mit Verbundschalungssystem und bei der Herstellung von Großraummodulen versprach man sich ein gutes Geschäft. Besonders für die transportablen Häuser bestand nach dem Abzug der russischen Soldaten aus Deutschland in Moskau, St. Petersburg und Königsberg große Nachfrage. 1993 wurden mit diesen Modulen 75 000 Quadratmeter Wohnraum in drei Siedlungen erstellt.

Investitionen von 36 Millionen Mark machten den Ex-DDR-Raketenbetrieb in der gesamten Region zu einem echten Wirtschaftsmotor. Obwohl die Vernichtung zehntausender weitreichender Geschosse aus NVA-Beständen eines Tages abgeschlossen war, ging die Zerstückelung immer weiter - dann mit Raketen aus der Nato. So wurden Jahre danach etwa 50 000 mit Streumunition bestückte Bomben aus den Niederlanden und Großbritannien entsorgt. Laut internationalem Vertrag vom Dezember 2008 in Oslo über das Verbot von Streumunition wollten über 100 Staaten, darunter auch Deutschland, die Bestände dieser Waffen innerhalb von acht Jahren zerstören.

Damit ja kein Besucher das neu gestaltete Werk mit der bemerkenswerten Geschäftsadresse "Pinnow, Waldrand 2" verfehlt, boten die ehemaligen Raketenbauer unter dem Werbe-Motto "Wie finden Sie uns?" jedem Interessenten mit Karte und Standortbeschreibung einen unfehlbaren Weg in das einstige Sperrgebiet. Pinnower Bürger waren dabei gern behilflich, wenn man sie danach gefragt hat, selbst Journalisten gegenüber.

Wie sich eben die Zeiten ändern. Deutschlands Wiedervereinigung und die Überwindung des Kalten Krieges in Europa machten vieles möglich, allein in Pinnow bis heute die Beseitigung von mehr als 420 000 Raketen sowjetischer Bauart und über 20 000 amerikanischen Streubomben. Dazu kamen noch Minen, Handgranaten, Zünder und pyrotechnisches Material aus osteuropäischer Herstellung. Das sogar umweltfreundlich am Rand des Nationalparks „Unteres Odertal".

Flächenkonversion als "Jahrhundertaufgabe" in neuen Ländern

Die internationale Abrüstung und Entspannung forderte die Bundesregierung auch zu ungewöhnlichen Aktivitäten bei der Flächenkonversion heraus. Kurz gesagt war das die Umwandlung von Truppenübungsplätzen, Kasernengelände, Soldatenwohnungen, Flughäfen und anderen militärischen Liegenschaften in ihren zivilen „Urzustand“. In ganz Deutschland waren noch 1990 insgesamt etwa zehntausend Quadratkilometer Landesfläche - viermal so groß wie das Saarland - von Militärs belegt und genutzt worden. Also von der Bundeswehr, der NVA, den Alliierten und den WGT-Truppen.

In den neuen Bundesländern stand man in dieser Hinsicht vor einer "Jahrhundertaufgabe" mit Milliarden DM Kosten. Bei dieser Herausforderung wurden einst von Nationaler Volksarmee und Grenztruppen sowie von sowjetischen/russischen Truppen genutzte Flächen wieder „einer zivilen Nutzung zugeführt“. So hieß das offiziell.

Unvorstellbar: Bis zur Wiedervereinigung 1990 nutzte man in der DDR weit über 500 000 Hektar nur für militärische Zwecke. Anteilig an den Landesflächen waren das in Brandenburg 8 Prozent, Sachsen-Anhalt 4,6 Prozent, Sachsen 3,5 Prozent, Mecklenburg-Vorpommern 2,6 Prozent und Thüringen 2,5 Prozent. Auf solchen Konversionsflächen entstanden inzwischen Wohnungen. Auch Industrie und Gewerbe wurden angesiedelt oder modernisierte Kasernengebäude an Lehreinrichtungen übergeben.

Mit insgesamt 230 000 Hektar militärischer Liegenschaften, von denen die Bundeswehr nur einen geringen Teil übernahm, hatte Brandenburg den größten "Brocken" zu bewältigen. Laut Berechnungen im Auftrag der Landesregierung waren für diese Konversion etwa 19 000 Arbeitskräfte und 30 Milliarden Mark notwendig. Ganz abgesehen von den Kosten für die Beseitigung von Altlasten. Als "Hauptproblemstandorte" bei den 140 000 Hektar der ehemaligen Westgruppe in Brandenburg galten Jüterbog, Fürstenberg und Wünsdorf mit dem früheren WGT-Hauptquartier.

In der Regel handelte es sich um ehemalige Kasernen und Bunker der Wehrmacht. Seit Kriegsende waren an diesen Gebäuden und militärischen Einrichtungen keine größeren Reparaturen vorgenommen worden. Dächer, Fassaden und Räumlichkeiten sahen 1991 etwa so aus wie 1945. Intensive Nutzung und Witterung hatten ihre Spuren hinterlassen.

Ein Jahr nach dem vollständigen Abzug der Russen aus Deutschland gab es hier und da schon Neues auf diesem alten Gelände zu vermelden. In der Neuruppiner Panzerkaserne zum Beispiel wurden ein Technologie-Zentrum und eine Schule eingerichtet. Die Fachhochschulen Brandenburg/Havel, Lausitz und Potsdam sowie die Universitäten Cottbus und Frankfurt/Oder nutzen allesamt Ex-Kasernen für den Hochschulbetrieb. Auf dem Bornstedter Feld im Norden von Potsdam, wo einst die Langen Kerls des Soldatenkönigs Friedrich Wilhelm I. (1688 - 1740) gedrillt wurden, fanden 15 000 Einwohner in 8 000 Wohnungen ihr neues Zuhause. Als erster großer ostdeutscher Truppenübungsplatz verwandelte sich die "Döberitzer Heide" westlich von Berlin in ein Naturschutzzentrum.

In Dessau-Kochstedt (Sachsen-Anhalt) endete die Geschichte einer Militärliegenschaft, die 1936 mit dem Kasernenbau für Flak-Regimenter und eine Luftsanitätsstaffel begonnen hatte. Nachdem hier zu Kriegsende kurz amerikanische Streitkräfte weilten, zogen Sowjettruppen, anschließend die Kasernierte Volkspolizei und dann wiederum WGT-Truppenteile mit Mot. Schützen-, Artillerie- und Panzereinheiten ein. Um den Wohnungsengpass in der Stadt zu lösen, wurden hier im Grünen nach der Entmilitarisierung 940 Wohneinheiten geschaffen - 610 im Geschoßwohnungsbau und etwa 330 Ein-/Zweifamilienhäuser.

"Die architektonische Qualität und die allgemein gute Bausubstanz der Dessauer Kaserne machten eine Umnutzung nach heutigen Erkenntnissen wirtschaftlich." So Oberbürgermeister Hans Georg Otto vor Experten. Sie hatten über ihre Erfahrungen zur städtebaulichen Umnutzung von Kasernenanlagen am Stadtrand von Hamburg, in Esslingen und anderen Orten der alten Bundesländer berichtet. "Das ist in der Stadt des Bauhauses eine Herausforderung von ungewöhnlichem Ausmaß. Wir wollen alles daran setzen, dass Dessau Modellstadt für den Umgang mit militärischen Liegenschaften in Sachsen-Anhalt wird."

Im einstigen Ost-Berliner Standort Biesdorf-Süd der NVA lag für das 10,2 Hektar große Gebiet ein Strukturkonzept mit Städtebau, Grün- und Freiflächen vor. Wo das Erich-Weinert-Ensemble und das Filmstudio der DDR-Armee kaserniert untergebracht waren, stand schon bald der hier dringend erforderliche Neubau einer Gesamtschule. Später kamen zwischen Schlosspark und Landschaftspark Biesdorf weitere neue Gebäude hinzu. Lediglich das Theater am Park - damals Spiel- und Übungsstätte des Armee-Ensembles - blieb wie nach der Wende ein kulturelles Zentrum der Bevölkerung. Hier konnte man sich beim Entwicklungsträger und beim Stadtplanungsamt Marzahn über die Vorhaben an der Paradiessiedlung informieren.

Doch so manche Militärhinterlassenschaft zwischen Kap Arkona und Fichtelberg entpuppte sich als "Goldgrube mit Kuckuckseiern". Allein in Mecklenburg-Vorpommern konnten wegen der Altlasten in den ersten Jahren über 350 solcher Liegenschaften nicht umgenutzt werden.

Eine der bekanntesten war an der Ostseeküste der "Koloss von Prora". In diesem fünf Kilometer langen Gebäudekomplex, nach dem Willen Hitlers für "Kraft-durch-Freude"-Massenurlauber direkt am Strand errichtet, dienten bei der NVA bis zu 8 000 Mot. Schützen, Fallschirmjäger, Pioniere sowie Unteroffiziersschüler. Auch eine Offiziersschule für ausländische Militärkader, vor allem aus Entwicklungsländern, existierte hier, über die aber in der Presse nicht berichtet werden durfte. Einer privaten Nutzung hatte der Kreistag von Rügen ursprünglich entgegengesetzt, dass man den endlosen Betonklotz künftig als „Denkmal für zwei gescheiterte Systeme" der Nachwelt erhalten möge.

„Schwerter zu Pflugscharen“

Das Bibel-Zitat „Schwerter zu Pflugscharen“ entwickelte sich in der DDR während der militärischen Hochrüstung zum Symbol der Friedensbewegung. Nach dem Ende des Ost-West-Konflikts, verbunden mit der Chance zu ernsthafter Abrüstung und kooperativer Sicherheit in Europa, verlor es keineswegs seine ursprüngliche Bedeutung. Es könnte sogar zum Zeichen für militärische Konversion geworden sein: Die Umwandlung militärisch gebundener Kräfte, Ressourcen und Strukturen für zivile Zwecke ist, wenn man so will, eine „Schwester“ der Abrüstung.

Dabei werden die Aktivitäten abgebaut, mit denen man bisher militärische Produkte entwickelt und hergestellt hat. Diese Kapazitäten dienen nun der Herstellung anderer, ziviler Produkte.

Ein solcher Strukturwandel hat sich nach der Wiedervereinigung in ganz Deutschland vollzogen. Das sichtbare Zeichen: Die Mittel für militärische Beschaffungen des Bundesverteidigungsministeriums wurden von rund 12 Milliarden DM (1990) auf etwa 5,9 Milliarden DM (1994) reduziert. Innerhalb von fünf Jahren musste die wehrtechnische Industrie allein im Bereich der Fertigung einen Auftragsrückgang von etwa 50 Prozent hinnehmen. Gesamtwirtschaftlich war das in der Bundesrepublik von weitaus geringerer Bedeutung als in den osteuropäischen Ländern, denn der Anteil der deutschen Wehrtechnik am Bruttosozialprodukt betrug nur etwa ein Prozent.

Dazu kam, dass der Anpassungsprozess der wehrtechnischen Industrie an die neuen Bedingungen grundsätzlich dadurch erleichtert wurde, weil die westdeutschen Unternehmen neben militärischen Kapazitäten über ziviles Know-how verfügten. In den meisten Industriezweigen hatte die wehrtechnische Produktion keinen größeren Anteil an der Gesamtproduktion. Als Ausnahmen galten insbesondere die Waffen- und Munitionsindustrie. Das hieß, die Bundeswehr hat abgebaut und die Mittel für Ausrüstungszwecke deutlich verringert. Angesichts der Haushaltslage nach der Wiedervereinigung wurden jedoch keine „Ersatzaufträge" zur Verfügung gestellt.

Bis 1991 haben wehrtechnische Aufträge in der Bundesrepublik zwischen 250 000 und 280 000 meist hochwertige Arbeitsplätze gesichert. Sie waren gleichermaßen in der Industrie und im Mittelstand angesiedelt. Und bis 1994 wurde nun in der wehrtechnischen Industrie ein Personalabbau von etwa 140 000 Beschäftigten vollzogen. Den Verlust von weiteren 30 000 bis 40 000 solcher Stellen konnte man laut Bundesverband der Industrie (BDI) zu dieser Zeit schon absehen. Zumal diese Unternehmen, voll in das marktwirtschaftliche System eingebunden, für die Auslastung ihrer Kapazitäten und die Anpassung an den jeweiligen Bedarf allein verantwortlich waren.

Im Osten Deutschlands waren die etwa 80 betroffenen großen Volkseigenen Betriebe der speziellen Produktion, wie hier die Rüstung offiziell bezeichnet wurde, wahrscheinlich aus Sicherheitsgründen meist einseitig nur auf Wehr- und Militärtechnik ausgerichtet. Da ohne ziviles Standbein, standen sie 1990 nach dem Zusammenbruch der DDR und dem Ende der NVA praktisch vor dem Nichts. Als Planproduzent hatte man es zudem besonders schwer, nun auf dem freien, zivilen Markt Fuß zu fassen. Insgesamt produzierte man noch 1989 in diesem Bereich wehrtechnische Güter und verzeichnete Dienstleistungen im Wert von fast 4 Milliarden Ost-Mark.

Die insgesamt etwa 100 000 Beschäftigten - auch aus Zulieferbetrieben - waren ebenfalls hoch qualifiziert, aber nur in den Rüstungsgütern: Von der Produktion von Schützenwaffen und Munition über Panzerabwehrlenkraketen bis zu Tarnmitteln sowie der Instandsetzung von Panzern, Flugzeugen, Marinetechnik und Waffenleiteinrichtungen. Auch bei der Mikroelektronik, Lasertechnik und Infrarottechnik sorgte wissenschaftlich-technisches Personal für hochwertige

Wehrprodukte, die zum Teil als Exportgüter in sozialistische Länder und die Dritte Welt die Außenhandelsbilanz der DDR aufbessern sollten. Am 1. August 1990 mussten diese Betriebe auf Weisung der ersten frei gewählten DDR-Regierung ihre militärische Produktion einstellen.

Als ein reines Rüstungsunternehmen galt das Kombinat Spezialtechnik Dresden. Zu diesem VEB - nach der Wende eine GmbH - gehörten einst zwölf Tochterunternehmen. Darunter ein Konstruktionsbüro in Berlin, das Spreewerk Lübben, das Lehrgeräte- und Reparaturwerk Mittenwalde, die Mechanischen Werkstätten Königswartha und Radebeul, die Flugzeugwerft Dresden, das Zentrum für Forschung und Entwicklung und das Feuerlöschgerätewerk Apolda. Insgesamt hatte das Dresdner Unternehmen 11 000 Beschäftigte bei einer industriellen Warenproduktion von immerhin 1,2 Milliarden DDR-Mark, berichtete Prokurist Thomas Krüger auf einer Konversionstagung 1993 in Potsdam. Hergestellt wurden Schützenwaffen wie Sturmgewehre und Munition. „Wir haben Europas modernste Munitionsfabrik in Lübben in Betrieb genommen“, berichtete er. „Dort ist Munition im Kaliber 7,62 bzw. Nato-Kaliber 5,56 produziert worden.“ Außerdem gehörten Panzerabwehrraketen und Seegeschoßwerfer zum Produktionsprofil.

Nach 1991 begann die Produktion von Kompaktbaggern auf der Grundlage der Lizenz einer bundesdeutschen Firma, später folgten weitere Baumaschinen. Neben der Delaborierung von Munition zählte Umwelt-Engineering ebenfalls zum Geschäftsfeld. Dabei wurde auch das Umweltmessnetz für Sachsen erstellt. „Wir haben ungefähr 2 000 bis 3 000 Ideen geprüft und davon sind fünf bis acht realisiert worden.“ Ziel waren immer wieder Marktlücken und Absatzmärkte. 1992 wurde das Werk an das US-amerikanische Hochtechnologie-Unternehmen General Atomics (GA) verkauft.

Der Mittenwalder Gerätebau zählte auch zu den ehemaligen Rüstungsunternehmen. Er hatte wie die 14 anderen Betriebe dieser Art im Land Brandenburg große regionale Bedeutung. Nach russischen Technologien wurden hier Funk- und Radarstationen modernisiert, die meisten noch mit Röhren und nur wenige mit dem Transistor. Man war von Spitzentechnologien weit entfernt. Das betraf ebenso die Ausbildungsgeräte für die Volkspolizei. Für die Belegschaft war die Privatisierung und die Umstellung des Militärprofils eigentlich eine doppelte Rüstungskonversion. Da halfen auch die Referenzen von 1980 bei den Olympischen Sommerspielen in Moskau nicht weiter, wo der Betrieb als Zulieferer von neuen technischen Entwicklungen für die Schiesssportdisziplinen ins internationale Rampenlicht getreten war.

Jetzt begann man mit der Instandsetzung von Straßenbahnen für Halle (Saale) und Frankfurt an der Oder. Zudem wurden Industrieausrüstungen als Zulieferung für Ziegeleien und Vorrichtungen für die Autoindustrie gebaut.

Das ehemalige erzgebirgische Waffenunternehmen Geräte- und Werkzeugbau Wiesa wandelte sich im Rahmen der Rüstungskonversion zur Spezialwerkzeuge und Hydraulik GmbH. Wo früher Kalaschnikow-Maschinenpistolen AK-47 und später AK-74 produziert wurden, nach jüngsten Berichten auch ein DDR-Sturmgewehr (Wieger STG 940) für Nato-Munition, stieg man nun auf die Produktion von Hydraulikerzeugnissen sowie Zulieferungen für Waschautomaten um. Das war auch mit der Umschulung von Arbeitnehmern verbunden.

Fazit: Die Möglichkeit neuer militärischer Sicherheitsstrukturen auf niedrigerem Rüstungsniveau als in der Vergangenheit war mit dem Ende des Ost-West-Konflikts, den tief greifenden Veränderungen in Osteuropa und der Vollendung der deutschen Einheit in greifbare Nähe gerückt. Das erkannten auch die Staats- und Regierungschefs anderer Nato-Länder. In der Erklärung von Rom über Frieden und Zusammenarbeit (November 1991) bezeichneten sie die Umstellung der Verteidigungsproduktion auf zivile Zwecke als ein Gebiet für Konsultationen und Zusammenarbeit.

„Seit wir uns von der unsäglichen Konfrontation in Europa verabschiedet haben, ist die Konversion für alle Staaten zu einem Problem geworden", bemerkte Gebhardt von Moltke. Der Beigeordnete Nato-Generalsekretär äußerte sich auf einer Arbeitstagung des Nato-Kooperationsrates zu praktischen Fragen der Verteidigungskonversion. Sie fand im Oktober 1994 im Land Brandenburg statt. Daher seien „Dialog und Informationsaustausch zwischen den Verbündeten und ihren Partnern" besonders wichtig, sagte er.

Ironie des Schicksals: Die UdSSR hatte 1959 der UNO eine Bronzeskulptur zum Geschenk gemacht, die vor ihrem Gebäude in New York aufgestellt wurde. Der Titel: „Wir schmieden Schwerter zu Pflugscharen".

Ein solches Symbol - ein Mann, der über seinem Kopf ein Gewehr zerbricht - diente in der DDR dem Protest gegen die Militärpolitik. Meist christliche junge Leute zeigten es auf ihrer Bekleidung, aber auch in Schulen, Universitäten und Betrieben war es zu sehen. Viele Bürger mussten für diese Oppositionshaltung oft Anfeindungen auf offener Straße von FDJ-Mitgliedern und manchmal sogar ernste Konsequenzen der Staatsgewalt hinnehmen.

Was damals aber nur wenige DDR-Bürger wussten: Das Symbol stammte vom Gebrauchsgrafiker Gerhard Voigt aus dem eigenen Land. Der ostdeutsche Künstler nannte es: „Unser Vorschlag gilt: Wir sind dialogbereit für Frieden und Abrüstung". Er hatte mit Zustimmung des Außenministeriums an einem internationalen Wettbewerb für die 2. UNO-Sondertagung für Abrüstung im Mai 1982 teilgenommen. Mit diesem beeindruckenden Motiv wurde ihm in New York der 1. Preis verliehen. Kirchenkreise in der DDR mit Kontakten zur Friedensbewegung sorgten dafür, dass man das erfolgreiche Plakat auch hierzulande gezeigt hat. Voigt unterrichtete später als Professor an der Kunst- und Designhochschule Burg Giebichenstein bei Halle/Saale.

Abzug der WGT-Truppen und Alliierten

Russische Westgruppe Tag und Nacht auf Gefechtsposten

Sie kamen einst mit den Großverbänden der Weißrussischen und Ukrainischen Front zum Ende des 2. Weltkrieges nach Deutschland, um hier 1945 gemeinsam mit anderen Alliierten Truppen den Faschismus zu besiegen und das deutsche Volk zu befreien. Daraus gingen in Ostdeutschland die sowjetischen Besatzungstruppen hervor.

Vor allem in Kasernen und auf Übungsplätzen der Wehrmacht verkörperte von nun an der Rote Stern das neue Machtsymbol. Es ersetzte dort das Hakenkreuz. Einige Jahre nach Gründung der DDR 1949 bereitete sich die Gruppe der Sowjetischen Streitkräfte in Deutschland (GSSD) mit immerhin 19 Divisionen auf diesem Territorium als 1. Strategische Staffel des Warschauer Pakts auf einen möglichen Kriegseinsatz vor. Und die Angriffsziele gegen die Nato lagen in Richtung Rhein und Nordsee.

Zwischen Schwerin und Weimar, Magdeburg und Dresden dienten ständig weit mehr als etwa eine halbe Million GSSD- und später WGT-Soldaten sowie Zivilbeschäftigte, die vorwiegend die großen Militärlaster lenkten. Zwischen 1945 und 1994 leisteten insgesamt mehr als 8,5 Millionen Soldaten aus allen damaligen Sowjetrepubliken hier ihrem Armeedienst ab, lernten die deutsche Kultur und die wirtschaftlichen Verhältnisse im sozialistischen deutschen Staat kennen. Die fünf Armeen und die Luftarmee wurden durch Raketen-, Artillerie- und Flugabwehrraketenbrigaden sowie Kampfhubschrauberregimenter verstärkt.

Der Oberkommandierende in Wünsdorf fühlte sich als der mächtigste regionale Befehlshaber außerhalb des eigenen Staatsgebietes. Meist stiegen die hier tätigen Marschälle und Armeegenerale danach auf, beispielsweise zum Verteidigungsminister oder wurden Oberkommandierende des östlichen Militärbündnisses mit Sitz in Moskau, so Andrei Gretschko und Iwan Jakubowski beziehungsweise Viktor Kulikow und Pjotr Luschew.

Vorteilhaft waren für sie auch später die guten persönlichen Kontakte zu Ulbricht und Honecker aus ihrer DDR-Dienstzeit. Andererseits organisierten die ehemaligen Waffenbrüder von Moskau aus, dass Erich Honecker zuerst im Militärlazarett Beelitz bei Potsdam dem Zugriff der deutschen Justiz wegen der Schüsse an der ehemals innerdeutschen Grenze entzogen wurde, bevor man ihn vom riesigen WGT-Militärflugplatz Sperenberg aus in einer Transportmaschine in die russische Hauptstadt brachte. Übrigens, ein Teil der Gebäude der früheren Lungenheilstätte Beelitz erstrahlt heute wieder in alter Schönheit.

Der Status der Westgruppe wurde zwar vom Stationierungsabkommen 1957 zwischen der DDR und der UdSSR bestimmt. Dessen Auslegung interpretierte aber jeder höhere Kommandeur vor Ort ganz nach seinem eigenen Verständnis. Hier standen die Truppen tatsächlich "Tag und Nacht auf Gefechtsposten". Mit diesen Worten umschrieb der ehemalige Oberkommandierende Armeegeneral Jewgeni Iwanowski die ständigen Kriegsvorbereitungen dieses Vorpostens des Warschauer Pakts.

Schon Jahre vor der Kuba-Krise 1962 hatte die Sowjetunion atomare Mittelstreckenraketen in der DDR stationiert. Laut Nachrichten-Magazin DER SPIEGEL (03/2000) wurden Anfang 1959 im heutigen Brandenburg zwei Stellungen mit insgesamt zwölf Atomraketen des Typs R-5M (SS-3, SHYSTER) eingerichtet - in Fürstenberg und Vogelsang (beide Oberhavel). Die Nuklear-Geschosse, die erstmals außerhalb der Sowjetunion stationiert wurden, besaßen eine Reichweite von 1 200 km. Sie reichten also bis nach London und Paris. Die Stationierung geschah daher unter größter Geheimhaltung. Schließlich handelte es sich um strategische Waffen außerhalb des eigenen Territoriums. Mitten im Kalten Krieg nutzte man sie in Ostdeutschland auch angesichts der Entwicklungen um West-Berlin (Massenfluchten) als gewaltiges nukleares Drohpotenzial gegenüber dem Westen.

Operationspläne aus dem Jahr 1983 belegten den Verlauf der geplanten Fronten im Westen Europas, auch die Grenzlinien zwischen den vorgesehenen Kernwaffenschlägen mit strategischen und operativ-taktischen Mitteln. Für hohe Militärs im Westen war es schon eine Überraschung, Jahre nach dem Abzug der russischen Truppen zu erfahren, dass die Russen in Ostdeutschland mehr als 800 taktische Atomwaffen für WGT und NVA zur nuklearen Kriegführung eingelagert hatten. Allerdings verfügten einzig und allein sowjetische Militärs sowohl in Moskau als auch in Wünsdorf über die Entscheidungsgewalt bei der nuklearen Einsatzplanung.

In etwa 25 Depots hatte man hier die Nuklearwaffen stationiert, darunter für den Einsatz mit Gefechtsfeld-Kurzstreckenraketen TOTSCHKA (Nato: SS-21, SCARAB) und taktischen Mittelstreckenraketen SS-1c SCUD-B. Bei Übungen ohne Rücksicht auf Umwelt und Natur, so in der Colbitz-Letzlinger Heide, in Altengrabow und Jüterbog, wurde stets die Gefechtsmunition mitgeführt und zwischengelagert. Insgesamt konnte die WGT in der DDR 11 700 Kilometer Kettenmarschwege und 15 Marschlinien der Ost-West-Richtung nutzen.

Die Nationale Volksarmee sollte die "Operationsfreiheit" dieser Hauptkräfte sichern. Das war, wenn ich richtig informiert bin, ihr hauptsächlicher Kampfauftrag im Kriegsfall. Offiziershörer der Militärakademie „Friedrich Engels“ in Dresden hatten in internen Gesprächen wiederholt kritisiert, niemals in die tatsächliche Kriegsplanung der Sowjetarmee eingeweiht gewesen zu sein, an deren Seite sie mit ihren NVA-Divisionen in Richtung Westen handeln sollten. So weit ging die viel beschworene Völkerfreundschaft nun auch wieder nicht.

Was bei Großmanövern und Übungen mit neuestem Kriegsgerät wie dem Kampfpanzer T-80 oder dem Erdkampfflugzeuge SU-25 FROGFOOT von sowjetischer Seite erprobt wurde, kam später in den eigenen Verbänden im sozialistischen Lager zum Einsatz. Als "erfolgreich" bezeichneten WGT-Generale wiederholt die Militäraktionen ihrer Truppen am 17. Juni 1953, beim Mauerbau 1961 und 1968 beim CSSR-Einmarsch. Im Gegensatz dazu griffen die stets gefechtsbereiten Verbände und Truppenteile der WGT während der Wende in der DDR ab 1989 auf direkte Weisung ihres obersten Befehlshabers, Präsident Michael Gorbatschow, nicht in die politischen Ereignisse ein. Es war so ruhig um diese Truppen wie nie zuvor, wenn man von einigen Vorkommnissen „innerbetrieblicher Art“ absieht.

Das geistige Rüstzeug holten sich die Angehörigen der Westgruppe stets aus den Kampftraditionen des 2. Weltkrieges. Für "massenhaften Heroismus und Tapferkeit" im Großen Vaterländischen Krieg waren von den nach Kriegsende in Deutschland stationierten Verbänden und Truppenteilen 139 mit Gardetiteln, 214 mit Lenin-, Rotbanner- oder anderen hohen Orden sowie 127 mit Ehrennamen ausgezeichnet worden. Jede Einheit bewahrte die Erinnerung an einen ihrer Helden - auch viele Frauen - aus dem Krieg in einem separaten Traditionszimmer mit frischen Blumen und Fotos, Orden und Briefen aus dem Schriftverkehr mit deren Verwandten. Beim täglichen Appell wurden die Namen der gefallenen Vorbilder ebenfalls aufgerufen. Einer der angetretenen Soldaten, der sich im Dienst besonders ausgezeichnet hatte, antwortete dann.

Mit dem Titel "Held der Sowjetunion" wurden 1 117 Angehörige der Westgruppe geehrt. Viermal allein erhielt ihn Marschall Georgi K. Shukow, nach Unterzeichnung der deutschen Kapitulation in Berlin-Karlshorst erster Chef der Sowjetischen Militäradministration in Deutschland (SMAD). Bei Besuchen der etwa 800 Denkmale in Ostdeutschland für gefallene Sowjetsoldaten und der eigenen Traditionszimmer sollte die patriotische Erziehung der jungen Wehrpflichtigen vertieft werden. Das betraf immerhin 75 Prozent des Personals der Landstreitkräfte.

Wegen der ständigen Gefechtsbereitschaft der Truppen blieben die 1 550 WGT-Liegenschaften mit einer Gesamtfläche von circa 300 000 Hektar über all die Jahrzehnte von der Außenwelt nahezu abgeschottet. Zu DDR-Zeiten öffnete sich mancher Schlagbaum bei offiziellen Besuchen zum "Tag der Sowjetarmee" am 23. Februar oder in der folgenden alljährlichen "Woche der Waffenbrüderschaft" bis zum 1. März, dem Tag der NVA. Die Gäste wurden gewöhnlich im Haus der Offiziere, im Lenin-Zimmer oder - hin und wieder - im Mannschaftsspeisesaal empfangen, um hier natürlich über die deutsch-sowjetischen Beziehungen zu sprechen. Dabei entstanden auch einzelne Freundschaften zwischen deutschen und russischen Familien.

Zum schlechten WGT-Image trugen in all den Jahren Straßensperrungen und Verkehrsunfälle bei, die unter der Bevölkerung für viel Ärger sorgten. Die Marschkolonnen belegten oft bestimmte Straßen für sich und riegelten sie für die Öffentlichkeit ab. Mancher sowjetische Regulierer verbrachte dann Tage an irgendeiner Kreuzung, wobei man nicht wusste, ob er auch verpflegt wird oder von seiner Truppe vergessen worden war. Ich habe da auch schon mal meine Russisch-Kenntnisse aufgefrischt und - wie bei uns in Pankow an der Autobahnauffahrt - dem Soldaten mit den beiden kleinen Fahnen etwas Erfrischendes gebracht. Das Mitgefühl mit einfachen Soldaten der Sowjetarmee war hier im Osten allgemein verbreitet.

Ob nun in Schwerin, Magdeburg oder Plauen – entlang der innerdeutschen Grenze und um West-Berlin verfügten allein die russischen Truppen über 4 000 Panzer modernster Bauart. Es gab einige Panzer für die tägliche Ausbildung. Und es gab die aufgetankten und aufmunitionierten Panzer für den sofortigen Gefechtseinsatz. Diese standen gesäubert in Reih und Glied in den Hallen, als fände hier eine Technische Messe statt.

Andererseits erwiesen sich russische Militärangehörige bei Bränden und Unglücken wiederholt als helfende Partner. Als 1954 ein junger Mann in Arnstadt am Abschlusstag der Schlosserlehre auf seinem Fahrrad auf der Setze vor dem Haus meiner Großmutter von einem ortsfremden PKW-Fahrer schwer verletzt wurde, brachte ihn ein gerade vorbeikommender Militärtransporter der Garnison Ohrdruf sofort in das Städtische Krankenhaus, was ihm sicher das Leben rettete. Auch so etwas vergisst man nicht.

Nach der Wiedervereinigung 1990 übte die WGT weiter sehr intensiv. Angeblich wurden dabei die etwa 81 000 Tonnen Munition, die noch Anfang 1994 für die deutsche Seite bei der bisherigen Abzugsbilanz als „verschwunden" galten, laut Aussagen des letzten Oberkommandierenden verschossen. Noch heute ist er stolz darauf, die deutschen Behörden beim Rücktransport sensibler Waffen immer wieder getäuscht zu haben, vor allem natürlich bei den nuklearen Sprengköpfen. Offenheit war nie sein Ding.

Für die Bundesregierung bildete die russische Streitkräftegruppierung schon im dritten Abzugsjahr 1993 "keine reale operative Bedrohung" mehr für Westeuropa. Offiziere und Soldaten bewegte zu dieser Zeit nicht nur die Freude über die Heimkehr, sondern vielmehr die Ungewissheit über ihre Zukunft in einem wirtschaftlich und politisch zerrütteten Land. Der stellvertretende WGT-Oberkommandierende Generaloberst Anatoli Bogdanow schätzte 20 Jahre später ein: „Für uns war das eine Flucht." (MDR-Fernsehen „Atomwaffenlager DDR", 6.4.2010).

Man sei sich "immer bewusst gewesen, dass wir uns auf fremden Gebiet befinden und eines Tages wieder abziehen müssen", sagte damals Oberkommandierender Matwej Burlakow. Der Generaloberst verließ vereinbarungsgemäß am 31. August 1994 als letzter russischer Militär Deutschland. Die WGT habe durchaus ihre "historische Mission in Europa erfüllt", betonte er. Das konnte man so oder so sehen - denn sie war die einstige "Speerspitze" der Sowjetmacht in Richtung Westen und eine ständige Gefahr für den Frieden in Mitteleuropa. Jedenfalls bedeutete der Abzug der WGT aus Deutschland vom ersten Tag an einen wichtigen Beitrag zur Entspannung im Zentrum Europas.

„Teufelszeug" auch im Osten

Die Atomwaffen im Westen galten für die DDR-Führung ab 1983 als „Teufelszeug". Diesen Begriff verwendete Partei- und Staatschef Honecker, wenn er die Friedenspolitik seines Staates mit Blick auf das Ausland und die internationalen Abrüstungsbemühungen hervorhob.

Nie machte der Verteidigungsminister davon Gebrauch. Daher sorgte diese doppelte Moral vor allem unter den eigenen Kommandeuren für Verwirrung: Waffen unter sozialistischen Bedingungen galten als Friedenswaffen. Raketen auf der anderen Seite zählten zur Kategorie „Teufelszeug". Wie ich hörte, fanden dazu immer wieder ernsthafte Diskussionen in der NVA statt. Und nicht nur in den Raketentruppen.

Natürlich konnte man auch die russischen Waffen dieser Gattung in diese „Teufelszeug"-Logik einbeziehen. Ob Militär oder Atomwaffengegner, die es in Ostdeutschland ebenso gab: Jeder wusste um die nukleare Gefahr dieser Bewaffnung für die eigene Bevölkerung. Doch wer hätte damals geglaubt, dass dieses Atomwaffen-Arsenal östlich von Elbe und Werra solche Dimensionen besaß? Davon hat man nur etwas während der Nachrüstungsdebatte aus dem Westen im Radio oder Fernsehen erfahren. Und wie schon erwähnt, hat sich auch die Nato, speziell bei nuklearen Gefechtsfeldwaffen, eigentlich nie so richtig in die Karten schauen lassen.

Ich war dabei, als bei Waren an der Müritz (Mecklenburg-Vorpommern) der Abzug solcher Raketen aus ihren bis dahin streng geheimen Stellungen begann. Obwohl man die nuklearen Gefechtsköpfe schon in die Sowjetunion transportiert hatte, bekam man beim Anblick der riesigen Raketen vom Typ SS-12 (SCALEBOARD) doch noch Angst. Dazu trug auch die mit Starkstromanlagen und Stacheldraht gesicherte Operationsbasis bei. Ein Erlebnis, als wäre man im Kino in einem Kriegsfilm!

Und dann der „Höhepunkt" dieses erstmaligen Besuchs von DDR-Journalisten bei dieser Waffengattung der GSSD auf ostdeutschem Boden: Die „Raketschiki" demonstrierten ihr militärisches Können. Da konnte selbst der Laie erahnen, welche Gefahr im Herzen Europas über Jahre von diesen sowjetischen Mittelstreckenraketen kürzerer Reichweite ausgegangen war. Davor hatten der Westen und besonders die Bundesregierung immer wieder gewarnt.

Nach dem Kommando „Zum Gefecht!" stellte eine neunköpfige Bedienung die Startbereitschaft der wuchtigen Boden-Boden-Rakete her, millimetergenau justiert. Auf den Befehl „Feuer!" verzichtete der Kommandeur in unserer Anwesenheit. Wie wir erfuhren, galten diese „Riesen" im sowjetischen Nuklearwaffen-Arsenal als die ersten taktischen ballistischen Raketen mit Feststoffantrieb.

Tatsache war, und darüber fiel hier kein einziges Wort: Die Russen hatten über viele Jahre in einer der schönsten Landschaften der DDR, wo sich in den Sommermonaten zehntausende Urlauber und Erholungssuchende mit Kind und Kegel aufhielten, die Sprengköpfe für Kernwaffen gelagert. Jederzeit einsatzbereit, in Wäldern vor der westlichen Aufklärung versteckt. Und diese wurden auch nicht, wie ich noch vor meiner Reise dorthin in der kleinen Pressegruppe ganz naiv dachte, aus Sicherheitsgründen weit unter der Erdoberfläche aufbewahrt. Etwa nach dem Motto: „Sicher ist sicher!"

Nein, die nuklearen Gefechtsköpfe mit einer Sprengleistung von mehr als 500 Kilotonnen lagerten ebenerdig in abgedeckten Hangars. (Zur Erinnerung: Die über Hiroshima gezündete Atombombe hatte 13 Kilotonnen.) Sie konnten, so berichtete man uns, an der Rampe davor direkt auf die riesigen Raketen aufgesetzt werden. Und die Tod und Verderben bringenden Ungeheuer wurden dann von schweren Spezialfahrzeugen MAZ-543, die einen sehr mobilen Eindruck machten, fortbewegt.

Die Abdeckung der Lagerstätten für die Gefechtsköpfe mit Betonplatten und Erde als Schutz hatte eine Stärke von gut einem Meter. Die Raketen besaßen dagegen weniger Schutz, eigentlich nur vor der Luftaufklärung oder wurden von den schwergewichtigen Transportfahrzeugen ständig durch ein großes abgesperrtes Waldgebiet bewegt.

Weil das Waffenarsenal durchaus strategische Bedeutung besaß, unterstand es direkt dem Verteidigungsministerium der UdSSR. Darauf verwies ein Warnschild in Russisch. Deutsche Besucher hatte es bis zum Zeitpunkt der Abrüstung an diesem Ort noch nicht gegeben. In Moskau wurde also entschieden, welche Person diese Sperrzone am Rande der Kasernenanlage einer Raketenbrigade bei Waren betreten durfte und welche nicht.

Unsere kleine Gruppe bestand aus zehn Journalisten, Bildreportern und Kameraleuten von den DDR-Medien. Die Namen mussten langfristig vorher von den Redaktionen an die Militärführung der GSSD in Wünsdorf gemeldet werden. Trotzdem: Als wir am Eingang der Anlage begrüßt wurden, filmte man uns heimlich aus der vierten Etage des Stabsgebäudes.

Da ich zufällig auch noch zwei Truppenfahnen im Kommandeurszimmer hinter einer Vitrine entdeckte - ein Zeichen dafür, dass hier zwei und nicht nur ein Truppenteil (das behaupteten jedenfalls die Gastgeber) stationiert waren -, wurde mir klar: Auch bei diesem Truppenabzug, der nicht nur in der DDR, sondern auch international überaus positiv aufgenommen wurde, haben die Gastgeber irgendwie „getürkt".

Wie man später dem Washingtoner Abkommen über die Vernichtung von insgesamt 2 611 sowjetischen und amerikanischen Raketen entnehmen konnte, handelte es sich hier nur um einen von mehreren Standorten mit Nuklearwaffen im Osten Deutschlands. Alles war zu dieser Zeit streng geheim. Kein Bürgermeister, kein SED-Kreissekretär und kein Dorfpolizist in der DDR hatten je eine Ahnung davon, auf was für gewaltigen Pulverfässern wir Ostdeutschen eigentlich saßen.

Und daneben existierten ja noch die nuklearen Gefechtsfeldwaffen und Waffen im Kurzstreckenbereich, die nicht in die Abrüstung einbezogen worden waren. Sie alle bedeuteten eine große Gefahr für die Sicherheit der Bewohner nicht nur dieser Regionen und bestätigten insgeheim die Faustformel von Militärs: Je kürzer die Reichweite, umso deutscher die Toten.

Selbst die DDR-Spitzendiplomaten bei den Abrüstungsverhandlungen brachten „manchen Kontrollvorschlägen des Westens insgeheim einige Sympathie entgegen..., weil wir damit manches über die Gruppe der Sowjetischen Streitkräfte (GSSD) erfahren hätten, was auch für uns top secret war". So Delegationsleiter Klaus-Dieter Ernst („DDR-Außenpolitik im Rückspiegel", Münster 2004, S. 204). Stattdessen konnten die Ostdeutschen in der Zeitung lesen, welche Gefahr von den Atomwaffen in der Bundesrepublik für den Frieden in Europa ausgehen würde. Eine der DDR-Losungen hieß nämlich: „Frieden schaffen gegen Nato-Waffen".

Deutsche und Russen koordinierten über 500 000 Luftbewegungen

Auch das war die WGT: Tag für Tag der gleiche Ablauf. Punkt 15 Uhr trafen sich im Hauptquartier der russischen Westgruppe in Wünsdorf südlich von Berlin mehrere Offiziere der Bundesluftwaffe und der 16. WGT-Luftarmee zur "Lage". Im operativen Arbeitsraum der Zentrale für Luftraumkoordinierung stimmten sie jeweils für den kommenden Tag alle militärischen und zivilen Luftbewegungen über den neuen Bundesländern ab - täglich bis zu 4 000 Aktivitäten. Nur die planmäßigen Linienflüge, zum Beispiel von und nach Berlin, waren ausgenommen. An der Koordinierung nahmen ebenfalls Verantwortliche der Bundesanstalt für Flugsicherung teil.

Und so sah die erfreuliche Bilanz aus: Zwischen Oktober 1990 und April 1994, also in etwa dreieinhalb Jahren, wurden insgesamt 536 611 Flugbewegungen koordiniert. Davon fanden von Seiten der WGT 272 231 mit Strahlflugzeugen (Düsenjets) und 245 673 mit Hubschraubern statt, darunter die der Heeresflieger. Auf das Konto der Bundeswehr kamen in dieser Zeit 6 450 Flugbewegungen, so beim Air Policing, bei der MiG-29-Erprobung und bei der Zusammenlegung von NVA-Flugzeugen auf „Verdichtungsplätzen" zur Abrüstung in internationale Museen oder auf dem Schrottplatz. Außerdem fanden 12 257 zivile Flüge statt, vor allem zur ökologischen Bestandsaufnahme aus der Luft im Auftrag der fünf neuen Bundesländer, als Vermessungs- und Luftbildflüge sowie bei Sportereignissen.

Die WGT nutzte anfangs noch die mehr als 50 sowjetischen Flugplätze. Auf den ehemaligen GST-Flugplätzen in allen Teilen der ehemaligen DDR entstanden auf privatrechtlicher Basis Dutzende von Aeroclubs. Der konfliktfreie Übergang von zwei unterschiedlichen Philosophien der Luftraumnutzung, wie sie bislang im Osten und im Westen praktiziert wurden, war hier nur durch die fachlich Kompetenz und den guten Willen aller Beteiligten zu engster Zusammenarbeit möglich, schätzten abschließend die beteiligten Vertreter der einst feindlichen Armeen ein.

Jeweils am Vormittag wurden die Fluganmeldungen telefonisch oder schriftlich entgegen genommen. Dann zeichnete man sie mit Buntstift und Lineal auf riesigen gläsernen Schiebetafeln maßstabgerecht ein - mit Kursen, Höhen und Flugzeiten. Anschließend begann die gemeinsame Abstimmung. Anfangs ging es noch um das Training von Tief- und Nachtflügen russischer MiG's und Suchoi-Schwenkflügler.

Diese und andere „Krachmacher" hatten zu DDR-Zeiten den Hauptanteil an den 7 000 Flugbewegungen, die jeden Tag - auch am Wochenende - über Ostdeutschland stattfanden. Und niemand durfte sich darüber öffentlich beschweren. Die Westgruppe der Truppen handelte wie einst die sowjetischen Besatzungstruppen und die GSSD nahezu autark im Osten. In Wünsdorf hatte ein Sowjetgeneral - an gleicher Stelle - immer das Sagen bei der Abstimmung von Flügen und Vorhaben der NVA-Piloten. Was sich aber seit der deutschen Einheit in den Begegnungen mit den Herren von der Bundeswehr schlagartig änderte.

In der Endphase des Truppenabzugs waren es täglich nur noch 15 Flüge von meist riesigen russischen Transportmaschinen. Die Bundeswehr offerierte in Wünsdorf ihre Übungs- und Transportflüge über Ostdeutschland. Außerdem wurde über den Vertreter der Bundesanstalt für Flugsicherung der zivile deutsche Anteil eingebracht, was ja ebenso wichtig war.

In dieser ungewöhnlichen Runde zwischen einem Nato-Staat und der Großmacht Sowjetunion beziehungsweise dem späteren Russland klärten je 60 deutsche und russische Experten, darunter zahlreiche ehemalige NVA-Angehörige mit perfekten Russisch-Kenntnissen, ganz unbürokratisch alle sich anbahnenden Konflikte. Das waren meistens höhen- oder seitenmäßige Überschneidungen bei Fluganmeldungen. Jeweils am Abend gab es dann eine weitere Koordinierungsrunde. Dort wurden die Freigaben vorbereitet.

Bundeswehr-Wachleiter und WGT-Diensthabender saßen nebeneinander und arbeiteten eng zusammen. Neben ihnen bedienten weitere deutsche und russische Offiziere Funkanlagen und Computer, waren arbeitsteilig für militärische und zivile Flüge zuständig. Tags darauf überwachten die Anwesenden, auch unter dem Gesichtspunkt meteorologischer Bedingungen, auf den Karten die Flüge über und unter 1 400 Metern sowie auf anderen Flugrouten.

Für Aufregung auf beiden Seiten und wiederholt für Verstimmung unter den WGT-Militärs sorgten vor allem unmittelbar nach der Wiedervereinigung deutsche Sportflieger. Sie landeten meist unangemeldet auf sowjetischen Militärflugplätzen. Hier galt zu diesem Zeitpunkt noch immer die „Wachsamkeit" der Militärs der einst vordersten Front gegenüber fremden Luftfahrzeugen, noch dazu aus dem Nato-Bereich. Und das waren ja bekanntlich während des Kalten Kriegs die Gegner der Soldaten der 16. Luftarmee.

Gemeinsam hat man also seit dem 3. Oktober 1990 rund um die Uhr für die gemeinsame Sicherheit gearbeitet. Die Arbeitsdevise lautete: "Keine unkontrollierten Flüge im kontrollierten Luftraum". So konnte sich das Ergebnis dieser deutsch-russischen Kooperation sehen lassen, auch international: Kein einziger Zwischenfall im Luftraum des Beitrittsgebietes. Das hatte meines Erachtens unbedingt etwas mit Professionalität aller Beteiligten zu tun. Und mit gegenseitigem Vertrauen.

Dabei hatte 1970 ein Zusammenstoß zwischen Flugzeugformationen der NVA und der Westgruppe zur Einrichtung einer gemeinsamen Dienststelle zur Leitung der Flüge im Luftraum der ehemaligen DDR geführt. Sie wurde "Vereinte Hauptzentrale" genannt. Im souveränen Deutschland stand dem obersten Bundeswehr-Vertreter das letzte Wort zu. Er musste aber nie davon Gebrauch machen, berichtete man uns. Die Gesprächsteilnehmer konnten sich letztlich immer einigen. Mit dem Einbringen eines russischen Anteils in Berlin-Tempelhof bei Havel Radar nach der Wiedervereinigung wurde der Aufbau der Flugsicherungszentrale nach westlichem Muster flexibler gestaltet, das Luftraummanagement in Wünsdorf transparenter.

Als die Koordinierungsstelle außer Dienst gestellt wurde, fanden die Verantwortlichen nur lobende Worte für diese verantwortungsvolle Tätigkeit der drei Partner: Vor allem die ausgesprochen gute Arbeitsatmosphäre zwischen Deutschen und Russen wurde gewürdigt. Laut Luftwaffen-Inspekteur Generalleutnant Jörg Kuebart, Jahrgang 1934, sei die Zusammenarbeit eine „Episode gemeinsamer Anstrengungen gewesen, wie sie sich selbst die kühnsten Phantasten vor einigen Jahren nicht ausdenken konnten". Bei der koordinierten Luftraumnutzung von mehr als einer halben Million Flüge und Vorhaben habe es „nicht einen ernstzunehmenden Zwischenfall gegeben".

Abteilungsleiter Ingmar Joerss vom Bundesverkehrsministerium lobte ebenfalls das "gute deutsch-russische Verhandlungs- und Betriebsklima". Der Aufenthalt „in einem ehemaligen militärischen Zentrum der Warschauer Vertragsstaaten" war für ihn noch vor fünf Jahren unvorstellbar. Generalmajor Alexander Woltschenko aus Rostow, seit anderthalb Jahren Kommandeur der russischen Seite in der Wünsdorfer Luftwaffen-Einrichtung, sagte mir zum Abschluss: "Wir hatten eine kameradschaftliche Atmosphäre und eine gute Zusammenarbeit mit den Deutschen.“

Wer einmal diesen scheinbaren Wirrwarr auf den großen Tafeln gesehen hat, der im schlimmsten Fall über jeden Ort in Ostdeutschland zu einer Katastrophe hätte führen können, war eigentlich dankbar für dieses harmonische Miteinander bei einer solchen Verantwortung der Militärs. Was mir noch auffiel: Die russische Seite hatte viel Respekt vor der beruflichen Flexibilität und dem menschlichen Vermögen der Offiziere aus der Bundeswehr. Dieser Eindruck und die Erinnerung an den „Geist von Wünsdorf“ haben dann die russischen Spezialisten in ihre ferne Heimat begleitet.

Militärmusiker machen Italiens Startenor Konkurrenz

Da war Italiens Startenor Maestro Luciano Pavarotti in Berlin, und doch sollten die Kritikerworte vom "ungewöhnlichen Konzert" nicht seiner Kunst gelten. Diese seltene Wertschätzung wurde Ende April 1993 in der Hauptstadt auch nicht anderen auf den Bühnen der Welt bestens bekannten Solisten und Klangkörpern zuteil, sondern deutschen und russischen Militärmusikern. Was noch vor ein paar Jahren angesichts der Ost-West-Konfrontation und der Zugehörigkeit zu gegnerischen Bündnissen unmöglich war, schafften die Musiker in der Uniform der Bundeswehr beziehungsweise der Russischen Armee spielend im doppelten Wortsinn - bei ihrem ersten gemeinsamen Auftritt.

Das Anliegen war auch nicht alltäglich: Eine Benefizveranstaltung für kranke Menschen. Der Erlös kam dem Unterstützungsfonds für die Westgruppe der Truppen e.V. zugute und wurde besonders in der kindermedizinischen Betreuung als spontane Hilfe gewährt. Als an jenem Abend im Großen Sendesaal des Senders Freies Berlin (heute RBB) für die Rundfunk-Direktübertragung die "Rote Lampe" aufleuchtete, hatten das Stabsmusikkorps der Bundeswehr und das Orchester des Stabes der Westgruppe bereits erfolgreich die Proben für dieses einmalige Konzert hinter sich. Tschaikowskis Feierlicher Marsch, von beiden Orchestern harmonisch dargeboten, stimmte das Publikum im Saal und viele Tausend Zuhörer am Radio in das Zweieinhalb-Stunden-Programm ein. Unter wechselnder Stabführung der Oberstleutnante Heinz Dieter Paul und Alexander Karpow sorgten dann die etwa 150 Künstler mit volkstümlichen und klassischen Weisen für schwungvolle Unterhaltung.

Ein Berliner Medley und die Polka "Rosamunde" begeisterten ebenso wie die Melodien "Russische Skizzen" und das Volkslied "Kalinka". Rhythmischer Beifall des Publikums zwang dann die Bundeswehrsoldaten und ihre russischen Musikantenkollegen zum Schluss beim Regimentsmarsch "Alte Kameraden" zum Dacapo. Blumen für die Dirigenten, aber auch für die Schirmherrin der Veranstaltung, Hanna-Renate Laurien, Präsidentin des Berliner Abgeordnetenhauses, waren ein kleines Dankeschön für dieses ungewöhnliche Kunsterlebnis mit Soldaten. Diese selbst werden sich auch künftig mit dem Wappen des anderen Orchesters an den erlebnisreichen Tag in der Masurenallee erinnern können.

Noch während das Bundeswehr-Stabsmusikkorps die Instrumente für die militärische Begrüßung des französischen Premiers am folgenden Tag vor dem Bundeskanzleramt in Bonn packte, das Westgruppen-Orchester hatte zu dieser Zeit im brandenburgischen Wünsdorf Proben geplant, gab es von zuständigen Militärs erste kommentierende Einschätzungen.

Der Bevollmächtigte der Bundesregierung für den Abzug der Westgruppe und Leiter des 60-köpfigen Deutschen Verbindungskommandos, Generalmajor Hartmut Foertsch, nannte den gemeinsamen Auftritt "ein sichtbares Zeichen für das neue Miteinander". Um den abziehenden Soldaten eine "Heimkehr in Würde" zu ermöglichen, sei mit Spendenmitteln aus dem Unterstützungsfonds in annähernd 50 Fällen zum Teil lebensrettende Hilfe geleistet worden. Darunter war die erfolgreiche Nierenoperation des dreijährigen Igor Wowk, Sohn eines russischen Militärangehörigen.

Westgruppen-Oberbefehlshaber Generaloberst Matwej Burlakow zeigte sich ebenfalls sehr zufrieden mit dem Benefizkonzert. In dessen Verlauf waren weitere Spenden für den Unterstützungsfonds von Radiohörern beim Sender angekündigt worden. Er sei überzeugt, dass ähnliche Wohltätigkeitsveranstaltungen "der Festigung des gegenseitigen Verständnisses und Vertrauens zwischen Russland und Deutschland und ihren Streitkräften, zum Wohl des Friedens und der Blüte aller Völker Europas" dienen werden.

Und noch ein Kuriosum am Rande: SFB-Intendant Günther von Lojewski war "sehr froh", beide Militärorchester im eigenen Haus des Rundfunks als Gäste erlebt zu haben. Was die russischen Soldaten betreffe, so seien sie für dieses große Konzert an eine Stätte - heute unter Denkmalschutz - zurückgekehrt, die nach 1945 über elf Jahre von der Sowjetarmee besetzt war. Diesmal als Musiker im vereinten Berlin, bei einer Rundfunksendung "in Freiheit für ein demokratisches Land", wie er betonte. Denn zwischen 1945 und 1956 arbeitete hier in dem historischen Klinkerbau von Hans Poelzig, heute das älteste eigenständige Funkhaus der Welt, der „Berliner Rundfunk“ unter sowjetischer Leitung.

„Operation Heimat“ ging in die Militärgeschichte ein

Schon wenige Jahre nach der Deutschen Einheit ging die Rückverlegung der russischen Truppen in die Militärgeschichte ein: Von beiden Regierungen gemeinsam beraten und beschlossen, wurde sie zur größten militärischen Bewegung im Nachkriegs-Europa. Beteiligt waren an diesem geordneten Abzug aus Deutschland, den vor allem die Ostdeutschen seit Jahrzehnten herbeigesehnt hatten und der auch zur politischen Entspannung in Europa beitrug, alles in allem 546 000 Soldaten und Zivilisten. Dazu gehörte die Bewaffnung von 19 Heeres- und fünf Luftwaffendivisionen.

Wer von Anfang an die regelmäßigen Verlautbarungen über den Truppenabzug verfolgt hatte, merkte schon bald, dass hier von beiden Seiten exakt nach Plan gearbeitet wurde. Die gemischte Arbeitsgruppe "trat zusammen", "zog Bilanz" und "legte fest". Denn "po planu" (russisch: planmäßig) verlief bei den russischen Militärs so ziemlich alles - vom täglichen Gefechtsdienst bis zur Ausbildung in den Rückwärtigen Diensten. Und so wurden, wie mit dem Deutschen Verbindungskommando unter Generalmajor Foertsch vereinbart, Personal und Bewaffnung abgezogen.

Von Schwerin über Magdeburg und Halle bis nach Weimar/Nohra und Dresden verabschiedete sich mit der Westgruppe die stärkste militärische Kräftekonzentration der ehemaligen Sowjetunion außerhalb ihres Staatsgebietes. Die insgesamt 1 026 sowjetischen (später russischen) Liegenschaften umfassten eine Gesamtfläche von rund 2 430 Quadratkilometern. Das waren 3 Prozent des gesamten DDR-Territoriums. Die WGT verfügte bis 1990 über 27 große und mehr als 100 Standortübungsplätze, 54 Flugplätze, darunter 23 Fliegerhorste zur ständigen Stationierung einsatzbereiter Kampfverbände, 172 große Kasernenkomplexe, viele kleine Garnisonen und weit über 100 Depots aller Art.

Was die Logistik der WGT und aus heutiger Sicht damit eine weitere Größe dieses Truppenabzugs betraf, so wurde anhand von einst streng geheimen Unterlagen der Nationalen Volksarmee auch auf folgende Tatsache verwiesen: Die Westgruppe besaß zu Zeiten des Kalten Krieges in der DDR über 1 Million Tonnen Munition, davon 680 000 Tonnen in den 113 Munitionslagern ihrer Landstreitkräfte und anderen zentralen Depots sowie 320 000 Tonnen direkt im beweglichen Truppenbestand. Insgesamt 530 000 Tonnen Betriebsstoff sollten russischen Quellen zufolge zumindest für 40 Kampftage auf dem Westlichen Kriegsschauplatz mitten in Europa ausreichen.

Bei der "Operation Heimat" handelte es sich insgesamt um eine vertrauensbildende Maßnahme. Das war so am 12. Oktober 1990 mit der damaligen Sowjetunion im Aufenthalts- und Abzugsvertrag vereinbart worden, den Bundeskanzler Helmut Kohl und Präsident Boris Jelzin später präzisiert hatten. Im Mittelpunkt stand ein "Abzug in Würde". Dieser prägte auch am 31. August 1994 das Abschiedsprogramm in Berlin.

Danach gab es auf russischer Seite nur noch Erinnerungen an die fast 50-jährige militärische Präsenz oder Herrschaft in einem Teil Deutschlands: 600 000 Gefallene in deutscher Erde. Etwa acht Millionen Militärangehörige sowie Zivilisten dienten hier zwischen 1945 und 1994. Für Zehntausende Bürger Russlands stehen heute Potsdam, Grimma, Gera oder andere ehemalige ostdeutsche Garnisonsstädte als Geburtsort in den Pässen. Darunter Dresden bei Wladimir Putins zweiter Tochter Katja.

Für die deutsche Seite war die Zusammenarbeit mit Repräsentanten der einst gegnerischen Truppen seit dem Tag der Deutschen Einheit 1990 "vom Ungewöhnlichen" geprägt wie die Vorbehalte der russischen Seite gegenüber Generalen und Offizieren der Bundeswehr. Zu gegenseitigem Verständnis und zum Vertrauen trug auch der gemeinsame deutsch-russische Unterstützungsfonds für die spezielle medizinische Betreuung von Soldaten und Familienangehörigen bei. Gerade diese uneigennützige Hilfe hat auf der russischen Seite tiefen Eindruck hinterlassen, wurde mir in vielen Gesprächen bestätigt.

"Sehr viele russische Soldaten hatten Gelegenheit, unser Land, unsere Menschen und unseren Staat kennen zu lernen", berichtete mir General Foertsch. Mit ihm traf ich wiederholt zu angeregten Gesprächen und Interviews zusammen. Er war zuvor als Kommandeur einer Panzerdivision und in Nato-Stäben tätig. "Diese Eindrücke können in der Heimat der Rückkehrer Grundlage für künftiges Handeln bilden, auch zu einer guten Botschaft aus der Bundesrepublik Deutschland beitragen und so Vorurteile abbauen, die es in Russland da und dort noch gibt."

Neben den Denkmälern für die gefallenen Sowjetsoldaten in vielen Städten und Gemeinden, die gemäß deutschem Gräbergesetz wie normale Friedhöfe behandelt und gepflegt werden, sollte ein Ort auch künftig einen besonderen Platz in den deutsch-russischen Beziehungen besitzen - das Kapitulations-Museum in Berlin-Karlshorst. Es war im einstigen Offizierskasino der dortigen Wehrmachts-Pionierschule eingerichtet worden.

Dieses Museum mit vielen Sachzeugen aus dem Großen Vaterländischen Krieg diente seit Kriegsende über Jahrzehnte den russischen Verbänden vor allem zur patriotischen Erziehung der Wehrpflichtigen. Als Feindbild galt der deutsche Faschismus in all seinen Facetten. Zu den Exponaten gehörten ein Stadtplan Berlins mit handschriftlichen Notizen Hitlers aus dem Führerbunker sowie ein Miniaturmodell der deutschen Hauptstadt zur Vorbereitung der Berliner Operation in der 1. Weißrussischen Front. Es gab zudem noch viele weitere bedeutende Zeugnisse von diesem erbitterten Kampf.

Nach seinem Umbau und der Neueröffnung am 8. Mai 1995, als sich das offizielle Ende des 2. Weltkrieges zum 50. Mal jährte, wurde das Museum zu einem Haus der Begegnungen zwischen beiden Völkern und zu einer Gedenkstätte der Geschichte deutsch-russischer Beziehungen. Daran hat eine paritätisch besetzte Kommission mit Experten des Deutschen Historischen Museums und des Militärgeschichtlichen Forschungsamtes, aus dem Verteidigungs- und Außenministerium Russlands sowie des Moskauer Zentralmuseums der Streitkräfte mitgearbeitet. Ihrer Mission lag die Vereinbarung aus dem Deutsch-Sowjetischen Freundschaftsvertrag zugrunde, in dem sich beide Seiten für den Erhalt der in ihrem Gebiet „befindlichen Kulturgüter der anderen Seite einsetzen".

Seit Museumseröffnung 1967 kamen bis zum Abzug der WGT 1994 mehrere Millionen Besucher hierher. Darunter befanden sich viele Kriegsveteranen aus Russland und Deutschland. Natürlich interessierten sie sich auch für die hier zur Schau gestellten deutschen Waffen aus dem 2. Weltkrieg.

Ironie der Militärgeschichte: Nur vier Monate nach der offiziellen Verabschiedung der letzten WGT-Truppen fanden deutsche Feuerwerker bei Kontrollarbeiten auf dem früheren Militärgelände in Wünsdorf (Teltow-Fläming), wo sich fast 50 Jahre lang das Oberkommando der ehemaligen Sowjetischen Streitkräfte in Deutschland und später der Westgruppe der russischen Truppen befunden hatte, eine zehn Zentner schwere amerikanische Fliegerbombe aus dem 2. Weltkrieg. Ihr Zünder war noch intakt. Sie wurde entschärft. Was wäre geschehen, wenn die riesige Fliegerbombe zu Zeiten des Kalten Kriegs explodiert wäre? Die Seite „Rot", das waren bei den Planspielen der dortigen Armeebefehlshaber die eigenen Kräfte, hätte wohl auf unvorstellbare Weise reagiert!

Mit der GSSD/WGT war die stärkste militärische Gruppierung Moskaus im Ausland stationiert. Allein am Sitz Wünsdorf des Oberkommandierenden der ehemaligen Besatzungstruppen dienten etwa 75 000 Soldaten. Im April 1945 besetzte hier die Sowjetarmee eine der wichtigsten deutschen Kommandozentralen mit ihren riesigen, zum Teil unterirdischen Anlagen des Oberkommandos des Heeres und des Heereswaffenamtes. Seit dem Abzug der Russen aus Wünsdorf zieht es täglich viele Interessenten hierher, die sich ein Bild von diesen noch immer beeindruckenden militärischen Hinterlassenschaften machen möchten. Dazu gehört der Nachrichtenbunker Zeppelin, während des 2. Weltkrieges einer der größten Nachrichtenknotenpunkte Europas.

Feier in Berlin mit befreundeten Alliierten

Nach dem Einholen der US-Truppenfahne auf dem Flughafen Tempelhof, der Abschiedsflugschau der Royal Air Force in Gatow und der letzten Großparade französischer Streitkräfte im Quartier Napoleon setzte auch die Bundeswehr ein Jahr vor dem Abschied der befreundeten Alliierten Truppen aus Berlin ein Zeichen bei der Wachablösung. Insgesamt hatten nach dem 2. Weltkrieg etwa 12 000 alliierte Soldaten in West-Berlin ständig ihren Dienst versehen - das waren 6 000 Amerikaner, 3 600 Briten und 2 600 Franzosen.

Bei einem geselligen und besinnlichen Beisammensein in der Blücher-Kaserne, die zuvor den Namen des britischen Feldmarschalls Montgomery trug, wurde den Vertretern der einstigen Schutzmächte für ihre treue militärische Pflichterfüllung in den vergangenen Jahrzehnten gedankt. Der Anlass war festlich. Die amerikanischen, britischen und französischen Soldaten feierten nun letztmalig Weihnachten in der deutschen Hauptstadt.

Es beeindruckte schon, wie kameradschaftlich Offiziere, Unteroffiziere und Soldaten des deutschen Jägerbataillons mit Kommandeur Oberstleutnant Franz Josef Paulus ihre Gäste willkommen hießen. Für den Generalinspekteur der Bundeswehr, General Klaus Naumann, war das eine gute Gelegenheit, „namens der deutschen Soldaten den Alliierten Respekt und Anerkennung zu zollen“.

„Als diese 1945 in das zerstörte Berlin kamen, waren sie Besatzungstruppen", erklärte er. „48 Jahre später sind sie unsere Freunde in einer - trotz vieler Sorgen - blühenden Stadt, die wieder vereint und die Hauptstadt Deutschlands ist." Diesen alliierten Kameraden "haben Berlin und Deutschland viel zu verdanken. Sie standen zu Berlin in den Stunden der Not, sie waren zuverlässig und immer da, wenn sie in Berlin gebraucht wurden." Naumann erinnerte dabei an die Luftbrücke der Alliierten während der russischen Blockade Berlins 1948/49 und an den Mauerbau 1961.

Da die Alliierten in Deutschland blieben, bedeutete dies keinen Abschied, "sondern nur eine Verlegung. Und wir sind froh, dass es weiterhin amerikanische, britische und französische Soldaten in Deutschland gibt, so wie ständig stationierte deutsche Soldaten in den Vereinigten Staaten von Amerika, in Großbritannien und in Frankreich". Man werde auch weiterhin "zusammenstehen müssen, wenn wir

Frieden und Sicherheit in Europa erhalten wollen". Wachsamkeit sei "der Preis der Freiheit".

Wie bei Abschiedstreffen üblich, gab es auch kleine Geschenke des Dankes und der Erinnerung. Für das internationale "Soldaten-Quartett" Rodney Gaskins, Guillaume de Polignac, Kurt Nelson und Brian Duckerschein - stellvertretend für alle Anwesenden von den vier verbündeten Armeen - aus den Händen des Generalinspekteurs: Eine Radierung mit dem Brandenburger Tor, seit dem Fall der Mauer im November 1989 ein besonderes Symbol der deutschen Einheit. Dem Dankeschön an die Alliierten Truppen schloss sich auch Spandaus Bürgermeister Sigurd Hauff (SPD) an. Seit die Bundeswehr im drittgrößten Berliner Bezirk zu Hause ist, könnten die neuen Soldaten wie bisher die britischen Militärangehörigen fest auf die Unterstützung der Stadtväter bauen. Erst kürzlich hatte Hauff beim Gelöbnis von Rekruten in Spandau versichert, "dass die Bundeswehr integrierter Bestandteil unserer Gesellschaftsordnung ist".

Freundschaft Berlin - USA nun ohne Truppenfahne

Die deutsch-amerikanische Freundschaft hat in Berlin eine große Geschichte, ebenso aber auch eine große Zukunft. Diese Auffassung war in den Wochen, da die ersten GI's entsprechend dem alliierten Truppenabzug aus der deutschen Hauptstadt in die Heimat verlegt wurden, wiederholt zu hören. So von führenden Vertretern aus Politik und Wirtschaft, Kultur und Wissenschaft. In diesem Sinne äußerten sich viele Bürger, vor allem aus dem Westen der Stadt, auf Treffen, bei Ausstellungen, zu Volksfesten oder Paraden wie beim Einholen der Truppenfahne auf dem Flugplatz Tempelhof.

In dankbarer Erinnerung beim Kapitel Nachkriegsgeschichte bleibt ganz besonders die Militärpräsenz der Amerikaner in Berlin, versicherten dabei die Deutschen. Gemeinsam mit den anderen befreundeten Alliierten sorgten sie als eine der Schutzmächte für ein friedvolles Leben in der einst geteilten Stadt. Zu Zeiten des Kalten Krieges waren es die unendlichen Schikane der russischen Truppen.

Oft sei jetzt die "Besorgnis von Berlinern zu hören", meint Gesandter Douglas Jones von der Außenstelle der USA-Botschaft, "dass sich das amerikanische Engagement in Berlin mit dem Abzug der Truppen verringern und damit die Intensität der Beziehungen zwischen Berlinern und Amerikanern abnehmen werde". Diese habe man besonders mit "Community-Relations"-Programmen der Streitkräfte gepflegt. Doch das traditionsreiche Beisammensein dank der Infrastruktur der Alliierten Truppen werde in dieser Form nicht mehr möglich sein. Es wäre "nichts anderes als Nostalgie", eine solche Aufgabe der Streitkräfte, dann ohne sie, wiederholen zu wollen.

Stattdessen bieten die engen deutsch-amerikanischen Kontakte ganz andere Möglichkeiten. Gerade in Berlin sind aus Politik, Kultur, Wirtschaft und auf sozialem Gebiet vielfältige Institutionen hervorgegangen. Die Bekanntesten: Die Amerika-Gedenkbibliothek, das Amerika-Haus, das Kennedy-Institut der Freien Universität, die Amerikanische Handelskammer, die Initiative Berlin - USA, die John F. Kennedy Schule, das Aspen Institut, das Stanford Study Center und die deutsch-amerikanischen Frauenklubs. Heute zählt die USA-Botschaft in einem repräsentativen neuen Gebäude am Brandenburger Tor dazu.

Vor diesen West-Berliner Institutionen, aber auch vor weiteren Einrichtungen und Organisationen stand seinerzeit eine große Herausforderung. Sie richtete sich auf kreative Zusammenarbeit, um die deutsch-amerikanischen Beziehungen zeitgemäß und relevant zu gestalten. Dazu kam nach dem Ende des Truppenabzugs 1994 eine Gemeinde von mehr als 10 000 Amerikanern im Großraum der Hauptstadt.

Die ständig hier lebenden amerikanischen Studenten, Geschäftsleute, Künstler und Diplomaten wollten, dann auch ohne US-Army, mit den Berlinern und anderen Bewohnern der Stadt weiterhin eng zusammenarbeiten. Dazu gab es interessante Überlegungen. So den Wunsch nach einer englischsprachigen Stadtzeitung zur besseren Kommunikation.

Ein bewährtes Beispiel solch erfolgreicher internationaler Zusammenarbeit verkörpert die Amerika-Gedenkbibliothek in Kreuzberg. Sie war den Berlinern vom amerikanischen Volk als Dank für ihre tapfere Haltung während der Blockade 1948/49 zum Geschenk gemacht und 1954 eröffnet worden. Seither bot sie Generationen von Lesern "freien Zugang zu Informationsquellen", wie es in der Gründungsurkunde hieß.

Der anfängliche Bestand von rund 100 000 Bänden mit Literatur aller Wissensgebiete hatte sich bis 1994 mehr als verzehnfacht; täglich wurden damals 4 000 Ausleihen und 150 neue Leser registriert. Dieser "Public Library" (öffentliche Bibliothek) nach amerikanischem Vorbild, mit Freihandaufstellung der Bände und einer EDV-Anlage mit Online-Katalog, war in einem Gutachten vom 9. Juni 1950 eine wichtige politische und kulturelle Aufgabe in einem vereinten Berlin vorausgesagt worden.

Nach dem Fall der Mauer im November 1989 wurde dies Wirklichkeit. Alte treue Leser aus dem Osten brachten nicht wenige Bücher zurück, die sie noch vor dem 13. August 1961 ausgeliehen hatten. Das berichtete mir Direktorin Charlotta Pawlowsky-Flodell. Scharenweise kamen neue Bücherfreunde aus Ost-Berlin und dem Land Brandenburg. Meine Tochter und ich nutzen auch gern diesen riesigen Fundus.

Schon bald wurde die Gedenkbibliothek mit der Berliner Stadtbibliothek zu einer zentralen Einrichtung dieser Art vereint. Doch vorher feierte das weltbekannte Haus am Blücherplatz 1994 erst einmal sein 40. Jubiläum. Berliner und Amerikaner erweiterten und intensivierten aus diesem Anlass die bisherigen engen Kontakte der Gedenkbibliothek zu Einrichtungen und Persönlichkeiten in den USA, ganz im Sinne der Väter der deutsch-amerikanischen Freundschaft.

Deutsches Fahnenband für das „wunderbarste Regiment der Welt“

Die „Gordon Highlanders“ aus Schottland, nach Winston Churchill „das wunderbarste Regiment der Welt“, begingen im Juni 1994 den 200. Jahrestag ihrer Gründung. Ursprünglich als 100. Regiment durch Herzog von Gordon 1794 aufgestellt und später in das 92. umbenannt, hat es sich in seiner ruhmreichen Geschichte nicht nur in Kriegen und als Expeditionstruppe bewährt. Auch als Alliierte in Berlin erwarben sich die schottischen Soldaten bleibende Verdienste. Ihr Barettabzeichen mit einem Hirschkopf als Wappen der Herzöge von Gordon gehörte wie die Symbole der amerikanischen und französischen Truppen zum Alltag der einst geteilten Stadt.

Zum ersten Mal kam das inzwischen in ein Bataillon umgewandelte Regiment 1949 unmittelbar nach der Blockade durch die Russen als Schutzmacht an die Spree. Seit dem Mauerbau 1961 gab es in Berlin die „Highlanders“ ständig. Ihre zuverlässige Pflichterfüllung bei der Aufrechterhaltung des Status der Stadt, die mit harter militärischer Ausbildung verbunden war, und die engen Bande zur Bevölkerung trugen zur deutsch-britischen Freundschaft bei.

Der Dienst der Briten für Frieden und Freiheit fand nun im Jahr des Abzugs der ausländischen Truppen aus Deutschland auf der Grundlage des Zwei-plus-Vier-Vertrages eine hohe Würdigung. Der Bundesverteidigungsminister verlieh dem 1. Bataillon der „Gordon Highlanders“ ein Fahnenband. Drei weiteren britischen Einheiten - dem Hauptquartier der Berliner Infanteriebrigade mit dem Signal Squadron, dem 1. Bataillon des Königlichen Lancashire Regiments und den administrativen Diensten - wurde diese Ehrung ebenso zuteil.

Während eines feierlichen militärischen Zeremoniells im Hauptquartier der britischen Berlin-Brigade am Olympiastadion nahm der Generalinspekteur der Bundeswehr, General Klaus Naumann, die Auszeichnungen vor. Für die „Gordon Highlanders“, deren Abordnung als dritte aufgerufen wurde, erhielt Oberstleutnant Sheldon Urkunde und Fahnenband. Dessen Aufschrift lautete: „Einsatz für Frieden und Freiheit – Bundesrepublik Deutschland 1994“.

Ihm und den anderen Offizieren und Soldaten der befreundeten Streitkräfte dankte der ranghöchste Soldat der Bundeswehr für den Dienst der insgesamt 150 000 britischen Militärangehörigen in Berlin. Er wertete diesen als einen „Beitrag für die Freiheit dieser Stadt und die Glaubwürdigkeit der Allianz“. Die deutsch-britische Freundschaft bleibe weiter „eine feste Grundlage für die gemeinsame Zukunft und die enge Kooperation zwischen unseren Streitkräften - die Basis unserer Sicherheit“.

In diesen Auszeichnungen sah der Kommandeur der Britischen Garnison, Brigadegeneral David Bromhead, „eine hohe Anerkennung“ für all die 80 Regimenter, Bataillone und Einheiten, die in den vergangenen Jahren hier gedient hatten. Die Fahnenbänder seien ebenso ein „Symbol unserer ständigen engen Freundschaft und Verbundenheit mit der Bundeswehr“. Vielfältige Kontakte zu deutschen Gemeinden und Behörden hätten bei den ehemaligen Alliierten Streitkräften in Berlin wie auch bei den Stationierungsstreitkräften anderswo in Deutschland einen tiefen Eindruck hinterlassen, versicherte er.

Von den einst ständigen 5 000 britischen Soldaten in Berlin waren 1994 nur noch 2 500 in der Stadt präsent. Die Bundeswehr übernahm bereits die ehemaligen Montgomery-Kaserne und Teile des benachbarten Flughafens der Royal Air Force in Spandaus Süden. Hier hatte sich die britische Luftwaffe im Jahr zuvor auf einer Großveranstaltung mit einem „Salute to Berlin“ aus der Stadt verabschiedet.

Als nächste folgten nun die „Highlanders" in die Heimat. Um ihnen ein herzliches Dankeschön und „Good bye" zu sagen, trafen sich Berliner und Soldaten sowie Familienangehörige bei den traditionellen Deutsch-Britischen Freundschaftstagen. Die Veranstaltungen rund um das Rathaus Charlottenburg standen unter dem Motto „Abschied von Freunden".

Ein weiterer Höhepunkt zum Abzug der britischen Truppen aus Berlin war eine Parade, die vom britischen Thronfolger Prinz Charles abgenommen wurde. Mit dieser Zeremonie beging man in der deutschen Hauptstadt zum letzten Mal in dieser Form den Geburtstag von Königin Elizabeth II.

Französische Militärpost schloss "Amt 600" in Berlin

Bei den Auslandseinsätzen der französischen Streitkräfte gehören sie immer zum Vorkommando, beim Abzug in die Heimat zur Nachhut - die Militärpostler vom Bureau Postal Militaire (BPM). Sie sind stets mit einem kleinen Postamt, oft nur ein Zelt, dabei, wenn die Truppe in die Ferne verlegt. So war das während des 2. Weltkrieges, später bei den Kämpfen in Indochina und dann bei den eigenen "Blauhelmen" in Ex-Jugoslawien. Noch heute ist so mancher Kriegsteilnehmer oder Sammler in der Heimat stolz auf Post mit BPM-Amtsnummern.

Der bekannteste Stempel der Militärpost - das "BPM 600" - stammte immer aus Deutschland, genauer aus dem einstigen französischen Sektor in West-Berlin. Das Amt im Quartier Napoleon in Reinickendorf war am 3. September 1945 unmittelbar nach Kriegsende eingerichtet worden. Seither versorgte es mehr als 120 000 meist junge Franzosen, die in Berlin ihren Militärdienst leisteten, mit Post aus dem eigenen Land. Die wehrpflichtigen Panzersoldaten, Infanteristen, Pioniere und Fernmelde-Angehörige sowie die Offiziere mit ihren Familien wussten diesen ganz persönlichen Service per Luftpost stets zu schätzen.

Auch die Berliner lernten im Laufe der Jahre das Wirken dieses historischen Postamtes kennen und schätzen. Denn die kleine Truppe von Postleuten nutzte eigentlich jede Gelegenheit, um zur deutsch-französischen Freundschaft beizutragen. So brachte es Hunderte Ganzsachen und Sonderstempel "auf den Sammlermarkt". Ihre Motive waren historische Symbole, darunter der Sturm auf die Bastille oder das Bildnis Napoleons. Das Brandenburger Tor und Berliner Landschaften zierten ebenfalls diese Drucke.

Vor allem die alljährlichen Freundschaftsfeste im Norden Berlins lockten Philatelisten aus nah und fern zum traditionellen BPM-Sonderstand. Hier konnten einmalige Sammlerstücke wie Ganzsachen zur Erinnerung an die Luftbrücke von 1948/49 gekauft oder getauscht werden. Die gemeinsamen Briefmarkenausstellungen mit dem Sammlerklub Spandau und der Viktor-Hugo-Schule kamen immer gut an.

"In all den Jahren hatten wir viele Kontakte zu den Postlern in Reinickendorf, mit denen wir eng zusammengearbeitet haben", berichtete mir Hauptmann Christian Dhers. Übrigens war sein offizieller Stempel "Le Chef du Bureau" bei Militaria-Sammlern eine Rarität. "Ebenso gab es stets ein sehr freundschaftliches Verhältnis unserer Streitkräfte zu Behörden, Schulen und vor allem zu den Bürgern." Dabei war das "Amt 600" zwischen 1945 und 1994 nur eines von 16 in Deutschland. Dass die Franzosen ihre Gedanken und ihre Liebe gern den Briefen anvertrauten, ist allgemein bekannt. Allein 1992 hatten BPM-Fahrzeuge 19 Millionen Postsachen jeder Art zu befördern.

Beim ersten Golfkrieg, als Hauptmann Dhers das zeitweilige Militärpostamt 643 in Rafha (Saudi-Arabien) leitete, waren für die eigenen Soldaten neun BPM-Postämter im Krisengebiet eingerichtet worden, berichtete er mir über einen weiteren "Job" aus seiner Berliner Zeit. Tag für Tag wurden rund 25 000 Briefe und Karten sowie 12 Tonnen Pakete und Päckchen befördert. Als Briefkästen dienten in den Stützpunkten oft verschnürte Getränkekartons mit Einwurfschlitz. Im Hauptverteilungszentrum der Militärpost in Paris wurden zwischen September 1990 und Mai 1991 rund 50 000 Säcke mit einem Gesamtgewicht von 910 Tonnen bewältigt, darunter 95 Tonnen Briefe und 815 Tonnen Pakete.

Die Militärpost Frankreichs begann ihre eigentliche Arbeit 1939. Damals dienten in ihren Reihen 220 Postangestellte, im Mai 1940 waren es schon 540. Als ein Teil Frankreichs okkupiert war, wirkte die Militärpost ebenfalls in Nordafrika und unter den französischen Befreiungskräften. Auch in Algerien, Vietnam, Korea, Ägypten, auf Zypern und Madagaskar entstanden später BPM-Büros. In ihren Reihen dienten immer "echte Postmitarbeiter". Sie mussten aber während des zweijährigen militärischen Einsatzes in den BPM-Trupps ihre Postbekleidung mit der Uniform des Heeres tauschen.

Natürlich nutzte ich die letztmalige Gelegenheit, um nach meinem Plausch mit dem französischen Militärpostler eine philatelistische Ganzsache zu erwerben. Sie ist heute schon eine Rarität bei Militaria-Sammlern und für mich eine schöne Erinnerung an dieses ungewöhnliche Postamt in Berlin.

Ein Wort zum Schluss

An diese und viele andere Erlebnisse vor und nach der Wiedervereinigung 1990, bei der aus zwei ehemals feindlichen Armeen die gesamtdeutschen Streitkräfte wurden, denke ich gern zurück.

In einem Briefwechsel, den ich anlässlich des 20. Jahrestages des Mauerfalls zu diesem historischen Thema mit dem damaligen Generalinspekteur der Bundeswehr, General Wolfgang Schneiderhan, geführt habe, teilte mir dieser folgendes mit: „Die Entwicklungen der Jahre 1989/90 sind für die Menschen in Ost- und Westdeutschland in der Tat außerordentlich erfolgreich gewesen. Mit der Wiedervereinigung war eines der herausragenden politischen Ziele der alten Bundesrepublik friedlich verwirklicht worden."

Weiter schrieb er: „Die Bundeswehr hat in den nachfolgenden Jahren durch die Armee der Einheit einen wichtigen Beitrag dazu geleistet, auch die innere Einheit des wiedervereinten Deutschlands herzustellen. Ich stimme Ihnen zu, dass dieser Prozess eine besondere Würdigung verdient." Er sieht in der „Beschreibung dieses Vereinigungsprozesses aus journalistischer und persönlicher Perspektive" eine reizvolle Ergänzung zur wissenschaftlichen Arbeit des Militärgeschichtlichen Forschungsamtes.

Das ist die Meinung eines Bundeswehr-Generals, den ich vor etwa 15 Jahren in seiner Funktion als Kommandeur der Panzerbrigade 39 „Thüringen" zur Ost-West-Integration und besonders zum „Brückenschlag" seiner Truppen nach Hessen interviewt habe. Sie bestärkte mich noch einmal, meine Erinnerungen an den Aufbau der Armee der Einheit in dieser Form zu publizieren. Dies soll besonders künftigen Generationen beim Rückblick auf diese einmaligen Ereignisse eine Handreichung sein, vielleicht ein wenig zur politischen Bildung im vereinten Deutschland beitragen. Auch unter der Devise: So war es beim sozialistischen Militär im Osten, und so ist es heute bei der gesamtdeutschen Bundeswehr.

Denn in deutschen Geschichtsbüchern wird man diese zeitlichen Eckpunkte ab 1989 für immer mit goldenen Lettern prägen, glaube ich. Wer weiß denn heute noch, zwei Jahrzehnte danach, dass dieser Prozess manchmal ganz schön aufregend verlief - sowohl für die Akteure aus Ost und West mit dem spürbaren Willen, gemeinsam etwas Großes für ihr Vaterland zu leisten, als auch für die Beobachter wie mich, die über die ersten Schritte der Gemeinsamkeit in den Garnisonen immer wieder staunten? Es war eine einmalige, unvergessene Aufbruchstimmung. Sie hat dem Prozess der inneren Vereinigung ganz wichtige Impulse verliehen.

Gewiss fühlten sich viele frühere Offiziere der NVA am Anfang ihrer neuen Tätigkeit bei der Bundeswehr sehr verunsichert und wussten noch gar nicht so recht, was auf sie zukommt. Es gab nämlich Berührungsängste - auf beiden Seiten. Doch die Kameraden „von drüben" bemühten sich darum, diese abzubauen. Oft habe ich in meinen Gesprächen die Worte vom „Superkameraden" gehört. Damit waren die Männer aus der alten Bundeswehr gemeint, die halfen, ihren Mitstreitern den keinesfalls leichten Übergang von der NVA in die neue Zeit mit all ihren Anforderungen zu schaffen. Auch nach ihrem gemeinsamen Waffendienst behielten nicht wenige Offiziere, nun als Privatpersonen im Rheinland oder in der ostdeutschen Prignitz lebend, diese persönlichen Kontakte aufrecht. Aus Achtung und Respekt zueinander, kamen oft freundschaftliche Beziehungen bis in die Familien hinein zustande.

Die gesamtdeutsche Bundeswehr meisterte nach Einschätzung aller Verantwortlichen die größte Herausforderung ihrer Geschichte mit militärischem Pflichtbewusstsein und hoher Einsatzbereitschaft der Soldaten. Das bedeutete eine Reduzierung um fast die Hälfte, eine Neuverteilung auf ganz Deutschland, ein völliges Umstrukturieren (auch mit schneller Verlegebereitschaft) sowie der Einsatz mit den neuen Aufgaben in der Völkergemeinschaft. Möglich wurde das nur durch die grundlegend zum Positiven veränderten sicherheitspolitischen Bedingungen nach der Wiedervereinigung.

Teilung durch Teilen zu überwinden kostete dem Steuerzahler natürlich viel Geld. Aber die Friedensdividende nach dem Kalten Krieg zwischen den beiden Deutschlands und den beiden Weltsystemen war doch um ein Vielfaches größer.

Zuerst wurden die „Arbeitsbedingungen" der Soldaten im Beitrittsgebiet verbessert. Dann hat man aus nachvollziehbaren militärischen und politischen Gründen im Westen zahlreiche Kasernen, Flugplätze und Einrichtungen geschlossen, um mit Personal und Ausrüstung in den Osten zu gehen. So dienen und leben heute die jungen Offizieranwärter des Heeres in Dresden und nicht mehr wie früher in Hannover und München. Das renommierte Militärgeschichtliche Forschungsamt ist jetzt in Potsdam zu Hause. Für beide Städte begann mit der Bundeswehr in den eigenen Stadtmauern ein neues Kapitel ihrer langjährigen wehrhaften Traditionen.

Ich kann es gar nicht oft genug wiederholen: Alles gewaltlos und geordnet, ohne sichtbaren Widerstände. Aber mit viel Eigeninitiative und hoher Selbstverantwortung. Das erkannte Richard von Weizsäcker schon 1991: Die Soldaten der Bundeswehr leben die deutsche Einheit vom ersten Tag an vor. In der Tat war die Bundeswehr Schrittmacher der Einheit. Ihre Soldaten haben das täglich praktiziert.

Gerade über diesen völlig ungewöhnlichen Vorgang anfangs mit mehr als einer halben Million deutscher Soldaten - von den riesigen Mengen an Technik, Bewaffnung und Ausrüstung unter deren Obhut ganz abgesehen - gibt es bereits mehrere Veröffentlichungen. Solche Bücher stammen vor allem aus den Federn von damals verantwortlichen Politikern und Militärs. Wissenschaftler widmeten zahlreiche Schriften, auch Dissertationen, diesem Thema. Selbst oder gerade im Ausland nahm man sehr genau zur Kenntnis, wie hier mitten in Europa von der Konfrontation zur Kooperation übergegangen wurde. Das war für die Menschen in West- und Osteuropa ebenfalls beachtenswert.

Dennoch wollte ich den Versuch unternehmen, die meisten Fragen mit meinen Kenntnissen und Erfahrungen aus ostdeutscher Sicht zu beantworten: Hatte der Berufssoldat der NVA tatsächlich Privilegien und welche? Warum ging das Ende der NVA, deren Auflösung und Integration ihrer ehemaligen Soldaten beim Aufbau der Bundeswehr Ost und nunmehr gesamtdeutschen Streitkräfte so reibungslos über die Bühne? Was geschah damals in der neuen, nun gesamtdeutschen Bundeswehr im Heer, in der Luftwaffe und bei der Marine? Wie vollzog sich der Prozess der Bewußtseinsänderung? Waren die Waffen der Ostdeutschen wirklich nur Schrott? Meine Antworten, so hoffe ich, sind überzeugend.

Ich habe dafür keine schriftlichen Befragungen oder wissenschaftliche Analysen durchgeführt. Vielmehr hielt sich der ostdeutsche Reporter in den ersten Monaten und Jahren nach der Wiedervereinigung immer wieder vor Ort auf, sprach mit Offizieren und Soldaten. Aber auch Politiker und viele andere Menschen, die mit der Bundeswehr zu tun hatten, bat ich um ihre Meinung.

Das Echo war überwiegend positiv. Das bestimmte den Tenor meiner damaligen Berichterstattung und gab mir heute das Stichwort für den Buchtitel. Es fand jedenfalls, auch wenn da einige ehemalige NVA-Offiziere anderer Meinung sind, keine Eroberung von Deutschlands Osten im militärischen Sinne statt. Vielmehr erwarben sich die gesamtdeutschen Streitkräfte zwischen Elbe und Oder, wo 1997 die größte bisher bekannte Flut von ihnen gemeistert wurde, mit ihrem neuen Geist das Wohlwollen der meisten Bürger hier im Beitrittsgebiet. Diese Achtung und Anerkennung hat die Bundeswehr, wenn man so will, in der Tat erobert. Dazu trägt auch die Tatsache bei, dass sich beim Bund ständig etwa jeder zehnte Angehörige an den verschiedenen Maßnahmen der Aus- und Weiterbildung beteiligt, also qualifiziert, die Zeit während seines Waffendienstes letztlich auch für seine persönliche, wirtschaftliche Zukunft nutzt.

Wenn der Leser nach der Lektüre in dieser Hinsicht etwas schlauer geworden ist, dann hat sich für mich die Mühe gelohnt. Um ehrlich zu sein: Mir ging es seinerzeit ebenso, als ich mit Schönbohm und anderen Verantwortlichen oder mit Ex-NVA-Angehörigen zu tun hatte. Es war zuerst vieles anders für uns Ostdeutsche, auch in dieser für uns neuen Armee. Vor allem die Erkenntnis: Der Bürger in Uniform ist nun ein Bürger wie jeder andere.

Was die ältere Geschichte der Bundeswehr vor der Wiedervereinigung angeht, so hatte ich gerade mit deren Traditionen aus der Wehrmacht wie bei Kasernennamen Mölders, Dietl und Rüdel in den alten Ländern echte Vorbehalte. Als ich jüngst das vor einem halben Jahrhundert vom Bundesministerium der Verteidigung herausgegebene mehrbändige Handbuch Politisch-Historischer Bildung „Schicksalsfragen der Gegenwart" (Max-Niemeyer Verlag, Tübingen 1957) in die Hände bekam, staunte ich nicht schlecht. Da soll ich doch tatsächlich als Ostdeutscher in einer „sowjetrussischen Kolonie mit einer Protektoratsverwaltung aus der ‚Eingeborenen'bevölkerung" gelebt haben (Band I, S. 193). Und dieser Vergleich mit „kurzlebigen Regierungen" in Vietnam und Marokko? Glücklicherweise, alles Geschichte!

Da gefiel mir das Geleitwort des damaligen Bundesministers der Verteidigung, Franz Josef Strauß (CSU), der einst wohl lieber tot als rot sein wollte, schon viel besser: „Der Soldat der Demokratie ist Diener seines Staates. Er ist seinen Mitbürgern verpflichtet. Sein Beruf ist nicht nur waffentechnisches Handwerk: denn seiner Führung werden Menschen anvertraut. Diese Aufgabe kann heute nur von politisch aufgeschlossenen Vorgesetzten gemeistert werden. Nur wer danach trachtet, Wesen und Wirken seiner Umwelt zu verstehen, nur wer an der Bewältigung der politischen Gegenwartsfragen Anteil nimmt, kann heute als Ausbilder und Erzieher in der Bundeswehr Verantwortung tragen. Menschenführung in der Truppe hat immer staatsbürgerlichen Hintergrund." (s.o., S. 7)

Im Osten Deutschlands pflegte man in der Armee erklärte Bauernführer, Spanienkämpfer, Generale aus den Befreiungskriegen, russische Partisanen, KPD- und SED-Funktionäre als Vorbilder. Erst nach den freien Wahlen im März 1990 zählten die Widerständler des versuchten Staatsstreichs vom 20. Juli 1944 gegen das Hitler-Regime dazu. Heute tragen Bundeswehr-Kasernen zwischen Ostsee und Erzgebirge auch die Namen ihrer Regionen, um so die Verbundenheit der Truppe mit der dortigen Bevölkerung zu dokumentieren.

Für mich war besonders interessant, wie im ebenfalls wiedervereinigten Berlin die neuen Uniformträger aufgenommen wurden. Die Hauptstadt bildete bis dato - getreu dem Vier-Mächte-Status – für die Bundeswehr eine „weiße Fläche". Wer mit dem Bund nichts am Hut hatte, fand hier eine geschützte Bleibe. Auch das wurde nun anders – Berlin wurde eine sympathische Garnisonsstadt. Dazu kamen die symbolischen Vereidigungen von Rekruten an historischen Stätten. Was Ex-Bundeskanzler und -Verteidigungsminister Helmut Schmidt, selbst ein ehemaliger Wehrmachtsoffizier, in Anwesenheit von Bundeskanzlerin Angela Merkel (CDU) 2008 vor 500 jungen Wehrpflichtigen des Wachbataillons sagte, sollte auch künftigen Soldatengenerationen aus allen Teilen Deutschlands viel Vertrauen geben: „Dieser Staat wird euch nicht missbrauchen."

Nicht vergessen sollte man auch: Die Bundesrepublik Deutschland hat besonders ihrem Nato-Partner USA nach der Wiedervereinigung umfangreiches Know-how des Warschauer Pakts von 1990 sowie vielfältige militär- und waffentechnische Erkenntnisse über das östliche Kriegspotential vermitteln können. Ich denke da vor allem an den Honecker-Bunker, gewissermaßen der letzte „Schrei" strategischer Schutzbauten auf dem europäischen Kontinent, an die superschnelle MiG-29 FULCRUM und an ein Raketenschiff mit treffsicheren Flügelraketen. Oder an die vielen Pioniergeräte wie Bulldozer, Bagger, Wassertankwagen und ABC-Abwehrmaterialien im Wert von 740 Millionen DM als Geschenk für ihre Golf-Streitkräfte.

Fazit: Eine Armee beendete in Ostdeutschland ihr Dasein. Eine neue kam. Wie ich nicht nur an vielen Standorten der Bundeswehr erlebt habe, hat sie hier in den Jahren danach die Sympathien vieler Bürger gewonnen. Soldaten, Unteroffiziere und Offiziere aus allen Teilen der Bundesrepublik sind heute in den Einheiten vermischt. Viel Trennendes hat man auf beiden Seiten hinter sich gelassen, dafür Gemeinsamkeiten gesucht. Anders ging das auch nicht. Die Worte Freiheit und Frieden, Sicherheit und Stabilität haben seither, auch für mich, ganz andere Inhalte als früher.

Und noch viel wichtiger: Die Gefahr eines Krieges auf deutschem Boden ist jedenfalls ein für allemal vorbei. Dafür haben besonders die „Männer der ersten Stunde" aus Ost und West einen wichtigen Grundstein gelegt. Gerade diese grundlegenden Veränderungen in Deutschland, dem größten Land auf dem Kontinent, zugunsten von Frieden und Sicherheit in Europa haben meines Erachtens auch den späteren Verhandlungen zwischen den Vereinigten Staaten und Russland über die Reduzierung strategischer Waffen wichtige Impulse verliehen.

Im vereinten Deutschland hat sich die Erkenntnis durchgesetzt, dass der Krieg kein Mittel der Politik mehr sein darf. Die beiden Weltkriege waren verheerend - mit mehr als neun Millionen Toten im 1. und 55 Millionen Toten im 2. Weltkrieg. Dieses Schicksal ist den Ost- und Westdeutschen, also uns allen, sowie ihren beiden Armeen glücklicherweise erspart geblieben. Die Luftschutzräume, wie sie noch meine Mutter mit mir aufgesucht hat, während mein Vater als Wehrmachtssoldat an der Ostfront „Für Führer, Volk und Vaterland" kämpfen musste, blieben am Ende dieser Epoche unbenutzt.

Heute lebt Europa schon 65 Jahre ohne Krieg und in Frieden. Diese Stabilität ist eine riesengroße Errungenschaft. Trotzdem darf man die kollektive Verteidigung, gepaart mit Rüstungskontrolle, Abrüstung und Nichtverbreitung von Massenvernichtungsmitteln, nicht aus den Augen verlieren. Die Bundeswehr mit Soldaten aus allen Teilen Deutschlands – inzwischen 65 Jahre alte und die älteste deutsche Armee seit dem vergangenen Jahrhundert - ist dafür ein zuverlässiger Garant. Diese Gewissheit haben mir schon die ersten Jahre nach ihrer „Neugeburt" vermittelt. Und ich bin dabei gewesen.

Zeittafel wichtiger Ereignisse

25. September 1989	Erste größere Demonstration mit 8 000 Teilnehmern in Leipzig
9. Oktober	Erste Massendemonstration in Leipzig mit 70 000 Teilnehmern
9. November	Öffnung der Berliner Mauer
Februar 1990	Entscheidung der Bundesregierung, keine geschlossenen Truppenteile der Bundeswehr auf das DDR-Territorium zu verlegen
27. April	Erste Treffen der beiden deutschen Verteidigungsminister nach den freien Wahlen in der DDR
13. Juni	Bundesverteidigungsminister Stoltenberg nimmt öffentlich zu künftigen gesamtdeutschen Streitkräften Stellung
1. Juli	Staatsvertrag über Währungs-, Wirtschafts- und Sozialunion zwischen Bundesrepublik und der DDR tritt in Kraft
15. Juli	Übereinkunft von Bundeskanzler Kohl und Präsident Gorbatschow
17. August	Einrichtung einer zivilen und militärischen Verbindungsgruppe der Bundeswehr in Strausberg unter Brigadegeneral Richter
23. August	Volkskammer beschließt Beitritt zum Geltungsbereich des Grundgesetzes der Bundesrepublik zum 3. Oktober 1990
31. August	Einigungsvertrag zwischen Bundesrepublik und DDR unterzeichnet
10. September	Bundesverteidigungsminister Stoltenberg erläutert in Bonn auf einer Pressekonferenz seine Entscheidung zu den „Strukturen der Bundeswehr im beigetretenen Teil Deutschlands“
12. September	Abschluss Zwei-plus-Vier-Vertrag in Moskau
1. Oktober	Offizieller Austritt der NVA aus Warschauer Pakt
2. Oktober	Auflösung der NVA
3. Oktober	Tag der Deutschen Einheit – Beitritt der Ex-DDR zur Bundesrepublik. Übernahme der Befehlsgewalt über ehemalige NVA durch den Bundesminister der Verteidigung Ende des Kalten Krieges und der Teilung Europas
4. Oktober	Aufstellungsappell für Bundeswehr Ost mit Befehlshaber Generalleutnant Schönbohm
12. Oktober	Stationierungs- und Abzugsvertrag der sowjetischen Truppen aus dem Gebiet der Bundesrepublik Deutschland unterzeichnet

19. November	Vertrag über die Reduzierung der Konventionellen Streitkräfte in Europa (KSE-Vertrag) wird in Paris unterzeichnet
1. April 1991	Korps- und Territorialkommando Ost in Dienst gestellt
1. Juli	Auflösungsappell für Bundeswehr Ost in Strausberg
1. Januar 1995	Nato-Assignierung der Truppen in den Neuen Bundesländern

Personenverzeichnis

Das Verzeichnis umfasst die Personen aus dem darstellenden Text

Ablaß, Werner E.	Staatssekretär im Ministerium für Abrüstung und Verteidigung der DDR, Leiter Außenstelle Strausberg des Bundesministers der Verteidigung und Sonderbeauftragter im Bereich der Bundeswehr in den neuen Ländern
Abrassimow, Pjotr	UdSSR-Botschafter in der DDR (1962-1971 und 1975-1983)
Adenauer, Konrad	Bundeskanzler
Agata, Hans	Oberstleutnant, Pressesprecher Luftwaffe Ost
Ahlers, Hans P.	Oberstleutnant, Pressesprecher Führungsakademie
Aust, Stefan	Chefredakteur „Spiegel“
Bald, Detlef	Historiker und Publizist
Baudissin, Wolf Graf von	Generalleutnant, Militär- und Friedensforscher
Bergmann-Pohl, Sabine	Präsidentin der letzten Volkskammer der DDR
Bicher, Norbert	Leiter des Presse- und Informationsstabes und Sprecher des Bundesministers der Verteidigung
Bickenbach, Wulff	Oberst, Pressesprecher Luftwaffe
Biermann, Paul	Volksbund Deutsche Kriegsgräberfürsorge
Blank, Theodor	Beauftragten des Bundeskanzlers für die mit der Vermehrung der alliierten Truppen zusammenhängenden Fragen 1950-1955; erster Bundesminister der Verteidigung bis 1956
Blase, Armin	Leiter der Philatelistischen Motivgemeinschaft „Gesamtdeutsche Streitkräfte“
Bleiel, Karl-Heinz	Brigadegeneral, Leiter Amt Militärisches Geowesen
Boemer, Hans-Rudolf	Vizeadmiral, Befehlshaber der Flotte
Bogdanow, Anatoli	Generaloberst, Stellvertreter WGT-Oberkommandierender
Brandt, Willy	Bundeskanzler (1969-1974)
Breshnew, Leonid	Generalsekretär der KPdSU (1964-1982)
Bromhead, David	Brigadegeneral, Kommandeur Britische Garnison Berlin
Bungarten, Harald H.	Pressesprecher Nato-Generalsekretär Brüssel
Burlakow, Matwej	Generaloberst, Oberkommandierender der WGT
Castro, Fidel	Comandante, Partei- und Staatschef Kubas
Ceausescu, Nikolae	Generalsekretär der Rumänischen KP, Staatschef

Christiansen, Katharina	Tochter von Julius Leber
Cothmann, Peter	Oberstleutnant, Vermessungspersonal
Dams, Erich	Fregattenkapitän, Pressesprecher Marine
Danz, Roland	Bürgermeister von Kamenz
Dhers, Christian	Hauptmann, Chef Französischer Militärpost Berlin
Diepgen, Eberhard	Regierender Bürgermeister von Berlin (1984-1989 und 1991-2001)
Dobrig, Wolfgang	Oberstleutnant, Stellvertretender Sprecher des Bundesministers der Verteidigung
Dombrowski, Wolfgang	NVA-General, Stadtkommandant Ost-Berlin
Dormeier, Manfred	Oberstleutnant, Kommandeur Flugabwehrregiment
Drews, Dirk	Oberstleutnant, Zentrum Operative Information
Drews, Karl-Heinz	NVA-General, Stadtkommandant Ost-Berlin
Dyba, Johannes	Erzbischof, Katholischer Militärbischof für die Bundeswehr (1990-2000)
Eppelmann, Rainer	Minister für Abrüstung und Verteidigung der DDR im Kabinett von Lothar de Maizière
Ebert, Friedrich	Oberbürgermeister von Ost-Berlin, Mitglied des Politbüros des ZK der SED
Ehlert, Hans	Oberst, Amtschef Militärgeschichtliches Forschungsamt
Eibisch, Berthold	Oberstleutnant, Eurofighter-Pilot im Jagdgeschwader Neuburg/Donau
Engelhard, Alexander	Oberkreisdirektor Göttingen
Engelien, Botho	Generalmajor, Amtschef des Luftwaffenamtes
Ernst, Klaus-Dieter	DDR-Delegationsleiter bei Wiener Abrüstungsverhandlungen
Feldmeyer, Karl	Journalist
Foertsch, Friedrich	General, zweiter Generalinspekteur der Bundeswehr (1961-1963)
Foertsch, Hartmut	Generalmajor, Beauftragter der Bundesregierung für den Abzug der Westgruppe
Frank, Hans	Vizeadmiral, Stellvertreter des Generalinspekteurs
Franke, Erika	Generalarzt, Chefin des Stabes und Stellvertreterin des Amtschefs des Sanitätsamtes der Bundeswehr
Freytag, Konrad	Oberst, Pressesprecher Bundeswehr Berlin
Fries, Volker	Oberstleutnant, Kommandeur in Beelitz
Gauck, Joachim	Beauftragter der Bundesregierung für die Unterlagen des ehemaligen Ministeriums für Staatssicherheit (1990-2000)

Gehrke, Werner	Pressereferent, Wehrbereichskommando VII Leipzig
Genscher, Hans-Dietrich	Bundesaußenminister (1974-1992)
Gertz, Bernhard	Oberst, Vorsitzender Deutscher BundeswehrVerband (1993-2008)
Gißke, Ehrhardt	Chefarchitekt in Ost-Berlin
Gorbatschow, Michail	Generalsekretär der KPdSU (1985-1991), Präsident der UdSSR (1990-1991)
Göttelmann, Heribert	Brigadegeneral, Aufstellungsstab Heereskommando Ost
Graßhoff, Rudolf	Hauptmann, Flugabwehrraketengeschwader
Gretschko, Andrei	Marschall, UdSSR-Verteidigungsminister (1967-1976)
Gröschel, Detlef	Major, Kommandeur Transportfliegerstattfel
Grotewohl, Otto	Ministerpräsident der DDR (1949-1964)
Gromyko, Andrej	Außenminister der Sowjetunion (1957-1985)
Guttenberg, Karl-Theodor	Bundesminister der Verteidigung seit 2009
Gysi, Gregor	PDS-Fraktionschef in letzter Volkskammer
Haasler, Ruprecht	Generalmajor, Divisionskommandeur und Befehlshaber
Hager, Hartmut	Oberstleutnant, Pressesprecher Verifikations-Aufgaben
Hanisch, Wilfried	Professor, Militärhistoriker
Hansen, Helge	General, Oberbefehlshaber Alliierte Streitkräfte Europa Mitte (1994-1996)
Hauff, Sigurd	SPD, Bürgermeister von Berlin Spandau
Hassel, Kai-Uwe	Bundesminister der Verteidigung (1963-1966)
Hasselbach, Anne	Künstlerin
Heider, Paul	Professor, Militärhistoriker
Henze, Wolfgang	Korvettenkapitän, Pressesprecher Marine Rostock
Herrich, Peter	Generalmajor, Leiter Manöverstab 1987
Herzog, Roman	Bundespräsident (1994-1999)
Heusinger, Adolf	General, erster Generalinspekteur der Bundeswehr (1957-1961)
Hoffmann, Heinz	Armeegeneral, Minister für Nationale Verteidigung der DDR (1960-1985)
Hoffmann, Theodor	Admiral, Verteidigungsminister der DDR, Chef der NVA (1989/90)
Honecker, Erich	Generalsekretär der SED, Vorsitzender des Staatsrates und des Nationalen Verteidigungsrates der DDR
Honecker, Margot	Volksbildungsministerin der DDR
Hoppe, Fritz Peter	Oberst, Kommandant Julius-Leber-Kaserne
Hoppe, Wolfgang	Oberstleutnant, Kommodore Flugabwehrraketengeschwader

Höche, Jürgen	Generalleutnant, u.a. Divisionskommandeur
Högger, Gunnar	Oberst, Stabschef 13. Panzergrenadierdivision Leipzig
Höppner, Reinhard	SPD, Vize-Präsident der letzten Volkskammer
Hornig, Joachim	Oberstleutnant, erster Manöverbeobachter in der DDR
Hundro, Günter	Geschäftsführer der ADN GmbH
Hundt, Ulrich A.	Flottillenadmiral, Kommandeur Zentrum Innere Führung
Hünecke, Joachim	Bürgermeister von Sanitz
Iwanowski, Jewgeni	Armeegeneral, Oberkommandierender WGT
Jakubowski, Iwan	Marschall, Oberkommandierender Warschauer Vertrag
Jähn, Sigmund	Fliegerkosmonaut, Erster Deutscher im All
Jeserich, Dietmar	Oberstleutnant, Pressesprecher Berlin
Joerss, Ingmar	Abteilungsleiter Bundesverkehrsministerium
Johanny, Karl	Präsident der Wehrverwaltung VII
John, Gerhard	Generalleutnant, Kommandierender General Luftflotte
Jones, Douglas	Gesandter, US-Botschaft
Jung, Franz Josef	Bundesverteidigungsminister (2005-2009)
Jungmann, Wolfgang	Fregattenkapitän, Pressesprecher Nordsee
Jürgs, Michael	Journalist und Buchautor
Kahmann, Hans-Henning	Oberstleutnant, erster Manöverbeobachter in der DDR
Kanal, Jerzy	Vorsitzender der Jüdischen Gemeinde zu Berlin
Karpow, Alexander	Oberstleutnant, Dirigent WGT-Orchester
Kessler, Heinz	Armeegeneral, Minister für Nationale Verteidigung der DDR (1985-1989)
al-Kharroubi, Mustafa	Brigadegeneral, Generalstabschef Libysche Streitkräfte
Kielmannsegg, J.A. von	General, Divisionskommandeur, CINCENT bei der Nato (1967/68)
Kirchbach, Hans-Peter v.	General, Generalinspekteur (1998/99-2000)
Kleedehn, Bärbel	Finanzministerin Mecklenburg-Vorpommern
Kluge, Hubertus v.	Oberstleutnant, Pressesprecher Bundeswehr Ost
Kluss, Heinz	Oberst, Leiter Inspektionsgruppe Verifikationsaufgaben
Klümper, Frank	Oberstleutnant, MiG-29-Pilot
Kohl, Helmut	Bundeskanzler (1982-1998)
Kohle, Horst	Pressesprecher Wehrverwaltung VII
Kopenhagen, Wilfried	Militärjournalist, Fachbuchautor
Kosmo, Jorgen	Verteidigungsminister Norwegens (1993-1997)
Krüger, Thomas	Prokurist, ehemals Kombinat Spezialbau Dresden
Kuebart, Jörg	Generalleutnant, Inspekteur Luftwaffe (1991-1994)
Kulikow, Viktor	Marschall, Oberkommandierender Warschauer Pakt

Kunath, Arthur	NVA-General, Stadtkommandant Ost-Berlin
Kunze, Martin	Oberstleutnant NVA-Raketentruppen
Lather, Karl-Heinz	General, Stabchef Nato-Hauptquartier Europa seit 2007
Laurien, Hanna-Renate	Präsidentin Berliner Abgeordnetenhaus (1991-1994)
Leotard, Francois	Verteidigungsminister Frankreichs
Lill, Franz-Lorenz	Pressesprecher, BUCK Werke Pinnow
Lisaus, Peter	Oberstleutnant, Pressesprecher Erfurt
Lohse, Joachim	Hauptfeldwebel im Panzeraufklärungsbataillon Beelitz
Lojewski, Günter v.	Intendant SFB
Lukacsy, Andreas	Oberst, Leiter Militärmusikdienst
Luschew, Pjotr	Armeegeneral, Oberkommandierender Warschauer Pakt
Löffler, Hans-Georg	Generalmajor, NVA-Divisionskommandeur
Maas, Georg	Hauptmann, Pressesprecher
de Maiziere, Lothar	letzter Ministerpräsident der DDR
de Maiziere, Ulrich	General, Generalinspekteur der Bundeswehr (1966-1972)
Markau, Frank	Feldwebel, Flugabwehrraketengruppe Sanitz
Meletzki, Klaus	Oberst, Leiter Verifikationszentrum Strausberg
Mende, Bernhard	Generalleutnant, Inspekteur der Luftwaffe (1994-1997)
Menge, Manfred	Oberst, Kommodore
Merbold, Ulf	ESA-Astronaut
Merkel, Angela	Bundeskanzlerin seit 2005
Meyer, Torsten	Soldaten aus Berlin und Soltau/Niedersachsen in Beelitz
Mielke, Erich	Armeegeneral, Minister für Staatssicherheit (1957-1989)
Mitterand, Francois	Präsident Frankreichs (1981-1995)
Moltke, Gebhardt von	Beigeordneter Nato-Generalsekretär
Moniac, Rüdiger	Militärjournalist
Müller, Claus Peter	Oberstleutnant, Pressesprecher Potsdam
Naumann, Klaus	General, Generalinspekteur der Bundeswehr (1991-1996)
Naumann, Konrad	1. Sekretär SED-Bezirksleitung Ost-Berlin, Mitglied des SED-Politbüros
Nehring, Bernd	Feldwebel Flugabwehrregiment 80 Basepohl
Nüßgen, Rainer	Oberfeldarzt Wehrbereichskommando VII
Opel, Manfred	SPD-Wehrexperte
Ottemeyer, Johannes	Generaldekan

Otto, Hans Georg	Oberbürgermeister von Dessau
Overweg, Hans-Dieter	Oberstleutnant, Pressesprecher Potsdam
Paul, Heinz Dieter	Oberstleutnant, Dirigent Stabsmusikkorps
Paulus, Franz Josef	Kommandeur, Jägerbataillon
Pawlowsky-Flodell, Charlotta	Direktorin Amerika-Gedenkbibliothek Berlin
Pflug, Peter	Oberstleutnant, Gefechtsstand Fürstenwalde
Poppe, Helmut	NVA-General, Stadtkommandant Ost-Berlin
Prayon, Horst	Oberst, Gründungskommandeur AIK Strausberg
Reitinger, Horst	Oberstleutnant, Kommodore Flugabwehrraketengeschwader
Richter, Ekkehard	Brigadegeneral, Kommandeur 13. Panzergrenadierdivision
Richter, Bernd	Pressereferent, Wehrbereichskommando Neubrandenburg
Roth, Günter	Brigadegeneral, Chef Militärgeschichtliches Forschungsamt
Rüddenklau, Gerhard	Oberstleutnant, Verantwortlicher für Minenräumung an ehemaliger innerdeutscher Grenze
Rügge, Michael	Oberstleutnant, Pressesprecher Leipzig
Rühe, Volker	Bundesminister der Verteidigung (1992-1998)
Scheven, Werner v.	Generalleutnant, Stellvertreter Befehlshaber Bundeswehr Ost, Kommandeur IV. Korps
Schewardnadse, Eduard	Außenminister der Sowjetunion (1985-1990)
Schimpf, Axel	Konteradmiral, Chef Marineamt Rostock
Schmidt, Dieter	Kapitänleutnant, Marinetechnikschule Parow
Schmidt, Helmut	Bundeskanzler (1974-1982), Bundesminister der Verteidigung (1969-1972)
Schmitz, Walter	Generalleutnant, Kommandierender General Luftflotte
Schmitz, Jürgen	Bürgermeister von Strausberg
Schneider, Rolf	Oberst, Kommandeur Heimatschutzbrigade Weißenfels
Schneiderhan, Wolfgang	General, Generalinspekteur der Bundeswehr (2002-2009)
Schnell, Jürgen	Generalleutnant, Stellvertretender Generalinspekteur (1991-1994)
Scholl-Latour, Peter	Journalist und Buchautor
Schönbohm, Jörg	Generalleutnant, Befehlshaber Bundeswehr Ost
Schröder, Ralf	Hauptmann, Artillerie Erfurt

Schubert, Hans Joachim	Oberstleutnant, Gruppenkommandeur Flugabwehrraketen
Schulz, Anne	Pressechefin Bundeswehr-Universität Hamburg
Shukow, Georgi K.	Marschall, Chef Sowjetischer Militäradministration
Snetkow, Boris	Armeegeneral, WGT-Oberkommandierender
Sokolow, Sergej	Marschall, UdSSR-Verteidigungsminister (1984-1987)
Sokolowski, Wassili D.	Marschall, Militärtheoretiker
Speidel, Hans	General, NATO-Oberbefehlshaber der Alliierten Landstreitkräfte Europa-Mitte (1957-1963)
Speidel, Hans Helmut	Brigadegeneral, Standortkommandant Berlin
Spiering, Joachim	Generalmajor, Kommandeur IV. Korps
Splittgerber, Wulf	Oberst, Pressesprecher Bundeswehr Ost
Graf von Stauffenberg, Berthold Schenk	Oberst, Zentrale Figur des Widerstands gegen Hitler
Stern, Harald	Oberstleutnant, Staffelkapitän Transportfliegergeschwader
Stief, Siegfried	Oberst, Leiter Zentrum Nachwuchsgewinnung Berlin
Stiller, Peter	Fregattenkapitän, Pressesprecher Neubrandenburg
Stoltenberg, Gerhard	Bundesminister der Verteidigung (1989-1992)
Stoph, Willi	Generaloberst, Minister für Nationale Verteidigung der DDR (1956-1960)
Strauß, Franz-Josef	Bundesminister der Verteidigung (1956-1962)
Struck, Peter	Bundesminister der Verteidigung (2002-2005)
Teltschik Horst	Vize-Kanzleramtschef bei Helmut Kohl
Tiedeke, Christoph	Standortpfarrer in Storkow
Trapp, Jürgen	Major, Flugsicherungsstabsoffizier
Trettner, Heinz	General, Generalinspekteur der Bundeswehr (1964-1966)
Tölle, Eugen	Hauptfeldwebel im AWACS-Frühwarnsystem
Töpfer, Klaus	Bundesumweltminister (1987-1995)
Ulbricht, Walter	1. Sekretär des ZK der SED, Vorsitzender des Staatsrates und des Nationalen Verteidigungsrates der DDR (1950/53-1971)
von Uslar-Gleichen, Hasso Freiherr	Brigadegeneral, Standortkommandant Berlin
Ustinow, Dmitri	Marschall, UdSSR-Verteidigungsminister (1976-1984)
Voigt, Gerhard	Professor, Gebrauchsgraphiker
Voigt, Karsten, D.	SPD-Sicherheitsexperte
Vohland, Bernd	Oberst, Kommandeur Logistikbrigade Ost
Vosseler, Paul F.	Oberstleutnant, Pressesprecher 3. Luftwaffendivision

Weizsäcker, Richard v.	Bundespräsident (1984-1994)
Weinert, Walter	Major, Leiter Abwicklungsstab Cottbus
Weinstein, Adelbert	Journalist
Weiss, Joachim	Oberstleutnant, Pressesprecher 5. Luftwaffendivision
Welsch, Heiko	Oberstarzt, Leiter Flugmedizinisches Institut
Wellershof, Dieter	Admiral, Generalinspekteur der Bundeswehr (1986-1991)
Weymarn, Verena v.	Generalarzt der Luftwaffe
Widnall, Sheila E.	US-Luftwaffen-Ministerin
Wilz, Bernd	Parlamentarischer Staatssekretär beim Bundesminister der Verteidigung (1992-1998)
Wimmer, Willy	Parlamentarischer Staatssekretär beim Bundesminister der Verteidigung (1988-1992)
Witkowski, Peter-Klaus	Oberstarzt, Chefarzt Bundeswehrkrankenhaus Berlin
Woltschenko, Alexander	Generalmajor, WGT-Kommandeur Luftraumzentrale
Wörner, Manfred	Generalsekretär der NATO (1988-1994), Bundesminister der Verteidigung (1982-1988)
Zacher, Hartmut	Generalarzt Luftwaffe
Zeigert, Dieter	Oberst, Kommandeur Verteidigungsbezirkskommando Erfurt
Zinnow, Frank	Oberleutnant, Flugsicherungsstabsoffizier
Zivny, Bernd	Oberstleutnant a.D., ehemaliger Dezernatsleiter Militärmusik im Streitkräfteamt

Weiterführende Literatur

Ablaß, Werner E.: Zapfenstreich – Von der NVA zur Bundeswehr, Düsseldorf 1992

Autorenkollektiv: Bundeswehr – Armee für den Krieg, Berlin 1968

Backerra, Manfred: NVA- Ein Rückblick für die Zukunft, Köln 1993

Bald, Detlef: Politik der Verantwortung – Das Beispiel Helmut Schmidt, Berlin 2008

Bald, Detlef: Die Bundeswehr – Eine kritische Geschichte 1955-2005, München 2005

Bock, Siegfried, Muth, Ingrid, Schwiesau, Hermann: Alternative deutsche Außenpolitik – DDR-Außenpolitik im Rückspiegel (II), Berlin-Hamburg-Münster 2006

Conrad, Hans Udo: Die Integration von Offizieren der ehemaligen Nationalen Volksarmee in das Heer der Bundeswehr (diss.), Hamburg 1996

Drews, Dirk: Die Psychologische Kampfführung/Psychologische Verteidigung der Bundeswehr – eine erziehungswissenschaftliche und publizistikwissenschaftliche Untersuchung, Dissertation, Johannes Gutenberg-Universität Mainz Mainz 2006

Ehlert, Hans: Armee ohne Zukunft – Das Ende der NVA und die deutsche Einheit, Berlin 2002

Eppelmann, Rainer: Wendewege – Briefe an die Familie, Bonn/Berlin 1992

Fahrwick, Dieter (Hg.): Ein Staat – eine Armee. Von der NVA zur Bundeswehr, Frankfurt a. M. 1992

Gießmann, Hans-Joachim: Das unliebsame Erbe: die Auflösung der Militärstruktur der DDR, Baden-Baden 1992

Herspring, Dale R.: Requiem für eine Armee. Das Ende der Nationalen Volksarmee der DDR, Baden-Baden 2000

Hohwieler, Joachim: Die NVA im Übergang. Ostdeutsche Überlegungen zur Existenz und Funktion von DDR- Streitkräften in der Amtszeit der Regierung de Maizière, Diplomarbeit Universität Mannheim, Mannheim 1993

Hoffmann, Theodor: Das letzte Kommando. Ein Minister erinnert sich, Berlin 1993

Informationen zur Sicherheitspolitik: 3. Oktober 1993: Bundeswehr, Streitkräfte der Einheit. Drei Jahre Bundeswehr in den neuen Ländern, Bonn 1993

Kirchbach, Hans-Peter von: Abenteuer Einheit. Zum Aufbau der Bundeswehr in den neuen Ländern, Frankfurt a.M. 1992

Klein, Paul/Zimmermann, Rolf H. (Hrsg.): Beispielhaft? Eine Zwischenbilanz zur Eingliederung der Nationalen Volksarmee in die Bundeswehr, Baden-Baden 1993

Knabe, Frithjof H.: Unter der Flagge des Gegners. Wertewandel im Umbruch in den Streitkräften – Von der NVA zur Bundeswehr, Opladen 1994

Koop, Volker: Erbe NVA – Eindrücke aus ihrer Geschichte und den Tagen der Wende, Waldbröl 1993

Koop, Volker: Abgewickelt – Auf den Spuren der Nationalen Volksarmee, Bonn 1995

Lapp, Peter Joachim: Ein Staat – eine Armee, Von der NVA zur Bundeswehr, Bonn 1992

Meyer, Georg-Maria/Collmer, Sabine: Kolonialisierung oder Integration? Bundeswehr und deutsche Einheit. Eine. Bestandsaufnahme, Wiesbaden 1993

Naumann, Klaus (Hg.): NVA – Anspruch und Wirklichkeit, Berlin 1993

Pauli, Jörg Uwe: Die Integration der Nationalen Volksarmee in die Streitkräfte der Bundeswehr, Diplomarbeit, Philosophische Fakultät der Westfälischen Wilhelmus-Universität, Münster (Westf.) 1993

Satjukow, Silke: Besatzer, „Die Russen“ in Deutschland 1945-1994, Göttingen 2008

Schaffer, Hanne I./Zelinka, Fritz-F.: Bundeswehr im Presseaufwind – Neue Sachlichkeit statt Jubeljournalismus in der ostdeutschen Presse nach der Wende, Sozialwissenschaftliches Institut der Bundeswehr, Heft 60, München 1993

Schicksalsfragen der Gegenwart, Handbuch Politisch-Historischer Bildung, Herausgegeben vom Bundesministerium für Verteidigung, Innere Führung, Tübingen 1957

Schönbohm, Jörg: Zwei Armeen und ein Vaterland. Das Ende der Nationalen Volksarmee, Berlin 1992

Sokolowski, Wassili D.: Militärstrategie, Berlin 1965

Stoltenberg, Gerhard: Wendepunkte – Stationen deutscher Geschichte 1947-1990, Berlin 1999

Strauß, Franz Josef: Die Erinnerungen, Berlin 1989

Thoß, Bruno (Hg.): Vom Kalten Krieg zur deutschen Einheit. Analysen und Zeitzeugenberichte zur deutschen Militärgeschichte 1945 bis 1995, München 1995

Thoß, Bruno (Hrsg.): Volksarmee schaffen - ohne Geschrei: Studien zu den Anfängen einer verdeckten Aufrüstung in der SBZ/DDR 1947-1952, Oldenburg 1994

Wenzel, Otto: Kriegsbereit – Der Nationale Verteidigungsrat der DDR 1960-1989, Köln 1995

Woche, Klaus-Rainer: Vom Wecken bis zum Zapfenstreich – Die Geschichte der Berliner Garnison, Potsdam 1998

Zilian, Frederick/Scheven, Werner von: From Confrontation to Cooperation: The Takeover of the National People`s (East German) Army by the Bundeswehr 1999, London 1999

Personenregister

Peter Heinze, Jahrgang 1941, lernte Fleischer im thüringischen Arnstadt und erwarb 1961 an der Leipziger Sporthochschule DHfK das Abitur. Dann Volontariat in der Nachrichtenagentur ADN und Journalistik-Studium an der Universität Leipzig. Von 1966 – 1992 Redakteur im ADN Berlin. Seine Fachgebiete: Sport, Politik, Militärpolitik. Anschließend Freier Journalist. Heute berichtet er über die Region Teltow-Fläming im Süden Berlins.

Nach der Berichterstattung über die NVA schreibt er seit dem Tag der Deutschen Einheit 1990 regelmäßig über die Bundeswehr im Beitrittsgebiet, bis die Streitkräfte in OST und WEST den gleichen Ausbildungsstand haben. Tenor seiner Artikel, Berichte und Reportagen: Aus ehemaligen Gegnern wurden Kameraden. Die neuen Soldaten im Nato-Oliv lernen mit der Inneren Führung den Geist einer Parlamentsarmee kennen.

Seine Bilanz: Die Angehörigen der nun gesamtdeutschen Bundeswehr genießen im Osten Deutschlands schon lange vor ihrem Einsatz beim Oder-Hochwasser 1997 hohes Ansehen. Sie haben sich hier seit dem Ende des deutsch-deutschen Fremdseins auch bei vielen anderen Gelegenheiten unter der Bevölkerung Achtung und Anerkennung erworben. Oft hört er in Kreisen und Gemeinden die Worte „unsere Soldaten“, wenn von den neuen Truppenteilen und Einheiten die Rede ist.

Der Autor, mit vielen einschlägigen Erfahrungen als DDR-Journalist, schlussfolgert: Der Einsatz als Kriegsberichterstatter, der wohl im Fall einer militärischen Konfrontation zwischen Nato und Warschauer Vertragsarmeen auf mich als Reservist zugekommen wäre, blieb mir erspart.

Bücher im Carola Hartmann Miles-Verlag

Politik, Gesellschaft und Militär

- **Dietrich Ungerer,** *Der militärische Einsatz. Bedrohung – Führung – Ausbildung,* Potsdam 2003.
- **Jens Bargmann,** *Ethik in der Offizierausbildung,* Münster 2004.
- **Silvio Gödickmeier, Martin Schlossmacher,** *Soldatenfamilien im Einsatz,* Berlin 2006.
- **Hans-Günter Fröhling,** *Innere Führung und Multinationalität,* Berlin 2006.
- **Christian Walther,** *Im Auftrag für Freiheit und Frieden. Versuch einer Ethik für Soldaten der Bundeswehr,* Berlin 2006.
- **Rüdiger Schönrade,** *General Joachim von Stülpnagel und die Politik,* Berlin 2007.
- **Uwe Hartmann,** *Innere Führung. Erfolge und Defizite der Führungsphilosophie für die Bundeswehr,* Berlin 2007.
- **Dietrich Ungerer,** *Militärische Lagen. Analysen – Bedrohungen – Herausforderungen,* Berlin 2007.
- **Klaus M. Brust,** *Söldner – Ausverkauf der Exekutive,* Berlin 2007.
- **Uwe Hartmann, Claus von Rosen, Christian Walther (Hrsg.),** *Jahrbuch Innere Führung 2009. Die Rückkehr des Soldatischen,* Eschede 2009.
- **Uwe Hartmann (ed.),** *Connecting NATO. NCSA under the leadership of Lieutenant General Ulrich H. Wolf,* Berlin 2009.
- **Helmut R. Hammerich, Uwe Hartmann, Claus von Rosen (Hrsg.),** *Jahrbuch Innere Führung 2010. Die Grenzen des Militärischen,* Berlin 2010.
- **Ingo Werners,** *Fahren, Funken, Feuern. Hinweise für die Einsatzvorbereitung,* Berlin 2010.

Monterey Studies

- **Uwe Hartmann,** *Carl von Clausewitz and the Making of Modern Strategy*, Potsdam 2002.
- **Zeljko Cepanec,** *Croatia and NATO. The Stony Road to Membership*, Potsdam 2002.
- **Ekkehard Stemmer,** *Demography and European Armed Forces,* Berlin 2006.
- **Sven Lange,** *Revolt against the West. A Comparison of the Current War on Terror with the Boxer Rebellion in 1900-01,* Berlin 2007.
- **Klaus M. Brust,** *Culture and the Transformation of the Bundeswehr,* Berlin 2007.
- **Donald Abenheim,** *Soldier and Politics Transformed*, Berlin 2007.
- **Michael Stolzke,** *The Conflict Aftermath. A Chance for Democracy: Norm Diffusion in Post-Conflict Peace Building*, Berlin 2007.
- **Frank Reimers,** *Security Culture in Times of War. How did the Balkan War affect the Security Cultures in Germany and the United States?,* Berlin 2007.
- **Michael G. Lux,** *Innere Führung – A Superior Concept of Leadership?*, Berlin 2009.
- **Marc A. Walther,** *HAMAS between Violence and Pragmatism,* Berlin 2010.

Einsatzerfahrungen und –erlebnisse

- **Kay Kuhlen,** *Um des lieben Friedens willen. Als Peacekeeper im Kosovo,* Eschede 2009.
- **Sascha Brinkmann, Joachim Hoppe (Hrsg.),** *Generation Einsatz, Fallschirmjäger berichten ihre Erfahrungen aus Afghanistan,* Berlin 2010.
- **Schwitalla, Artur,** *Afghanistan, jetzt weiß ich erst… Gedanken aus meiner Zeit als Kommandeur des Provincial Reconstruction Team FEYZABAD,* Berlin 2010.

Romane

- **Christoph Karich,** *Bewährung im Grünen Meer,* Berlin 2009.

www.miles-verlag.jimdo.com